EN PROVENCE

DU MÊME AUTEUR

La Forge au loup, Presses de la Cité, 2001
La Cour aux paons, Presses de la Cité, 2002
Le Bois de lune, Presses de la Cité, 2003
Le Maître ardoisier, Presses de la Cité, 2004
Les Tisserands de la licorne, Presses de la Cité, 2005
Le Vent de l'aube, Presses de la Cité, 2006
Les Chemins de Garance, Presses de la Cité, 2007
La Figuière en héritage, Presses de la Cité, 2008
La Nuit de l'amandier, Presses de la Cité, 2009
La Combe aux oliviers, Presses de la Cité, 2010
Le Moulin des Sources, Calmann-Lévy, 2010
Le Mas des Tilleuls, Calmann-Lévy, 2011
Les Bateliers du Rhône, Presses de la Cité, 2012
Les Dames de Meuse, Omnibus, 2012
La Grange de Rochebrune, Calmann-Lévy, 2013
Retour au pays bleu, Calmann-Lévy, 2013
Romans de ma Provence, Omnibus, 2014
Le Fils maudit, Calmann-Lévy, 2014
Les Sentiers de l'exil, Calmann-Lévy, 2015
La Maison du cap, Presses de la Cité, 2016
Les roses sont éternelles, Calmann-Lévy, 2016
Le Maître du Castellar, Calmann-Lévy, 2017

Réédition
La Combe aux oliviers, suivi de *La Nuit de l'amandier*,
Presses de la Cité, 2017

Françoise Bourdon

EN PROVENCE

Collection

« France de toujours et d'aujourd'hui »

dirigée par

Jeannine Balland

CALMANN LÉVY

Couverture
Maquette : Le Petit Atelier
Illustration : Émile Colinus, *Le Canal des Alpilles* /
Collection privée / Chester Collections / © Bridgeman Images

ISBN 978-2-7021-6373-3
ISSN 2107-2639

Sommaire

Un homme perdu	9
Le Mas des Tilleuls	45
Le Moulin des Sources	359

Un homme perdu

1915

Parfois, quand il allait vraiment trop mal, il se raccrochait à des lambeaux de souvenirs.

L'odeur de la terre de la Bastidane – thym, genévrier et romarin mêlés –, incomparable au petit matin, quand le soleil ne l'avait pas encore chauffée à blanc.

La douceur de la peau de Marion, leurs retrouvailles dans le grangeon du champ d'oliviers, lorsqu'elle lui apportait sa biasse[1] et qu'il la basculait sur les bourras[2], avide de caresses.

La bûche de Noël, arrosée de vin par le père, et ces mots qui tournaient dans sa tête :

Cacho-fio
Bouto-fio
Alègre, alègre
Dieu nous alègre
Calendo vèn, tout bèn vèn
Dieu nous fague la gràci de veire l'an que vèn

1. Casse-croûte.
2. Sacs en drap grossier utilisés pour transporter le tilleul ou la lavande récoltés.

Un homme perdu

Et se noun sian pas mai
Que noun fuguen pas mens[1].

La Bastidane, Marion, le père. Il ne se rappelait rien d'autre.

Même pas son nom.

On lui avait expliqué à plusieurs reprises que sa plaque d'identité avait disparu. Quoi d'étonnant ? L'explosion d'un obus l'avait précipité dans les airs, lui avait-on dit. C'était un miracle qu'il ait survécu. On l'avait amputé de sa main gauche déchiquetée puis envoyé dans un hôpital militaire de l'arrière, du côté de Soissons, sans plus se soucier de lui. Ils étaient si nombreux…

C'était là que tout avait commencé. Les cauchemars, les hallucinations, les convulsions. Les médecins lui répétaient qu'à l'exception de sa main il ne souffrait pas d'autre blessure. Et pourtant, il se sentait horriblement mal. L'énervement succédait à l'apathie. Il ne tenait alors plus en place, hurlait, tremblait, voyait fondre sur lui des animaux fabuleux…

Les médecins hésitaient, avançaient l'hypothèse de l'hystérie ou du delirium tremens.

Ces mots n'avaient aucune signification pour lui. Il évoluait dans un univers menaçant et instable, pouvait basculer d'un instant à l'autre dans la folie.

---

1. « Bûche de Noël / Donne le feu / Réjouissons-nous / Dieu nous donne la joie / Noël vient, tout vient bien / Dieu nous fasse la grâce de voir l'an qui vient / Et si nous ne sommes pas plus / Que nous ne soyons pas moins. »

Cela lui faisait peur. Terriblement. D'ailleurs, le médecin chef le menaçait fréquemment.

« Si vous ne progressez pas, je vous envoie dans un asile d'aliénés ! »

Perspective qui accentuait son angoisse… Les mots « asile d'aliénés » évoquaient pour lui des images de barreaux et de camisole de force. Un membre de sa famille avait-il été interné ? Devait-il soupçonner quelque hérédité ?

Cette absence de repères le rendait fou. Il tapait dans les portes, hurlait : « Libérez-moi ! »

De quoi ? De cette ignorance qui le rongeait ? Des crises qui le laissaient harassé et désespéré ?

Il avait envisagé le suicide. Se défenestrer, s'ouvrir les veines… Mais la surveillance, à l'hôpital, ne se relâchait pas. De plus, si sa tentative échouait, il perdrait tout espoir. Déjà, sa tête lui faisait défaut. Si, de surcroît, il se retrouvait paralysé, il ne le supporterait pas.

Il essuya son front où la sueur perlait. Les heures étaient des journées. Le temps s'étirait, interminable.

Seuls les échos de la canonnade avaient encore le pouvoir de le faire tressaillir.

Les infirmières étaient patientes avec lui, à la différence du médecin chef.

« Pardi, lui, il ne voit qu'une chose : renvoyer le plus de blessés au front », lui avait confié un soir Édith, révoltée par la façon dont son supérieur traitait les patients.

Il trouvait Édith jolie. Blonde, les yeux couleur de bleuet, une silhouette mince et élancée sous sa tenue immaculée. Son sourire, son empathie donnaient l'impression aux malades d'être moins seuls.

Elle lui faisait la lecture la nuit, quand le sommeil le fuyait. Elle avait commencé par les comptes-rendus du journal, mais les crises l'avaient dissuadée de poursuivre. Il gémissait, hurlait et tremblait si fort qu'il menaçait de tomber de son lit. Elle avait alors pris le pli de lui lire les ouvrages qu'elle avait aimés. Des poèmes de Rimbaud, de Verlaine ou de Baudelaire.

Sois sage, ô ma douleur, et tiens-toi plus tranquille
Tu réclamais le soir ; il descend ; le voici :
Une atmosphère obscure enveloppe la ville,
Aux uns portant la paix, aux autres le souci[1]...

Il s'apaisait en l'écoutant.

Elle s'interrompait quand ses yeux papillonnaient, s'éclipsait sur la pointe des pieds.

Elle savait qu'elle constituait son unique point d'ancrage et cette responsabilité ne l'effrayait même pas, tant il l'émouvait.

De minuscules nuages s'effilochaient dans le ciel très bleu. Des papillons aux ailes jaune paille voletaient autour des touffes de graminées. Les cistes cotonneux, à fleurs violettes, roses et blanches, annonçaient les jours d'été.

1. Extrait de *Recueillement*, de Charles Baudelaire.

– Encore une belle journée, commenta Martin Seyssaud, le nez en l'air.

Marion hocha la tête. Chaque matin, son beau-père et elle se mettaient d'accord sur les tâches à accomplir.

Le printemps avait été marqué par de fortes pluies, ce qui compromettrait fatalement les récoltes.

On manquait de tout à la Bastidane, mais avant tout d'hommes et de chevaux.

Le vieux Martin avait écrasé une larme lorsqu'il avait amené ses deux chevaux à Apt. On lui avait remis en échange un billet de réquisition ; il serait payé d'ici à plusieurs mois.

« Si nous sommes encore en vie », avait-il pensé.

Donner ses bêtes avait constitué pour lui un déchirement encore plus grand que de voir partir son fils unique pour le front. Pourtant, Dieu savait qu'il avait souffert ce jour-là et invectivé le Seigneur.

Martin n'était pas sûr de croire mais, comme il disait à Marion, ça ne pouvait pas faire de mal.

Avant la guerre, Marion n'était pas proche de son beau-père. Le vieil homme, perclus de rhumatismes, aigri depuis la mort brutale de son épouse, avait tendance à se replier sur lui-même et s'était retiré dans le « cabanon », un bâtiment situé à plusieurs dizaines de mètres du mas, prolongé par un auvent.

Il affirmait y être bien installé. Antoine et Marion respectaient son désir de solitude. Cela les arrangeait d'ailleurs car, jeunes mariés, ils appréciaient leur liberté.

Tout avait changé depuis la mobilisation. Marion, sidérée, avait eu l'impression que le ciel leur tombait sur la tête. Elle avait accompagné Antoine jusqu'à la gare d'Apt, en s'efforçant de retenir ses larmes. Avait couru sur le quai en agitant son mouchoir, comme des centaines d'autres femmes. Quand le train avait disparu, elle s'était effondrée.

Ensuite, il avait bien fallu vivre. N'ayant plus de chevaux, elle conduisait elle-même l'araire sur les terres ingrates de la Bastidane, s'étageant en restanques en dessous de la demeure familiale. Marion élevait une dizaine de chèvres du Rove aux yeux cernés de noir et aux cornes torsadées, cultivait un peu de vigne et des arbres fruitiers, essentiellement des cerisiers. Elle s'occupait aussi du potager, dans lequel elle faisait pousser tomates, courgettes, aubergines et panais. Ses journées étaient bien remplies et, le soir, elle s'écroulait sur le lit, cherchant instinctivement son époux. Antoine et elle avaient vécu ensemble à peine un an. Pourquoi cette maudite guerre avait-elle éclaté ? Pour un archiduc et une archiduchesse autrichiens, dont elle n'avait pas retenu les noms. Le cœur de Marion se gonflait de colère et d'amertume.

Chaque matin, elle guettait le passage de César, le facteur. On le voyait arriver de loin, avec son pantalon en drap gris et sa veste de toile bleue à collet rouge.

Certaines femmes se signaient sur son passage. Marion lui décochait un regard chargé de défi, l'air de dire : « Ne t'avise pas de m'apporter de mauvaises nouvelles ! »

Il y avait plus d'un mois que Marion n'avait pas reçu de lettre d'Antoine et ce silence obstiné lui déchirait le cœur. Elle savait que le courrier était aléatoire. Parfois, trois missives arrivaient en même temps après une semaine durant laquelle la boîte aux lettres était restée vide. Elle avait beau se creuser la tête, elle ne voyait pas d'autre explication qu'une blessure.

Martin tapota l'épaule de sa bru.

– Si tu nous préparais ton chevreau aux olives ?

C'était son plat préféré. Marion esquissa un sourire.

– Si cela peut vous faire plaisir, père.

Il fallait continuer à vivre comme si de rien n'était. Pour garder la tête haute et le dos bien droit. Certains jours, Marion ne supportait plus la situation. Dès qu'elle le pouvait, elle s'échappait vers le plateau et, face aux grands pins, hurlait sa colère et sa frustration.

Elle se pencha, caressa la tête de Caramel, la petite chienne d'Antoine, croisée griffon et berger.

– Toi aussi, tu te languis de ton maître, lui dit-elle.

Elle saisit son panier pour se rendre au potager. Caramel l'accompagna en frétillant. Un vent léger faisait frémir le feuillage des arbres. En contrebas, le chemin descendant vers la plaine aptésienne était désert. Marion y jeta un dernier coup d'œil.

César ne monterait plus à la Bastidane à cette heure.

1916

– Pensez-vous réellement que ce soit la meilleure solution, docteur ? s'inquiéta l'infirmière.

Tous deux étaient épuisés après l'arrivée du convoi de blessés. Morel, un médecin âgé d'une cinquantaine d'années, avait opéré une bonne partie de la nuit. De méchantes blessures, dues aux éclats d'obus, de pauvres diables atteints au ventre ou aux jambes et d'autres, hagards, qui n'avaient même plus la force de décrire leurs souffrances. « Un concentré de malheur et de misère », se dit-il.

Édith Revoul, son infirmière préférée, l'avait assisté. Il émanait de la jeune femme une impression de sérénité, accentuée par sa voix douce et ses gestes mesurés. Elle ne courait pas dans les couloirs comme la jeune Line et ne houspillait pas les patients comme Mme Marguerite, la terreur du service.

Morel soutint le regard inquiet d'Édith. Elle était jolie, pensa-t-il tout à trac. De grands yeux bleus, un visage harmonieux sous la coiffe impeccable, une bouche généreuse. Âgée d'environ vingt-cinq ans, elle était déjà à ranger dans la catégorie des vieilles filles. Celles-ci verraient leur nombre augmenter. On commençait à appeler « veuves blanches » les jeunes filles dont les fiancés étaient tombés au front.

Il haussa les épaules.

– Vous vous inquiétez parce que le numéro 51 est votre protégé ? Défiez-vous, infirmière : nous devons prendre garde à ce genre d'inclination. Il s'agit d'un patient comme les autres et il va être envoyé au centre neurologique de Tours.

Édith frissonna.

– Le pauvre homme ! On raconte des choses horribles sur les traitements que le docteur Vincent fait subir à ses patients…

– Sottises et billevesées ! M. Clovis Vincent est un médecin réputé, je ne vois pas ce qui pourrait lui être reproché.

Édith ne parviendrait pas à le faire changer d'avis. Il camperait sur ses positions et mettrait un point d'honneur à se débarrasser du numéro 51.

Cette façon de désigner les amnésiques par l'emplacement de leur lit mettait Édith mal à l'aise. Elle aurait souhaité quelque chose de plus personnel, tout en sachant que ses suggestions ne seraient pas retenues.

Morel était l'homme fort, le grand médecin de l'hôpital. Elle nota ses derniers conseils concernant le numéro 51, se détourna. Il ne fallait pas pleurer. Surtout pas.

Elle revint le voir après le souper. Assis dans son lit, accoté à ses oreillers, il contemplait la fenêtre ouverte sur la nuit.

Elle s'assit près de lui.

– Vous allez partir.

Si seulement elle avait connu son prénom !

Il lui jeta un regard effrayé. Elle croyait comprendre ce qu'il éprouvait. Même si sa mémoire lui faisait défaut, ici, au moins, il avait des points de repère. Se rendre ailleurs, dans un autre hôpital, signifierait repartir de zéro. Et cette perspective l'angoissait.

Il se racla la gorge. Il aurait aimé pouvoir lui dire qu'il mourait de peur mais il ne voulait pas perdre la face.

Le sourire de la jeune fille s'accentua.

– Vous pourrez m'écrire, si vous le souhaitez. Je vous répondrai.

Elle lui glissa dans la main une page arrachée à son carnet sur laquelle elle avait noté ses coordonnées.

Il lui sourit en retour.

– Le problème, c'est de savoir comment signer !

– Numéro 51, bien sûr !

Il éclata d'un rire juvénile qui éclaira son visage. Il avait du charme, avec ses yeux verts, ses traits bien dessinés, ses cheveux sombres.

– C'est une idée, approuva-t-il.

Édith lui tapota la main.

– Tenez-moi au courant de vos progrès. Vous allez me manquer.

– À moi aussi.

Il se redressa. Elle lui avait redonné confiance, et espoir.

Ce n'était pas César qui avait apporté la sinistre nouvelle à la Bastidane mais le maire du village dont dépendait la ferme. Lorsque Marion l'avait vu gravir la côte, son cœur avait manqué un battement. Au fond d'elle-même, elle savait. Le silence d'Antoine signifiait assurément qu'il lui était arrivé quelque chose de grave.

Félix Pastouret, le maire, ôta son chapeau. Essoufflé par la montée, il s'appuya au chambranle de la porte.

– Entrez, monsieur le maire, proposa Marion, la voix blanche.

Son visiteur s'essuya le front avec son grand mouchoir à carreaux.

– Marion... je suis désolé. Antoine est porté disparu.

Elle se cramponna à la table.

– Disparu... qu'est-ce que cela veut dire exactement ?

Ses mains tremblaient.

Félix Pastouret haussa les épaules avec lassitude.

– Que veux-tu que je te réponde, ma pauvre Marion ? On ne l'a pas retrouvé. Il se passe des choses terribles, là-haut, sur le front.

– Pourquoi me prévenir si tard ? insista Marion.

Elle cherchait à se raccrocher à un lambeau d'espoir. Le maire secoua la tête.

– Ne te berce pas d'illusions, ma petite. On a cherché ton Antoine un peu partout, jusque dans les hôpitaux de campagne, avant de le déclarer disparu.

Brusquement, les larmes se mirent à couler. Un flot qui mit Félix mal à l'aise.

Il se racla la gorge. Il ne s'habituerait jamais au malheur.

– Tu passeras bien le bonjour à ton beau-père.

Que pouvait-il dire de plus ? Il se sentait impuissant et le vivait mal.

Il avait déjà dû annoncer à deux reprises la terrible nouvelle à des administrés mais, cette fois, c'était différent. Il n'y avait pas de corps, rien d'autre que cette mention glaçante : « disparu ».

Il comprenait ce que pouvait éprouver la jeune femme en larmes en face de lui.

– Je reviendrai, promit-il, comme si cela pouvait changer quelque chose.

Marion hocha la tête.

– Oui, nous discuterons avec le père d'Antoine. Aujourd'hui, je n'en ai pas la force. Pardonnez-moi, monsieur le maire.

– Ne t'en fais pas, lui dit-il.

Il fit demi-tour et repartit à pas lourds.

Marion se laissa tomber sur le banc. Elle pleurait toujours, des sanglots irrépressibles qui l'ébranlaient. Il lui fallait trouver Martin, lui faire part de la tragique nouvelle, et elle ne s'en sentait pas le courage.

Elle jeta un châle sur ses épaules et sortit.

Caramel l'accompagna, ce qui accentua encore le chagrin de Marion.

Elle se sentait perdue, désespérée.

Le ciel bleu éveillait en lui de vagues souvenirs. Une impression irritante de déjà-vu, sans qu'il parvienne à mettre un nom dessus.

Il se perdait dans sa contemplation en attendant les lettres d'Édith.

Elle avait tenu parole et répondu au premier courrier qu'il lui avait adressé à son arrivée au centre neurologique de Marseille. On lui avait expliqué qu'il existait plus d'une douzaine de centres du même type, répartis sur le territoire national. Finalement, on l'avait envoyé dans le Midi plutôt qu'à Tours.

Le voyage en train avait été long et éprouvant. Tout son corps lui faisait mal, et il avait peiné à se redresser à la descente sur le quai. Il n'était pas atteint, cependant, aussi gravement que ceux qu'on appelait les « plicaturés ». Il s'agissait de soldats ayant passé un certain temps au fond d'une tranchée, recroquevillés sur eux-mêmes. Il leur était ensuite impossible de se relever et ils progressaient presque à angle droit.

On l'avait pris en charge dès son arrivée. Il se sentait à peu près bien tant qu'il apercevait ce qu'on lui avait dit être la Méditerranée. Elle lui était vaguement familière, comme s'il l'avait déjà vue. Certains jours, il ne supportait plus cette brume qui embrouillait tout dans sa tête et il devait faire des efforts pour ne pas hurler sa révolte. Il avait vite compris que c'était le meilleur moyen de se faire mettre à l'isolement.

Au début, les soins ne furent pas vraiment pénibles. On pratiqua sur lui des massages et de l'hydrothérapie, qui le détendaient. Cependant, il apprit par des camarades qu'on le soumettrait bientôt à l'électrothérapie.

« C'est la marotte du médecin chef, lui avait dit Hugues, un quadragénaire au regard triste. Tu verras… il appelle ça la “torpille”. C'est horrible ! »

Ces mises en garde n'étaient pas faites pour le réconforter. Il écrivit à Édith, lui confiant sa crainte de l'électrothérapie, tout en s'efforçant de ne pas gémir sur son sort. Il voulait être fort. Elle lui répondit, par retour de courrier, une longue lettre empreinte d'optimisme et d'encouragements.

« Je suis certaine que cette épreuve vous fera du bien, lui écrivait-elle. Vous pourrez la supporter, si cela vous aide à retrouver la mémoire et votre identité. »

Cette missive lui rendit son courage. Édith le comprenait.

Cependant, quand on lui infligea la « torpille », il eut l'impression qu'il allait mourir, là, sous les décharges électriques de plus en plus fortes, administrées par des sortes de tampons que le médecin chef brandissait au-dessus de son corps, et s'évanouit.

Lorsqu'il reprit conscience, il s'affola. Il ne pourrait pas endurer une nouvelle séance de ce supplice.

1917

Si seulement elle avait eu une tombe où aller se recueillir ! pensa Marion en tournant le pilon dans la sauce. Elle avait suivi la recette traditionnelle que sa mère lui avait transmise, et sa mère avant elle. Écraser plusieurs gousses d'ail dans le mortier en marbre, y ajouter un jaune d'œuf, travailler en pommade avant d'arroser d'un filet d'huile d'olive, tout en continuant de tourner. Elle avait cuit à part la morue, les œufs durs, ainsi que les légumes – pommes de terre, haricots verts, betteraves rouges, choux – destinés à accompagner le grand aïoli.

Elle éprouvait le besoin de se changer les idées, sous peine de devenir folle. Ayant réussi à se procurer de la morue sur le marché, elle avait décidé de préparer le plat préféré d'Antoine, comme pour le faire revivre.

Elle jeta un coup d'œil par l'oculus qui surmontait la pile. Le printemps était là, survenu d'un coup, comme un voleur. Les cerisiers en fleur lui auraient réjoui le cœur en d'autres circonstances. Ce jour-là, elle les regardait sans avoir vraiment conscience de ce qu'ils signifiaient.

Depuis des mois, elle effectuait les tâches quotidiennes parce qu'il le fallait bien, sans entrain. Elle qui astiquait sa maison et prenait soin de son apparence ne se reconnaissait plus. Elle restait parfois trois jours sans balayer le sol de tomettes, se coiffait à la va-vite, quatre, cinq épingles piquées dans un chignon, ne quittait pas ses vêtements noirs.

Antoine détestait la voir porter du noir.

« Avec ta peau claire, tu as besoin de couleurs », lui disait-il.

Pourquoi n'avaient-ils pas eu d'enfants ? Il lui semblait que sa peine aurait été plus facile à supporter.

Au village, Élise, sa camarade de classe, avait perdu son mari dès la fin d'août 1914. Elle avait accouché six mois plus tard d'un petit Anselme qui l'avait aidée à surmonter le drame. Mais le ventre de Marion était resté obstinément plat. Elle sentait parfois peser sur elle le regard de son beau-père, et elle rougissait. Elle devinait ce qu'il pensait : « Plus de fils et pas même un héritier. » Comme si elle, Marion, avait fauté !

« C'est à cause de cette maudite guerre », avait-elle envie de hurler.

Elle gardait le silence, bien sûr.

Parce que ces choses-là devaient être tues. Elle en souffrait, cependant.

D'un geste décidé, elle planta le pilon bien droit dans l'aïoli fruité à souhait. Ils portaient leurs olives au moulin des Bouillons, une tradition familiale. Son pressoir, monumental, l'avait toujours impressionnée.

Martin pénétra dans la salle, secoua ses brodequins sur le paillasson et ôta sa casquette.

– Le vent se lève, déclara-t-il en guise de bonjour. Pourvu qu'il ne gèle pas cette nuit !

Avait-il surmonté son chagrin, ou bien faisait-il « comme si » ? se demanda une nouvelle fois Marion. Elle aurait aimé pouvoir se rapprocher de son beau-père, discuter avec lui d'Antoine, en se remémorant les bons souvenirs, mais c'était impossible.

Il lui opposait une sorte de carapace. Elle comprenait son désir de se protéger, sans pour autant le partager. Elle aurait souhaité évoquer Antoine, encore et toujours. Pour essayer de le faire revivre.

Elle tourna un visage uni vers Martin.

– Nous échapperons peut-être à la gelée.

Il esquissa une moue.

– Si tu le dis !

À cet instant, elle perçut sa profonde lassitude, son désespoir même, semblable au sien et, d'un élan, elle le rejoignit devant la table en bois patiné.

– Père… il me manque tant ! souffla-t-elle.

Ils s'étreignirent, se sentant un peu moins seuls.

Édith Revoul prit une longue inspiration en descendant les marches de la gare Saint-Charles. Elle avait hésité avant de se lancer dans ce périple mais il fallait qu'elle voie le numéro 51 ; sa dernière lettre l'avait alarmée.

Il émanait de ses mots un désespoir nu et elle était profondément déçue de constater que le traitement n'avait pas eu le résultat escompté.

Elle-même était épuisée après des mois de combat pour sauver de pauvres gars souvent plus jeunes qu'elle. Pourquoi les belligérants ne cherchaient-ils pas un terrain d'entente ? La révolte l'aidait à tenir, ainsi que la certitude d'être utile. Mais le numéro 51 lui manquait. Elle esquissa un sourire teinté d'autodérision. Elle n'avait rien à attendre d'un homme amnésique, sujet à des crises de tremblements et de convulsions. Si, par chance, il retrouvait la mémoire, il s'empresserait de rejoindre sa famille, ce qui était dans l'ordre des choses.

Elle se rappelait l'avoir souvent entendu crier « Marion ». Quelque part, une jeune femme devait se désespérer de ne pas avoir de ses nouvelles. Et lui demeurait dans sa nuit.

Elle héla un taxi, donna l'adresse de son hôtel.

Édith avait l'habitude de mener sa vie à sa guise. Fille unique, elle avait perdu ses parents en 1914, lors de l'offensive allemande en Ardenne. Elle travaillait alors déjà comme infirmière à Soissons. Son métier l'avait aidée à tenir. Elle n'avait pas d'autre famille, seulement des cousins éloignés en Vendée. Son ami d'enfance, Charles, venait d'être tué sur le front. Édith se rappelait avoir pensé alors : « Je me laisse mourir ou bien je me bats. »

Elle s'était battue.

Elle déposa son bagage à l'hôtel. La chambre était petite, mais propre, meublée de bois blond. La fenêtre ouvrait sur le fort Saint-Jean. Édith huma l'air venu de la mer. Fille du Nord, elle n'était jamais venue dans le Midi. Marseille « vivait » et n'était pas défigurée par les trous d'obus ni par le bruit obsédant du canon.

C'était un autre cadre, une autre existence.

Elle se changea après s'être rafraîchie et partit en quête du centre neurologique. Le ciel, très bleu, fit naître l'espoir en elle.

Elle dut montrer patte blanche et exposer le but de sa visite. Un médecin la reçut dans un bureau grisâtre dont la pénombre contrastait avec la luminosité extérieure.

– Êtes-vous fiancée à la personne que vous venez voir ? lui demanda-t-on.

Elle secoua la tête. Non, elle était sa marraine de guerre. Cette explication lui paraissait correspondre à la réalité. Elle fit valoir son statut d'infirmière, ses états de service. On lui répondit qu'on transmettrait sa requête au médecin qui suivait le numéro 51. Cette histoire de numéro pesait à Édith, qui aurait voulu trouver une identité à son protégé.

Elle osa s'ouvrir de son interrogation auprès de son interlocuteur.

– Comment voulez-vous que nous fassions ? Avez-vous une idée du nombre de patients qui passent par notre établissement ? Ce qui importe, c'est de les renvoyer le plus vite possible sur le front.

Une telle réaction choqua Édith.

– Mesurez-vous le cynisme dont vous faites preuve ? protesta-t-elle.

Le visage du médecin se ferma.

– Nous sommes en guerre, mademoiselle Revoul, je me permets de vous le rappeler. Nous manquons d'hommes. Beaucoup de « plicaturés » ou de convulsifs simulent pour être réformés. C'est à nous de faire le tri entre les vrais malades et ceux qui trichent. N'oubliez pas qu'ils n'ont pas de blessure organique.

Édith fronça les sourcils.

– Avez-vous lu les travaux de Freud sur les chocs émotionnels ?

Cette fois, le docteur eut un haut-le-corps.

– Freud ? Cet Austro-boche[1] ? Vous n'y pensez pas !

Édith se raidit.

De toute évidence, ils ne s'intéressaient pas à la même médecine.

Elle prit cependant le parti de ne pas insister. Elle désirait voir son protégé, essayer de le soutenir. Il le fallait.

1. Nombre de médecins nommaient ainsi Sigmund Freud durant la guerre de 1914-1918.

Son interlocuteur se leva.

– Bien, mademoiselle Revoul, je vais vous permettre de rencontrer le numéro 51. À titre exceptionnel, naturellement.

Elle comprit qu'il n'y aurait pas de seconde visite et son cœur se serra.

Allons, se dit-elle avec l'optimisme qui la caractérisait, l'important était de voir son ami.

Son visage émacié lui fit mal. Pourtant, son regard s'illumina lorsqu'il la reconnut.

– Mademoiselle Édith… quelle bonne surprise !

Sa chambre évoquait une cellule. Meublée d'un lit en fer, d'une table et d'une chaise, elle n'était éclairée que par un fenestron protégé d'une grille et placé en haut du mur.

– Ce n'est pas un palace ! ironisa Édith.

– Si seulement mon état de santé s'améliorait ! Mais je piétine.

Elle nota les tremblements qui l'agitaient toujours et son expression traquée.

Elle comprit lorsqu'il évoqua devant elle sa séance de « torpille ».

– Ils partent du principe que nous sommes tous des simulateurs, lui expliqua-t-il. Dans leur esprit, la douleur peut être thérapeutique. Si nous souffrons suffisamment, nous ne simulerons plus.

– Quelle horreur ! s'indigna Édith. C'est si barbare !

Comment pouvait-elle l'aider à fuir ce nouvel enfer ? D'abord lui donner un nom.

– Si je vous appelais Sylvain ? suggéra-t-elle. C'est la Saint-Sylvain aujourd'hui. Ce sera toujours mieux que « numéro 51 », ne trouvez-vous pas ?

Il acquiesça tristement. Édith comprit à cet instant qu'il se laisserait mourir si elle ne le sortait pas du centre. Un ressort s'était brisé en lui, il n'avait plus la force de se battre.

Ils devisèrent encore quelques minutes, Édith cherchant à faire appel à leurs souvenirs de la Champagne.

Il retint sa main lorsqu'elle prit congé.

– Ne m'oubliez pas, mademoiselle Édith, la pria-t-il, et elle se promit de ne pas l'abandonner.

Elle ne retourna pas voir le médecin qui l'avait reçue à son arrivée. Elle pressentait que cela aurait été inutile.

Elle marcha un long moment sur les quais bruyants. L'atmosphère de Marseille lui plaisait. Elle avait le sentiment que la guerre n'y avait pas droit de cité.

Il lui fallait trouver une solution, et elle avait conscience des difficultés.

Brusquement, alors qu'elle arrivait en vue du palais du Pharo, elle sut. Les relations de son oncle, sous-préfet, pourraient peut-être lui venir en aide.

1919

La guerre était terminée depuis six mois. Pourtant, Marion n'avait pas l'impression que sa vie avait réellement changé.

Elle travaillait toujours aussi dur à la Bastidane, et sa solitude lui pesait toujours autant.

Son beau-père était mort au début de l'hiver, d'un froid sur la poitrine. Elle pensait surtout qu'il n'avait plus la volonté de vivre. Les derniers temps, il parlait sans cesse d'Antoine, se languissant de le rejoindre.

Marion avait fait face, se chargeant de tout, jusqu'au moment où, à bout de forces, elle s'était couchée pour une huitaine de jours. Lorsqu'elle s'était relevée, elle avait décidé de ne plus pleurer, de se battre pour la Bastidane. De toute manière, elle n'avait pas le choix.

La fin de la guerre n'avait pas ramené tous les mobilisés au pays. Six habitants étaient morts, et Antoine porté disparu.

Le village se remettait mal. Les bras manquaient. Les femmes continuaient d'assumer la plupart des travaux agricoles. Les visages étaient fermés, les enfants eux-mêmes ressentaient le poids du chagrin.

Marion se rendait une fois par semaine au marché d'Apt, où elle vendait ses œufs, ses poulets et ses pots de miel.

Elle partait à six heures, sa jardinière chargée de denrées, s'installait toujours au même endroit, place de la Bouquerie, et rentrait chez elle en fin de journée.

Chaque samedi, elle avait l'impression de revivre. Elle retrouvait son amie Gina, marchande de quatre-saisons, et Lucie, qui vendait du linge.

Toutes trois se racontaient les dernières nouvelles, en saluant aimablement leurs clientes habituelles.

Une atmosphère bon enfant régnait dans la cité au bord du Calavon. S'y rétablissait-on mieux que dans les villages ? Gina avait perdu son fiancé et le mari de Lucie était rentré au pays gazé, mais les deux jeunes femmes avaient repris le dessus. Elles exhortaient Marion à « refaire sa vie », comme elles disaient.

La jeune femme secouait la tête. Elle ne se sentait pas prête. Antoine lui manquait toujours, même si ses traits avaient tendance à s'estomper. Sa dernière permission remontait à décembre 1914... une éternité.

À chaque retour du marché, le sentiment de solitude l'écrasait. Elle allait nourrir les bêtes, déchargeait les invendus puis se réchauffait un bol de soupe. En général, Gina, Lucie et elle déjeunaient en ville vers quatorze heures trente, à la fin du marché. Du pain et du fromage de chèvre, quelques brassadeaux, des fruits frais...

C'était le meilleur moment de la semaine.

Ensuite, elle se laissait happer par la routine des tâches quotidiennes.

L'idée qu'il en irait ainsi jusqu'à sa propre mort la désespérait.

1922

Des nuages grisés se poursuivaient dans un ciel couleur d'orage. Pourtant, il avait l'impression que la pluie se ferait encore désirer.

La nuit allait bientôt tomber, ramenant avec elle les cauchemars et les angoisses, mais il tentait de s'en accommoder.

Il rentrait chez lui, enfin ! Après tant d'années passées à tenter de raviver sa mémoire défaillante.

C'était Édith qui l'avait sauvé. Elle s'était battue pour le faire réformer et admettre dans un hôpital parisien où l'on avait remplacé sa main amputée par une prothèse.

C'était le seul avantage de la guerre, affirmait le docteur Renoir, son chirurgien, un quinquagénaire passionné par son métier. On avait accompli des progrès remarquables en orthopédie.

Le docteur Renoir lui avait conseillé un thérapeute installé à Versailles qui pratiquait l'hypnose. Édith avait insisté pour qu'il le consulte et l'avait accompagné à chaque séance.

Curieusement, il sortait apaisé de ses rencontres avec le docteur Souliez.

Peu à peu, il avait l'impression que le brouillard enveloppant son passé se dissipait. Des bribes lui revenaient. La Bastidane, bien sûr, Marion… des noms qui l'avaient longtemps hanté. Il se rappelait aussi le marché d'Apt et leurs terres en restanques, s'étageant du côté de Gargas.

Son identité lui était revenue d'un coup, moins d'une semaine auparavant. Antoine. Il s'appelait Antoine Seyssaud et le mas se nommait la Bastidane. Grâce à l'aide d'Édith, il en avait vite découvert les coordonnées. Il esquissa un sourire. Chère Édith… elle ne l'avait jamais abandonné.

Cependant, elle l'avait laissé grimper seul dans le train à destination d'Apt.

« Vous n'avez plus besoin de moi pour rejoindre votre famille », lui avait-elle dit.

Il était marié. Ce souvenir-là lui était aussi revenu. Elle se prénommait Marion, et il l'avait aimée.

Il aurait presque voulu l'avoir oubliée. Parce que, à cause de Marion, il ne pourrait jamais déclarer son amour à Édith.

Il revit le petit pavillon situé à Marly-le-Roi où elle l'avait hébergé.

« Comme frère et sœur », avait-elle précisé dès le premier jour, mais cela n'avait pas vraiment d'importance. Parce que le seul fait de côtoyer la jeune femme jour après jour, de humer son parfum délicat, de guetter son sourire suffisait à le rendre heureux.

Il avait d'ailleurs insisté pour qu'elle continue à l'appeler Sylvain.

C'était leur secret, une complicité entre eux deux.

À plusieurs reprises, avant de retrouver son état civil, il avait éprouvé la tentation de lui avouer ce qu'il éprouvait pour elle.

Il aimait cette façon qu'elle avait de l'écouter, la tête légèrement penchée vers lui, il aimait son sourire confiant, comme son optimisme. Avec elle, il s'était senti protégé. Elle avait fait jouer ses relations familiales pour obtenir sa réforme. C'était d'ailleurs particulièrement injuste, estimait-elle. Sa mutilation aurait dû l'exclure définitivement des rangs de l'armée mais voilà… il fallait toujours plus de chair à canon.

Tous deux avaient assisté au premier défilé de la victoire, le 14 juillet 1919. Arrivés sur les Champs-Élysées à quatre heures du matin, ils avaient vibré à l'unisson des différents corps d'armée. Ce jour-là, il avait saisi la main d'Édith, avant de la relâcher en marmonnant une excuse.

Tous deux avaient fait comme si de rien n'était. Mais il n'avait pas oublié cette pression fugace ni le trouble qu'elle avait suscité en lui.

Sa mémoire revenue lui avait douloureusement fait prendre conscience du temps écoulé.

Il se souvenait désormais du mas, de ses parents et de Marion. Marion, rencontrée à la foire d'Apt, dont la gaieté l'avait séduit. Originaire des Alpilles, elle travaillait dans une fabrique de fruits confits. Il se rappelait sa tresse lourde qui dansait dans son dos, sa peau claire piquetée de taches de rousseur sur le nez et le décolleté. Il l'avait aimée. Follement. Comme on peut aimer à vingt ans.

Désormais, il approchait de la trentaine et s'inquiétait de l'accueil qu'elle lui réserverait.

Il n'avait pas voulu lui écrire. Pas de lettre ni de télégramme, c'était trop violent, après toutes ces années d'absence, de silence. Il préférait se présenter à la Bastidane, pour atténuer le choc.

Il était descendu du train en gare d'Apt, avait reconnu avec émotion les bords du Calavon et les demeures de style éclectique[1] que Marion admirait tant.

1. Tendance en architecture entre 1860 et 1920, mêlant différents styles et époques.

Ensuite, il avait pris la route de la Bastidane, quitté la plaine et grimpé vers le mas, parmi les pins et les chênes pubescents.

Il avait repris des forces ces dernières années. Édith l'entraînait dans de longues promenades dans la forêt de Marly, à l'ombre des chênes et des charmes.

Il devait tant à Édith ! Et elle s'était effacée, avec dignité et douceur.

Elle lui avait simplement demandé de lui donner de ses nouvelles de temps à autre et il avait acquiescé.

Il reconnaissait les parfums du romarin et du poivre d'âne, et son cœur s'affolait. Comment avait-il pu oublier son pays, le Luberon, où sa famille s'était ancrée depuis plusieurs générations ? Il entendait encore son père lui rappeler : « N'oublie pas, mon fils, nous sommes redevables à la terre de nos ancêtres. Tu devras la transmettre à ton fils. »

Il n'avait pas d'enfant. Il n'était pas certain, d'ailleurs, d'en désirer.

Élever un petit, l'entourer d'amour, pour qu'il soit envoyé à la mort ? Merci bien ! Il était las de la folie des hommes.

Il traversa le village alors que l'ombre gagnait sur le jour. Il s'arrêta, cependant, devant le monument aux morts qui s'élevait sur la place de la mairie. Il s'agissait d'un obélisque de pierre portant en façade un médaillon de poilu.

Il battit le briquet, lut les noms de six de ses camarades, « morts pour la France ».

En dessous, figurait le sien, suivi de la mention : « disparu au champ d'honneur ».

La nausée le submergea. Disparu. Il était bel et bien disparu ! Quoi de plus logique puisqu'il percevait une pension au nom de Sylvain Dubois, victime du conflit et déclaré amnésique ? L'autre, Antoine Seyssaud, n'existait plus.

Cette évidence le frappa. Il appréhendait déjà les formalités à effectuer pour recouvrer sa véritable identité.

– Antoine Seyssaud, répéta-t-il, presque incrédule.

Il frissonna. Releva le col de son manteau, acheté l'an passé avec Édith à la Samaritaine. C'était un tendre souvenir, le vendeur les avait pris pour un vrai couple.

« Demandez son avis à Mme votre épouse, monsieur », avait-il répété à deux reprises.

Édith et lui avaient échangé un regard indéfinissable. Comme s'ils avaient peur de s'approcher de la vérité...

Il continua de grimper vers la Bastidane. Sa maison.

La lampe était éteinte lorsqu'il parvint devant le seuil du mas.

Le cœur battant, il s'appuya quelques instants contre le mur crépi. Il avait peur, soudain. Peur de la réaction de Marion ou bien de la sienne ? Il n'aurait su le dire mais il ne pouvait pas avancer.

« Peut-être bien les deux », pensa-t-il.

Il observa les silhouettes des deux cyprès au tronc noueux en se disant que rien n'avait vraiment changé. Si, pourtant : avant, Caramel aurait aboyé. Mais Caramel devait être morte.

Il recula à pas lents, se dirigea vers le cabanon de son père. Martin était-il encore en vie ? Il devait avoir… dans les soixante-dix ans. Ce n'était pas si vieux, après tout !

Un caillou roula sous ses pas. Le bruit lui parut terrifiant dans le silence de la nuit mais personne ne bougea à l'intérieur du mas.

Il reprit son chemin après s'être arrêté durant quelques instants. Un nocturne hulula au-dessus de sa tête. La nuit sentait le tilleul, un parfum suave et sucré qu'il avait toujours aimé.

La porte du cabanon n'était pas fermée à clé. Il en avait été toujours ainsi. L'intérieur, cependant, était vide. À la lueur de son briquet, il reconnut quelques meubles ayant appartenu à ses grands-parents : une panetière, une maie, une table ronde, deux sièges à haut dossier, des tableaux représentant l'entrée du port de Marseille dans un style XVIIIe siècle… L'univers de son père.

– Père ? appela-t-il.

Seul le silence lui répondit.

Le lit n'était pas fait dans la chambre attenante. Simplement recouvert d'une couverture, il lui paraissait tentant. Quelle différence avec les conditions de vie plus que spartiates dans les tranchées qu'il n'avait pu oublier.

Sans plus attendre, il s'allongea. La fatigue lui pesait brusquement. Même s'il appréhendait les retrouvailles du lendemain, il s'endormit très vite.

Un rai de lumière le réveilla. Il se redressa, consulta sa montre. Huit heures trente ! Il avait dormi près de dix heures d'affilée. Un effet de l'air de la Bastidane. À moins qu'il n'ait cherché à fuir ses angoisses ? Il ne savait pas comment aborder Marion, désirait lui épargner un choc inévitable.

Il procéda à une rapide toilette après être allé tirer de l'eau au puits.

Il éprouva une sensation étrange en croisant son reflet dans le miroir surmontant la pile. Son visage était marqué par la souffrance. À cet instant, il songea à Édith, qui l'avait accompagné ces dernières années. Avec elle, il se posait beaucoup moins de questions au sujet de son apparence. Elle l'avait vu dans un état bien plus pitoyable.

Il haussa légèrement les épaules.

Ce n'était pas à Édith qu'il était marié, mais à Marion.

Marion, qui le croyait mort.

Il referma la porte du cabanon derrière lui, prit une longue inspiration. L'air fleurait toujours bon le tilleul. Il aperçut plusieurs ruches et sourit. C'était une bonne idée.

Il redescendit le chemin menant au mas. Son allure ralentissait au fur et à mesure qu'il approchait de la bâtisse. Il distingua une silhouette dans le champ cornu, là où il cultivait du blé, jadis. Le temps des moissons approchait, Marion aurait besoin de lui. Sa prothèse lui permettrait de travailler aux champs.

Il refusait qu'on le plaigne et qu'on le prenne en pitié. Il n'abdiquerait pas. Sa longue convalescence lui avait au moins appris ça. Sous l'influence d'Édith, il s'était intéressé à l'art. Il avait commencé à peindre, sans prendre de cours, se contentant de copier ses tableaux préférés au Louvre. Il puisait une grande sérénité dans cette activité.

Rien ne semblait avoir changé au mas. Deux amandiers flanquaient la ferme. Il savait qu'ils avaient été plantés par son grand-père, plus de quatre-vingts ans auparavant. Des bourras de tilleuls s'entassaient sur une brouette. Les fleurs seraient mises à sécher avant le soir dans le grenier.

Il s'immobilisa au pied d'un cyprès effilé. De là, il bénéficiait d'un point de vue sur le domaine. Il y venait, jadis, lire tranquillement tout en surveillant les allées et venues de son père. Martin, en effet, ne supportait pas que son fils « perde son temps à lire », comme il disait.

En compagnie d'Édith, il avait pris goût à la culture. Ils se rendaient ensemble au théâtre, au cinéma. Il avouait une prédilection pour les drames, « les mélos », estimait Édith, mais il n'en avait cure. Il s'était passionné pour *Les Mystères de Paris* et *Roger la Honte.*

Édith lui manquait. N'était-ce pas absurde puisqu'il allait retrouver son épouse et leur maison ? Il réprima un soupir.

La porte du mas s'ouvrit à la volée. Une jeune femme sortit sur le seuil. C'était Marion, radieuse, tenant un enfant dans les bras, une petite fille aux boucles dorées. Elle pouvait avoir un an. Le cœur de l'homme se serra.

Marion et l'enfant se ressemblaient. Il s'agissait de sa fille, assurément. Et lui… Il faillit exploser de colère, parvint à se maîtriser. N'était-il pas mort ? C'était écrit sur le monument du village. « Antoine Seyssaud, disparu au champ d'honneur. »

Marion, portant toujours l'enfant, descendit rejoindre l'homme qui travaillait dans le champ cornu. Il le vit ôter son chapeau et serrer contre lui Marion et la petite fille.

Il n'avait plus de doute : Marion avait refait sa vie.

Le cœur lourd, il demeura à son poste d'observation, ne sachant quelle attitude adopter.

Marion ne l'avait pas attendu ! Elle avait eu un enfant d'un autre homme. Et, cependant, même s'il accusait le coup, il ne parvenait pas à lui en vouloir. Marion était jeune, elle avait besoin d'un homme à ses côtés pour diriger la Bastidane.

À l'heure de la méridienne, alors que la campagne était écrasée de chaleur et que les cigales stridulaient sur un rythme obsédant, il avait regagné le village en coupant à travers la garrigue.

Le chapeau rabattu sur les yeux, le manteau sur le bras, il s'était arrêté au cimetière. La tombe de sa mère était située non loin de la grille d'entrée, qui grinçait de plus en plus. Il découvrit sans réelle surprise que son père était désormais enterré à ses côtés.

Il se signa, resta un bon moment devant la stèle. Il ne priait pas, il ne parvenait plus à le faire, reprenait simplement avec ses parents une conversation interrompue depuis trop longtemps.

Il se décida à quitter le cimetière alors que le jour déclinait. Où aller ? Que faire ?

Le cantonnier, le vieil Alphonse, nettoyait l'allée et arrachait les mauvaises herbes. Il le salua sans ôter son chapeau. Il n'avait pas envie d'être reconnu. Le vieil homme s'appuya sur son râteau.

– Vous êtes de la famille Seyssaud, monsieur ? questionna-t-il. Faut m'excuser, ma vue n'est plus ce qu'elle était. La cascade… ou quelque chose comme ça.

– La cataracte, rectifia-t-il machinalement.

– Oui, c'est ça. Alors, vous connaissez les Seyssaud ? Des gens méritants, qui ont eu bien des malheurs…

– J'avais promis à leur fils de venir me recueillir sur la tombe de sa mère, répondit-il en parlant « pointu », comme il avait appris à le faire.

Alphonse s'essuya le front.

– Ah, le pauvre Antoine ! Disparu en 15, pfft ! On n'a jamais retrouvé son corps. Sa femme s'est échinée à sauver le mas, comme beaucoup d'autres femmes dans son cas. Le vieux Martin est mort à son tour en 18 et on a bien cru que Marion n'allait pas faire de vieux os et puis elle s'est remariée, il y a deux ans, avec un ouvrier espagnol venu chercher du travail. Ces gars-là ne rechignent pas à la tâche ! Marion n'a pas fait une mauvaise affaire avec son Salvador. Il lui donne un sacré coup de main, croyez-moi. Ils ont eu une petitoune l'an passé, mignonne comme sa mère. Ça vous redonne espoir, monsieur ! Même s'il se trouvera toujours des mauvaises gens pour critiquer Marion. Moi, je dis qu'elle a bien fait. Elle était trop jeune pour s'enterrer dans ses voiles de deuil, vous ne croyez pas ?

– Naturellement, opina-t-il d'une drôle de voix un peu cassée.

Marion avait épousé Salvador ; ils avaient une petite fille. Comment, dans ces conditions, se présenter à la Bastidane en revendiquant ses droits ? C'était impensable !

– Je vais fermer, monsieur, reprit l'intarissable bavard.

Antoine le salua et partit. Dans sa tête, les informations recueillies se télescopaient. Marion, mariée à un Espagnol et mère de famille ! Cela lui paraissait inconcevable.

Dans son dos, la grille du cimetière grinça. Il pressa le pas, reprit la direction de la gare d'Apt.

Il n'avait plus rien à faire ici.

Là-haut, non loin de Paris, une femme l'attendait.

Peu lui importait d'abandonner ses terres et son mas.

Il l'aimait.

Le Mas des Tilleuls

Ce roman est une fiction librement inspirée de la réalité. Toute ressemblance avec des personnes existant ou ayant existé serait fortuite et indépendante de la volonté de l'auteur.

À Jean-Marie,
avec tout mon amour.

On n'est pas sérieux, quand on a dix-sept ans.
[…]
– On va sous les tilleuls verts de la promenade.

Les tilleuls sentent bon dans les bons soirs de juin !
L'air est parfois si doux, qu'on ferme la paupière ;
[…]
– On n'est pas sérieux, quand on a dix-sept ans
Et qu'on a des tilleuls verts sur la promenade.

Arthur RIMBAUD, *Roman*

1

1825

Un oiseau de proie tournoyait dans le ciel presque trop bleu. La main placée en visière, Sosthène Lombard suivait ses évolutions en se demandant si un agneau n'avait pas échappé à la vigilance de Jean-Baptiste.

À dix-sept ans, son fils en paraissait plus de vingt. Grand, bien bâti, il était beau gars avec ses yeux bleus et ses cheveux bruns. Les filles étaient nombreuses à lui jeter des coups d'œil gourmands aux veillées ou durant les moissons.

Sosthène en éprouvait une sourde irritation. Lui-même, à près de quarante ans, se sentait en pleine force de l'âge. Il travaillait dur depuis des lustres et commençait à récolter les fruits de son labeur acharné.

Il tourna la tête vers le mont Ventoux, qui dominait le paysage en arrière-plan, loin derrière la crête du rocher Saint-Julien.

Comme son père et son grand-père l'avaient fait avant lui, Sosthène se fiait au Ventoux pour prévoir le temps de la nuit et du lendemain.

De nombreux dictons se transmettaient de génération

en génération, dont le plus connu : *Quan lou Ventoux a soun capèu […], se plòu pas aro ploura lèu*[1].

Sosthène, qui se disait volontiers mécréant, était attaché à ces traditions, plus importantes pour lui que les rites d'une religion ne l'attirant guère.

Depuis l'enfance, il avait poursuivi un seul but, s'enrichir. Lui, le fils de paysan des Baronnies gagné aux idées révolutionnaires, n'avait pas hésité à épouser Adélaïde Bonaventure, fille aînée d'un propriétaire aisé.

La jeune mariée apportait en dot le Mas des Tilleuls, un domaine que Sosthène convoitait depuis longtemps.

La demeure, plantée sur le versant exposé au sud, offrait un bon ensoleillement et une protection efficace contre le mistral comme contre les averses. Le bâtiment était robuste mais avait été mis à mal durant la jacquerie de l'été 1792. Lorsqu'il en était devenu propriétaire, le jour de son mariage, en 1806, Sosthène s'était promis de lui rendre son éclat. Il avait manié la truelle, mêlé du sable et de la terre à la chaux pour reconstituer un enduit coloré capable de protéger les murs de roche tendre, et redonné vie au mas. Tout en longueur, l'édifice était flanqué de deux tours, d'allure plus dauphinoise que provençale.

Fier du travail accompli, il était devenu un notable de la région de Buis. Ce qui ne l'avait pas incité à ouvrir les cordons de sa bourse, bien au contraire.

1. « Quand le Ventoux a son chapeau […], s'il ne pleut sur l'instant il pleuvra rapidement. »

Sosthène Lombard donnait l'exemple et attendait la même attitude aussi bien de ses employés que de sa famille. Il était renommé pour sa dureté et son intransigeance. Adélaïde avait tenté d'émousser les aspérités de son caractère. À la mort prématurée de sa femme, d'une mauvaise fièvre, deux ans après la naissance de Jean-Baptiste, Sosthène s'était refermé sur lui-même.

« Je n'aurais pas pensé qu'il ait pu aimer sa femme », avait marmonné la vieille Léonie, qui élevait le petit garçon. Plus tard, en y réfléchissant bien, elle avait compris que le maître de maison avait mal supporté ce coup du destin. Lui qui aimait à tout maîtriser s'était senti trahi.

Sosthène était resté seul une dizaine d'années avant de ramener une « jeunesse » au Mas des Tilleuls. Ce jour-là, Léonie s'était signée précipitamment.

« *Voù pas l'aigo que bèu*[1] », avait-elle bougonné.

Sans mot dire, elle était allée chercher, dans la chambre des maîtres, les effets personnels d'Adélaïde auxquels elle n'avait pas eu le courage de toucher et les avait entreposés dans une armoire garde-robe. Pas question que Séraphine, la nouvelle épouse, ait accès au missel, au chapelet ou aux vêtements d'Adélaïde ! Léonie était déjà malade à l'idée de la voir utiliser le linge du trousseau de sa « nourrissonne ». Impressionnant, ce trousseau accumulé depuis plusieurs générations : cent vingt paires de draps de chanvre et de lin, taies

1. « Elle ne vaut pas l'eau qu'elle boit. » Se dit d'une personne qui n'est bonne à rien.

d'oreillers, courtepointes, couvre-pieds, serrés dans la grande lingerie située à l'étage, juste à côté de la tour est.

Léonie avait compris dès le premier jour que Séraphine, malgré ou à cause de ses vingt ans, ne s'en laisserait pas conter. Elle lui avait réclamé le clavier, attribut de la nouvelle épouse, rassemblant les clefs de la demeure, d'un ton insolent en précisant : « C'est moi la maîtresse du mas, à présent » et Léonie avait dû s'exécuter, la mort dans l'âme.

Cette fille au teint mat, aux cheveux noirs, au regard sombre, était la parfaite antithèse d'Adélaïde, blonde aux yeux très bleus. Personne ne savait d'où elle venait. Il se murmurait que Sosthène l'avait ramassée sur les chemins. Léonie en doutait.

En tout cas, elle avait fini par partir, ne pouvant plus supporter l'arrogance de la donzelle. Adélaïde lui avait légué un mazet à l'entrée du village. Grâce à sa nourrissonne, Léonie était assurée de ne pas finir ses jours à l'hospice.

« Méfie-toi de cette femme, avait-elle recommandé à Jean-Baptiste le jour de son départ. C'est une malfaisante. »

Le garçon venait lui rendre visite dès qu'il pouvait s'échapper du mas. Il réclamait à Léonie des anecdotes sur la vie de jadis, sur le domaine. Il s'intéressait notamment à la quadruple allée de tilleuls menant au mas. Cette allée avait une histoire. Charles Bonaventure, le père d'Adélaïde, l'avait plantée en hommage à la femme qu'il aimait, Maylis, quelques années avant que le tilleul ne soit souvent choisi comme arbre de la liberté. Homme lettré, Charles Bonaventure avait été ému par la légende faisant de cet arbre aux feuilles en forme de cœur le symbole de l'amour et de la fidélité.

Petit, Jean-Baptiste se réfugiait dans le tronc creux du tilleul le plus éloigné du mas. Il espérait ainsi échapper aux railleries et aux accès de colère de son père. Pour Sosthène, on ne travaillait jamais assez. Si Jean-Baptiste n'avait pas reçu l'affection de Léonie et les leçons de son oncle Hector, savant revenu dans les Baronnies après avoir herborisé jusqu'à Saint-Domingue, il aurait grandi comme un enfant sauvage. Grâce à Hector, le frère aîné de sa mère qui habitait une maison sur trois niveaux à Buis, Jean-Baptiste avait appris à mieux connaître les plantes et les livres.

« Ta maman tenait par-dessus tout aux tilleuls du mas », lui racontait souvent Hector. Et il rappelait : « La coutume voulait que des tilleuls soient plantés devant la demeure d'une femme généreuse. »

Si c'était le cas, Séraphine avait brisé la tradition. Les chemineaux et autres vagabonds ne grimpaient plus jusqu'au mas. La nouvelle maîtresse de maison avait donné des consignes strictes. Pas question de nourrir ou d'héberger les miséreux.

Dès son installation au mas, Séraphine avait fait venir la couturière de Buis, Bastienne, et s'était fait tailler plusieurs toilettes. Bastienne, qui connaissait bien Léonie, avait laissé entendre que la jeune femme ne possédait que sa chemise et un jupon.

« Une fille de rien », soupirait Léonie en remuant ses tians pour confectionner son gratin de blettes. « *N'ave ni biai ni biasso*[1]. »

Pourquoi, Seigneur, le maître était-il allé s'enticher de cette jeunesse ? Elle apporterait le malheur au mas. Léonie en était convaincue.

L'automne, la saison préférée de Sosthène, ensoleillait les Baronnies. Les petits matins étaient frisquets, un temps idéal pour partir traquer les grives. Pour ce faire, il ne recourait pas aux lecques, les pièges à assommoir, qu'il laissait volontiers aux gamins. Il préférait la chasse dite « au poste à feux ». Le poste était un abri de branchages dont les ouvertures latérales permettaient de tirer. Les grives étaient attirées par des cages surmontées de baguettes engluées. Prises au piège, elles jouaient le rôle d'appelant auprès de leurs congénères.

Sosthène avait bien un peu de peine à se lever du lit douillet et à abandonner Séraphine qui ronronnait de plaisir après l'étreinte matinale mais sa passion pour la chasse l'emportait. Il partait seul en compagnie de son chien, Faraud, puisque son fils avait la chasse en horreur. Tout en faisant craquer le givre sous ses lourds souliers, Sosthène remâchait ses griefs contre Jean-Baptiste. Son fils unique le décevait souvent. Certes, il s'acquittait des tâches du domaine, mais sans réel entrain. Il préférait de beaucoup se rendre chez son oncle, ce vieux fou d'Hector, ou encore chez Léonie.

1. « Elle n'avait ni qualité ni bien. »

Sosthène savait que Jean-Baptiste s'intéressait davantage aux plantes qu'au troupeau ou aux champs mis en culture.

Si seulement Séraphine pouvait lui donner un autre fils ! Auprès de sa jeune épouse, il avait l'impression de ne pas être si âgé, après tout, mais il ne s'illusionnait pas. On la toisait en ville, chuchotant sur son passage. Séraphine était trop différente d'Adélaïde pour être facilement intégrée, et acceptée. La jeune femme s'en moquait éperdument. Elle avait un caractère sauvage et passionné qui ravissait Sosthène la nuit tout en le gênant parfois le jour. Pas question pour lui de se livrer à la moindre révélation sur les origines de Séraphine. Il tenait à sauvegarder la réputation de son nom et celle de ses enfants à naître.

Un bruit d'ailes le fit tressaillir. Perdu dans ses pensées, il en avait oublié qu'il était venu chasser les « kia kia », les grives.

La veille, il avait proposé à Jean-Baptiste de l'accompagner. Son fils avait refusé. Il devait rendre visite à Hector. Une nouvelle fois, Sosthène s'était senti renié. Lui qui travaillait de ses mains ne pouvait rivaliser avec son beau-frère, fin lettré. Pourtant, les rentes d'Hector diminuaient tandis que le patrimoine de Sosthène augmentait chaque année.

Au fil des ans, Sosthène avait racheté terres et mazets qu'il louait à des fermiers. Il était devenu « quelqu'un », ce qui l'emplissait de fierté. Il avait eu à cœur, en effet, de prouver à la famille d'Adélaïde qu'il n'était pas un vulgaire coureur de dot. Sa première épouse l'avait longtemps impressionné. C'était une dame, et Sosthène ne se comportait pas avec elle au lit comme il le faisait avec Séraphine.

Sa seconde épouse aimait l'amour, qu'elle faisait joyeusement et sans façon. Ce qui convenait parfaitement à Sosthène.

Il esquissa un sourire. Malgré le temps plus que frisquet, il n'avait plus besoin de faire bassiner son lit par la servante, Eulalie.

Séraphine suffisait à réchauffer les draps.

2

1826

Comme chaque année, les derniers jours du printemps étaient marqués par la floraison des tilleuls du mas. Le paysage en paraissait tout transformé. « Transcendé », affirmait Hector.

Les arbres aux feuilles en forme de cœur se couronnaient de dômes d'un jaune vert pâle accrochant la lumière et dégageaient un parfum suave, miellé et entêtant qui se diffusait encore durant la nuit.

Les nuits de juin… Jean-Baptiste les attendait avec impatience ; il dirigeait la récolte des tilleuls d'Adélaïde, selon un accord tacite avec Sosthène. Si Hector le lettré avait fait l'éducation de son neveu, Maurice, le valet, avait transmis au garçonnet tout ce qu'il savait sur l'arbre des amoureux et des sorciers.

Dès le premier jour de la cueillette, Sosthène s'arrangeait pour se rendre à la foire de Banon, comme s'il ne pouvait supporter l'idée de voir son fils unique mener les opérations. On louait du monde, car il fallait faire vite. La floraison n'excédait pas deux semaines, et la fleur devait être cueillie dans les heures suivant son éclosion. Sinon, tachée de brun, « boulée », elle perdait une grande partie de sa valeur.

Debout sur le seuil du mas, Jean-Baptiste prit une longue inspiration. Le parfum des tilleuls en fleur imprégnait tout le domaine. Bientôt, les abeilles rendues folles par l'arôme délicat, sucré, tourbillonneraient autour des branches.

L'air était doux malgré l'heure matinale. Le soleil venait à peine de se lever. Plus tard, quand la chaleur deviendrait si forte que le décor se troublerait, il serait temps de chercher l'ombre.

– Jean-Ba, ta soupe est prête, lui rappela dans son dos la voix de Léonie, le faisant sursauter.

La vieille femme venait aider le temps de la récolte, se chargeant des divers travaux du ménage et préparant les repas, ce qui permettait à Séraphine de se joindre aux cueilleurs lorsqu'elle y était décidée.

Il rentra à l'intérieur de la salle, caressa distraitement la tête de Louve, sa chienne aux longs poils gris, et but son bol de soupe debout, ce qui exaspérait Léonie.

– Tu peux t'asseoir, tout de même ! lui fit-elle remarquer. On est bien obligés de prendre le temps de mourir.

En guise de réponse, il lui donna une affectueuse bourrade. Séraphine, mal réveillée, s'installa à la table en bois patiné. Sa chemise de lin, au décolleté presque carré, fermé par une coulisse, bâillait sur sa poitrine opulente. Le coup d'œil réprobateur de Léonie lui tira un sourire narquois. Elle passa la main dans ses cheveux noirs ébouriffés.

– Tu commences par quel côté ? demanda-t-elle à son beau-fils.

– L'allée de gauche. Elle est plus avancée.

Séraphine ne répondit pas. Elle but sa soupe à petites gorgées, comme l'eût fait un chaton. Restée sur le seuil de la salle, Louve gronda doucement pour appeler son maître. Séraphine se tourna vers la chienne à la robe grise.

– Sors de ma maison ! lui ordonna-t-elle, d'une voix sèche.

Louve, l'échine courbée, recula à pas lents vers la cour. Jean-Baptiste se leva.

– J'y vais, dit-il d'un ton neutre.

Il s'adressait à Léonie. La vieille femme hocha la tête.

– J'apporterai les biasses à midi.

Dans la cour, Maurice attendait déjà. Les deux hommes allèrent chercher dans la grange les grandes échelles, hautes de plus de cinq mètres, larges à la base et pointues au sommet. Les tilleuls par lesquels ils avaient l'intention de commencer n'étaient pas les plus élevés mais leur floraison était particulièrement abondante. Maurice et Jean-Baptiste retrouvèrent dans l'allée les deux hommes et les trois femmes loués la veille. Ils avaient déjà travaillé l'an passé au mas. Jean-Baptiste reconnut avec plaisir Estelle, la fille du cafetier de Bénivay. Ils avaient gardé les moutons ensemble, plusieurs années auparavant. Estelle avait grandi, et embelli. Son minois en forme de cœur était encadré de cheveux châtains en partie dissimulés sous un bonnet blanc maintenu sur la tête par des liens noués sous le menton. Ses yeux rieurs pétillaient.

Jean-Baptiste, le plus agile, grimpa dans le tilleul le plus fourni et entreprit de le « tailler en vert ». Les trois femmes ramassèrent les rameaux tombés sur le sol et détachèrent les bractées qu'elles enfournaient chacune dans leur saquette, une sorte de grande chaussette ouverte par un cercle de bois, qui pendait à leur cou. Au fur et à mesure que la matinée avançait, la chaleur se faisait plus lourde. Les abeilles, énervées, gênaient le travail des cueilleurs. José, le plus âgé, n'avait pas son pareil pour placer son échelle au meilleur endroit. Le parfum du tilleul imprégnait la peau comme les vêtements.

Le clocher de l'église sonnait à peine les douze coups de midi que Léonie surgissait au bout de l'allée. Elle apportait du pain soigneusement conservé dans un torchon, des oignons, du saucisson, de la tome de brebis et des cerises, cueillies la veille dans le verger.

Le repas pris en commun à l'ombre de deux gros tilleuls avait le goût du travail accompli, de l'effort partagé et de la pause bienvenue. Le vin du domaine, maintenu au frais dans des linges mouillés, désaltérait autant que l'eau tirée du puits. Le déjeuner terminé, Léonie rassembla restes et bouteilles dans son panier et reprit le chemin du mas, gaiement saluée par les cueilleurs. Les hommes s'octroyèrent une petite sieste tandis que les femmes bavardaient à l'ombre. La chaleur était dense, accentuée par le parfum de plus en plus présent des fleurs de tilleul. Jean-Baptiste, toujours escorté par sa chienne, entraîna Estelle vers le ruisseau qui traversait le champ en contrebas. Déjà presque à sec, il laissait voir de grosses pierres affleurantes.

– Ça va ? s'enquit Jean-Baptiste, histoire de prononcer quelques mots.

La présence d'Estelle à ses côtés, les effluves de tilleul émanant de sa peau le troublaient et le rendaient maladroit. La jeune fille sourit.

– J'aime le tilleul. Mon grand-père dit que c'est un arbre sacré.

Le visage de Jean-Baptiste s'assombrit.

– Mon père déteste nos arbres. S'il le pouvait, il les abattrait tous et les ferait brûler dans la cheminée de la salle, un feu d'enfer. J'ai l'impression…

Il s'interrompit, soudain mal à l'aise. Il n'allait tout de même pas se confier à Estelle ! Qu'aurait-elle compris s'il lui avait dit être convaincu que les tilleuls d'Adélaïde symbolisaient la puissance déchue des Bonaventure ? C'était une affaire entre Sosthène et lui.

Le ciel était presque blanc, la touffeur suffocante. Les montagnes barraient l'horizon. Estelle s'essuya le front du revers de la main. Elle espérait… elle ne savait quoi, un geste tendre de la part de Jean-Baptiste. Celui-ci lui jeta un regard incertain avant de lancer :

– On y va ? Le travail n'attend pas.

Elle fit « oui » de la tête. Elle se sentait un peu triste, tout à coup, sans pouvoir expliquer pourquoi. Comme si le soleil s'était voilé…

La bourrasse[1] jetée sur l'épaule, Jean-Baptiste grimpa au grenier, lieu de séchage habituel. La journée avait été longue, la chaleur écrasante. C'était la dernière qu'il montait au grenier. Les cueilleurs étaient retournés chez eux. Malgré ses dix-huit ans, il était courbatu de partout. Il vida sa bourrasse et étala les fleurs de tilleul sur le plancher de bois grossier. Une odeur entêtante l'enveloppait. Louve l'attendait au bas de l'échelle. Il lui caressa la tête avant de se diriger vers le puits. Il tira un seau d'eau fraîche, s'en aspergea la tête et le torse après avoir ôté sa chemise. Il eut l'impression de revivre en sentant l'eau couler le long de son dos. Il s'ébroua. Des gouttelettes tombèrent sur ses mains.

Il avait faim brusquement, et soif.

Un regard pesait sur lui. Il se retourna lentement, comme à regret. Debout, devant l'écurie, Séraphine l'observait avec un sourire ambigu. Elle se dirigea vers lui. À chaque pas, ses seins menaçaient de jaillir hors de son caraco aux bretelles lâches. Sa peau dorée évoquait une miche de pain tiède.

Incapable de la quitter des yeux, Jean-Baptiste se raidit. Il n'aimait guère Séraphine mais, à cet instant, il brûlait du désir de l'entraîner dans la grange et de la basculer sur une botte de foin. Désir qui était, semblait-il, partagé.

La jeune femme était désormais si proche de Jean-Baptiste qu'il pouvait voir les gouttelettes de sueur

1. Grand carré de toile de jute destiné au transport du tilleul.

perlant au-dessus de sa lèvre supérieure. Son ventre se durcit. Il avait envie d'elle, là, sur-le-champ.

Elle posa la main sur son bras nu. Il tressaillit.

– Tu es beau, souffla-t-elle d'une voix rauque. Et fort…

Son regard assombri lui donnait le vertige. Il crispa les poings.

« C'est la femme de mon père », se répétait-il pour se donner du courage. Elle n'avait pas bougé d'un pouce. Elle était là, plus désirable que belle, le corps tout entier débordant de sensualité.

– Viens…, reprit-elle.

Il lui suffisait de tendre les mains pour saisir ses seins lourds, aux aréoles brunes. Il les apercevait, libres sous le caraco. Elle ne sentait pas le tilleul mais une odeur musquée de femme en attente.

Elle le guettait, attentive au moindre de ses gestes.

– Personne ne le saura, insista-t-elle. Juste toi et moi. Tu en as envie, toi aussi. Crois-moi… tu ne le regretteras pas !

Parce qu'elle disait vrai, il la repoussa avec d'autant plus de force. Furieux, luttant contre son désir, il la traita de traînée avant de s'enfuir vers le mas. Son rire le poursuivit longtemps, bien après qu'il se soit réfugié dans sa soupente.

Il regarda le soleil décliner en tremblant. Il ne savait plus si c'était encore de la colère ou déjà du regret. Il crispa les poings.

Dès que la cueillette du tilleul serait terminée, il partirait.

3

Si le père et le fils s'étaient bien entendus, Séraphine aurait risqué gros. Elle se demandait d'ailleurs encore, le lendemain, pour quelle raison elle avait tenté de séduire Jean-Baptiste. La faute à la chaleur, à ce parfum entêtant de tilleul, à la force vigoureuse du jeune homme… Elle avait pensé qu'il se laisserait entraîner sans protester, trop heureux de jeter sa gourme dans ses bras. À présent, elle ne savait comment se tirer de ce mauvais pas.

Si Sosthène la chassait du mas, elle ne retrouverait jamais une situation comparable. Il avait du bien et il l'avait épousée, lui conférant ainsi une respectabilité inespérée. Elle n'avait pas la moindre envie de mener à nouveau sa vie d'avant Sosthène. Il lui fallait donc se débarrasser de son beau-fils. Pour ce faire, elle n'avait pas le choix.

Sosthène revint de la foire deux jours plus tard. Il était d'excellente humeur, ayant vendu à bon prix brebis et fromages. Lorsqu'il ouvrit la porte du mas, il trouva l'atmosphère dans la salle oppressante. Son fils et son épouse soupaient l'un en face de l'autre dans un épais silence. Séraphine avait le visage fermé, ce qui alerta Sosthène. Jean-Baptiste avalait sa soupe à larges lampées, tête baissée, le nez dans son assiette. Seul le chien Faraud accueillit Sosthène en frétillant.

Séraphine vint à sa rencontre et se lova contre lui.

– Tu m'as manqué, chuchota-t-elle.

Sosthène avait beau savoir où il l'avait rencontrée, il était incapable de lui résister. Elle avait le pouvoir de faire couler du feu dans ses veines. Pas comme cette pauvre Adélaïde qui s'acquittait du devoir conjugal les yeux fermés…

Sosthène l'aurait volontiers troussée sur la table mais il n'osait pas, en présence de son fils. Il grommela quelque chose au sujet des bêtes et Jean-Baptiste se leva.

– J'y vais, père, dit-il.

Sosthène plongea les mains dans le caraco de Séraphine dès que Jean-Baptiste eut franchi le seuil de la salle.

La jeune femme le repoussa ; soutint son regard.

– Il faut que je te parle, lui dit-elle fermement. Maintenant.

Malgré les précautions oratoires de Séraphine, Sosthène vit rouge dès qu'elle lui eut conté sa version des faits. Comment ? Son fils lui avait manqué de respect ? Et avait tenté de la violer dans la grange ?

Il allait lui apprendre à ce drôle !

Il repoussa Séraphine et se rua dehors. Apercevant Jean-Baptiste en conversation devant le puits avec la jeune Estelle, il le héla d'une voix terrible.

– Nous sommes en compte, toi et moi, lui dit-il.

Des images de Séraphine à demi-nue, le corsage déchiré, se pressaient sous ses paupières. Elle lui appartenait, il l'avait payée assez cher ! La tête en feu, il rejoignit son fils.

– Tu n'as rien à faire ici, toi ! jeta-t-il à Estelle qui fila aussitôt.

Se retournant vers Jean-Baptiste, il poursuivit :

– Toi non plus, d'ailleurs ! Fils maudit, dégénéré ! Heureusement que ma femme est honnête. Tu pensais qu'elle se tairait, n'est-ce pas ?

Il le saisit par le col et le secoua brutalement. Ses yeux étaient injectés de sang.

– Espèce de... *pou-vou*[1] ! hurla-t-il. Je devrais te tuer, ce n'est pas l'envie qui m'en manque !

– Vous vous trompez, père, articula Jean-Baptiste avec peine.

Un coup de poing d'une violence inouïe le projeta dans la poussière. Sonné, le fils se releva en titubant. Sosthène lui allongea un coup de pied qui le fit trébucher de nouveau. Il rossa son fils avec une sorte de rage. Jean-Baptiste ne se défendait même pas, se contentant de tenter de se protéger. Son arcade sourcilière se fendit, le sang jaillit, décuplant la haine de Sosthène.

– Arrête !

Séraphine se pendit à son bras.

– Tu ne vas pas le tuer, tout de même ! s'écria-t-elle.

Elle ne précisa pas sa pensée. Certains la jugeaient déjà mal, critiquant sa façon de s'habiller ou même de marcher. Sosthène était capable de battre Jean-Baptiste à mort. Séraphine imaginait le scandale. Si elle cherchait

1. « Vaurien. »

à se débarrasser de son beau-fils, elle souhaitait le faire en conservant le beau rôle.

– Laissez-moi faire, intervint Maurice.

Il réussit à ceinturer Sosthène. Ce dernier, l'écume aux lèvres, continuait d'insulter son fils. Jean-Baptiste gisait sur le sol. Il se redressa lentement.

Du sang coulait de son visage. Il respirait douloureusement.

– Tu dois avoir des côtes cassées, mon gars, fit Maurice en le soutenant.

De son côté, Séraphine entraînait son époux vers le mas. Sosthène se retourna vers son fils. Il avait le regard fou, halluciné, d'un cheval vicieux.

– Je te maudis ! déclara-t-il d'une voix dangereusement calme. Ne t'avise pas de remettre les pieds ici. Sinon, je t'en fais le serment, je t'abats comme un chien.

Jean-Baptiste, un œil à demi fermé, l'autre déjà tuméfié, soutint le regard du maître.

– Vous vous trompez sur moi mais je n'abandonnerai jamais mes droits. Le Mas des Tilleuls fait partie de mon héritage.

– *Catièu*[1] *!* rugit Lombard. Le Mas des Tilleuls m'appartient et je m'arrangerai pour qu'il ne revienne jamais à un malfaisant comme toi.

Le silence tomba sur la cour du mas. Un silence pesant, insoutenable, que rompit brutalement un bref aboiement de Louve.

---

1. « Mauvais. »

– Disparaissez, toi et ton chien ! hurla Sosthène, ne se contrôlant plus de nouveau.

Maurice entraîna son ami.

– Viens, petit, laisse ce fou furieux mal parler à son aise.

Le valet le portait presque. Jean-Baptiste, sous le choc des coups reçus et de la violence verbale de Sosthène, tenait à peine debout. Les deux hommes remontèrent l'allée bordée de tilleuls. Dès qu'ils furent hors de vue des habitants du mas, Maurice aida Jean-Baptiste à s'asseoir sur une souche.

– Mon pauvre gars… Comment il t'a arrangé…, marmonna-t-il.

Jean-Baptiste, les dents serrées, le visage défait, ne soufflait mot. Des gouttes de sueur perlaient à son front. Il contemplait les tilleuls d'Adélaïde d'un air si désespéré que Maurice prit peur.

– Viens, mon gars, reprit-il, la Léonie va te remettre sur pied.

Louve les suivait en gémissant sourdement. Le ciel avait viré au sombre. Un ciel d'orage, qui risquait de compromettre la suite de la cueillette, pensa Jean-Baptiste. Il ne pouvait songer qu'à ça, le reste lui faisait trop mal.

Sans l'intervention de Maurice, son père l'aurait tué sur place, il en était sûr.

Il marcha comme un automate jusqu'au mazet de Léonie, sans même jeter un regard aux personnes croisées en chemin qui paraissaient effrayées.

Maurice frappa à la porte de la vieille femme. À bout de forces, Jean-Baptiste s'effondra lentement sur le seuil.

– Doux Jésus ! s'écria Léonie en le découvrant dans cet état.

Aidée par Maurice, elle le redressa, l'installa sur un banc, tourna autour de lui durant une demi-minute avant d'aller chercher sa boîte à remèdes, qu'elle conservait dans le cellier. Elle commença par nettoyer avec précaution le visage tuméfié de Jean-Baptiste. Pour ce faire, elle utilisait de l'eau de lys qu'elle confectionnait elle-même.

Soulevant ensuite sa chemise, elle lui arracha une plainte étouffée. Son torse se marquait d'ecchymoses qui bleuissaient déjà. Le visage crispé de celui qu'elle avait élevé la renseigna vite. Elle se leva, alla chercher de la charpie qu'elle enroula autour du buste de Jean-Baptiste, en la serrant le plus possible.

Il protesta quand elle voulut l'examiner sur tout le corps.

– Laisse ! fit-il. Je suis costaud, ça guérira vite.

Il ne lui dit pas qu'un coup de pied expédié par Sosthène dans ses parties génitales le faisait horriblement souffrir. Chaque inspiration lui donnait l'impression qu'il allait s'évanouir tant ses côtes étaient douloureuses. Mais cela n'était rien en comparaison du désespoir et de la haine qui le rongeaient. Chassé. Il avait été chassé de la maison de sa mère, alors que la cueillette du tilleul était loin d'être terminée.

Si, comme il le craignait, Maurice était renvoyé du mas à cause de lui, il ne pouvait compter sur Séraphine pour retourner et aérer les fleurs de tilleul ou achever la récolte.

Une larme roula sur sa joue. Il l'écrasa d'un coup sec. Il se sentait las, nauséeux et perdu.

4

1826

Jean-Baptiste se mit en route après l'orage. Un orage de juillet, aussi bref que violent, qui avait donné peu d'eau. Le ciel, d'une pâleur inhabituelle, paraissait comme délavé.

Léonie l'accompagna sur le seuil de son mazet. Deux amandiers, cinq oliviers lui suffisaient largement pour sa consommation personnelle. Elle avait aussi quelques chèvres. Elle se serait estimée heureuse sans le souci occasionné par Jean-Baptiste qu'elle s'obstinait à nommer son « petitoun ».

Elle le regarda avec une sorte d'avidité, consciente qu'ils risquaient fort de ne pas se revoir avant longtemps. Elle-même serait-elle encore en vie ? Elle avait dépassé les septante et, même si elle était toujours aussi vaillante, elle se fatiguait plus vite.

Il était beau, son Jean-Baptiste, pensa-t-elle, malgré ses ecchymoses qui viraient au vert et son regard mélancolique. Elle l'avait soigné durant une semaine. À présent, il était grand temps pour lui de quitter le pays. S'il s'obstinait à rester dans les Baronnies, Sosthène finirait par le tuer. Un frisson courut le long du dos de Léonie. Elle s'était promis de ne jamais remettre les pieds au Mas des Tilleuls. Cette traînée de Séraphine était parvenue à chasser le fils d'Adélaïde, celle qui resterait toujours la véritable maîtresse de maison. Léonie la haïssait presque autant que Sosthène.

Se haussant sur la pointe des pieds, elle traça une croix sur le front de celui qu'elle considérait comme son fils.

– Tu verras, ta tante Adrienne est une bonne personne, lui dit-elle. Tu pourras compter sur elle.

Il acquiesça d'un hochement de tête. Il se sentait encore sous le choc, incapable de bâtir des projets. Son oncle Hector et Léonie avaient insisté pour qu'il s'éloigne. Il s'exécutait parce qu'il n'existait pas d'autre solution mais partir lui était un arrachement.

Il serra brièvement Léonie contre lui. Il ne voulait surtout pas s'attendrir.

– Prends soin de toi, recommanda-t-il d'une voix enrouée à la vieille femme.

Il avait dû laisser ses quelques souvenirs au mas. Il n'emportait avec lui qu'un couteau, cadeau de Maurice, deux mouchoirs et *Les Rêveries d'un promeneur solitaire*, offerts par Hector.

« Tu ne seras jamais seul en compagnie de Rousseau », lui avait dit son oncle. Il lui avait glissé deux louis dans sa poche. « Mon garçon, le mieux pour toi est d'aller voir ma sœur Adrienne près de Forcalquier. C'est une femme qui a du cœur, son époux Duthilleux et elle te protégeront. J'ai écrit cette lettre pour leur expliquer la situation. Je t'en conjure, ne reviens pas par ici. Cet homme a perdu la raison… »

C'était peut-être cela qui lui causait le plus de peine : il n'avait commis aucune action répréhensible et on le chassait comme un criminel.

Il avait serré les poings sous le regard d'Hector, qui ne se dérobait pas.

« Sosthène a la puissance de l'argent, avait repris son oncle. La roue a tourné. Désormais, les Bonaventure vivent dans le souvenir de leur aisance passée. J'ai bénéficié d'une avance d'hoirie pour herboriser à ma guise jusqu'aux îles. C'était mon choix et je ne l'ai pas regretté. Excepté aujourd'hui. »

Jean-Baptiste lui avait serré la main, gravement.

« Vous m'avez déjà tant aidé, mon oncle. »

Il avait bien fallu se quitter. Pourtant, alors qu'il aurait dû se diriger vers le Ventoux, Jean-Baptiste bifurqua. Tout naturellement, il prit la route du Mas des Tilleuls. Une odeur miellée flottait encore dans l'air. Il grimpa jusqu'à la quadruple allée. Son cœur se serra en constatant que la cueillette n'avait pas avancé. Tout était resté en l'état. Maurice avait dû partir, comme il le redoutait. À présent, Séraphine avait fait place nette. Une bouffée de haine le submergea. Cette horrible femme avait tout gâché. Comment son père avait-il pu la croire, elle ? Tout simplement parce que la version de sa seconde épouse était plus facile à accepter que celle de son fils, se dit-il brutalement.

Il enveloppa d'un regard lourd de désespoir les tilleuls, notant pour lui-même que celui-ci aurait dû être taillé de l'intérieur et que les fleurs brunissaient sur celui-là.

De nouveau, il crispa les poings. C'était à son héritage maternel qu'il disait adieu, il en avait douloureusement conscience. Lorsqu'il se détourna enfin du Mas des Tilleuls, le ciel était dégagé.

Il avait marché, marché, sans se retourner. Il se rappelait avoir entendu Estelle le héler. « Jean-Baptiste ! Jean-Ba ! » Elle l'avait rattrapé, haletante, à la sortie de Buis.

Sa coiffe s'était défaite dans sa course, elle avait les joues rosies et des gouttelettes de sueur humectaient sa lèvre supérieure. Elle s'était pendue à son bras.

« Tu ne pars pas, dis ? »

Le ravissant visage se levait vers lui, les yeux bruns le suppliaient. Il avait soupiré. « C'est mieux ainsi, Estelle. »

Il avait lu dans son regard qu'elle espérait autre chose de lui. Des serments, l'assurance qu'ils se reverraient… Il avait secoué la tête.

« Petite… il ne faut pas m'attendre. Je ne reviendrai… »

Il s'était interrompu. Impossible de préciser à cette gamine : « Je ne reviendrai qu'à la mort de mon père. »

Il s'était penché, lui avait caressé la joue. « Oublie-moi », avait-il soufflé.

Il entendait encore son cri vibrant, alors que, Louve sur les talons, il s'engageait sur la route du col de Fontaube.

« Je t'attendrai toute ma vie, Jean-Baptiste ! »

Il avait esquissé un sourire, en se disant qu'elle rencontrerait bientôt un autre homme. De temps à autre, il y songeait encore, alors qu'il cheminait sur les routes poudrées de poussière sèche.

Il avait eu l'impression de changer de pays après avoir traversé le village d'Aurel. Certes, il apercevait encore le Ventoux, géant tutélaire qu'il avait toujours connu, mais la végétation, l'air, et jusqu'à la couleur du ciel étaient différents.

Il avait dormi à la belle étoile, avec Louve contre son flanc, en refusant de penser à ce qui l'attendait. Il lui fallait faire son deuil, cesser de croire que toute sa vie s'écoulerait au Mas des Tilleuls. La froidure du petit matin l'avait réveillé. Des lambeaux de brume se déchiraient au-dessus de la cime des arbres. Il se leva, enfouit les mains dans le pelage de sa chienne pour se réchauffer. Louve lança un jappement bref et se frotta contre son maître.

– Viens, ma belle, lui dit-il.

Il avait faim et soif. Il se désaltéra à une fontaine après avoir fait boire sa chienne, s'aspergea d'eau froide et reprit la route. Le paysage se modifia de nouveau de façon sensible en bordure du plateau d'Albion. Des cabanes de pierres sèches étaient bâties le long des champs. La vue contemplée de Ferrassières le sidéra. Lui qui n'était jamais allé plus loin que Vaison se sentait presque un étranger.

Il marcha, marcha, jusqu'au village de Banon où il acheta une miche de pain. Il en mangea un petit quart, le mâchant longuement pour le faire durer. Louve était partie chasser. Elle revint une demi-heure plus tard. Ses babines étaient tachées de sang et elle paraissait plutôt fière d'elle.

Jean-Baptiste poursuivit son chemin vers Saint-Pancrace, s'étonnant du caractère austère du site.

Il éprouva une sensation étrange en découvrant le village étagé en gradins autour de son église au campanile de fer forgé. C'était là, désormais, qu'il allait vivre.

Si sa tante et son oncle Duthilleux voulaient bien de lui…

5

Le glas se mit à sonner quand Jean-Baptiste pénétra dans Saint-Pancrace par une poterne à demi effondrée. Le village paraissait déserté par ses habitants. Les portes et les volets étaient clos pour se protéger de la chaleur, lourde, étouffante. Louve sur ses talons, il gravit la calade menant à l'église, observant au passage l'aspect cossu, les portes massives de plusieurs demeures. Un vieil homme, courbé sur sa canne, sortit sur son pas-de-porte. Il héla Jean-Baptiste.

– Tu n'es pas du pays, toi !

Le jeune homme secoua la tête.

– Je viens des Baronnies.

– Pfou ! fit le vieux.

Il chiqua, cracha un long jet brunâtre.

– Et qu'est-ce que tu viens faire ? reprit-il.

– Je vais chez ma tante, Adrienne Duthilleux.

Le vieux se signa.

– *Pécaïre*[1] *!* Tu arrives à un bien mauvais moment, répondit-il.

Il refusa d'en dire plus malgré l'insistance de Jean-Baptiste.

– Je rentre, il fait trop chaud dehors, conclut-il.

---

1. « Hélas ! »

Sa porte claqua. Perplexe, Jean-Baptiste hésita avant de reprendre son ascension vers l'église. Il arriva sur le parvis alors qu'une demi-douzaine d'hommes, portant un cercueil, en sortaient. Saisi, il ôta son chapeau et se mêla aux personnes qui se plaçaient en haie, de chaque côté de la porte grande ouverte.

Que devait-il faire ? À qui demander où se trouvait la maison Duthilleux sans manquer de respect à un défunt et à sa famille ? Jean-Baptiste assista à la sortie des proches parents et suivit le cortège jusqu'au cimetière. Le prêtre bénit le cercueil avant que les fossoyeurs ne s'activent. Pendant ce temps, l'assistance défilait devant une femme toute vêtue de noir, encadrée de deux hommes. Chacun s'inclinait devant eux en murmurant quelques phrases de réconfort.

– *Lou bouan Dieu vous assouste*[1], déclara Jean-Baptiste aux trois inconnus.

Il redescendit ensuite vers le village, sans s'attarder. Une brise légère rafraîchissait l'air, les cigales stridulaient de plus belle.

Il passa de nouveau devant le logis du vieux qui bavardait avec une femme âgée, en habit de deuil. Celle-ci se tourna vers Jean-Baptiste.

– Vous cherchez la famille Duthilleux ?

Il opina du chef. Elle s'ébranla en claudiquant et en jetant par-dessus son épaule : « Suivez-moi. » Elle l'entraîna, dans un dédale de ruelles, vers la sortie du

1. « Le bon Dieu vous protège. »

village, côté ouest. Le vieux les escortait. Désignant un chemin, elle précisa :

– La ferme des Duthilleux se trouve à main droite, à peu près à huit cents mètres d'ici. Vous suivez le chemin, vous ne pouvez pas vous tromper.

Elle marqua une hésitation tandis que Jean-Baptiste la saluait.

– Attendez ! Je ne sais pas si c'est le meilleur jour pour une visite. Vous savez que le maître vient de mourir ?

– Le… maître ? répéta le Baronniard.

La femme le considéra d'un air suspicieux.

– Vous ne connaissez pas M. Duthilleux, le droguiste ?

– Je venais faire sa connaissance.

La fatigue, la faim submergèrent Jean-Baptiste. Étourdi, il se rattrapa à la pierre trouée utilisée pour attacher cheval ou mulet.

– Dieu juste ! s'écria la vieille femme. Tu ne vas pas te pâmer, mon garçon ?

– Il descend des Baronnies, glissa le vieux. Grand comme il est, il a pas dû manger à sa faim.

Les deux vieux s'empressèrent autour d'un Jean-Baptiste confus. Ils le firent entrer dans une salle plongée dans la pénombre, asseoir sur un banc. La femme lui servit d'autorité du pain bien craquant, cuit de la veille, accompagné d'oignons blancs coupés en fines lamelles et d'un verre de vin de gentiane.

– Ça va te remonter, lui dit-elle.

En effet, il se sentait déjà mieux quelques minutes après.

Les deux vieux soupirèrent de concert.

– *Ave la petarufo*[1] *!* avoua la femme.

Elle avait vu le jeune homme si pâle qu'elle s'était alarmée. Qu'aurait-on dit si l'on avait trouvé cet inconnu mort devant sa porte ? Elle n'osait y songer.

– Accompagne-le chez Adrienne, suggéra le vieux.

Et Jean-Baptiste comprit que, mort ou pas mort, Duthilleux était bien l'homme qu'il cherchait.

Adrienne avait prévenu amis et voisins : elle ne recevrait personne après l'enterrement de son époux. Bouleversée par le décès soudain de son compagnon, elle avait tenu bon jusqu'au cimetière, où elle s'était effondrée. Son amie Zélie l'avait ramenée à la ferme, lui avait fait boire un peu d'eau-de-vie avant de lui conseiller de s'étendre. Adrienne avait eu un sursaut. Pas question pour elle d'aller s'allonger dans leur chambre, sur leur lit. Elle voulait aérer la pièce, qui sentait la caisse de *mouart*[2].

« Je resterai avec toi », avait promis Zélie.

Sage-femme, elle assistait aussi bien les femmes en couches que les agonisants.

Veuve elle aussi, elle avait choisi de se consacrer aux autres. Elle parvint à convaincre Adrienne de s'installer

1. « J'ai eu peur. »
2. La caisse de « mort ».

sur la chaise à bras, qu'on se transmettait depuis plusieurs générations dans la famille Duthilleux.

Pendant qu'elle s'affairait à préparer la soupe, Adrienne, épuisée, dodelinait de la tête. Zélie soupira. Son amie ne tarderait pas à s'endormir. Elle comprenait combien elle avait pu être choquée de trouver son époux affaissé dans le champ jouxtant la grange. À quarante-cinq ans, Esprit Duthilleux était un homme solide, rude à la tâche. Comme son père et son grand-père avant lui, il était colporteur-droguiste. Dès les premiers jours d'octobre, il partait sur les chemins avec sa charrette attelée de deux chevaux à la robe luisante. Les chevaux constituaient déjà un signe de richesse dans une région pauvre en fourrage. Les ânes et les mulets étaient en effet largement dominants.

Zélie aimait bien Esprit, qu'elle considérait comme un homme bon. Adrienne et lui formaient un couple uni, même s'ils n'avaient pas eu d'enfants.

Adrienne aurait de la peine à se remettre. Pour sa part, Zélie s'était sentie libérée le soir où on lui avait ramené son homme, tué d'un coup de couteau dans une rixe à Forcalquier. Buveur, joueur, Agénor avait la main lourde lorsqu'il rentrait chez lui. Zélie vivait désormais à sa guise, sans rendre de comptes à quiconque.

Les aboiements des chiens la firent sursauter. Irritée, elle ouvrit la porte, se trouva nez à nez avec un grand gaillard escorté d'un chien gris. Un chemineau, vu la poussière de ses souliers et son visage piqué de barbe.

– Passez votre chemin ! lui ordonna-t-elle.

Le chapeau à la main, il fit un pas en avant. Il paraissait intimidé mais il insista.

– Bonjour, madame. Je suis votre neveu, le fils de votre sœur Adélaïde et j'arrive des Baronnies.

Comprenant sa méprise, Zélie s'empressa de rectifier.

– Je suis une amie de la maîtresse de maison. Adrienne se repose.

La déception se peignit sur le visage de son interlocuteur.

– Pourra-t-elle me recevoir ? Je suis venu exprès pour la voir. J'attendrai dans une grange si vous voulez.

Il était beau gars, poli, et semblait sincère. Hésitant à peine, Zélie ouvrit grand la porte.

– Pas de bruit, recommanda-t-elle. Adrienne n'a pas fermé l'œil depuis trois nuits.

La tête appuyée sur le haut dossier de la chaise à bras, Adrienne dormait profondément. Jean-Baptiste fut tout de suite saisi par la ressemblance avec sa mère. Zélie perçut son émotion. Elle lui tapota le bras.

– Assieds-toi, mon garçon. Tu vas boire un peu de gentiane pendant que ma soupe mijote. Et puis, tu m'aideras pour les bêtes. Quand Adrienne se réveillera, tu nous raconteras ton histoire.

Il faisait bon dans la salle dont les volets mi-clos avaient préservé la fraîcheur. Lorsque ses yeux eurent apprivoisé la pénombre, Jean-Baptiste aperçut une cheminée imposante, haute d'environ six pieds, surmontée d'une hotte avec tablette en chêne. La table, robuste, solide, au plateau satiné, était encadrée de chaises, ce qui était rare. Le sol brillait doucement. Louve collée contre lui, il s'assit sur l'invite de Zélie.

– Tu viens de loin.

La femme lui servit un verre de vin de gentiane. Il reconnut le parfum, s'en imprégna avant de boire, à petites gorgées.

– Vous avez beaucoup de gentianes ? s'enquit-il.

Zélie sourit.

– Nous sommes ici au pied de la montagne de Lure. La plus grande apothicairerie naturelle, dit-on. On nous achète nos plantes de partout. On a des merveilles, par chez nous ! Dans les parties les plus basses de la montagne, du thym, de la lavande et de la marjolaine. Vers le sommet, véronique, valériane, gentiane, belladone et absinthe. Tout s'est arrêté depuis deux jours par respect pour notre cher Esprit mais tu verras, demain… le village tout entier sentira la lavande et le sirop ! C'est notre spécialité, notre richesse. Ce sont les gens de Lardiers qui ont commencé la cueillette les premiers, dans les années 1600, mais nous, à Saint-Pancrace, on a développé les distilleries et le commerce.

Jean-Baptiste l'écoutait, sans chercher à dissimuler son étonnement. Son oncle Hector lui avait bien parlé, à deux ou trois reprises, des herbes de Saint-Pancrace mais il n'imaginait pas une activité de cette importance.

– Et des tilleuls ? Il n'y a pas de tilleuls par ici ? questionna-t-il.

Le sourire de Zélie s'accentua.

– Ça, Adrienne ne peut pas te renier ! s'exclama-t-elle. Toi aussi, tu aimes le tilleul ? Elle m'a souvent raconté qu'au mas de son enfance, il y en avait toute une belle allée.

Le regard de Jean-Baptiste s'assombrit.

– J'ai dû les laisser derrière moi, confia-t-il.

Une voix s'éleva dans leur dos.

– L'allée comptait deux rangs de tilleuls de chaque côté. Par les soirs de juin, l'odeur était entêtante. Enivrante, affirmait mon père.

Zélie et Jean-Baptiste se retournèrent d'un même mouvement vers Adrienne. Elle se leva.

– Bienvenue, mon neveu, déclara-t-elle.

6

1826

« Une nouvelle vie... », se dit Jean-Baptiste en arpentant une dernière fois le sol des Genévriers, la ferme de sa tante Adrienne.

Les trois mois et demi passés à Saint-Pancrace lui avaient donné un aperçu du travail qui l'attendait sans qu'il maîtrise pour autant toutes les règles. Certes, il avait gravi à plusieurs reprises la montagne de Lure, se familiarisant avec les plantes qui y poussaient en abondance, il avait appris à distiller et suivi sur une carte le parcours d'Esprit Duthilleux mais, à la veille de partir sur les chemins, il éprouvait une appréhension diffuse. Serait-il capable de vendre les plantes séchées, les essences et les drogues que ses coffres contenaient ? La tête lui tournait lorsqu'il essayait de retenir tous leurs noms.

Adrienne et Zélie en étaient convaincues.

« Mon garçon, ta mère, ton oncle et moi avons toujours eu une vocation de botaniste. Bon sang ne peut mentir ! » lui avait rappelé sa tante avant de lui remettre les adresses, le calendrier et le carnet d'Esprit.

Il s'était senti flatté de cette confiance tout en se demandant s'il serait à la hauteur. Il n'avait pas vingt ans, ne connaissait rien du monde. S'il était solide et travailleur, il se sentait cependant en exil, chassé de sa terre natale par la malédiction de Sosthène.

Il avait bien fallu se confier à Adrienne. Sa tante s'était signée.

« Ton père ne m'a jamais donné de tes nouvelles après la mort de ma chère Adélaïde. J'aurais dû, bien sûr, me rendre jusqu'au Mas des Tilleuls… »

Sa voix baissée, son soupir laissaient entendre qu'elle en avait été empêchée. Jean-Baptiste n'avait pas osé la questionner plus avant. Adrienne l'impressionnait. Sa haute taille, ses cheveux sombres coiffés en chignon sous la coiffe « à la couqueto » en batiste, ornée de fines dentelles, ses vêtements bien coupés lui conféraient une stature de bastidane, renforcée par l'importance de sa ferme. Aux Genévriers, on élevait porcs, chèvres et brebis, on cultivait le blé et la vigne, on récoltait les fruits des amandiers, des oliviers et des noyers. Le pigeonnier abritait plus de cent cinquante pigeons. Comme rien ne se perdait, la colombine était utilisée en guise de fumier. Trois valets et une fille de ferme travaillaient à l'année chez les Duthilleux. Vis-à-vis d'eux, Adrienne avait été claire : « Voici mon neveu, Jean-Baptiste. C'est à lui que reviendra la ferme. » Adoubé par la maîtresse du mas, Jean-Baptiste n'avait pas eu de difficulté à asseoir son autorité, d'autant que le travail ne l'avait jamais rebuté. En revanche, l'idée d'aller ainsi par les chemins l'inquiétait. Zélie lui avait fait rencontrer Adhémar et Pierrot, deux autres colporteurs. Tous deux lui avaient donné rendez-vous en juillet, à la foire de

Beaucaire, et lui avaient assuré que, lorsqu'il reviendrait, il n'aurait qu'une hâte, repartir. Jean-Baptiste, cependant, n'avait pas été vraiment convaincu.

– Jean-Ba !

Sa tante le hélait depuis le perron. Il la rejoignit.

– Viens dans le bureau de ton oncle, lui dit-elle.

La pièce, plutôt sombre, évoquait un sanctuaire. Adrienne avait laissé en l'état papiers, courrier, encre et plumes sur un secrétaire en bois blond.

– J'ai réfléchi, lui déclara-t-elle abruptement, sans lui révéler que Zélie avait plaidé la cause du garçon. Le vieux Paterne, qui faisait la tournée avec Esprit il y a encore cinq ou six ans, veut bien t'accompagner.

Jean-Baptiste connaissait bien le vieil homme, revenu avec un pied à demi gelé de la campagne de Russie. Paterne buvait sec, prétendait que la crasse le préservait des maladies, mais était réputé pour son sens de l'orientation et sa débrouillardise. À eux deux, ils devraient pouvoir effectuer la tournée d'Esprit.

– Je me demande encore pourquoi vous me confiez cette responsabilité, avoua-t-il à Adrienne.

Elle lui jeta un regard aigu.

– Toi comme moi avons besoin l'un de l'autre. Tu es le fils d'Adélaïde, j'ai à cœur de te donner ta chance. Ma foi… si tu la laisses passer, tant pis pour toi !

Il ne cilla pas.

– Ne vous inquiétez pas. Je vous prouverai que vous avez eu raison de croire en moi, assura-t-il.

Le ciel d'un bleu pur était sans nuage. Un petit froid sec piquait les narines. De bon matin, les colporteurs s'étaient rassemblés sur la place de Saint-Pancrace. Un murmure courut parmi les habitants du village lorsque Jean-Baptiste monta sur le siège du conducteur aux côtés de Paterne. Il allait donc partir faire la tournée, ce jeune homme qui n'avait pas vingt ans et n'était pas du pays ? Qu'en aurait dit Esprit ?

Femmes et enfants se pressaient au pied des attelages richement ornés. Les mulets lourdement chargés de paniers seraient particulièrement utiles pour franchir les passages les plus difficiles. Adrienne adressa un signe de connivence à son neveu. Elle l'avait prévenu la veille au soir : « Ne compte pas sur moi pour agiter mon mouchoir à ton départ, j'ai toutes ces effusions en horreur. Toi, en revanche, fais bien attention à la route. Tu pars pour la première fois mais ce ne sera pas la dernière, à moins que tu ne me perdes la marchandise en chemin ! »

Il commençait à connaître sa tante ; elle faisait la grosse voix pour ne pas se laisser submerger par l'émotion.

Il lui donna l'accolade.

– Portez-vous bien ma tante !

– Bah ! neuf mois, c'est vite passé ! fit Paterne, que personne n'avait accompagné.

Noir de poil, vêtu d'un paletot qui avait connu des jours meilleurs et d'un pantalon retenu à la taille par une large ceinture de flanelle, Paterne ressemblait à ce qu'il était, un vieil homme solitaire qui ne supportait pas de rester chez lui au coin du feu. Ce nouveau voyage le rajeunissait !

Il tapota le coffre sur lequel leurs pieds étaient posés.

– J'ai emporté mon fusil, déclara-t-il à Jean-Baptiste. Nous serons peut-être bien contents de le trouver. Tu verras… En Auvergne, notamment, il existe des endroits dangereux comme celui de Curebourse.

Les autres colporteurs, faisant tinter les clochettes de leurs chevaux, venaient de donner le signal du départ. Jean-Baptiste les imita.

Il ne se retourna pas au tournant de la route qui descendait vers la plaine.

1827

Au fur et à mesure que leur attelage se rapprochait de Beaucaire, l'impatience gagnait Jean-Baptiste. Il avait beaucoup appris au cours des neuf mois passés sur les chemins, de l'Auvergne à Toulouse, et il se sentait différent. « Un homme », prétendait Paterne avec un gros rire. Sans son compagnon de route, Jean-Baptiste ne serait pas revenu indemne. Paterne connaissait aussi bien les bonnes auberges que les villes où les échanges étaient fructueux. Grâce au vieil homme, Jean-Baptiste ne s'était pas laissé prendre au manège d'une servante d'auberge plus intéressée par sa bourse que par sa personne. Paterne assurait qu'il flairait le danger, et le neveu d'Adrienne était tenté de le croire. Il avait pris goût au métier, même s'il supportait plutôt mal son exil forcé. Parfois, lorsque la nostalgie le submergeait, il s'enfermait dans un mutisme que Paterne respectait.

À Toulouse, cependant, le vieil homme l'avait conduit sur les bords de la Garonne. Ébahi, Jean-Baptiste avait franchi pour la première fois la porte basse d'une maison close dont la lanterne vacillante attirait les voyageurs et les notables. Tout l'avait dérouté, depuis l'ameublement trop chargé du salon jusqu'à la grosse femme qui les avait accueillis en arborant un sourire commercial. Elle connaissait Paterne et demanda des nouvelles de son patron. Elle soupira en apprenant la mort d'Esprit Duthilleux.

– C'est la vie, souffla-t-elle d'un ton pénétré, et Jean-Baptiste avait eu envie de rire.

Ensuite, il avait bien failli tourner les talons et s'enfuir à l'arrivée des filles. Elles étaient sept, très différentes les unes des autres. La plus âgée donnait l'impression de mener le bal. Sa peau était flétrie sous le maquillage. Une autre, au regard effronté, contemplait Jean-Baptiste d'un air gourmand. Poussé par Paterne, il avait choisi la plus jeune, celle qui disait s'appeler Douce. Elle l'avait entraîné dans un escalier raide, avait ouvert la porte d'une petite chambre au grand lit. Des effluves de jasmin et d'encens l'entêtaient. Tandis que la fille écartait les pans de sa robe, laissant voir ses seins nus et ses jambes gainées de bas de coton blanc, Jean-Baptiste avait pensé au parfum si délicat de ses tilleuls.

Et puis, il s'était abattu sur Douce, s'était laissé guider en elle avant de prendre son plaisir, avec une intensité presque douloureuse.

« C'était donc ça ? » avait-il songé, un goût amer dans la bouche. Il s'était souvenu des tentatives grossières de séduction de Séraphine et s'était rajusté avec une sorte de rage.

Il se rappelait le regard apeuré de la fille, comme si elle avait craint qu'il ne levât la main sur elle. Une nausée l'avait submergé. Il ne connaissait rien à l'amour mais savait que ce ne pouvait pas être cette relation tarifée avec une inconnue.

Douce ne lui avait pas posé de questions, et il lui en avait su gré. Il était sorti de la maison avant Paterne, qui avait jeté son dévolu sur une blonde au regard mélancolique, et était allé s'asperger d'eau froide à une fontaine.

Désormais, il attendrait d'être vraiment épris.

– Tu verras…, fit Paterne d'un ton gourmand, la foire de Beaucaire c'est quelque chose !

Le vieil homme ne tarissait pas d'éloges sur le foisonnement de ce rendez-vous international. À l'entendre, le monde entier se retrouvait en juillet au bord du Rhône ! Pourtant, quand Jean-Baptiste aperçut le champ de foire grouillant, le va-et-vient des portefaix, des charrettes, l'imposant trafic des coches d'eau, des trains de bois venus du Dauphiné, des barques de mer, des banquètes, des canots rapides assurant la navette entre Beaucaire et Arles, relayés par des attelages tirant sur la grève les embarcations trop chargées, il se sentit perdu.

En ce 20 juillet, Beaucaire était en ébullition et le pré sur lequel se déroulait la foire de la Madeleine voyait s'affairer les ouvriers qui édifiaient un village de bois et de toile. Bouche ouverte, les yeux écarquillés, Jean-Baptiste contemplait cet invraisemblable caravansérail en se demandant s'ils allaient pouvoir trouver une place. Paterne le rassura.

– Nous, les épiciers-droguistes, nous retrouvons sur le grand cours, au nord, lui indiqua-t-il.

Le château de Beaucaire, démantelé en partie, dominait une superbe allée de platanes qui apportaient une ombre bienfaisante. Paterne s'acquitta des formalités et entraîna son compagnon vers le pré.

Les deux hommes, tenant leurs chevaux par la bride, traversèrent un premier ensemble, situé au sud, entre les portes Saint-Pierre et Beauregard, qui constituait le salage avec des barils et des barils empilés de sardines et de morue séchée.

Ils gagnèrent, plus au nord, le grand cours, où parfumeurs, pharmaciens, épiciers-droguistes et marchands de savons s'installaient dans des cabanes de forme carrée mesurant environ quatre mètres de façade sur une hauteur de trois à quatre mètres. Les effluves d'épices et de plantes se mêlaient, se heurtaient, sous la chaleur du Midi.

Jean-Baptiste découvrit le premier la cabane qui leur était réservée. Il éprouva une bouffée d'émotion en lisant le panneau qui indiquait : *Maison Duthilleux, montagne de Lure. Plantes médicinales.* Paterne lui avait cité de mémoire quelques vers d'un poème en provençal qu'Esprit aimait à rappeler :

Dehors sont les Apothicaires.
L'un achète de l'hellébore
Pour purger les extravagants ;
L'autre pour parfumer des gants
Prend des drogues aromatiques[1] *[...].*

– Nous y sommes ! s'écria-t-il.

Derrière lui, Paterne avait l'œil à tout. Il savait par expérience que les vols, d'argent ou de marchandises, étaient aussi fréquents qu'impunis sur la foire de Beaucaire. Un tel rassemblement de richesses suscitait forcément les convoitises.

– Méfie-toi de tout le monde, recommanda une nouvelle fois le vieux colporteur à Jean-Baptiste.

Ce dernier ne lui répondit pas. Il contemplait une belle fille aux longs cheveux sombres, à la taille fine, aux pieds nus. Paterne cracha un long jet de chique brunâtre.

– Une gitane, une caraque, marmonna-t-il. Encore plus voleurs que les autres.

Jean-Baptiste s'en moquait bien. Il admirait la jeune femme et se disait qu'il aimerait bien lui conter fleurette, le soir, au bord du Rhône.

---

1. Extrait de *L'Embarras de la foire de Beaucaire*, écrit certainement par un marchand à la fin du XVIIe siècle.

7

1829

Le parfum de la lavande sauvage, l'aspic, s'insinuait jusque dans la gorge, entêtant tant il était puissant.

La chemise largement ouverte sur son torse hâlé, le chapeau de paille incliné sur l'œil, Jean-Baptiste donnait l'exemple en menant la cueillette à la tête du groupe de coupeurs. Les valets chargeaient sur les charrettes les bourrasses pleines à craquer de fleurs odorantes. Les abeilles, ivres, bourdonnaient autour des rangées de lavande d'un bleu intense. Chaque coupeur vidait ses corbeilles en bordure du champ, édifiant ainsi des « bancs », des murettes d'une soixantaine de centimètres de hauteur, qui permettaient d'effectuer une première opération de séchage.

Adrienne, d'une beauté altière sous sa capeline rigide, portait un jupon de siamoise rayée retroussé sur un cotillon piqué, un caraco d'indienne et un grand tablier à imprimé ramoneur. Elle rejoignit son neveu alors qu'il sortait les gourdes d'eau conservées au centre d'un banc. Ainsi l'eau demeurait-elle fraîche. En gars de la campagne, Jean-Baptiste savait qu'il convenait de boire suffisamment, mais pas trop. Comme la plupart des coupeurs, il gardait un caillou dans la bouche afin de saliver régulièrement.

– La récolte sera belle, déclara Adrienne d'un ton satisfait.

Il se retourna vers elle, s'essuya le front après avoir ôté son chapeau.

– Oui, nous avons eu de la chance, acquiesça-t-il.

Adrienne l'enveloppa d'un regard empreint de fierté. Jean-Baptiste était un bel homme de bientôt vingt-deux ans. Même si les filles se retournaient sur lui, il ne semblait pas avoir conscience de son pouvoir de séduction. Adrienne croyait deviner pourquoi. Il était habité par le désir de revanche. Bien que devenu un marchand-droguiste reconnu, il rêvait toujours de retourner au Mas des Tilleuls, de faire entendre sa vérité. Comme s'il ne connaissait pas le caractère de son père !

Adrienne réprima un soupir.

– C'est la fête, ce soir, au pays, rappela-t-elle.

Il perçut une attente non formulée dans la remarque de sa tante.

Adrienne, soucieuse de l'avenir, avait fait de son neveu son légataire universel.

Elle espérait qu'il se marierait rapidement et lui donnerait des petits.

« Tu imagines…, confiait-elle parfois à Zélie, des petitouns, égayant cette ferme trop grande… – Patience, lui recommandait alors Zélie. Notre Jean-Baptiste n'est pas homme à se laisser bousculer. »

Lui s'estimait trop jeune pour prendre femme. De plus, il se défiait de l'amour-passion, qui vous faisait perdre la tête.

Il avait eu un coup de cœur sur la foire de Beaucaire pour Maria, une gitane qui vendait des ânes. La fille, une belle brune qui lui avait échauffé le sang, s'était laissé conter fleurette au bord du Rhône avant que ses frères ne viennent rosser Jean-Baptiste. Sans l'intervention de Paterne et de la maréchaussée, ils l'auraient battu à mort.

Depuis, il se tenait à l'écart des trop belles gitanes et préférait, malgré ses réticences, se rendre, durant son périple annuel, dans des maisons où il avait ses habitudes. Il n'était pas question de faire ce genre de confidences à Adrienne ! La veuve d'Esprit souhaitait le voir épouser une fille du pays, ayant du bien.

Or, Jean-Baptiste avait l'intention de rester libre.

De nouveau, il s'essuya le front. Il lui semblait que le parfum entêtant de la lavande prenait possession de son corps, s'infiltrant en lui par les pores de sa peau.

– Ce soir, je n'aurai qu'une envie, dormir, répondit-il posément.

Adrienne secoua la tête.

– Que nenni, mon garçon ! Nous devons nous montrer à la fête, comme à la messe. Demain, tu m'accompagneras. Tâche de te faire beau.

Il haussa les épaules. Beau ? Il se laverait comme chaque soir à la pompe et porterait le costume acheté l'an passé à Beaucaire pour se rendre au mariage d'un neveu Duthilleux.

– À tantôt, dit-il, bourru, en s'engageant dans une nouvelle rangée de lavande.

Adrienne sourit. Elle avait un projet en tête.

Malgré les prières répétées, la pluie tardait à venir. Il en allait souvent ainsi à l'abri de la montagne. Le ciel se chargeait de nuages couleur d'encre, l'obscurité noyait le village sans que l'orage tant désiré n'éclate. Ce soir-là, pourtant, bien que la terre appelât l'eau, on espérait que la pluie ne viendrait pas gâcher la fête votive.

Deux violoneux assuraient la musique sur la place de la mairie, à l'ombre des ormeaux.

Au bras de son neveu, Adrienne avait fière allure dans sa robe d'indienne aubergine et son châle en cachemire, rapporté de la foire de Beaucaire.

Zélie, qui les accompagnait, était plus sobrement vêtue d'une jupe et d'un caraco lie-de-vin, protégés d'un grand tablier noir. Elle avait laissé dans le coffre du chariot la trousse contenant ses herbes et ses instruments. Même s'il n'y avait pas d'accouchement prévu pour cette nuit-là, l'expérience lui avait enseigné qu'il n'existait pas de certitude dans son métier. De plus, on approchait de la pleine lune.

Cela ne l'empêcha pas d'accepter l'invitation de Colin, le forgeron, et de s'élancer sur la piste de danse improvisée pour un rigaudon entraînant.

Adrienne sourit.

– Zélie a toujours aimé danser.

Filles et garçons se considéraient avec une sorte de défiance. Jean-Baptiste ne s'intéressait guère aux jeunes filles de Saint-Pancrace. Entre deux tournées, il les retrouvait mariées, mères de famille, même. Comme la plupart des colporteurs, il avait le sentiment de vivre à l'écart du bourg. Une drôle d'existence pour ces hommes, dans la force de l'âge, absents neuf mois sur douze, dont l'épouse assurait seule l'éducation des enfants et la charge des tâches quotidiennes.

Adrienne lui tapota le bras.

– As-tu remarqué la robe à motifs de guirlandes et de lauriers de Mlle Blaize ? Il s'agit assurément d'une indienne de belle qualité, Agathe-Marie est toujours *tirado ai quatro épinglo*[1]. C'est une femme de tête malgré ses vingt-cinq ans. Elle tient seule l'épicerie de ses parents depuis leur mort.

– Fort bien, fit Jean-Baptiste sans dissimuler son profond ennui.

Il avait déjà croisé le chemin d'Agathe-Marie Blaize, qu'on appelait « la bastidane » car elle avait hérité de ses parents non seulement une droguerie, rue des Apothicaires, mais aussi une bastide comme il s'en était bâti au siècle précédent dans le pays d'Aix.

La robe qu'Agathe-Marie portait mettait en valeur sa haute taille et sa silhouette harmonieuse.

« *Faire seis embarras*[2] », pensa Jean-Baptiste, qui se défiait toujours des femmes à cause de Séraphine. Face à l'insistance d'Adrienne, Jean-Baptiste déclara d'une voix décidée :

– Entendons-nous bien. J'ai suivi la route tracée par mon oncle, votre époux, parce que les plantes me plaisent mais jamais, au grand jamais, vous ne dirigerez ma vie.

1. « Tirée à quatre épingles. »
2. « Elle fait de l'embarras. »

Vexée, Adrienne se le tint pour dit, d'autant que leur échange avait été remarqué. Elle savait combien il était important pour une veuve de rester à sa place et de ne pas déroger aux convenances. Sinon, la communauté villageoise avait vite fait de déchirer à belles dents votre réputation.

Haussant les épaules de façon à peine perceptible, elle alla s'asseoir sur le banc réservé aux vieilles femmes, assez éloigné de la musique pour ne pas être incommodée. Était-ce cela qu'elle était devenue ? Une vieille dont l'avis ne comptait plus guère ? Pourtant, à quarante-cinq ans, elle se sentait encore pleine de vitalité et de courage. Elle regarda une dernière fois du côté d'Agathe-Marie avant de soupirer.

Ce ne serait pas encore ce soir qu'elle fiancerait Jean-Baptiste !

Il n'avait toujours pas plu et, dès l'aube, une foule de fidèles emprunta le chemin des Pèlerins pour aller prier Notre-Dame de Lure, le jour de sa fête.

Adrienne, que ses jambes faisaient souffrir, avait décrété que Jean-Baptiste effectuerait le pèlerinage à sa place, et il n'avait pas trouvé d'argument à lui opposer.

D'ailleurs, comme Paterne aimait à le lui répéter, il était toujours bon de se mettre en règle avec le bon Dieu avant de reprendre la route.

Jean-Baptiste avait de quoi se restaurer dans sa biasse et il tenait à la main son lourd bâton dont il avait déjà fait usage pour se défendre sur les chemins. Louve l'accompagnait. Lorsqu'ils atteindraient l'abbaye, elle l'attendrait sous les arbres.

Tout en marchant, il songeait. À cette prochaine tournée, qui l'emmènerait vers l'Auvergne, où il avait désormais des amis. À son oncle Hector, avec qui il correspondait toujours. Celui-ci le tenait informé de ce qui se passait au Mas des Tilleuls. Séraphine avait donné un fils à Sosthène.

« *Fier coum'un Gascoun*[1] », avait écrit Hector, ajoutant fielleusement : « Espérons que Sosthène est bien le père… »

Jean-Baptiste avait éprouvé un sentiment étrange, indéfinissable, en apprenant cette naissance. Il avait beau tenter de se convaincre que le sort de son père lui était désormais indifférent, il ne pouvait se défendre de ressentir quelque chose ressemblant à de la jalousie, ou à du mal-être. Ce fils serait-il aimé de Sosthène, guidé avec tendresse ? Lui-même n'avait reçu qu'indifférence.

Pour une fois maladroite, Adrienne avait commenté : « Va ! Il a un héritier de sa jeunesse, il saura à qui léguer le Mas des Tilleuls. »

Une douleur fulgurante lui avait traversé le cœur. Il avait revu la quadruple allée de « ses » arbres, senti leur parfum miellé. En entendant la remarque d'Adrienne, il avait eu l'impression – pire, la certitude – de dire adieu une seconde fois à la demeure de sa mère.

1. « Fier comme un Gascon. »

Il haussa les épaules. Il ne devait plus y penser, même si les souvenirs liés au Mas des Tilleuls lui brûlaient le cœur.

Il dépassa plusieurs personnes qui avaient quelques difficultés à grimper sur le chemin bordé de chênes verts et blancs, de châtaigniers et de trembles.

Malgré l'heure matinale, la chaleur était déjà pesante. Heureusement, au fur et à mesure de la progression vers la chapelle, l'altitude apportait un peu de fraîcheur.

Il n'en fut pas moins soulagé en débouchant sur l'allée de tilleuls qui menait au bâtiment blotti dans le raccordement de deux combes. Notre-Dame de Lure avait subi de nombreuses dégradations sous la Révolution. Le mobilier et les objets du culte avaient été brûlés ainsi que les nombreux ex-voto, et les pèlerinages n'avaient repris qu'à partir de 1801.

Un charme pénétrant émanait de la chapelle, abritée par sa toiture de lauzes. Toute proche, une fontaine chantait. Trois tilleuls avaient été plantés devant la hêtraie en 1824. Ému, Jean-Baptiste effleura de la main le tronc du plus élevé.

– On raconte que le tilleul est un arbre féminin, symbole de générosité et d'hospitalité, remarqua une voix juvénile derrière lui.

Il se retourna, se retrouva face à une jeune personne dont le regard se planta dans le sien. Étonnant, ce regard ! D'un bleu mauve qui évoquait les bouquets de lilas. Elle secoua la tête. Ses longs cheveux couleur de châtaigne se dénouèrent. Elle ne portait pas de bonnet ni de coiffe.

– Vous aimez les tilleuls ? insista-t-elle.

Fasciné, il la contemplait sans parvenir à articuler un son.

Elle se mit à rire.

– Vous êtes muet ?

Autour d'eux, on leur jetait des coups d'œil réprobateurs. Un murmure enflait. Jean-Baptiste crut entendre le mot « païenne » et comprit tout de suite pourquoi. Sur le chemin des Pèlerins, la jeune fille, avec ses cheveux lâchés et sa beauté insolite, ressemblait à l'une de ces mortelles qui séduisaient les dieux dans les livres de son oncle Hector.

Il tendit la main vers elle.

« Venez ! »

Sans prêter davantage attention à l'assistance, ils s'enfoncèrent sous le couvert, du côté opposé au chemin des Pèlerins.

8

Jean-Baptiste aurait voulu offrir le ciel, presque trop bleu, à la jeune fille qui l'entraînait vers l'étage montagnard. Tous deux n'avaient pas encore échangé un mot. Ils marchaient d'un bon pas, se griffant au passage dans les framboisiers, les églantiers et les sorbiers des oiseleurs. Il faisait meilleur sous le couvert.

La jeune fille s'arrêta dans une clairière de hautes herbes, qui abritait une bergerie en pierres sèches, un jas[1].

– J'habite là avec ma grand-mère, Fine, dit-elle à Jean-Baptiste.

Il aperçut cinq chèvres dans un enclos, un appentis sous lequel des bouquets d'herbes séchaient, tête en bas. Louve s'immobilisa et gronda à l'approche d'un chat blanc qui s'étirait au soleil.

– Ne bouge pas ! lui ordonna Jean-Baptiste.

La chienne s'allongea à ses pieds.

– Elle est belle, fit la jeune fille. On sent qu'il existe beaucoup d'amour et de complicité entre vous deux.

Il ne répondit pas. C'était la première fois, lui semblait-il, qu'on comprenait la relation unique, privilégiée, qui le liait à Louve.

1. Là où le troupeau « se jasse », se couche.

– J'avais oublié que c'était le pèlerinage, aujourd'hui, reprit-elle. J'ai de la chance, on ne m'a pas jeté de pierres.

Voyant qu'il fronçait les sourcils, elle précisa :

– Nous sommes sourciers et guérisseurs dans la famille. Mais, voyez-vous, ceux qui consultent ma grand-mère en catimini nous tournent le dos quand nous descendons à Saint-Pancrace. Ils ont honte. Ou peur.

– Je viens des Baronnies, glissa Jean-Baptiste. Je suis en tournée près de dix mois sur douze. Forcément, je connais peu de chose sur le pays.

Elle haussa les épaules. Ses cheveux s'embrasèrent sous le soleil.

– Vous savez, on s'habitue. J'ai mon chat, mes chèvres, et même un bruant jaune, au chant haut perché, qui vient me saluer chaque soir.

Ses yeux brillèrent.

– La montagne abrite des centaines et des centaines d'oiseaux. Ma mère l'appelait la montagne aux Oiseaux. Fauvettes, alouettes, merles de roche, martinets à ventre blanc, pinsons, mésanges, becs-croisés des sapins, sittelles, bouvreuils, grimpereaux, gélinottes… et tant d'autres encore !

Sa voix vibrante toucha Jean-Baptiste.

– Votre mère…

– Elle est morte il y a maintenant huit ans. Une mauvaise chute dans la montagne. Mon père, lui, n'est pas revenu de Waterloo. Je n'ai pratiquement pas de souvenir de lui. Et vous ?

– Je suis orphelin de mère, moi aussi, répondit-il après un temps de silence. Mon père… eh bien, mon père et moi sommes fâchés et je ne pense pas que nous puissions nous réconcilier un jour.

La jeune fille ne posa aucune question. Il apprécia sa discrétion.

– Venez boire un verre de génépi, proposa-t-elle, l'entraînant par la main.

La pièce dans laquelle il pénétra à sa suite était sombre mais propre.

– Fine ! J'amène un pèlerin, cria la jeune fille.

La très vieille dame qui reposait sur un siège à dossier n'ouvrit pas les yeux.

– Bien, bien, dit-elle.

– Fine est aveugle, chuchota-t-elle. Elle ne peut plus courir la montagne comme avant. Elle reste dans notre grangeon, désormais.

– Lilas, tu oublies de dire que je peux encore remettre un membre en place ou « passer le feu », lança Fine. Mes mains n'ont pas besoin d'y voir.

Lilas sourit à Jean-Baptiste.

– Dans la famille, on est têtues comme des chevrettes et dures au mal. Fine est une excellente guérisseuse, bien meilleure que moi. Je m'intéresse plus à la nature qu'aux êtres humains. Venez, nous serons mieux sous le gros noyer.

Elle était belle et enjouée. À ses côtés, Jean-Baptiste se sentait intimidé. La jeune fille connaissait-elle sa tante ? Il n'osait pas mentionner son nom de crainte d'apprendre que les Duthilleux ne s'étaient pas bien comportés avec elle.

Mais, décidément, la petite-fille de Fine était une jeune personne étonnante. Elle s'enquit d'un ton malicieux :

– Vous vous plaisez aux Genévriers ?

Et, comme Jean-Baptiste levait un sourcil interrogateur, elle expliqua :

– Je vous ai déjà vu à Saint-Pancrace. Cela m'arrive de descendre au bourg, vous savez. Notamment pour apporter des plantes à Mlle Agathe-Marie.

Il poussa un soupir explicite.

– Encore ! Qu'avez-vous donc tous avec cette Agathe-Marie ? Ma tante aimerait beaucoup que je l'épouse.

– Elle est trop âgée pour vous ! lança étourdiment Lilas.

Aussitôt après, elle plaqua la main sur sa bouche.

– Pardonnez-moi, je ne voulais pas me montrer indiscrète.

Jean-Baptiste ressentit comme un pincement au cœur. Elle était ravissante, et il brûlait du désir de l'embrasser.

Il l'attira contre lui d'un geste possessif en le lui disant.

Contrairement à ce qu'il redoutait, elle ne baissa pas les yeux, ne rougit pas.

– Moi aussi, dit-elle.

Leurs lèvres s'embrasèrent. Jamais, lui semblait-il, Jean-Baptiste n'avait connu pareille sensation. Ce baiser échangé avec Lilas avait valeur d'engagement. Il la serra avec force contre lui. Son cœur battait à grands coups précipités.

– Je veux te garder avec moi, toujours, souffla-t-il.

– Tu es bien sûr de toi ? demanda Adrienne alors que son neveu, pour une fois rasé de près, vérifiait dans le miroir du petit salon qu'il avait bien noué sa cravate.

D'abord déroutée par la rencontre entre Lilas et Jean-Baptiste, elle n'avait pas voulu accorder d'importance à leurs projets de mariage. C'était un emballement passager, répétait-elle à Zélie, comme pour mieux s'en convaincre.

Son amie ne partageait pas son opinion.

« Jean-Baptiste n'est pas seulement amoureux. Il aime, lui avait-elle expliqué. Ma grande, tu vas devoir accepter Lilas. »

Adrienne avait poussé les hauts cris. Son neveu, son héritier, n'allait tout de même pas épouser cette gamine qui courait la montagne et avait poussé pratiquement toute seule, comme une herbe sauvage ? Mais, malgré ses protestations et ses menaces, le mariage avait bel et bien lieu ce samedi.

Jean-Baptiste avait été catégorique : il était déterminé à se marier, et ce avant de partir pour sa tournée. Adrienne, la rage au cœur, avait dû s'incliner.

Ce seraient de belles noces, elle y avait tenu. Il n'y aurait pas de contrat de mariage. « Pourvu que cette fille donne au moins un fils à Jean-Baptiste ! » avait confié Adrienne à Zélie. La sage-femme avait soupiré :

« Adrienne, ne la juge pas trop vite. Ce n'est pas parce qu'elle ne possède rien, ou presque, qu'il s'agit d'une mauvaise fille. Tu n'espérais quand même pas garder Jean-Baptiste garçon ? »

Adrienne avait secoué la tête. « Non, bien sûr. Mais… »

Mais elle rêvait d'une union entre son neveu et Agathe-Marie. L'héritière était son aînée de quatre bonnes années ? la belle affaire ! Elle avait suffisamment de bien pour faire oublier ce détail.

– Ma tante…

La voix de Jean-Baptiste la fit tressaillir.

Les cloches sonnaient à la volée.

– Vous voulez bien m'offrir votre bras ? s'enquit-il, décidé à tout mettre en œuvre pour arrondir les angles.

Adrienne se redressa.

– Bien entendu ! Pressons-nous, mon garçon.

Tout Saint-Pancrace s'était donné rendez-vous sur le parvis. Un murmure courut le long de l'assistance quand Lilas remonta la rue. Le vieux Platon, un ami de ses grands-parents, berger de son état, lui donnait le bras. Lilas avait redouté un refus lorsqu'elle lui avait demandé s'il voulait bien la conduire à l'église. Platon était parti d'un grand rire. « Té, petite, tu m'as devancé ! Ton grand-père, mon ami Auguste, ne me l'aurait jamais pardonné si je t'avais fait faux bond ! »

Lilas était plus que belle, radieuse, dans sa toilette. Zélie la lui avait offerte une semaine auparavant, alors qu'elle se demandait si elle n'irait pas à l'église dans sa tenue de tous les jours. Elle n'avait pas osé en parler à

Jean-Baptiste, se doutant bien qu'il n'y songerait même pas. Zélie avait sorti de son coffre un long paquet enveloppé d'un fragile papier de soie, l'avait ouvert avec précaution. Lilas, émerveillée, avait alors découvert une robe de dame, en taffetas de Florence d'Avignon[1] mauve, se relevant sur un jupon en piqué de coton orné de colombes. Bas blancs, souliers à boucles, coiffe à la chanoinesse, particulièrement seyante, complétaient la toilette.

Lilas, sans bouger, caressait la robe du regard.

« Ce n'est pas possible », avait-elle fini par chuchoter. Comme si, en parlant à haute voix, elle aurait risqué d'effrayer les anges à l'origine de ce présent…

Zélie avait ri, de ce bon rire qui rassurait ses parturientes.

« Qu'attends-tu donc, ma belle ? C'est Jean-Baptiste qui est venu la choisir avec moi à Forcalquier. »

Alors Lilas avait pleuré. De bonheur.

À présent qu'elle lisait l'amour dans les yeux de Jean-Baptiste, elle avançait sans crainte vers l'autel. Le père Aubert se frottait machinalement les mains. L'église était pleine. Pas question pour les gens de Saint-Pancrace de manquer ce qui serait certainement l'événement de l'automne. Elle dit « oui », d'une voix ferme et claire en réponse à la question du prêtre. Ses tempes bourdonnaient, elle n'entendit pas l'engagement de Jean-Baptiste. Les cloches carillonnèrent de nouveau.

1. Très mince toile de soie. On l'appelait aussi taffetas de Florence.

En sortant de l'église, au bras de son époux, elle chercha du regard sa grand-mère. Mais Fine, intraitable, n'était pas descendue à Saint-Pancrace. Elle n'avait pas pardonné au curé son refus de se déplacer pour porter les sacrements à sa fille, Violette. Jean-Baptiste lui tapota la main.

– Nous irons voir Fine ce soir.

Le cortège se dirigea vers les Genévriers où les tables avaient été dressées dehors, le temps étant particulièrement doux. Les enfants du pays, ravis d'avoir reçu des dragées, couraient en tous sens. Les adultes, en revanche, se montraient plutôt taciturnes. Le mariage – à leurs yeux trop précipité – du colporteur et de la cueilleuse de plantes les avait étonnés et avait suscité nombre de commentaires. On chuchotait à propos des *novi* : « *An fa Pasco avans Rampau*[1]. »

Insouciants des rumeurs, Lilas et Jean-Baptiste touchaient à peine aux plats. Il suffisait que leurs doigts s'effleurent pour que leurs regards se troublent. La veille au soir, Lilas avait entraîné Jean-Baptiste sous le couvert. Elle s'était agenouillée sur la mousse, lui avait tendu les bras. Ils s'étaient aimés à flanc de montagne. « Chez moi », avait dit Lilas avec une pointe de fierté dans la voix. Un oiseau moqueur lançait un trille de temps à autre. Les jeunes gens n'avaient pas senti l'humidité du soir ni l'inconfort de leur couche. Éprouvant le même élan, ils s'étaient aimés avec fièvre, avec passion. Ensuite, Jean-Baptiste était allé chercher sa

1. « Ils ont fait Pâques avant les Rameaux. »

couverture de selle, l'avait posée sur le sol. Lilas, frissonnante, l'avait enlacé.

« Je t'aime, avait-elle soufflé. Je t'aime tant. »

Il l'avait serrée contre lui, fort, en se disant qu'il était le plus heureux des hommes.

L'oiseau moqueur chantait toujours. Ils n'y avaient pas prêté attention.

9

« Je t'enverrai de mes nouvelles le plus souvent possible », avait promis Jean-Baptiste le jour de son départ.

Lilas s'était raidie mais n'avait rien osé dire. Ce jour-là, il lui semblait que son époux ne lui appartenait plus. L'effervescence des grands jours régnait sur Saint-Pancrace. Les claquements de fouet, les sonnailles des harnachements des mulets et des chevaux qui tintaient joyeusement, les sourires un peu tendus s'efforçant de dissimuler l'émotion des adieux contribuaient à créer une atmosphère de fête teintée de mélancolie. Les colporteurs partaient pour plus de huit mois. Reviendraient-ils tous ? Que se passerait-il pendant leur absence ? Une angoisse diffuse serrait les cœurs.

Les femmes et les enfants agitaient la main. Les vieillards ne s'étaient pas déplacés. Ils ne connaissaient que trop ces scènes de départ et se contentaient de prier pour que tout se passe bien.

Jean-Baptiste et Lilas s'étaient déjà dit adieu durant leur dernière nuit. Sans se soucier des regards curieux, il enserra le visage de sa jeune femme entre ses mains.

– Je t'écrirai, répéta-t-il.

S'il remarqua l'altération des traits de Lilas, il l'attribua à l'émotion de la séparation. Lui-même quittait Saint-Pancrace le cœur lourd.

– Pars, souffla Lilas. Vite, je t'en prie.

Elle s'éloigna de quelques pas afin de laisser sa place à Adrienne. La tante de Jean-Baptiste avait encore des instructions à lui donner.

Lilas rejoignit Platon qui se tenait sous les ormeaux. Le vieil homme lui serra le bras avec affection.

– Courage, ma belle !

Elle lui sourit, bravement, sans pour autant s'ouvrir à lui de son souci. Le départ de Jean-Baptiste la désespérait, même si elle le savait inéluctable, mais il y avait autre chose. Qu'elle ne savait pas à qui confier.

Quand les attelages s'ébranlèrent, elle courut jusqu'à la poterne afin de pouvoir suivre le plus longtemps possible la descente de son mari.

Son mari… ils avaient vécu ensemble une petite huitaine de jours… rien, comparé aux longs mois de solitude qui l'attendaient.

Adrienne la rattrapa alors qu'elle reprenait le chemin de sa montagne. Le bourg paraissait soudain déserté. Trop tranquille.

– Petite ! Tu ne viens pas aux Genévriers ? La chambre de Jean-Baptiste t'attend.

Lilas se retourna vers elle.

– La chambre de Jean-Baptiste ? Merci bien ! Je dois m'occuper de ma grand-mère, là-haut. Chez nous.

Sa véhémence n'échappa pas à Adrienne.

– Tu es chez toi à la ferme, reprit-elle gênée.

La jeune femme secoua la tête tout en soutenant le regard d'Adrienne Duthilleux.

– Non, Adrienne, et vous le savez fort bien. Je n'ai pas ma place à Saint-Pancrace, j'y étouffe en l'absence de Jean-Baptiste. Il me faut mes drailles, ma forêt, mes plantes. Je suis une sauvageonne.

Elle se mordit les lèvres.

« Je t'écrirai », lui avait promis son époux. Et elle, comment lui répondrait-elle ?

Adrienne, vexée, haussa les épaules.

– À ta guise, ma fille ! Si l'hiver est trop rude, tu pourras toujours descendre à la ferme. Avec Fine, naturellement.

– Merci, murmura Lilas.

Adrienne et elle ne s'aimaient pas, et n'en faisaient guère mystère. Si elles tentaient de sauvegarder les apparences en présence de Jean-Baptiste, elles s'empressaient de mettre bas les masques dès qu'il n'était plus là.

La veuve du colporteur tendit la main vers la jeune femme, comme pour ajouter quelque chose mais y renonça finalement. « À quoi bon ? » se dit-elle. Lilas n'était pas prête à entendre ce qu'elle désirait lui dire.

– Donne-nous des nouvelles, déclara-t-elle seulement.

Elle ne put s'empêcher de suivre du regard la silhouette juvénile, vêtue de bleu, qui s'élançait en direction du versant sud. Cette petite avait du cran, même si Adrienne aurait souhaité des noces plus prestigieuses pour son neveu.

Il faisait froid dans le jas malgré le feu entretenu par Lilas. Fine, blottie sous son édredon, toussa dans son sommeil.

Soucieuse, la jeune femme se leva, alla lui tâter le front. Sa grand-mère brûlait de fièvre. Lilas lui avait fait boire des infusions de mauve blanche, plante réputée pour soigner les bronchites comme les angines. Elle avait aussi recouru à la « tisane », un remède transmis par Fine.

Pour ce faire, elle avait mélangé pétales de coquelicot, mauve blanche, bourrache, jujube et violette et avait fait cuire le tout dans le toupin au-dessus du feu. Elle lui avait préparé les fameuses « cinq cuillers », une recette comprenant une cuiller de vin, une cuiller d'huile d'olive, une cuiller de lait, une cuiller de sucre, une cuiller de café. Fine avait fait la grimace en l'avalant et, entre deux quintes, avait soufflé : « Pourquoi te donner tant de mal, petite ? Toi et moi savons bien que j'ai atteint le bout du chemin. »

Dormait-elle ? Ou bien avait-elle sombré dans une léthargie alarmante ? Lilas avait conscience du fait que le grangeon ne constituait pas l'endroit idéal pour une vieille femme malade, tout en sachant que Fine ne résisterait pas à un déplacement.

De plus en plus inquiète, elle s'emmitoufla dans sa pèlerine et prit le chemin de Saint-Pancrace. Le vent, descendant du sommet de Lure, la cloua au sol. Elle s'obstina, tête baissée, tandis que les arbres faisaient le gros dos sous les attaques de la bise.

Le faible soleil de novembre déclinait quand elle frappa à la porte du docteur Bonpas, officier de santé. Elle le connaissait pour lui avoir déjà vendu des plantes.

Sa sœur, qui tenait son ménage, reçut Lilas avec amabilité mais ne put que lui promettre d'envoyer le médecin dès qu'il rentrerait de sa tournée. On l'avait appelé à Lardiers pour une délivrance qui se présentait mal. Elle ignorait la durée de son absence.

Le cœur lourd, Lilas retourna dans la clairière après être allée saluer Adrienne. La tante de Jean-Baptiste étudiait ses comptes, dans son petit bureau bien chauffé. La jeune femme se sentit rougir sous son regard scrutateur. Ses cheveux s'étaient échappés de son bonnet et sa pèlerine était usée. « Quelle pitié ! » semblait penser Adrienne. Dire que cette sauvageonne est l'épouse de Jean-Baptiste… » Elle lui offrit du café, lui proposa une nouvelle fois de les héberger, Fine et elle. Lilas secoua la tête.

– Fine est au plus mal. Je suis venue quérir le docteur Bonpas. Je ne peux pas la laisser seule.

– Descends-la, dans ce cas.

Lilas esquissa un sourire.

– Imaginez-vous pouvoir enfermer les oiseaux de la montagne ? Fine a besoin de rester là-haut, dans sa forêt, jusqu'à son dernier souffle. Vous le savez, tante Adrienne.

La veuve soupira.

« On n'attache pas le vent », avait-elle dit à Jean-Baptiste la veille de ses noces.

Lilas ressemblait à Fine. Elle n'était pas faite pour vivre à Saint-Pancrace, dans une vraie maison. Lilas hésita.

– Avez-vous des nouvelles de Jean-Baptiste ?

Le visage d'Adrienne se ferma.

– Pas la moindre. De toute manière, je pense qu'il t'écrira en priorité. Je te ferai prévenir si je reçois un message.

– Merci, balbutia Lilas en se sentant misérable.

À qui pourrait-elle confier son secret ? Certainement pas à Adrienne, qui la traitait déjà de haut !

Elle se hâta de reprendre le chemin des Pèlerins.

Fine expira à cinq heures, la main serrée dans celle de sa petite-fille. Le docteur Bonpas était passé dans la soirée. Il paraissait exténué.

« Des jumeaux », avait-il expliqué en courbant sa haute silhouette.

Lilas, les cheveux noués en un chignon strict, avait le visage défait à la lueur des lampes à huile. Sur sa paillasse, Fine râlait. L'officier de santé s'était incliné.

« Votre grand-mère a toujours fait le bien. Laissez-la, elle va s'éteindre cette nuit, comme une chandelle qui décline tout doucement », avait-il ajouté.

Ses paroles avaient réconforté Lilas. Elle ne voulait pas que son aïeule souffre. Le médecin avait refusé de se faire régler.

« Fine et moi avons souvent travaillé de concert, même si nous ne nous en vantions pas forcément. Courage, madame Duthilleux. »

C'était la première fois qu'on l'appelait ainsi. Mme Duthilleux… Lilas avait été tentée de protester.

« Ne passez pas l'hiver ici, avait-il recommandé en prenant congé. Vous serez bien mieux à la ferme. Chez Adrienne. »

Lilas fit la toilette de sa grand-mère avant de descendre à Saint-Pancrace. Elle courut prévenir Platon afin qu'il grimpe à la clairière veiller Fine. Elle-même se dispensa de se rendre au presbytère. Elle savait que le curé ne se dérangerait pas. Elle se rendit à la ferme où elle trouva Adrienne toujours plongée dans ses comptes. La tante de Jean-Baptiste avait les traits tirés.

– Tu ne vas pas rester là-haut seule avec une morte ! se récria-t-elle.

– Je n'ai pas peur, assura Lilas. De plus, Platon me tiendra compagnie.

– Je viendrai cet après-midi avec Zélie, promit Adrienne. Attends…

Elle se leva lourdement, alla chercher du café dans la cuisine, ainsi que du lard salé. Face au mouvement de recul de Lilas, elle ne put retenir un froncement de sourcils.

– Ne sois pas stupide, je ne veux pas te vexer, simplement te permettre de recevoir dignement ceux qui monteront jusqu'au grangeon de Fine.

Qui viendrait ? se demanda Lilas, amère. On la consultait discrètement, mais on ne recevait pas Fine. Lilas ne pardonnait pas cet ostracisme aux habitants de Saint-Pancrace.

Elle trouva Platon au chevet de sa grand-mère. Il lui chuchotait quelque secret et se tut quand il vit arriver Lilas.

– Viens te réchauffer, petite, lui dit-il en lui faisant une place devant l'âtre.

Elle n'avait pas le sentiment d'avoir froid mais elle se mit à trembler en claquant des dents. Platon lui fit boire un petit verre d'eau-de-vie et elle toussa.

– Je pensais qu'elle était immortelle, souffla-t-elle.

À cet instant, elle songeait à sa mère, morte si jeune, à son père, dont elle n'avait aucun souvenir. Jean-Baptiste lui manquait avec une telle intensité qu'elle resserra ses bras autour d'elle.

Platon lui tapota l'épaule.

– Fine a eu la vie qu'elle désirait, petite. Tu sais combien elle souffrait d'avoir perdu ses yeux. Pauvrette !

Une larme roula sur la joue de Lilas.

L'arrivée de Zélie la surprit. La jeune femme était en train de préparer une soupe d'herbes – épinards, ciboulette, orties, mauve et oseille – accompagnée de pommes de terre, dans laquelle elle ferait mijoter le lard donné par Adrienne.

La sage-femme entra après avoir frappé discrètement. Le chat vint se frotter contre ses jambes.

– J'ai prévenu le menuisier, annonça-t-elle d'emblée. Ta tante Adrienne se charge de tout, Lilas.

Elle s'approcha de la paillasse de Fine, se signa.

– *Vaqui que sian, sian pas rèn cauvo*[1], marmonna-t-elle.

Cependant, la formule tant de fois prononcée paraissait sincère. Lilas estimait Zélie, qui était une femme de bien.

1. « Voilà ce que nous sommes, nous ne sommes pas grand-chose. »

– Adrienne est souffrante, reprit-elle. Je lui ai conseillé de rester à la ferme.

– Vous avez bien fait.

Lilas ne se serait pas sentie à l'aise en présence d'Adrienne. Non pas qu'elle eût honte de leur logis. Elle redoutait simplement de lire le dédain, pire, le mépris, dans le regard de la veuve.

Zélie ôta sa cape, se pencha vers le feu en frottant ses mains l'une contre l'autre.

– J'espère que notre Jean-Baptiste n'a pas trop froid, déclara-t-elle.

Lilas se sentit soudain un peu mieux.

Le simple fait d'évoquer son époux lui réchauffait le cœur.

10

1830

C'était la première fois que Lilas franchissait les grilles du Prieuré bien qu'elle connût l'existence de la bastide depuis des lustres. Une allée ombragée d'ormeaux menait à la bâtisse, solidement implantée au pied de la montagne de Lure. L'ensemble était imposant avec son appareillage de pierres, ses fenêtres à meneaux, ses deux étages et ses nombreuses dépendances.

On racontait que le Prieuré avait été édifié un siècle après Salagon, dans le grand mouvement médiéval. Les moines l'avaient déserté depuis longtemps et la famille Blaize, enrichie dans le négoce des drogues, l'avait racheté vers 1770 alors qu'il ne subsistait plus de l'ensemble du domaine que le logis prieural. Il était désormais la propriété d'Agathe-Marie Blaize, fille unique et seule héritière de Nicolas Blaize.

Lilas n'avait jamais été envieuse. Elle marqua une hésitation, cependant, après avoir gravi les marches du perron. Ce qui lui avait paru évident à Saint-Pancrace lui semblait désormais une démarche audacieuse.

Quel accueil Agathe-Marie allait-elle lui réserver ? Haussant légèrement les épaules, elle saisit le heurtoir en forme de main et le laissa retomber contre le bois massif de la porte. Elle ne connaissait pas la servante qui vint lui ouvrir.

– Mademoiselle fait son courrier, lui dit-elle. Je vais voir si elle peut vous recevoir.

Le hall, de vastes dimensions, surprit Lilas. Le sol était dallé, la hauteur de plafond impressionnante, tout comme l'escalier à la rampe de fer ouvragé.

– On raconte que l'un des propriétaires du Prieuré grimpait cet escalier à cheval, déclara une voix grave et bien timbrée.

Surprise, Lilas tressaillit. Se retournant, elle fit face à son hôtesse.

Agathe-Marie lui sourit.

– Bonjour, Lilas. Bienvenue au Prieuré.

Elle l'invita à pénétrer à sa suite dans une pièce ouvrant sur le parc. Lilas ne savait pas si elle devait ôter ses souliers ou bien contourner avec soin les tapis.

– Mets-toi à l'aise, lui recommanda la maîtresse de maison.

Quel âge pouvait-elle avoir ? se demanda Lilas. Elle lui avait toujours paru vieille, à cause de ses cheveux tirés en chignon strict, de son bonnet amidonné, de ses éternelles robes noires. Mais, vue de près, dans la lumière dorée qui baignait la salle, elle avait une peau dépourvue de rides, un teint clair et de beaux yeux mordorés. Son sourire la rajeunit encore.

– Comment vas-tu, Lilas ? Te plais-tu à Saint-Pancrace ?

Lilas avait bataillé une bonne semaine avant de se résoudre à quitter sa clairière, après l'enterrement de Fine.

« Jean-Baptiste ne comprendrait pas que tu restes seule ici », avait plaidé Adrienne, en fronçant le nez.

Le cœur lourd, Lilas avait nettoyé le grangeon, rassemblé ses chèvres et son coffre dans lequel elle serrait ses trésors.

Elle avait simplement tiré la porte derrière elle.

Alfred, un valet d'Adrienne, était venu chercher Lilas en compagnie d'un mulet. Le trajet lui avait semblé durer une éternité. Elle revoyait Fine, de retour d'une de ses cueillettes, occupée à trier puis à faire sécher ses plantes. Elle l'entendait parler aux oiseaux, se rappelait comment elle savait mettre en confiance ceux qui venaient la consulter pour une entorse ou une brûlure. La science de sa grand-mère lui paraissait sans limite. Malgré ses craintes, elle s'était tout de suite intégrée à la ferme, grâce à Zélie qui s'évertuait à la mettre à l'aise. La chambre de Jean-Baptiste, située à l'étage, donnait sur la montagne de Lure. La première nuit, Lilas avait eu l'impression de s'enfoncer dans le matelas, si confortable comparé à sa paillasse. Un peu trop confortable, même, puisqu'elle s'était roulée dans sa couverture pour s'assoupir enfin sur le sol de parefeuilles. Son chat était monté la rejoindre par la fenêtre ouverte sur la nuit de velours. Elle l'avait trouvé lové contre elle au petit matin.

Il lui avait fallu plusieurs nuits pour dormir enfin dans le lit de noyer.

Elle rendit son sourire à Agathe-Marie.

– Oui, je m'habitue à vivre au bourg, répondit-elle.

Elle s'assit prudemment sur le siège que son hôtesse lui désignait. Le salon était plus vaste que le grangeon tout entier. Elle osa jeter un coup d'œil discret à l'ameublement. Fauteuils à dossier en forme de lyre, armoire de noyer, secrétaire de bois clair, guéridon, piano, meuble à musiques composaient un décor chaleureux. Lilas serra ses mains l'une contre l'autre.

– Je suis venue vous demander un service.

Le matin même, le nouveau facteur, Jules, était passé à la ferme. Il avait tendu une enveloppe épaisse à Lilas.

« Pour vous, madame Duthilleux. »

Adrienne penchait déjà la tête.

« C'est de Jean-Baptiste ! » s'était-elle écriée.

L'impatience, la frustration et, même, un brin de colère avaient alors submergé Lilas.

« Ouvre donc ! » lui répétait Adrienne.

La jeune femme, retroussant son jupon, s'était enfuie. Comment aurait-elle pu expliquer ce qui constituait pour elle une honte ? Elle imaginait déjà le regard chargé de dédain d'Adrienne. Comment ? L'épouse de son neveu ne savait pas lire ? Chez les Bonaventure, on accordait beaucoup d'importance à l'instruction. C'était Adélaïde qui avait appris ses lettres à Jean-Baptiste.

Lilas, les joues en feu, avait remonté la rue principale de Saint-Pancrace en se demandant à qui elle pourrait bien s'adresser. Certes, elle connaissait plusieurs droguistes, et le médecin, mais elle se voyait mal leur donnant à lire une missive de son jeune mari. Que faire ?

Elle s'était arrêtée devant l'épicerie-droguerie d'Agathe-Marie. La boutique était fermée.

« La demoiselle est restée à la bastide aujourd'hui », lui indiqua le charron.

Tout le village appelait Agathe-Marie « la demoiselle », avec un mélange de respect et d'affection.

Sans réfléchir, Lilas avait repris sa course et était arrivée haletante devant le Prieuré.

À présent, face à Agathe-Marie, elle mesurait son audace. Même si elle la fréquentait régulièrement pour lui vendre les plantes de ses cueillettes, la demoiselle et elle étaient simplement des connaissances.

Lilas rougit, sortit l'enveloppe de sa poche. L'aveu lui coûtait mais elle ne pouvait plus reculer.

– Voilà, je… je ne sais pas lire, demoiselle. Pour les plantes, ma grand-mère m'avait enseigné leurs noms grâce aux planches de son herbier. Mais je ne sais ni lire ni écrire.

Elle se mordit les lèvres. « Elle est belle, pensa Agathe-Marie, et si jeune… »

– Tu veux que je lise cette lettre ?

La jeune femme opina du chef.

– C'est mon mari qui l'a écrite. Je… je suis si impatiente d'apprendre ce qu'il me dit. Si cela ne vous dérange pas, bien sûr.

Agathe-Marie tendit la main.

– Donne, Lilas. C'est un peu gênant, certes, mais nous allons nous efforcer, toi et moi, de faire comme si j'évoquais simplement des nouvelles de ton époux. Voyons cela…

Elle se leva, se rapprocha de la grande fenêtre à petits carreaux et toussota avant de commencer à lire.

Mon amour,

Tu me manques, ma douce et tendre.

Je t'écris d'Auvergne, où nous avons déjà subi une tempête de neige. Je fais le tour de mes clients habituels, suis reçu chez l'un ou chez l'autre, mais le temps me pèse, mon amour.

J'ai hâte de te revoir, de te serrer contre moi.

Agathe-Marie marqua une pause, toussota de nouveau.

– Je… tu es bien sûre de vouloir que je lise la suite ? Ce peut être embarrassant.

– Si vous dites ça, demoiselle, c'est que vous l'avez déjà lue ! répondit Lilas.

Les yeux mi-clos, les bras croisés devant sa poitrine, comme pour mieux s'isoler, elle se laissa envelopper par les mots de Jean-Baptiste, comme il l'eût fait de ses bras. Elle tressaillit quand Agathe-Marie se tut.

– Je vous remercie, souffla-t-elle. Est-ce qu'il a indiqué une adresse ?

Elle ne remarqua pas les joues empourprées de son hôtesse. Elle était tendue vers un seul but. Apprendre ses lettres, au plus vite.

– Il sera en Alsace pour Noël, reprit Agathe-Marie. À Obernai. Chez Lügerstein.

Lilas répéta ces mots inconnus avant de se lever.

– Je me demandais… voulez-vous me montrer ? Il faut que je sache lire.

– Et écrire, rappela doucement Agathe-Marie.

La situation l'amusait. Elle qui avait passé une enfance studieuse à suivre les cours d'un précepteur, adepte de la philosophie des Lumières et latiniste d'exception, éprouvait soudain le désir de venir en aide à cette jeune rebelle qui la faisait penser à une sauvageonne.

– Viens à la boutique en début d'après-midi, s'entendit-elle proposer. Si tu es décidée, nous devrions progresser rapidement.

La joie de Lilas lui fit chaud au cœur.

– Je serai là dès demain, promis ! s'écria-t-elle. Et... encore merci !

Agathe-Marie souleva le rideau de velours pour regarder la silhouette de Lilas qui remontait l'allée d'un pas allègre.

Elle était si jeune, presque encore une enfant, et Jean-Baptiste lui avait écrit des mots dont Agathe-Marie ignorait tout.

Elle-même était riche et cultivée. Pourtant, à cet instant, elle enviait presque la petite-fille de Fine.

11

1830

C'était plus fort que lui. Chaque fois qu'il empruntait l'allée ombragée de tilleuls, Sosthène songeait à Jean-Baptiste, et une bouffée de colère le submergeait.

« Maudit soit-il ! » marmonnait-il.

Quand ils lui voyaient ce visage d'orage, les valets s'arrangeaient pour ne pas croiser son chemin. Séraphine elle-même filait doux, ce qui ne lui ressemblait guère. Dès leur première rencontre, en effet, elle avait tenu tête à Sosthène. Elle connaissait l'étendue de son pouvoir sur lui mais savait aussi que ses appas commençaient à se faner. À vingt ans, elle avait la beauté du diable avec son teint hâlé, ses yeux et ses cheveux noirs. Mais le soleil, impitoyable, avait creusé des rides sur son front et autour de sa bouche. Son corps mince et ferme s'était enrobé, ce qui n'était pas pour déplaire à Sosthène. Séraphine savait comment faire monter son désir. Elle n'avait rien oublié de ses années d'apprentissage, à Carpentras. Sosthène le lui rappelait parfois.

« J'ai fait ta fortune. Je peux la défaire comme il me plaira. »

Disant cela, il posait les mains autour de son cou et faisait mine de serrer. Sa jeune femme le défiait alors du regard.

« Qu'attends-tu ? le narguait-elle. Tu ne viendras pas te plaindre, après, que ton lit est glacé ! »

Il riait, et la basculait en arrière, sur les draps brodés au chiffre d'Adélaïde. Séraphine savait qu'il était incapable de lui résister.

Elle avait craint, durant sa grossesse, qu'il ne se détournât d'elle mais, au contraire, sa silhouette déformée semblait décupler son désir. Elle se demandait parfois si ce n'était pas dangereux pour l'enfant qu'elle portait. Avant de connaître Sosthène, elle s'était fait avorter à deux reprises, sans états d'âme. C'était la règle, dans la maison où elle travaillait. Elle avait verrouillé ses souvenirs. Ceux-ci, cependant, étaient revenus la hanter peu avant le moment prévu pour la délivrance. Et si elle perdait l'enfant ? Si elle ne survivait pas à l'accouchement ?

« Tu auras tôt fait de te remarier », reprochait-elle à Sosthène.

Il lui avait appliqué une claque sonore sur les fesses.

« Arrête de parler, femme ! »

Mais il ne l'avait pas détrompée.

Elle y songeait encore, quatre ans après la naissance d'Élie. Son fils avait failli mourir, étranglé par le cordon ombilical. Séraphine, victime d'une hémorragie, avait dû rester alitée trois bonnes semaines, ce qui lui avait valu les reproches de Sosthène. L'ouvrage n'attendait pas ! Que croyait-elle donc ? Qu'il était un riche rentier et que l'argent tombait du ciel ? Indifférente à ses sarcasmes, Séraphine avait repris des forces tout en allaitant son bébé. Objet de toutes ses attentions, Élie était un enfant capricieux et têtu. Sosthène ne s'en occupait guère ; il était encore trop petit pour l'intéresser. Séraphine s'affolait quand elle voyait le regard du maître s'attarder sur la silhouette de son fils. Ne cherchait-il pas dans sa mémoire l'image, le souvenir d'un autre garçon, son fils aîné ? Elle était bien décidée à tout faire pour écarter Jean-Baptiste de la succession.

Sosthène n'évoquait jamais le fils maudit mais personne n'avait le droit de s'aventurer dans sa chambre où tout était resté en l'état. Séraphine pressentait que la partie n'était pas encore gagnée. Il suffirait que Jean-Baptiste vienne faire amende honorable pour, peut-être, revenir en grâce. Sosthène n'oubliait pas ce qu'il devait à sa première épouse, cette Adélaïde Bonaventure dont tout le pays vantait encore, près de vingt ans après sa mort, les qualités ! Grâce à sa dot, il avait pu constituer un troupeau conséquent et racheter peu à peu les propriétés voisines. Même s'il avait aimé essentiellement chez elle son argent, Sosthène établissait une différence entre ses deux épouses. Il avait pris Séraphine avec sa chemise et son unique robe sur le dos, comme il le lui rappelait lorsqu'il avait un peu trop bu.

Ces soirs-là, elle sentait la haine monter en elle. Le Mas des Tilleuls ne reviendrait pas à Jean-Baptiste mais à Élie. Son fils. Elle mettrait tout en œuvre pour préserver son héritage.

La main placée en visière devant les yeux, Sosthène observait comme chaque jour le sommet du Ventoux. Pour l'instant, le ciel sans nuage annonçait une belle journée de juin. Sosthène n'avait pas d'excuse pour retarder encore la cueillette des fleurs de tilleul. D'autant moins que, durant l'hiver, qui avait été particulièrement rigoureux, il avait perdu un nombre conséquent de bêtes. Les loups lui en avaient tué plusieurs. Fou de rage, il avait organisé des battues avec quelques chasseurs, et fait poser des pièges.

Il éprouvait toujours un sentiment indéfinissable de malaise lorsqu'il passait sous les tilleuls. À chaque fois, il revivait la scène terrible qui l'avait opposé à son fils, et il se souvenait d'avoir voulu le tuer. Alors, vite, comme pour mieux oublier, il lançait des imprécations à voix haute contre celui qu'il s'obstinait à appeler le fils maudit.

Séraphine et lui avaient fait le vide au Mas des Tilleuls. Les nouveaux valets et commis n'avaient pas connu Jean-Baptiste ni sa mère. Comme si le maître avait désiré, plus ou moins consciemment, ne pas garder de témoins d'une époque révolue.

Cela n'empêchait pas les villageois de parler. Et de citer, notamment à l'occasion des veillées, Jean-Baptiste et Adélaïde, la véritable maîtresse du domaine.

Lorsqu'elle surprenait ces réflexions, Séraphine s'emportait. On critiquait son langage, ses décolletés et sa hardiesse. Elle le savait et en prenait ombrage. Qui était donc cette Adélaïde pour qu'on évoquât encore son souvenir ? Son portrait, entouré de ceux de ses frère et sœur, trônait dans la salle. Le maître avait interdit qu'on y touchât.

Sosthène héla Félix, le commis.

– Dépêche-toi de sortir les échelles et les bourrasses ! lui ordonna-t-il.

Les trois cueilleurs avaient chacun ramassé plus de vingt-cinq kilos par jour. Chaque soir, les bourrasses, les grands carrés de toile de jute, étaient déballées et les fleurs de tilleul étalées sur le plancher des greniers.

Comme le temps était particulièrement sec, le séchage serait réduit à quatre jours. La récolte était bonne mais demandait comme toujours beaucoup de main-d'œuvre pour un résultat limité.

Trente kilos de fleurs fraîches ne donnaient en effet que cinq kilos de fleurs séchées. De nouveau entassées dans les bourrasses, celles-ci seraient portées au marché de Buis, le mercredi suivant, premier mercredi de juillet.

Le domaine, le pays tout entier fleuraient bon le tilleul, au point d'incommoder Séraphine. La jeune femme, qui ne se souciait pas des « arbres de l'autre » comme elle disait peu élégamment, accompagnait Sosthène sur le marché, le long de l'Ouvèze. Le rituel était immuable. Il expédiait son épouse vers les autres étals, se réservant le privilège de montrer sa récolte et de discuter pied à pied avec les acheteurs éventuels. Le tilleul de Lombard était réputé pour sa qualité. À huit heures trente, l'affaire était rondement menée, la charrette et la jardinière vides.

Séraphine rejoignait alors Sosthène et, lovée contre lui, l'agaçait dans le but de se faire offrir quelque toilette ou colifichet.

S'il avait vendu sa marchandise un bon prix, il se montrait généreux. Sosthène n'était pas un mauvais homme, se disait Séraphine, il suffisait juste de savoir le prendre. Mais, malgré ses suggestions réitérées, il ne s'était toujours pas décidé à se rendre chez le notaire.

Elle pressentait que c'était pour lui un moyen de la garder sous sa coupe. Prisonnière des rêves qu'elle caressait pour Élie.

12

1830

Un parfum douceâtre flottait dans la grande chambre des maîtres. Odeurs de sang, de sueur, de souffrance, combattues par des fumigations de thym et de lavande.

Zélie se retourna vers Adrienne qui l'assistait en tenant la lampe à huile.

– Elle est si étroite, un autre enfant la tuerait, souffla-t-elle.

La délivrance avait été longue et pénible. « Effroyable », pensait Adrienne, qui n'avait jamais enfanté.

C'était Zélie qui, la première, avait soupçonné la grossesse de Lilas, avant Noël. Elle avait l'œil exercé, et avait tout de suite remarqué le changement d'attitude de la jeune femme. Le matin, celle-ci mangeait peu, et supportait mal l'arôme du café. Elle se rendait souvent dans les commodités et paraissait inquiète.

Zélie l'avait prise à part et une seule question lui avait suffi pour confirmer son diagnostic. Lilas était bel et bien enceinte.

Informée, Adrienne s'était signée.

« Un héritier, enfin ! »

Tout au long de sa grossesse, Lilas avait continué à courir la montagne, au grand dam de sa tante.

« Une chevrette, voilà ce qu'elle est ! » gémissait-elle, prenant Zélie à témoin des « imprudences de la petite ». Elle l'aurait voulue languide, demeurant à la ferme en permanence, sans comprendre que Lilas, déjà déroutée par son état, avait besoin de sortir.

De plus, elle continuait de fréquenter Agathe-Marie. Elle avait réalisé de rapides progrès en écriture comme en lecture et, à compter du printemps, avait pu lire seule les lettres de Jean-Baptiste et lui répondre.

Dûment félicitée par Agathe-Marie, qui l'avait soutenue tout au long de l'hiver, Lilas avait pris conscience d'avoir remporté une victoire, ce qui lui avait donné confiance en elle-même.

Au huitième mois, Zélie était intervenue fermement.

« Défendu de courir la montagne, désormais. Qui te retrouverait si tu glissais et restais immobilisée ? Pense à ton bébé, tu dois être raisonnable. »

De son côté, Jean-Baptiste multipliait dans ses lettres les recommandations de prudence. Il ne comptait pas s'attarder à la foire de Beaucaire et rentrerait aussitôt à Saint-Pancrace. Lilas s'était promis de l'attendre pour la délivrance, ce qui faisait hocher la tête de Zélie.

« Petite, petite… tu crois être la plus forte ? Personne ne peut déterminer à l'avance la date d'un accouchement, et c'est tant mieux. La nature commande, cette idée devrait te plaire. »

Parce qu'elle avait quelques pertes, la jeune femme avait dû garder le lit. À sa grande confusion, Adrienne avait insisté pour lui céder la chambre des maîtres.

« Rien n'est trop beau pour l'héritier », répétait-elle, ce qui faisait un peu peur à Lilas. Elle ne voulait pas qu'Adrienne tente de s'approprier son enfant.

Une nouvelle fois, Zélie avait trouvé les mots justes pour convaincre la jeune femme. « C'est important pour Adrienne, avait-elle expliqué. La famille Duthilleux a trimé pendant plusieurs générations. Adrienne n'osait espérer l'arrivée de ton petit. »

La première nuit, Lilas n'avait pas réussi à dormir dans la grande chambre qui ouvrait sur le village. La pièce lui paraissait trop vaste, les meubles trop imposants, le parquet trop bien ciré. Ses pieds nus allaient y laisser des traces.

Et puis, elle n'avait plus eu le temps de se poser des questions car la douleur l'avait submergée. Zélie avait alors pris les choses en main et lui avait ordonné de marcher. Dans le couloir menant aux chambres, dans la salle, et même dans le bureau d'Adrienne.

À ce moment-là, Lilas avait pensé à Fine avec force, comme si le fait d'évoquer sa grand-mère avait pu la réconforter. Jean-Baptiste lui manquait mais elle savait que l'accouchement était une affaire de femmes.

Pendant plus de vingt heures, Zélie était restée à ses côtés, lui massant le ventre et les reins, lui faisant boire des tisanes destinées à accélérer le travail, l'incitant à respirer profondément dès qu'elle avait un petit répit entre deux contractions. Elle lui parlait, aussi, de son enfant, dont elle affirmait apercevoir les cheveux, et Lilas s'accrochait à cette idée. Fils ou fille, peu lui importait. Pourtant, quand Zélie posa sur son ventre un bébé braillard et lui annonça : « C'est un garçon », les larmes se mirent à ruisseler sur les joues de la jeune femme.

– Laisse-moi le rendre un peu plus présentable, dit Zélie.

Lilas se sentait épuisée. Elle aurait voulu remercier la sage-femme, lui recommander de bien s'occuper de son bébé et de le lui ramener mais ses yeux se fermaient. Elle eut une dernière pensée pour Jean-Baptiste avant de sombrer dans un sommeil lourd.

Soulevée sur un coude, Lilas ne voyait pas la chambre baignée de soleil, ni la colombe posée sur la rambarde du balcon. Elle n'avait d'yeux que pour son enfant, qui s'agitait dans son berceau en bois de noyer, monté sur des patins cintrés.

« C'est le *bres* d'Esprit, mon défunt mari », lui avait confié Adrienne avec un brin de fierté.

La tante de son mari était si heureuse de cette naissance qu'elle aurait voulu tout donner au petitoun qui n'avait pas encore de prénom.

« J'attends le retour de son père », avait décrété Lilas, si bien qu'Adrienne et Zélie « signaient » le bébé à chaque fois qu'elles le changeaient.

Au bout du cinquième jour, Zélie revint à la charge. Certes, l'enfant paraissait être en bonne santé, et Lilas avait suffisamment de lait mais… savait-on de quoi le lendemain serait fait ? Elle avait vu tant de choses en vingt-cinq ans de métier ! Le lait de la jeune mère pouvait se tarir brutalement, l'enfant attraper une mauvaise fièvre ou des coliques...

La mortalité infantile constituait un tel fléau qu'il importait de baptiser le nourrisson le plus vite possible. Lilas, entêtée, secouait la tête.

« Jean-Baptiste saura, répétait-elle. Attendons son retour. »

Le bébé, emmailloté avec soin comme le voulait l'usage, avait les yeux bleus de son père. Chaque fois qu'elle le contemplait, Lilas ressentait à quel point son époux lui manquait.

Elle tendit les bras au petit garçon qui cherchait le sein en laissant échapper un léger bruit de succion.

– Petit coquin ! s'esclaffa-t-elle.

Zélie lui fit les gros yeux.

– Fasse le Ciel que tu ne regrettes pas ton obstination, petite. Cet enfant – ton enfant – est en état de péché mortel.

La jeune mère réprima un haussement d'épaules. Comment un bébé aussi petit aurait-il pu commettre quelque vilenie ? Comme Fine, sa grand-mère, Lilas ne se laissait guère impressionner par les interdits de l'Église. Adrienne se signa sur le seuil de la porte. Elle précédait une visiteuse. Agathe-Marie s'avança dans la chambre de l'accouchée sur la pointe des pieds. Elle paraissait intimidée, et son visage exprimait une grande douceur.

– Je ne pouvais pas ne pas venir, murmura-t-elle.

Lilas lui sourit. Une certaine forme d'amitié s'était nouée entre les deux jeunes femmes durant l'hiver.

Agathe-Marie s'approcha du lit dans lequel Lilas, accotée aux oreillers, semblait trôner. Elle portait un panier contenant deux œufs, un morceau de pain, du sel et une allumette et prononça la phrase traditionnelle :

– *Siègue bon coumé lou pan, plen coumé un iou, savi coumé la sau a dré coumé uno brouqueto*[1].

Les yeux de Lilas s'emplirent de larmes.

– Mille mercis, demoiselle.

La présence d'Agathe-Marie dans la grande chambre symbolisait d'une certaine manière le changement de statut de Lilas. Devenue mère, la petite chevrière pouvait recevoir la personne la plus fortunée de Saint-Pancrace.

Adrienne s'empressa auprès de son hôte, invitant Agathe-Marie à s'asseoir, à boire un verre de sirop d'orgeat… Celle-ci déclina son offre.

– Merci, madame Duthilleux, je suis juste passée admirer l'enfant et féliciter sa mère. Eulalie m'a fait faux bond, sa sœur est malade. Je ne puis laisser longtemps la boutique fermée.

Elle contempla le bébé avec une expression indéfinissable. Brusquement, Lilas se sentit mal à l'aise. Pourtant… Agathe-Marie n'était-elle pas son alliée ?

– Je suis heureuse pour toi, lui dit-elle.

Elle tendit l'oreille.

– Écoute… entends-tu les clochettes ? Il me semble que nos colporteurs s'annoncent.

1. « Qu'il soit bon comme le pain, plein comme un œuf, sage comme le sel et droit comme une allumette. »

Lilas ne prêta pas attention à son emploi du possessif. « Nos colporteurs. »

Elle se redressa, le regard empreint d'un bonheur, d'une attente tels qu'Agathe-Marie, le cœur serré, recula.

– Je te laisse, balbutia-t-elle.

Elle bouscula presque Adrienne qui insistait pour lui servir une boisson fraîche.

Tendue vers l'animation en provenance du bourg, Lilas l'avait déjà oubliée.

13

Le soleil enflammait l'adret de Lure, irisant dans les clairières les cytises, les viornes lantanes, les amélanchiers et les céphalantères, ces merveilleuses orchidées aux fleurs rose vif que Fine aimait tant.

Jean-Baptiste posa une main possessive sur la taille de Lilas.

– Tu m'as tant manqué, ma mie.

C'était vrai. Il avait passé toute sa campagne l'esprit ailleurs, tendu vers le moment où il rejoindrait enfin la femme qu'il aimait. Ceux qui le connaissaient depuis longtemps le lui avaient fait remarquer, il n'était plus le même. Jean-Baptiste esquissait alors un sourire teinté de mélancolie et parlait, parlait de Lilas.

– Regarde !

Elle lui offrait sa montagne, intacte, préservée.

S'il pensait par-devers lui que le plus beau paysage du monde ne remplacerait jamais le Mas des Tilleuls, il n'en souffla mot. Il était si heureux de retrouver sa sauvageonne, de la serrer contre lui, de découvrir leur fils, qu'il ne supportait aucune ombre sur leur bonheur.

Les mois écoulés lui avaient paru une éternité. Sans Lilas à ses côtés, il se sentait amputé. Aussi, avait-il été le premier à sourire quand sa jeune femme avait sauté à bas de son lit et manifesté l'intention de grimper jusqu'à la cabane de Fine, et ce malgré les véhémentes protestations d'Adrienne.

« Vous êtes complètement fous tous les deux ! » s'était-elle récriée. Et de rappeler qu'aucune accouchée se respectant ne mettait le nez dehors avant la cérémonie des relevailles.

Lilas avait souri gentiment. « Il faut me comprendre, ma tante. Je suis incapable de rester claquemurée dans la maison pendant quarante jours ! J'ai l'impression d'étouffer. »

Adrienne était allée s'enfermer dans son bureau en marmonnant.

Zélie avait considéré les jeunes gens d'un air soucieux. « Il n'est pas bon d'aller contre les règles. Les gens ne comprendront pas… – Eh bien ! ils s'habitueront ! » avait répliqué Jean-Baptiste avec une belle insouciance.

Il se sentait le roi du monde depuis la naissance de son enfant. Un fils, qu'il avait choisi de prénommer Zacharie, et qui avait été baptisé le lendemain de son retour. Dieu juste ! Il avait le sentiment qu'une vie nouvelle commençait pour eux trois.

Il se retourna vers Lilas, lui tendit la main. Sa pâleur, ses yeux cernés l'alarmèrent.

– Veux-tu rentrer, ma mie ?

Elle secoua la tête. Ses cheveux se dénouèrent.

– Non, l'air de la montagne me fait revivre. Le bon air de Lure… Tu verras… d'ici à une heure, j'aurai repris des couleurs.

Il ralentit tout de même son allure pour l'inciter à faire de même. La cabane de Fine dans la clairière n'avait pas bougé d'un pouce. Jean-Baptiste poussa la porte qui n'était pas fermée à clef. Des bergers y avaient trouvé un abri pour la nuit, comme l'attestait la présence de cendres dans l'âtre.

– C'est bien, murmura Lilas en effleurant de la main le manteau de la cheminée.

Elle était très émue en songeant à Fine. La pensée de sa grand-mère l'avait accompagnée tout au long de son accouchement, comme pour lui donner du courage.

– Je ne voudrais pas me séparer de cette cabane, reprit-elle.

Jean-Baptiste comprenait ce qu'elle voulait dire, lui qui avait perdu son droit à l'héritage le jour où son père l'avait maudit. La bergerie de la clairière symbolisait les racines familiales de Lilas.

– Tu vas me raconter ces mois pendant lesquels tu étais loin de moi, suggéra-t-elle.

Se ravisant, elle ajouta :

– Et puis non, ne me dis rien. Ce qui compte, c'est lorsque nous sommes ensemble, toi et moi.

Il l'aimait. Plus que sa vie. Il le lui chuchota au creux de l'oreille, alors qu'un oiseau, au-dehors, lançait ses trilles. Il le lui prouva sur une paillasse, sous le fenestron protégé par une grille. Dans ses bras, il oubliait tout ce qui n'était pas eux, et jusqu'à ce sentiment d'amertume et d'injustice qui lui empoisonnait l'âme.

Elle gémit sourdement.

– Mon amour… Ne repars plus. Plus jamais.

Il promit. À cet instant, il n'imaginait pas pouvoir vivre une seule minute sans elle.

La journée avait été chaude. Zacharie, fiévreux, avait pleuré sans relâche malgré l'infusion de tilleul que Lilas lui avait fait absorber en humectant un torchon propre. L'orage grondait, un de ces orages de septembre aussi brutaux que brefs, redoutables par les pluies violentes qu'ils suscitaient plutôt que par la foudre.

Lorsque son fils s'endormit enfin, Lilas le posa dans son berceau avec d'infinies précautions et alla chercher un peu de fraîcheur dans le cellier, semi-enterré.

Un mal de tête tenace lui vrillait les tempes. Elle aurait aimé grimper jusqu'au grangeon de Fine, où il faisait assurément meilleur. Elle eut la surprise de trouver Adrienne dans la cave.

– Tu n'es pas encore prête ? lui reprocha-t-elle. Nous attendons le notaire et son épouse pour souper.

La jeune femme réprima une grimace. Elle avait envie de s'échapper en compagnie de Jean-Baptiste, de fuir ce repas qui promettait d'être mortellement ennuyeux. Maître Bonnafé, le notaire, était un homme d'une cinquantaine d'années qui devait connaître la plupart des secrets de Saint-Pancrace. Sa femme, Mélanie, née Ribois, était une personne imposante qui, vingt-cinq ans après son mariage, n'avait toujours pas accepté d'avoir quitté Apt pour un gros bourg au pied de la montagne de Lure. Elle ne pouvait s'empêcher de toiser ses concitoyens et passait une partie de l'hiver dans sa famille aptésienne. Face à elle, Lilas se sentait inculte et insignifiante.

Adrienne reprit, avec une pointe de dédain :

– Regarde-toi, ma fille ! Tu es toute *brailhasso*[1] ! Ce n'est pas parce que tu t'obstines à nourrir le petit que tu dois ressembler à une *caraque* ! Tu ne veux tout de même pas faire honte à Jean-Baptiste ?

Lilas tourna les talons sans répondre.

« Je ne passerai pas un autre hiver ici », pensa-t-elle avec force.

Elle prit son élan, courut vers l'écurie où son mari s'occupait de la distillation des cueillettes. Il la reçut contre lui, lui releva le menton d'un geste possessif.

– Que se passe-t-il, ma mie ?

Elle esquissa un haussement d'épaules.

– C'est ta tante… Je crois bien qu'elle n'acceptera jamais notre mariage. Je ne suis pas assez… ou trop. En fait, elle aurait préféré que tu épouses une héritière !

– C'est toi que j'aime, Lilas. Toi seule.

Rassérénée, elle se blottit contre lui.

– Nous devons vraiment assister au souper de ce soir avec maître Bonnafé ?

– J'en ai peur. Tu sais, ça ne me plaît guère non plus.

Était-ce vrai ? Lilas pressentait l'ambition de Jean-Baptiste, certainement motivée par un désir de revanche. En quelques années, il était devenu l'un des meilleurs colporteurs de la région. Elle se moquait de la réussite comme des biens matériels. Tant qu'elle avait Jean-Baptiste et Zacharie auprès d'elle, elle était heureuse. Elle insistait pour qu'ils aient leur propre maison, mais

1. « Débraillée. »

son mari n'en voyait pas la nécessité. Pour lui, seul comptait le Mas des Tilleuls.

Elle réprima un léger soupir, se haussa sur la pointe des pieds pour déposer un baiser sur la joue de son mari.

– Je vais m'habiller, lui dit-elle.

Elle se sentait mélancolique et triste, sans pouvoir expliquer pourquoi. Peut-être parce qu'elle pressentait que, malgré ses promesses, il repartirait bientôt.

La neige, tombant en abondance depuis la veille, avait transformé Saint-Pancrace en village fantôme. Les habitants, réfugiés au coin de l'âtre, ne se hasardaient dehors qu'en cas d'absolue nécessité. Son bébé dans les bras, Lilas contemplait le paysage transformé en éprouvant une sourde désespérance. Elle se sentait prisonnière à la ferme, retenue par Zacharie, par les intempéries… Pourquoi Jean-Baptiste n'avait-il pas accepté de les emmener, leur fils et elle ? Il avait protesté, arguant que c'était pure folie, que le bébé ne résisterait pas au froid régnant en Alsace et dans le Massif central, sans pour autant convaincre Lilas. Elle avait d'ailleurs pleuré, tempêté, l'accusant de vouloir partir seul avec Paterne pour courir les filles à sa guise. Elle aurait voulu retenir ses phrases assassines en voyant blêmir le visage de Jean-Baptiste mais elle avait elle-même trop mal pour faire marche arrière. On avait dû les entendre se quereller dans tout le village. Lilas n'en avait cure. Elle ne supportait pas l'idée d'une nouvelle séparation.

Zélie avait tenté de lui expliquer que c'était à cause de leur enfant, de son retour de couches. Les jeunes mères pleuraient souvent. « Et puis… ça passe ! » affirmait Zélie avec un bel optimisme. D'ailleurs, les femmes n'avaient pas le choix. Leur rôle n'était-il pas d'enfanter, d'élever leurs petits, de tenir leur ménage ?

« Et moi, si je n'ai pas envie de mener cette vie-là ? » s'était récriée Lilas.

Elle conservait précieusement le souvenir de leur dernière nuit, dans la cabane de Fine. Zélie avait gardé Zacharie. Lilas savait qu'elle pouvait lui faire confiance. De plus, son lait commençant à se tarir, elle donnait désormais du lait de chèvre à son bébé, qui l'appréciait. Elle avait donc pu s'échapper rassurée.

S'échapper… n'aurait-on pas dit qu'elle était prisonnière à la ferme ?

Elle se rappelait les mains de Jean-Baptiste parcourant son corps, faisant naître en elle des sensations qu'elle avait crues oubliées. Il avait bu son cri sur ses lèvres, jouissance et amour mêlés. Elle s'était arquée pour mieux accorder son rythme au sien. Plus tard, elle avait frémi en se disant qu'elle ne voulait pas d'une nouvelle grossesse, pas tout de suite. Elle n'en avait pas parlé à Jean-Baptiste. Les hommes ne se souciaient pas de ces histoires de femmes, prétendait Zélie. À elles de s'en arranger. Lilas aurait aimé tout partager avec Jean-Baptiste mais, pour ce faire, il aurait fallu qu'ils vivent vraiment ensemble, tout au long de l'année.

Elle se détourna de la fenêtre, alla recoucher Zacharie. Son fils allait sur ses sept mois.

Lilas s'emmitoufla chaudement et sortit de la ferme après avoir prévenu Adrienne qu'elle se rendait chez Agathe-Marie. Elle ignora volontairement le soupir explicite de la tante de Jean-Baptiste. Les deux femmes ne parvenaient pas à se comprendre. Le souhaitaient-elles réellement ? Trop de différences les séparaient, ainsi qu'une rivalité d'autant plus forte qu'elle était tue.

La jeune femme remonta la rue du village et s'arrêta devant la droguerie d'Agathe-Marie. Contrairement à ce qu'elle pensait, celle-ci était ouverte. Elle y pénétra, découvrit l'héritière dans l'arrière-boutique, occupée à remplir des sachets de plantes.

– Tu es ma première cliente de la journée ! s'écria Agathe-Marie. Quelle idée de sortir par ce temps !

– Pourquoi non ? Je m'ennuie à mourir à la ferme. J'avais pensé… vous me laisseriez regarder vos livres ? J'aimerais bien connaître les noms savants des herbes et écrire les remèdes de Fine. Zacharie sera peut-être intéressé plus tard…

La démarche de la jeune femme émut Agathe-Marie. Elle l'admirait beaucoup depuis qu'elle lui avait appris à lire et à écrire.

– C'est une idée, répondit-elle.

Elle lui fit une place sur le grand bureau de son père, lui sortit plusieurs encyclopédies ornées de planches.

– Voici de quoi t'occuper, lui dit-elle avec un grand sourire.

14

1831

De nombreux nuages couleur gorge-de-pigeon couraient dans le ciel d'été qui s'obscurcissait après une journée particulièrement chaude.

« Un ciel de passion », avait coutume de dire Esprit Duthilleux, qui avait lu Goethe et se piquait de romantisme.

Si son époux n'était pas mort si tôt, Adrienne aurait peut-être mieux accueilli Lilas ?

« C'est trop tard, de toute manière », songea-t-elle, crispant la main sur le drap brodé aux initiales de sa mère. Adélaïde lui manquait, tout comme son fils, Jean-Baptiste. Parti une nouvelle fois sur les chemins, il devait se trouver du côté de Toulouse, où ils avaient des clients fidèles.

Une douleur plus forte que les autres fit naître un gémissement sur ses lèvres. Le docteur Bonpas, consulté plusieurs mois auparavant, avait été brutal.

« À quoi bon vous mentir, Adrienne ? Je suis certain que vous connaissez déjà la vérité… »

Son ventre la faisait trop souffrir pour que ce fût bénin. Des hémorragies répétées l'avaient laissée épuisée, amaigrie. Lilas avait insisté pour lui faire avaler différentes potions.

Adrienne avait vu la jeune femme si inquiète qu'elle avait bu sans sourciller décoctions et tisanes. Elle savait. Zélie savait. Et Lilas aussi, très certainement.

Jusqu'au printemps, elle avait agi comme si de rien n'était dans l'espoir de nier la maladie, de la repousser, loin. Jusqu'au jour où elle avait dû rester alitée. Ce jour-là, elle avait compris que, malgré ses efforts, elle ne gagnerait pas la partie.

Zélie s'illusionnait encore, quoi de plus normal ? Adrienne souhaitait seulement tenir jusqu'au retour de Jean-Baptiste.

On frappa à la porte. Lilas lui apportait un bol de soupe. Zacharie la suivait en bavardant.

« On en fera un avocat, ou bien un homme politique, affirmait Zélie. Ce petitoun est incapable de fermer la bouche ! »

Adrienne se pinça discrètement les joues. Elle ne voulait pas qu'on s'apitoie sur son sort, ni qu'on la plaigne.

Ses affaires étaient en règle, et le père Ségret était venu la confesser. Elle n'avait rien à craindre.

Lilas posa le bol sur la table de chevet, rajouta prestement deux oreillers, redressa délicatement Adrienne. Les relations entre les deux femmes avaient changé du tout au tout depuis la déclaration de la maladie. Lilas ne voyait plus la tante de Jean-Baptiste comme une rivale mais plutôt comme une parente à dorloter. Une douceur inattendue s'était glissée entre elles.

– Avez-vous remarqué le ciel ? lança-t-elle avec une gaieté un peu factice.

Adrienne sourit.

– Je ne m'en lasse pas. Lorsque je suis arrivée à Saint-Pancrace, je suis tombée sous le charme de cette lumière.

– Racontez-moi…, suggéra doucement Lilas. Oncle Esprit… Comment était-il ?

Elle rattrapa Zacharie qui trottinait vers la porte palière, l'installa sur ses genoux, sur la chaise paillée.

Il protesta mais elle le maintint fermement. Le sourire d'Adrienne s'accentua.

– Oh ! Esprit était un homme de cœur. Notre drame fut de ne pas avoir de petits. Il était connu dans tout le pays et n'aurait jamais laissé un mendiant devant notre porte. Sa mort fut une grande perte, oui, en vérité.

Adrienne soupira.

– Notre monde change, petite. D'ici à quelques années, l'âge d'or des colporteurs sera bel et bien terminé. Et les plantes… qui en achètera encore ? Mon époux estimait que la terre et les maisons constituaient le meilleur des placements.

Que pouvait-elle répondre, elle qui ne possédait rien ?

Adrienne secoua la tête.

– Je suis un peu lasse, petite. Tu m'enverras Zélie dès qu'elle rentrera ?

Lilas entraîna Zacharie par la main. Adrienne, si pâle sur les draps couleur ivoire, impressionnait le petit garçon.

Dans la salle à manger, elle lui servit de la soupe aux herbes sauvages : épinards, ciboulette, oseille et orties, longuement mijotées avec échalotes, huile d'olive, sel et poivre.

Zacharie avait bien de la peine à ne pas parler la bouche pleine. Pour le faire patienter, Lilas lui racontait des histoires. Celle du vent qui tourbillonnait au-dessus de la montagne et celle du petit homme qui habitait dans une grotte.

Elle le berça contre elle après l'avoir fait dîner tout en maintenant le repas de Zélie au chaud.

Elle songeait à Jean-Baptiste, sur les chemins, à Adrienne qui déclinait de façon inexorable, et se sentait le cœur lourd. Elle avait besoin de se couler dans les bras de son amour, de s'épanouir sous ses caresses. Elle se sentait à demi veuve et le supportait de plus en plus mal.

Le retour de Zélie l'aida à surmonter sa mélancolie. La sage-femme avait délivré une mère de quarante ans.

– Des jumeaux, raconta-t-elle en se débarrassant de sa pèlerine et en exposant ses mains aux flammes de la cheminée. Heureusement que le docteur Bonpas est arrivé à la rescousse, j'ai eu peur de les perdre tous les trois. Et le mari qui bramait : « Je veux un fils ! Le reste m'importe peu ! » Brr ! J'espère que sa pauvre femme ne l'a pas entendu !

Lilas frissonna.

– Ces hommes qui s'arrogent un droit de vie et de mort sur leurs épouses me glacent le sang !

Zélie se retourna vers elle. Ses yeux sombres brûlaient de colère dans son visage blême.

– Tu ignores encore tant de choses, petite ! J'en ai vu dans mon métier, tu peux me croire ! Des hommes qui se fichaient de leurs femmes comme d'une guigne, d'autres qui auraient volontiers pris sa place pour lui épargner toute souffrance, d'autres encore qui, d'entrée de jeu, fixaient les règles. « Ma femme et moi sommes d'accord : il faut sauver l'enfant avant tout. » Tu sais… parfois, tu finis par te dire que l'humanité n'est pas particulièrement jolie.

Lilas secoua la tête.

– Jean-Baptiste n'est pas comme ça, heureusement !

« Garde tes illusions pour le moment, ma belle », pensa Zélie. Elle-même n'avait pas été vraiment heureuse avec son vieil époux mais, tout au moins, son travail lui permettait-il d'assumer son indépendance.

Après s'être lavé les mains, elle s'installa, dos à la cheminée, pour souper. De la soupe aux herbes d'abord puis du tian de Carpentras, aux épinards, à la morue et au fromage râpé, enfin des framboises cueillies dans le sous-bois.

– Comment va Adrienne ? s'enquit-elle après avoir repoussé le plat.

La question était restée en suspens entre les deux femmes comme si elles n'avaient pas eu le courage de l'aborder.

Lilas soupira.

– Elle baisse, souffla-t-elle.

Zélie crispa les lèvres.

– Sa douleur me fait si mal. Je me sens impuissante.

Toutes deux gardèrent le silence durant quelques instants. Lilas avait peur des mots que Zélie risquait de prononcer.

– Parfois, j'ai envie de l'étouffer sous un oreiller, reprit la sage-femme. Pour lui éviter de souffrir…

Lilas eut un haut-le-corps.

– Je ne pourrais jamais, souffla-t-elle. Elle attend tant Jean-Baptiste.

Le silence retomba. Les battements de l'horloge de parquet emplirent toute la salle.

Zélie se mit à pleurer sans bruit et Lilas se sentit horriblement mal à l'aise, comme si elle avait surpris un secret qui ne lui aurait pas été destiné. Elle se mordit les lèvres. Ce n'était pas à elle de poser des questions, d'essayer de savoir ce qui se passait. Adrienne et Zélie avaient leur vie, qu'elle respectait. Elle se leva, s'éloigna sur la pointe des pieds. Elle pressentait en effet que Zélie préférait demeurer seule. Elle monta embrasser Zacharie, hésita devant la porte close d'Adrienne avant de se diriger finalement vers leur chambre, à Jean-Baptiste et à elle. Si Adrienne avait besoin de quoi que ce soit dans la nuit, Zélie s'occuperait d'elle.

Les obsèques d'Adrienne avaient rassemblé tout le bourg. Jean-Baptiste, arrivé la veille, avait juste eu le temps d'embrasser sa tante avant la mise en bière.

Il portait Zacharie dans ses bras à la tête du cortège, et ce malgré la réprobation de Lilas. « Il est trop petit », avait-elle protesté.

Mais Jean-Baptiste n'avait rien voulu entendre. « Notre fils est l'héritier des Duthilleux, même s'il porte le nom de Lombard. Il doit être présent. »

Dans de telles circonstances, les retrouvailles entre les époux s'étaient révélées décevantes. Épuisée par plusieurs nuits de veille, Lilas avait témoigné une certaine froideur à l'égard de Jean-Baptiste. Au fond d'elle-même, elle lui en voulait encore d'être reparti une nouvelle fois fin octobre pour revenir seulement à la mi-juillet.

Il ne s'était pas rendu à la foire de Beaucaire à cause des courriers pressants que sa femme lui avait envoyés mais il évoquait déjà le manque à gagner que cela représentait. Choquée, Lilas ne le reconnaissait plus. Que s'était-il passé durant ces neuf mois d'absence pour qu'il ait changé à ce point ? Avait-il rencontré une autre femme plus jolie, plus instruite qu'elle ?

Parfois, Lilas songeait qu'elle était plus heureuse dans le grangeon de Fine.

Ces pensées lui faisaient presque peur. Jusqu'à présent, elle avait vécu plus longtemps en compagnie d'Adrienne et de Zélie que de son mari.

« C'est la règle par chez nous, disait Zélie. Les colporteurs font leur tournée et leurs femmes gardent la maison. Ils se voient peu. Certains prétendent que ça permet aux couples de mieux s'entendre. »

« Et si, moi, j'ai d'autres désirs, d'autres rêves ? » se disait Lilas.

Son caractère rebelle l'incitait à ruer dans les brancards, à refuser de mener une vie tracée d'avance.

Jean-Baptiste s'était déridé en prenant Zacharie dans ses bras. L'animation, la nécessité de prévoir suffisamment à manger pour la parentèle, les voisins et amis, avaient distrait Zélie et Lilas de leurs sombres pensées.

Lorsque tout le monde fut parti, les trois adultes se retrouvèrent perdus.

Adrienne leur manquait déjà.

15

1832

« Malgré tout, l'année avait été bonne », songea Jean-Baptiste en ouvrant la porte du séchoir. La récolte, abondante, permettrait d'embaucher deux ou trois saisonniers pour ensacher les plantes.

Père d'un petit garçon vif et éveillé, Jean-Baptiste aimait sa belle insoumise, même si la vie avec elle n'était pas toujours facile. Passionnée, Lilas voulait tout. Elle n'admettait pas ses longues absences, ne comprenait pas qu'il se soit endetté afin d'avoir une véritable voiture lui permettant d'emporter beaucoup plus de marchandises. S'il l'avait écoutée, ils auraient bâti un mazet dans la clairière ! La vie qu'elle menait auparavant lui manquait, au point qu'elle fréquentait de plus en plus les marchés pour se distraire. Jean-Baptiste pressentait ce qu'elle éprouvait, sans pour autant pouvoir lui venir en aide. Leur amour, fondé sur une folle passion, résistait mal à l'usure du temps. Tous deux s'aimaient toujours mais se comprenaient de moins en moins. De plus, le mois de juillet constituait une étape difficile. Chaque été, Jean-Baptiste, le cœur lourd, songeait au Mas des Tilleuls. L'oncle Hector, qui s'était déplacé pour assister aux obsèques de sa sœur Adrienne, un an plus tôt, lui avait donné des nouvelles de la demeure familiale. Élie, son demi-frère, n'avait pas un caractère facile. Séraphine exerçait toujours une emprise certaine sur Sosthène qui s'était enrichi.

« Ces deux-là sont faits pour s'entendre, avait commenté Hector Bonaventure. Aussi âpres au gain l'un que l'autre. »

Les valets de ferme ne restaient guère longtemps au Mas des Tilleuls car Sosthène se montrait méprisant et brutal.

La situation décrite par Hector avait fort contrarié Jean-Baptiste. Il se sentait toujours responsable du Mas des Tilleuls tout en sachant que son père ne l'y laisserait jamais revenir. Parfois, quand elle surprenait son regard mélancolique, Lilas le sermonnait tendrement.

« Jean-Baptiste ! Ta vie est ici, désormais, à Saint-Pancrace. Avec Zacharie et moi. »

Elle avait raison, et il le savait. Mais elle ne connaissait pas le mas, et n'avait jamais été grisée par le parfum miellé des tilleuls ces soirs de juin durant lesquels le temps s'étirait, délicieusement.

Pourtant, en prenant congé, Hector lui avait fait le même genre de remarque.

« Oublie les Tilleuls, mon garçon, lui avait-il recommandé. Séraphine ne lâchera pas prise. Le domaine reviendra à son fils. Elle y veillera, crois-moi. »

Cette certitude lui rongeait le cœur.

– Jean-Baptiste !

Il se retourna en reconnaissant la voix joyeuse de Lilas. Elle revenait de la foire d'Ongles et, apparemment, elle était satisfaite de sa journée ; son visage rayonnait.

Sautant du siège de la carriole, elle se jeta dans les bras que son mari lui tendait.

– Quelle chaleur ! s'écria-t-elle.

La route n'en finissait pas. Mais il y avait du monde, beaucoup de monde, des gens venus de Manosque, de Forcalquier et même de Banon.

Elle était belle et lumineuse. Fasciné par les gouttelettes de sueur qui humectaient sa lèvre supérieure, Jean-Baptiste l'attira contre lui.

– Tu m'as manqué, ma belle.

Il fit courir une pluie de baisers sur son visage avant de l'entraîner vers le bureau d'Adrienne, plus proche que leur chambre. Leur désir montait, irrésistible.

Jean-Baptiste l'allongea sur le tapis représentant le jugement de Pâris.

– Je t'aime, souffla Lilas, lovée contre lui. À jamais.

Il ne répondit pas sur-le-champ car il était fort mal à l'aise avec les déclarations d'amour. Par la suite, il le regretta sa vie durant.

Une chaleur étouffante pesait sur Saint-Pancrace. Mais cela ne suffisait pas à expliquer la pâleur et la faiblesse de Lilas.

– Hier encore, elle était en parfaite santé, expliqua Jean-Baptiste à Zélie. Et regardez-la aujourd'hui… Elle ne quitte notre lit que pour aller sur le seau. Elle a les yeux creusés et me reconnaît à peine.

Un gémissement étouffé le fit courir vers la chambre.

– Seigneur ! Elle vomit, à présent ! Zélie ! Qu'est-ce que je peux faire pour la soulager ?

La sage-femme s'empressa d'apporter une cuvette de faïence et des linges propres. L'état de Lilas la sidéra. La jeune femme, en sueur, les cheveux collés, paraissait l'ombre d'elle-même. Entre deux vomissements, elle se tordait dans le lit, en proie à de violentes douleurs abdominales.

– Laisse-moi faire, ordonna-t-elle sans laisser voir le sentiment de panique qui montait en elle. Tu prends Zacharie et tu l'emmènes chez Agathe-Marie en lui recommandant de ne le laisser sortir sous aucun prétexte.

Jean-Baptiste pâlit horriblement.

– Zélie ! Que se passe-t-il ? Ma femme est en danger ?

– Je ne veux pas prendre de risque, répondit froidement Zélie. Fais vite, mon garçon, et tâche de trouver le docteur Bonpas.

En attendant son retour, elle s'affaira auprès de Lilas, changeant les draps et la chemise de la jeune femme, aérant la pièce. En vain car de nouveaux spasmes la parcoururent et elle fut victime d'un nouvel accès de diarrhée. Elle tremblait et ne semblait pas reconnaître Zélie. La sage-femme avait entendu parler de cas semblables, du côté d'Aix. Les malades se vidaient puis mouraient dans d'atroces souffrances.

Elle se signa précipitamment. Elle avait peur pour Lilas, Jean-Baptiste et Zacharie qui constituaient désormais son unique famille.

Jean-Baptiste ramena le médecin très vite. Celui-ci fronça les sourcils en pénétrant dans la chambre.

– Cette jeune femme me paraît bien mal en point, déclara-t-il.

Zélie pressa la main de Jean-Baptiste. « Calme-toi, semblait-elle vouloir lui dire. Attendons ce qu'il va proposer comme traitement. »

Il se pencha au-dessus du corps de Lilas, puis demanda à examiner ses selles. Il tiqua en désignant de minuscules grains blanchâtres en forme de grains de riz.

– Ce n'est pas bon, ça, pas bon du tout, marmonna-t-il.

Il avait lu plusieurs articles traitant de l'épidémie de choléra qui avait frappé Paris en février 1832. Il expliqua à Jean-Baptiste, qui serrait les poings :

– Le choléra morbus nous vient du Bengale. Un cadeau dont nous nous serions bien passés ! Curieusement, cette maladie ne s'est pas propagée durant plus de dix-neuf siècles, restant localisée en Inde, jusqu'à ce qu'elle arrive en Europe par l'Est au début du XIXe siècle. On ne sait toujours pas pourquoi d'ailleurs ! En tout cas, le choléra a atteint la Russie en 1828, s'est ensuite attaqué à la Pologne, à l'Autriche puis à la Prusse.

– Comment le soigne-t-on ? questionna abruptement Jean-Baptiste.

Il avait l'impression de vivre un cauchemar. Le docteur Bonpas fit la moue.

– On prie si l'on est croyant. Votre épouse risque d'avoir froid aux extrémités. Il faut frictionner ses mains et ses pieds. Vous pouvez aussi essayer de lui faire absorber un mélange d'alcool pur et de thé de tilleul mais je doute fort que vous y parveniez…

– Je ne vais tout de même pas rester là les bras ballants, à la regarder…

Sa voix s'étrangla. Il ne put prononcer le mot « mourir ».

L'espace d'un instant, le visage du médecin exprima une profonde compassion.

– Si la vieille Fine était encore de ce monde, je vous aurais conseillé de la faire venir au plus vite. Vous savez, nous ignorons encore à peu près tout du choléra. Cependant, je me refuse à la saigner, elle est déjà beaucoup trop faible.

– Comment la soulager ? insista Zélie.

– Il faut la faire boire le plus possible.

Il voulut ajouter quelque chose, haussa les épaules.

– Je suis désolé, marmonna-t-il en prenant congé.

Il se demandait comment se propageait cette maudite maladie. Il avait lu dans plusieurs revues médicales que ses confrères russes rejetaient la thèse de la contagion du choléra. En France, on affirmait que l'épidémie frappait essentiellement les classes populaires. Lui était persuadé que la contagion était avérée. D'ailleurs, le chirurgien Velpeau s'était déclaré favorable à cette hypothèse. Plusieurs cas avaient été signalés dans la région et, à son avis, l'épidémie ne faisait que commencer. On estimait le nombre de morts à Paris à plus de trente mille. Il n'aurait jamais pensé que la belle Lilas, si pleine de vie, pourrait être atteinte par ce fléau. Lorsqu'il sortit de la ferme, il lui sembla que le soleil s'était obscurci.

Jean-Baptiste pensa jusqu'au bout parvenir à la sauver. Il lui frictionna sans relâche les mains et les pieds, lui fit absorber de l'eau, de l'infusion de tilleul et du miel qu'elle rendit systématiquement. Son corps s'arquait sous l'effet de la douleur.

Son amaigrissement fut spectaculaire. En l'espace de quelques heures, Jean-Baptiste eut l'impression qu'elle avait vieilli de dix ans. Elle ne pesait pas lourd lorsqu'il la portait dans ses bras pour l'amener jusqu'à la fenêtre respirer un peu d'air frais. Elle n'avait pas perdu conscience et posait sur lui un regard trop lucide qui lui faisait baisser les yeux.

Elle mourut le lendemain, au terme d'une agonie qui parut insupportable à Jean-Baptiste et à Zélie.

Fou de désespoir, son mari la berça longtemps avant d'admettre que tout était fini. Les muscles de Lilas étaient si contractés qu'il faillit sauter à la gorge du médecin qui ordonnait une mise en terre quasi immédiate.

La situation était grave, deux autres cas de choléra s'étaient déclarés à Saint-Pancrace.

« Laissez-la-moi encore quelques instants », suppliait-il.

Il fallut que le médecin se fasse aider de trois valets pour arracher le cadavre des bras de Jean-Baptiste.

La nuit suivante, la montagne se fit l'écho de hurlements désespérés.

16

1836

Auparavant, Jean-Baptiste vivait la foire de Beaucaire comme un aboutissement, la dernière étape avant le retour au pays. Il en appréciait d'autant mieux l'atmosphère si particulière, la gaieté bon enfant, l'animation incessante.

Désormais, plus rien n'était pareil et Siméon, son commis qui avait remplacé le vieux Paterne, mort durant l'hiver 1832 dans le Cantal, avait pris le pli de subir sans broncher les sautes d'humeur comme les longs silences du patron. On le plaignait à Saint-Pancrace. Tant de drames s'étaient abattus sur lui en si peu de temps ! La mort de sa tante, puis celle de son épouse, suivie de peu par le décès de Zélie, victime elle aussi du choléra. On ne se privait pas, d'ailleurs, pour accuser Lilas d'avoir introduit la maladie tant redoutée au village, sans vouloir admettre que la Haute-Provence tout entière avait été touchée. La « mort bleue » avait frappé un peu au hasard, traversant le pays comme une comète, semant derrière elle la désolation.

On avait craint, un moment, que Jean-Baptiste ne commette un geste irréparable. On le devinait capable de partir dans la montagne et de se tirer une balle dans la tête. Il était seul, désespérément seul. Louve, qui l'accompagnait depuis tant d'années, était morte durant l'hiver, et il se refusait à la remplacer. Siméon et les valets de ferme l'avaient surveillé discrètement, tout en se demandant comment ils pourraient l'empêcher de se suicider s'il y était résolu. Son fils l'avait sauvé mais, aussi, sa volonté de récupérer un jour le Mas des Tilleuls.

Face aux regards chargés de compassion, Jean-Baptiste fuyait. Il ne supportait pas qu'on le plaigne. Il repoussait toute aide. Jusqu'au jour où il avait fallu repartir.

Lucie, la servante qui s'était jusqu'à présent occupée de Zacharie, lui avait alors rappelé qu'elle devait retourner chez elle, du côté de Digne afin de soigner sa mère gravement malade. Jean-Baptiste s'était trouvé confronté à un problème insoluble. Il lui était impossible d'emmener avec lui un petit garçon âgé d'un peu plus de deux ans. À qui pouvait-il le confier alors qu'Adrienne et Zélie n'étaient plus de ce monde ? Il se sentait toujours un étranger à Saint-Pancrace. Sa femme avait introduit le choléra dans le bourg. On ne le lui avait pas pardonné. Le vieux Platon, qui avait pris Jean-Baptiste à part après l'enterrement de Lilas, lui avait expliqué, gêné : « Tu comprends, mon garçon, Lilas était trop belle, trop libre, aussi. Elle dérangeait les gens. Et puis, avec Fine, c'était facile de faire courir des bruits… On venait la consulter à la nuit tombée et, quand on était guéri, on l'aurait volontiers brûlée comme sorcière. Tant de pouvoir, ça faisait peur… – À vous aussi ? » avait questionné Jean-Baptiste d'une voix tendue.

Le vieux berger avait haussé les épaules. « Peur de Fine, moi ? Tu me connais bien mal ! Si elle avait voulu de moi, je l'aurais mariée, la vieille ! Non, elle ne m'a jamais fait peur, peut-être parce que je la regardais comme une belle femme. Aussi belle que Lilas, quand elle était jeune… Forcément, ça fait des jaloux… »

Jean-Baptiste était resté songeur. Absent de Saint-Pancrace les trois quarts de l'année, il n'avait pas mesuré à quel point Lilas était en marge. Pour être accepté d'un village, il fallait se couler dans le moule, ne pas être différent. Exactement comme le mouton noir d'un troupeau…

La veille de son départ, il tournait encore en rond, Zacharie sur ses talons. Son fils avait hérité de la couleur de cheveux de Lilas. En revanche, ses yeux étaient bleu foncé, comme ceux de son père, ce qui convenait mieux à un garçon.

Lucie, qui avait préparé son baluchon, contemplait le petit d'un air si désolé que Jean-Baptiste avait envie de hurler. Il aurait dû, bien sûr, chercher une nourrice pour s'occuper de Zacharie mais il ne parvenait pas à se décider. Tout ce temps parti… Et s'il s'agissait d'une mauvaise femme, encaissant l'argent et battant le petit ? Il avait peur de le laisser. Peur qu'il ne lui arrive quelque malheur, après les drames qui les avaient frappés l'un et l'autre.

Il sursauta en voyant apparaître une silhouette vaguement familière sur le seuil de la ferme.

– J'ai frappé deux fois mais vous ne m'avez pas entendue, glissa Agathe-Marie.

Brusquement, l'évidence s'imposa à Jean-Baptiste.

– C'est le Ciel qui vous envoie ! s'écria-t-il, sans se rappeler s'il croyait ou non en Dieu.

La jeune femme sourit.

– J'ai pensé... Si vous cherchiez quelqu'un pour garder Zacharie...

Pourquoi ne parvenait-elle pas à terminer ses phrases ? Cela l'agaçait prodigieusement.

– Cela ne vous dérangera pas ? coupa-t-il, utilisant à dessein le futur.

Le sourire de la jeune femme s'accentua.

– J'aime beaucoup Zacharie. Et non, cela ne me dérangera pas. Je vis seule dans une grande maison.

C'était ainsi que Zacharie s'était installé à la bastide. Agathe-Marie avait fait visiter à Jean-Baptiste la chambre qu'elle lui destinait, tout près de la sienne.

La taille, le caractère cossu du Prieuré avaient impressionné le fils de Sosthène. Comparée à la bastide, la ferme restait... une ferme, avec ses dépendances, ses écuries et son pigeonnier.

Pourtant, le colporteur aurait donné n'importe quoi pour pouvoir retrouver Lilas dans la bergerie de la clairière.

Il était parti rassuré et, à son retour, neuf mois plus tard, il avait à peine reconnu Zacharie. Son fils n'était plus un bébé, même s'il portait encore une robe, comme le voulait la tradition. Il marchait avec assurance, ce qui avait frappé Jean-Baptiste. L'assurance d'être aimé...

Il avait éprouvé un coup au cœur. Dans cinq ans, dans dix ans, Zacharie se souviendrait-il encore de sa mère ?

Cette question l'obsédait d'autant plus qu'elle était sans réponse.

Le cocher de la diligence se retourna vers sa passagère et s'enquit :

– Vous êtes bien sûre de vouloir entrer dans cette ville qui perd tout sens commun une fois par an, madame ?

Elle hocha la tête.

– Sûre et certaine. Nous n'avons pas fait tout ce voyage pour renoncer si près du but, n'est-ce pas ?

Son apparence sereine ne révélait rien de son tumulte intérieur. Elle avait certes préparé son voyage mais, malgré les récits de son père, ne s'attendait pas à découvrir une telle affluence de l'autre côté du Rhône.

De nouveau, le cocher lui fit face.

– Dame ! Les marchands se rattrapent ! La foire a été annulée l'an passé à cause de l'épidémie de choléra.

Agathe-Marie frissonna. Elle serra un peu plus contre elle Zacharie qui s'était endormi.

– Regardez devant vous, je vous prie, ordonna-t-elle au cocher. Je me demande comment nous allons trouver notre chemin dans cette foule.

– Faites-moi confiance, madame ! Depuis le temps que j'y viens, je connais Beaucaire comme ma poche !

– Dans ce cas, conduisez-moi rue Haute.

Les attelages, les chariots, les portefaix se frayaient péniblement un passage dans les rues encombrées. Tout semblait avoir été prévu pour préserver les maisons et les hôtels particuliers des chocs comme des éraflures.

Cependant, il suffisait d'un charroi dont le chargement était mal réparti ou d'un virage mal pris pour que les attelages versent, provoquant une invraisemblable cohue. Agathe-Marie avait beau garder devant son visage un mouchoir imprégné d'huile essentielle de lavande, son odorat était tout de même agressé par la puanteur ambiante.

Des relents de poisson pourri, qui provenaient du port sur le Rhône, se mêlaient à des parfums d'épices, à la sueur des chevaux, aux effluves corporelles désagréables émanant de la foule, aux vapeurs nauséabondes des feuillées portées par le vent. Elle n'avait jamais imaginé pareille cohue !

« Que croyais-tu donc ? se morigéna-t-elle. Tu n'es pratiquement jamais sortie de Saint-Pancrace ! »

Parce qu'elle avait été gravement malade enfant, ses parents l'avaient protégée, certainement un peu trop. Lorsqu'elle s'était retrouvée orpheline, à vingt-deux ans, Agathe-Marie avait pris son destin en main, sans pour autant oser s'éloigner de la bastide familiale. Ce voyage à Beaucaire constituait pour elle une véritable expédition. Elle ferma les yeux en voyant apparaître en face un attelage qui fonçait dans l'autre sens. Le cocher lança un chapelet de jurons.

« Nous allons verser ! » pensa la jeune femme, en serrant Zacharie contre elle. Malgré ses craintes, il n'y eut pas de collision, seulement des échanges d'injures et une reculade de l'attelage qui s'était trompé de sens. Le soupir poussé par Agathe-Marie réveilla Zacharie.

– On est arrivés ? Et mon père ? Où est-il, Gatoun ?

Elle tenait à ce petit nom – Gatoun – qu'il lui avait donné au cours de leur premier hiver à la bastide. Elle l'aimait tendrement, comme s'il avait été son fils. Mais elle ne devait jamais oublier qu'il restait l'enfant de Lilas.

– Vous voilà rendue, madame ! s'écria le cocher quelques minutes plus tard. Rue Haute, comme vous me l'aviez demandé.

Elle le remercia, lui régla le prix convenu et se dirigea vers une demeure bourgeoise, ornée de multiples fenêtres hautes et étroites en tenant la main de Zacharie. Le rez-de-chaussée voûté servait de magasin pour des marchandises emballées dans des sacs de jute.

On reçut aimablement les visiteurs, leur indiqua la chambre réservée, accessible au deuxième étage par un escalier à jour. Agathe-Marie n'ayant pas lésiné, la pièce était propre, accueillante même, avec son grand lit. Les deux fenêtres ouvraient sur une cour ensoleillée.

– Mais gardez bien fenêtres et volets clos à cause des mouches, qui sont encore plus nombreuses que les voleurs ! recommanda la logeuse.

Zacharie dansait d'un pied sur l'autre.

« On va voir mon père ! On va voir mon père ! » répétait-il.

Agathe-Marie lui nettoya le visage et les mains, procéda de même pour elle avant de jeter un regard indécis sur la psyché située entre les deux fenêtres. Elle portait une robe de mousseline imprimée d'un décor « à bâtons rompus » fait de dessins chinois et de croix de Malte, ornée d'un fichu de tulle brodé au point de sarci. Était-ce une toilette convenable pour la démarche qu'elle s'apprêtait à effectuer ? Elle haussa les épaules. Elle avait décidé ce voyage à Beaucaire après avoir longuement réfléchi. Tant pis pour elle s'il lui opposait une fin de non-recevoir !

Elle se pencha vers Zacharie, lui dédia un grand sourire.

– On y va, mon bonhomme ?

« Tout droit, vous suivez la rue Haute jusqu'à la porte Roquecourbe et ensuite, vous vous trouvez sur le pré de la Madeleine », avait indiqué la logeuse.

Lorsque Agathe-Marie et Zacharie atteignirent le champ de foire sur lequel un village de bois et de toile avait été édifié, ils avaient la bouche si sèche qu'ils s'arrêtèrent à la première buvette. La poussière et la chaleur rendaient les gosiers brûlants et ce malgré les platanes procurant de l'ombre.

Zacharie, attiré par les bonimenteurs et les couleurs qui se heurtaient, voulait tout voir. On vendait de tout, à la Madeleine !

Après s'être égarés du côté des cabanes de brasseurs, ils trouvèrent le « grand cours » regroupant les échoppes des ferblantiers, papetiers, parfumeurs, pharmaciens et marchands de savon. Le premier, Zacharie repéra Jean-Baptiste qui discutait ferme avec une religieuse. Il se précipita vers lui en criant : « Papa ! »

Agathe-Marie vit la tête de Jean-Baptiste se redresser, son regard scruter la foule. Leurs yeux se croisèrent. Elle y lut l'incrédulité, et quelque chose d'autre, d'indéfinissable. Résolue, elle marcha vers son échoppe d'un pas décidé, souriant à un Siméon éberlué qui répétait : « Demoiselle ! Si je m'attendais ! »

Zacharie vola dans les bras de son père. La religieuse s'efforçait de faire baisser le prix mais Jean-Baptiste restait ferme.

– Nos herbes sont réputées, ma mère, tout comme nos drogues. Vous le savez, nombre d'hôpitaux de la région nous les achètent chaque année.

Ils finirent par tomber d'accord. Un accord qu'ils scellèrent par une vigoureuse poignée de main.

Après avoir serré son fils contre lui, Jean-Baptiste se retourna vers Agathe-Marie.

– Pourquoi avoir emmené Zacharie ici ? C'est un périple long et fatiguant pour un enfant de son âge.

Elle soutint son regard. Elle le trouvait toujours aussi beau, avec son visage hâlé aux traits nets, sa haute silhouette, ses yeux très bleus.

Elle sentit ses joues s'empourprer tandis qu'elle lançait d'un trait :

– Il fallait que nous venions, Zacharie et moi. Parce que, voyez-vous, Jean-Baptiste, je pense que nous devrions nous marier, vous et moi.

17

1837

« Je ne vous aime pas d'amour », lui avait-il dit sur le champ de foire de la Madeleine, sous un soleil encore brûlant.

Elle n'avait rien oublié. Ni son visage résolu, ni son regard glacial. Et elle avait pensé, dans un éclair : « Toute ma vie, il me fera payer cher de ne pas être Lilas. »

Logiquement, elle aurait dû tourner les talons et le planter là, ce goujat qui la rejetait. Au lieu de quoi, elle avait souri.

« Moi, je vous aime », avait-elle déclaré, brûlant ses vaisseaux.

Et bien qu'elle ait eu conscience, ce faisant, de lui donner barre sur elle, elle n'avait pu retenir cet aveu. Il avait repris, tandis que Siméon entraînait Zacharie vers les marchands de douceurs : « Je suis un piètre menteur. Je ne sais pas enjoliver les choses. J'ai deux priorités dans la vie : mon fils et le Mas des Tilleuls, la demeure ancestrale qui me vient de ma mère. Le reste… »

Il avait esquissé un haussement d'épaules comme pour signifier que « le reste » avait décidément bien peu d'importance.

Alors, Agathe-Marie avait tendu la main vers lui, comme la religieuse l'avait fait quelques minutes auparavant : « Peu m'importe. Je prends. »

Ils avaient « topé ». Un marché. Leur union ne serait rien d'autre.

Et un an après, Agathe-Marie ne le regrettait pas.

Pourtant, les bonnes langues de Saint-Pancrace ne s'étaient pas privées de commenter abondamment ces noces organisées à la va-vite, dès le retour de Jean-Baptiste et de Siméon. On supputait, sur le chemin de l'église ou du marché, sur les raisons de cette précipitation.

Cela ne lui ressemblait guère. En tout cas, le neveu d'Adrienne réalisait une belle affaire ! Le mariage, très simple, avait réuni des collègues colporteurs de Jean-Baptiste ainsi que la plupart des villageois.

L'oncle Hector, souffrant, n'avait pas entrepris le voyage. Jean-Baptiste avait promis à Agathe-Marie qu'il l'emmènerait à Buis-les-Baronnies avant l'automne pour finalement y renoncer sans lui fournir d'explications. Avait-il eu peur de retourner dans son pays ? Alors qu'elle se perdait en conjectures, il était reparti pour sa tournée avant qu'elle n'ait eu le temps de lui faire part de ses doutes.

Il lui écrivait de loin en loin. Rien de personnel, plutôt une sorte de carnet de voyage. Agathe-Marie en était d'autant plus mortifiée qu'elle avait lu, à la demande de Lilas, les lettres que Jean-Baptiste adressait à sa première épouse. Elle avait encore le rose aux joues au souvenir de la passion qui caractérisait ces missives.

Comment n'aurait-elle pas établi de différence ? Pourtant, elle se répétait qu'elle était la seule responsable de cette situation. Jean-Baptiste avait été très clair avant de l'épouser. Il ne l'aimait pas, ne l'aimerait jamais. À elle de s'en arranger !

Dieu merci, elle avait Valentine auprès d'elle, et le docteur Vallon en cas de besoin. Valentine, qui l'avait élevée puisque Agathe-Marie avait perdu sa mère à l'âge de dix ans, était toujours demeurée à ses côtés.

Elle ne paraissait pas ses cinquante-cinq ans. Ses cheveux châtains n'avaient pas encore blanchi et son visage rebondi n'accusait pas son âge. Elle trottinait dans la bastide à une vitesse surprenante vu son poids conséquent et était la reine des desserts. C'était Zacharie qui l'avait baptisée ainsi. Tous deux s'entendaient fort bien, plus encore quand Valentine entreprenait de confectionner oreillettes ou financiers. Ces jours-là, Zacharie ne la quittait pas d'un pas.

Le docteur Vallon avait succédé au docteur Bonpas, victime lui aussi de l'épidémie de choléra. C'était un homme d'une quarantaine d'années, à la silhouette imposante, aux cheveux gris. Sillonnant le pays sur sa jument baie, il venait, disait-on, de l'autre bout de la France, de Normandie plus précisément, et cela s'entendait à son accent pointu.

Comme il était bon médecin et ne rechignait pas à se déplacer quelle que soit l'heure, on l'avait rapidement accepté. Il avait vite pris conscience de la détresse morale et de la solitude d'Agathe-Marie lorsqu'elle l'avait fait appeler à la bastide après un malaise plus sévère que les précédents. Une rapide auscultation lui avait suffi.

Se redressant vers la jeune femme livide, il lui avait annoncé avec un grand sourire : « La naissance devrait survenir en juin. » Agathe-Marie s'était empourprée. « À mon âge…, avait-elle soufflé. Ne suis-je pas trop vieille pour donner naissance à un premier enfant ? » Le médecin avait ri. Un rire rassurant qui avait fait du bien à la jeune femme. « Je suis persuadé que tout se passera bien ! » lui avait-il affirmé. Avant d'ajouter : « De plus, vous ne paraissez pas si vieille ! Quel âge avez-vous donc ? » Elle avait répondu : « Trente-trois ans » d'un air accablé et, de nouveau, il s'était esclaffé. « Ma mère avait quarante ans à ma naissance et nous n'en avons souffert ni l'un ni l'autre. Vous voyez… il vous reste de la marge ! »

Il venait cependant la voir régulièrement, prenant soin de sa santé, lui conseillant de continuer à marcher et à vivre comme si de rien n'était.

Ce médecin progressiste avait des idées bien arrêtées qui choquaient Valentine. Il prétendait que la grossesse n'était pas une maladie.

« On ne parle pas de ces choses-là devant une dame », protestait-elle d'un air offusqué et Agathe-Marie se retenait pour ne pas éclater de rire.

Elle avait longuement hésité. Devait-elle ou non prévenir Jean-Baptiste ? Finalement, elle avait choisi de se taire. Après tout, de son côté, il aurait pu poser la question, imaginer… Sans se l'avouer, elle lui tenait rigueur de sa désinvolture, même si elle était heureuse.

Un enfant... Dieu juste ! Agathe-Marie n'aurait jamais osé l'espérer. Leur nuit de noces avait été plus qu'étrange. Son époux l'avait laissée sur le seuil de la grande chambre, s'était incliné devant elle et lui avait souhaité le bonsoir. Recroquevillée sous les draps fleurant bon la lavande, Agathe-Marie avait attendu son retour, en vain. Par la suite, elle avait appris par de bonnes âmes que Jean-Baptiste avait été aperçu montant vers la bergerie de Fine. Sous le choc, elle avait manqué s'évanouir. Mais il fallait tenir, continuer à deviser avec les clients comme si de rien n'était, ne pas laisser voir sa détresse.

Dieu merci, il y avait Zacharie, qu'elle aimait comme son propre fils. Elle se chargeait elle-même de son instruction en attendant le jour où il se rendrait au collège de Forcalquier.

Jean-Baptiste et elle avaient vécu comme deux étrangers durant trois semaines. Le soir où il était venu la rejoindre dans sa chambre, il avait bu. Vin de Châteauneuf-du-Pape, puis du vin ferré. Il l'avait préparé lui-même dans l'office. Vin rouge, sucre, écorces d'orange et, en dernier, un fer chauffé au rouge dans le feu. Agathe-Marie avait pensé se refuser à lui, mais avait fini par l'accueillir dans son lit. Elle avait voulu épouser cet homme, à elle de faire avec ce qu'il voulait bien lui donner, s'était-elle dit, les lèvres closes sur le cri, souffrance et révolte mêlées, qu'elle avait retenu.

Il avait raison, il n'y avait pas le moindre amour dans cet acte de chair, et cette certitude l'avait désespérée. « Un jour, il m'aimera ! » s'était-elle alors promis.

Mais elle savait bien au fond d'elle-même que c'était pour ne pas mourir.

L'aube se levait sur la forêt. Agathe-Marie ne fermait jamais complètement ses volets afin d'être réveillée par le rai de lumière qui se glissait dans sa chambre. Malgré les visites nocturnes de Jean-Baptiste, cette grande pièce demeurait sa chambre, très féminine avec sa table de toilette au plateau de marbre, son chevet à trois tiroirs et son lit orné de draperies.

Jean-Baptiste, lui, préférait dormir dans une chambre plus petite, située près de celle de Zacharie. Ils n'avaient jamais passé une nuit ensemble.

Comme chaque matin, elle posa la main sur son ventre, pour saluer son enfant et se rassurer elle-même. Lors de sa dernière visite, le docteur Vallon avait paru soucieux. Il lui avait recommandé de rester allongée le plus possible et elle avait ri.

« Docteur, je me sens si lourde que chaque pas me donne l'impression de soulever un sac de farine ! »

Elle avait pris facilement quarante livres, estimait Valentine, qui avait l'œil. Pourtant, ce matin-là, Agathe-Marie aurait volontiers retourné la bastide de fond en comble.

Valentine la suivit d'un regard inquiet quand elle entreprit un grand rangement dans la cuisine.

– Allez-vous rester tranquille ? s'impatienta-t-elle.

Elle eut toutes les peines du monde à empêcher sa maîtresse de monter sur un escabeau afin de sortir de l'escudelié les assiettes en faïence de Moustiers qui se trouvaient sur l'étagère la plus élevée.

Appelée à la rescousse, Élodie, la petite bonne, se joignit à Valentine pour entraîner Agathe-Marie vers le salon. Soudain, celle-ci se figea en devenant toute pâle.

– Mon Dieu ! s'écria-t-elle.

Elle regarda ses pieds d'un air consterné. Valentine comprit tout de suite de quoi il retournait.

– Ne vous affolez pas, demoiselle, c'est naturel. Il faut juste regagner votre chambre. Toi, petite, reprit-elle à l'adresse d'Élodie, file demander à Prosper d'aller chercher le docteur. Et vite !

Pourquoi ne lui avait-on jamais rien expliqué ? se demanda Agathe-Marie, honteuse de s'être trempée et fâchée de son ignorance.

Dans sa chambre, Valentine l'aida à se changer et à s'allonger malgré ses protestations.

La jeune femme se sentait curieusement détachée. Elle n'avait pas encore peur.

Deux heures plus tard, alors que les contractions la harcelaient sans répit, elle fut rassurée de voir arriver le médecin. Il observa sans mot dire les traits tirés de la parturiente, sa pâleur, et se savonna longuement les mains avant de l'examiner.

La journée fut longue, épouvantable. Agathe-Marie s'était promis de ne pas crier mais, au terme de douze heures de souffrances intolérables, elle ne put réprimer un long hurlement déchirant.

– Nous y sommes ! annonça le médecin.

Il fallait pousser, encore et encore, comme l'y exhortaient Valentine et Vallon. Elle entendit Valentine se récrier : « Pauvre ! comme il est petit ! » et pensa s'évanouir tant la douleur était forte. Cependant, rien ne l'avait préparée au hoquet de surprise du médecin.

– Bon sang ! Ne lâchez pas prise ! Ce sont des jumeaux !

Elle poussa de nouveau, même si elle se sentait déchirée. Plus rien d'autre ne comptait. Elle défaillit en entendant un vagissement. Autour d'elle, Valentine s'affairait, cherchant déjà qui pourrait servir de nourrice.

Agathe-Marie revint à elle quelques minutes plus tard. On avait changé ses draps et elle portait une chemise propre, ornée de ruchés au col. Elle aperçut deux paquets emmaillotés et reçut un coup au cœur. N'était-ce pas pure folie d'avoir donné naissance à deux enfants alors que Jean-Baptiste ne l'aimait pas, ne l'aimerait jamais ?

18

1848

D'un geste précis, Zacharie coupa la lavande, tout en se défiant des vipères, nombreuses en cette saison, qui étaient parfois enroulées autour du plant.

Il aimait ces journées de juillet passées à peler les touffes de lavande sur les pentes de la montagne de Lure, même si la chaleur était éprouvante.

Le dos courbé sous la saquette en toile de jute, le fils de Lilas se remémorait les poèmes lus la veille, à la lueur de sa bougie.

Il avait toujours beaucoup lu mais sa passion pour les livres s'était accentuée depuis la révolution de février. L'Europe entière était en ébullition et Zacharie rencontrait souvent des anciens condisciples épris eux aussi de liberté.

« Enfin, mon garçon ! » avait commenté son père.

C'était Jean-Baptiste Lombard qui s'était chargé de son éducation politique. Grâce à lui, Zacharie avait appris l'importance de la séparation des pouvoirs, la suprématie de la République et la nécessité de combattre le chômage, toujours croissant.

Son père aurait aimé le voir prendre la relève comme colporteur mais Zacharie caressait d'autres rêves. Le fils de Lilas n'avait guère de goût pour les plantes médicinales. Il désirait vivre en ville pour approcher de plus près ceux qui aspiraient à une autre société, à un autre monde.

Agathe-Marie le mettait en garde contre ce qu'elle appelait des chimères mais Zacharie n'en avait cure, malgré l'affection et la tendresse qui le liaient à sa belle-mère.

Paradoxalement, il se sentait plus à l'aise avec elle qu'avec son père. Agathe-Marie l'avait élevé alors qu'il ne voyait Jean-Baptiste que trois mois par an. Ses frères et lui formaient, malgré leur différence d'âge, un trio soudé autour de la bastidane. Victor et Raphaël avaient survécu on ne savait comment à leur naissance difficile. Les jumeaux étaient en effet souvent victimes d'une effroyable mortalité durant les premiers mois. Le docteur Vallon avait recommandé à Désirée, la nourrice, d'envelopper les minuscules bébés dans de la ouate, comme des graines de vers à soie, et de les maintenir le plus possible au chaud. Agathe-Marie n'avait presque pas de lait et se désespérait. Dieu merci, Désirée était une femme robuste au lait abondant. Lorsqu'elle nourrissait les jumeaux, chacun accroché à un sein, ceux-ci ressemblaient à des chatons sans défense.

Ne parvenant pas à joindre son époux, qui ignorait tout de sa grossesse, Agathe-Marie avait choisi les prénoms avec Zacharie. Ils étaient tombés d'accord sur Raphaël, pour rendre hommage au père de la jeune femme, et sur Victor, par admiration pour le poète Hugo. Les bébés avaient été baptisés à la bastide par le prêtre de Saint-Pancrace pour parer à toute éventualité.

À son retour, Jean-Baptiste avait découvert deux crânes chauves sous les bonnets de dentelle et deux bouches édentées. Il n'avait pu dissimuler sa stupéfaction.

Il avait planté deux tilleuls derrière la ferme d'Adrienne, à Forcalquier, comme il l'avait déjà fait à la naissance de Zacharie, et était allé chercher, selon la tradition, médailles de baptême et « ors » pour son épouse.

Il avait offert à Agathe-Marie un gros bracelet au maillage serré, trop lourd pour son poignet gracile. Elle l'avait rangé dans son coffret à bijoux en se disant qu'une nouvelle fois, Jean-Baptiste ne s'était pas donné la peine de chercher ce qui lui aurait fait plaisir. Grâce à Dieu, il n'avait pas pris ombrage du silence de la jeune femme.

« Ce ne sont pas des paroles faciles à prononcer entre époux », avait-il commenté et, rassérénée, Agathe-Marie s'était sentie pardonnée.

Tout naturellement, Jean-Baptiste ne prêta vraiment attention aux jumeaux qu'à compter de leurs sept ans. Il avait tant redouté qu'ils ne meurent en bas âge qu'il avait refusé, plus ou moins consciemment, de s'attacher à eux. Agathe-Marie appréhendait qu'il ne manifestât une préférence pour Zacharie, mais cette crainte ne se vérifia pas. Elle avait toujours elle-même considéré le fils de Lilas comme son aîné.

« Une belle famille pour une personne prétendant rester demoiselle… », se moquait gentiment Valentine, et Agathe-Marie riait.

La naissance des jumeaux l'avait transformée. Elle portait désormais des étoffes chatoyantes, marchait avec plus d'aisance, négociait plus aisément avec les messagers et les clients. Seulement… elle était certaine que Jean-Baptiste ne s'en était même pas rendu compte !

Lui s'intéressait un peu trop à son goût à la politique, d'autant que ses voyages lui permettaient de rencontrer nombre de rouges.

« Tout cela finira mal », prédisait-elle parfois, se détestant alors de jouer les Cassandre.

Il ne lui serait pas venu à l'idée de se quereller avec son époux à propos des idées et des livres révolutionnaires qu'il colportait en même temps que ses drogues. Elle se contentait de lui recommander la prudence, et de prier. Pour Zacharie, c'était différent. Elle était convaincue qu'il avait déjà pris la décision de partir, vers Toulon ou vers Marseille, là où les ouvriers se regroupaient en associations. Jean-Baptiste haussait les épaules lorsqu'elle lui faisait part de ses craintes.

« Agathe, voyons ! Cessez de redouter votre ombre ! Zacharie est attaché à la montagne, à la terre. Il étoufferait, en ville ! »

Elle avait vite compris qu'il cherchait ainsi à se rassurer. Jean-Baptiste se voulait fort et prenait soin de dissimuler ses failles. Dans ces moments-là, Agathe-Marie l'observait avec une tendresse indulgente. Leurs relations, sereines en apparence, n'étaient pas si simples. Agathe-Marie s'était sentie plus assurée, plus femme après la naissance des jumeaux. Jean-Baptiste et elle avaient connu des nuits passionnées. Elle avait espéré alors, follement, qu'il abaisserait sa garde mais, dès le lendemain, il paraissait mal à l'aise et la fuyait.

Elle avait deviné qu'il avait le sentiment de trahir Lilas. Agathe-Marie ne comptait plus les nuits durant lesquelles elle avait sangloté en lacérant ses mouchoirs. Jamais, lui semblait-il, il ne l'aimerait. Le souvenir de Lilas l'en empêchait. Elle avait fini par accepter la situation. Après tout, il ne lui avait jamais menti. Homme d'un seul amour, son époux prenait son plaisir avec elle sans engager son cœur.

Agathe-Marie affichait une certaine indifférence pour ne pas perdre la raison. Heureusement, elle avait les enfants, et leurs affaires à gérer. À quarante-quatre ans, elle estimait ne pas avoir le droit de se plaindre.

Les jumeaux étaient déjà au lit quand Zacharie rentra à la bastide. D'un coup d'œil, elle remarqua à quel point il grandissait ces derniers temps. C'était un homme, à présent. Il ressemblait étonnamment à son père. Chaque fois qu'elle le voyait, Agathe-Marie ressentait une bouffée de fierté. Il s'était lavé dans la cour mais ses cheveux restaient imprégnés du parfum entêtant de la lavande.

– Fanny t'a gardé ton souper au chaud, lui dit Agathe-Marie en s'avançant vers lui.

Il l'embrassa, un peu gauchement. Elle lui sourit.

– Pas trop fatigué, mon grand ?

Il haussa les épaules d'un geste empreint de lassitude.

– J'aime cueillir la lavande, même si c'est dur. Là-haut, sous le soleil, je réfléchis.

Elle sentit qu'il lui tendait la perche.

– Tu vas partir, déclara-t-elle d'un ton neutre.

Le visage de Zacharie s'éclaira.

– Tu me comprends, toi, Gatoun ! Oui, dès que la lavande est finie, je descends vers Marseille. Il paraît qu'on embauche là-bas. Fournier, mon collègue de collège, s'y trouve déjà. On se réunit le soir, on parle de la nouvelle société… Je ne peux pas rester là à attendre les bras croisés. Je veux participer, avoir le sentiment de vivre, enfin !

Elle lui sourit avec indulgence.

– Bien sûr que je te comprends même si cela me fait un peu peur. Tu es si jeune…

D'un élan, il la serra contre lui.

– N'aie pas peur ! Je te promets d'être prudent. Enfin… j'essaierai !

Il était touchant et plein d'enthousiasme. Agathe-Marie lui ébouriffa les cheveux d'un geste familier.

– Je te fais confiance, mon grand.

Il soutint son regard.

– Merci, Gatoun. Merci d'avoir toujours été là pour moi.

Ému, il tourna les talons avec brusquerie.

Agathe-Marie s'essuya les yeux. Sans Zacharie à la bastide, plus rien ne serait pareil, songea-t-elle.

19

1851

Le soleil rasant de la fin d'après-midi éclairait le Mas des Tilleuls. Élie Lombard considéra la demeure d'un air satisfait. Au cours des dernières années, celle-ci avait fait l'objet d'agrandissements. La maison baronniarde, en moellons de pierre, suivait les mêmes principes de construction qu'au siècle précédent.

Au rez-de-chaussée, la cave à vins, les outils et les bêtes. À l'étage, le logement familial auquel on accédait par un escalier extérieur. En soupente, les greniers. Après trois ans de bonnes récoltes et une augmentation de son troupeau, Sosthène avait lancé la construction de nouvelles dépendances.

« Il serait temps de penser à t'établir, mon gars », avait-il dit à son fils.

Élie esquissa un sourire matois. Il préférait de beaucoup courir les filles de ferme, prendre son plaisir avec elles et passer de l'une à l'autre. Il suivait là le conseil de sa mère.

« Ne t'attache pas aux filles, Élie, lui répétait-elle. Tout juste bonnes à te piquer tes sous. »

« Les sous » constituaient le sujet de conversation préféré au Mas des Tilleuls. Ceux qu'on avait gagnés, ceux qu'on économisait, ceux que rapporteraient les prochaines récoltes et les foires de la région… Chez les Lombard, on dépensait peu pour mieux amasser. Sosthène rappelait volontiers le statut de journalier de son propre père, et son travail acharné pour s'élever dans l'échelle sociale.

Cependant, malgré ses efforts, Élie n'avait pas vraiment d'amis. On se défiait de lui car on le savait violent et prompt à escroquer son prochain. Ne proclamait-il pas : « Je n'ai qu'une religion, la mienne » ?

Élie s'essuya le front avant de retourner dans le champ le plus proche, là où les valets s'affairaient à moissonner. Il savait, naturellement, récolter le blé avec une grande faucille, l'ouramé, couper les tiges en deux coups, former la gerbe et les lier d'une poignée d'épis mais il s'arrangeait pour échapper à cette tâche. Lui aurait préféré œuvrer sur l'aire de la grange, à séparer le grain des épis. C'était là un privilège réservé au maître des moissons. Mais Sosthène ne le lui avait jamais confié. Pourtant, Séraphine ne se gênait pas pour insister chaque été !

« Tu ne rajeunis pas, mon homme, faisait-elle remarquer à son époux, il faudra bien un jour ou l'autre que tu fasses confiance à notre fils. »

Élie haussa les épaules. « Le vieux », comme il l'appelait, finirait bien par rendre les armes, il lui suffisait d'être patient.

Il jeta un regard appuyé aux saisonnières qui liaient les gerbes. Elles descendaient de la montagne, se louaient le temps des moissons avant de repartir chez elles avec quelques sous. Élie prenait plaisir à les culbuter dans une grange, pour ne plus y songer l'instant d'après.

Tout comme son père, il méprisait les femmes. Jusqu'à sa mère, dont il connaissait la plupart des défauts. Séraphine était intéressée et acceptait mal de vieillir. À plus de quarante-six ans, sa silhouette s'était alourdie mais, les jours de foire, les hommes la suivaient encore d'un regard lourd de désir.

Elle avait une façon de marcher, en balançant les hanches, qui constituait une promesse de plaisir partagé. Étant plus jeune, Élie avait un peu honte de cette mère qui provoquait si ouvertement le désir masculin.

À présent qu'il avait jeté sa gourme, et ce depuis longtemps, il y prêtait beaucoup moins attention, estimant que Sosthène devrait surveiller d'un peu plus près son épouse.

Le vieux baissait, même s'il refusait de l'admettre. Son tir n'était plus aussi sûr, il se fatiguait plus vite et souffrait d'une mauvaise toux. Mais, toujours obstiné, il s'entêtait à prétendre qu'il se portait le mieux du monde.

« Laisse..., disait alors Séraphine, le jour où il s'effondrera, il claquera d'un coup. Nous serons libres de dépenser le magot. »

Ce fameux magot attisait les convoitises de la mère et du fils. Tous deux en rêvaient...

– Je vais au village, annonça Élie après le souper, sans qu'aucune parole n'ait été prononcée entre les trois habitants du mas.

Sosthène leva un œil las vers son fils.

– C'est la fête, non ? Tu veux danser ?

– Peut-être, admit Élie, qui n'avait jamais esquissé un seul pas de danse.

– Si tu es aussi doué que moi ! ironisa Séraphine.

Sosthène repoussa bruyamment son assiette.

– Ne dépense pas trop, recommanda-t-il à son fils.

Élie se mit à rire.

– Pas de danger avec ce que vous m'octroyez royalement, père !

Le vieux avait encore la main leste. La gifle qu'il donna à Élie faillit lui décrocher la tête. Son fils cadet soutint son regard.

– Doucement ! protesta Séraphine. Votre fils a raison, vous le traitez plus mal que s'il était un valet.

Un flot de sang empourpra le visage et le cou de Sosthène.

– Il est toujours mieux traité que l'autre, celui dont le nom brûle toutes les lèvres mais qui ne remettra jamais les pieds au mas ! rugit-il.

Un silence tomba sur la salle. Rien n'avait changé depuis le temps d'Adélaïde, la première épouse. Séraphine se souciait plus de ses toilettes que du mobilier et Sosthène aimait assez l'idée que tout restât à sa place. La longue table au tiroir à pain, la pile surmontée de deux étagères, le garde-manger grillagé, le pétrin et la maie… le décor était le même. Le portrait des enfants Bonaventure trônait toujours au-dessus de la cheminée, juste un peu plus noirci.

Séraphine avait apporté quelques modifications à leur chambre, acheté un meuble de toilette à Vaison, ce qui avait fait jaser dans tout le pays durant près d'un an. La table, en bois marqueté, avait été livrée à dos d'âne si bien que nombre de Baronniards avaient pu l'admirer.

Séraphine se leva pesamment pour débarrasser. Parfois, lorsqu'il se mettait en colère, Sosthène lui inspirait une certaine crainte. « Tu vieillis », se dit-elle. Auparavant, elle prenait un certain plaisir à le défier. Désormais, elle veillait à ne pas trop l'exaspérer. L'avenir d'Élie, son fils unique, était en jeu.

Toute la jeunesse était réunie sur la place du village, devant la fontaine. Après une longue journée de travail, en plein soleil, les jeunes gens s'étaient lavés avec l'eau du puits, savourant sa fraîcheur, et avaient passé leurs plus beaux habits. Jupon piqué et chemise à listo pour les filles, pantalon de toile, chemise, gilet et taïolo, longue bande de flanelle de trois mètres de long sur vingt-trois centimètres de large, pour les garçons.

Émile et Léon, qui jouaient l'un du violon, l'autre de l'ocarina, composaient un orchestre réduit mais entraînant. On savait qu'ils n'avaient pas leur pareil pour animer une fête, mêlant gaillardes et valses lentes.

Assise sur le banc à l'ombre d'un platane, Alexandrine suivait des yeux sa sœur aînée, Clémence, qui cherchait à croiser le chemin de Vincent, le boulanger. Ces deux-là se tournaient autour depuis le début du mois de mai. Vincent s'invitait parfois à la veillée chez les Corré, parents de quatre filles à marier. Ceux-ci lui faisaient bon accueil. Vincent prenait place auprès de sa belle et l'admirait en silence tandis que ses aiguilles à tricoter cliquetaient. Alexandrine, qui brodait sous la lampe à huile, s'amusait de leur manège. Les jeunes gens, en effet, s'observaient discrètement sous le regard vigilant de leurs aînés.

Mais, brutalement, Vincent avait cessé de venir chez les Corré et personne n'avait rien compris. On attendait une demande en mariage de la part du boulanger. Or, il semblait être devenu indifférent aux charmes de Clémence. La jeune fille, désespérée, avait passé des nuits à pleurer dans la chambre qu'elle partageait avec Alexandrine. Sa sœur l'entendait sangloter en répétant : « Pourquoi ? » Aussi, Alexandrine surveillait-elle avec inquiétude les tentatives maladroites de son aînée. Elle aurait voulu la protéger de Vincent, sans savoir quoi penser du jeune boulanger.

Occupée à chaperonner sa sœur, elle ne remarqua pas le gars trapu qui se dirigeait vers elle. Elle sursauta lorsqu'il toussota pour la saluer et l'inviter à danser. Elle-même se demandait qui il était. Il n'habitait pas le village, elle en était certaine. Il n'était pas très grand, bien bâti, avec un regard étrange, sombre, qui lui faisait un peu peur. Elle comprit presque tout de suite qu'il ne savait pas danser. D'ailleurs, il le reconnut en riant et lui proposa de gagner un bosquet à la sortie du village. Il avait posé la main sur l'épaule ronde de la jeune fille.

Elle se dégagea vivement.

– *Arleri*[1] *!* lui lança-t-il méchamment.

Elle s'enfuit, courut vers les feux allumés sur la place, poursuivie par ses invectives. Clémence la reçut dans ses bras.

– Nine, ma petite, que se passe-t-il ? fit-elle en la serrant contre elle.

Soucieuse de réconforter sa cadette, elle en avait oublié son boulanger. Alexandrine resserra les pans de son châle sur sa poitrine. Elle ne pouvait se défaire d'une crainte diffuse, suscitée par le geste possessif de l'inconnu.

– Cet homme…, dit-elle en frissonnant, tu le connais ?

– Je crois que c'est le fils Lombard, du Mas des Tilleuls. Il aura du bien, à la mort de son père.

Alexandrine secoua la tête.

– Peu m'importe !

Élie n'avait pas tardé à jeter son dévolu sur une fille plus âgée et plus expérimentée. Et, tandis qu'il l'entraînait vers une grange, il se disait qu'il s'arrangerait pour mettre la gamine aux yeux verts dans son lit.

D'une façon ou d'une autre.

1. « Imbécile ! »

20

1851

D'ordinaire, à la fin novembre, Jean-Baptiste était parti depuis longtemps. Cette année-là, pourtant, et pour la première fois en vingt-cinq ans, il avait décidé de rester au Prieuré. Agathe-Marie ne savait pas si elle devait s'en réjouir. Son époux, en effet, descendait chaque jour ou presque vers Forcalquier et passait son temps à discuter, discuter encore, avec ses compagnons de chambrée. C'était là un phénomène propre à la Provence. Les républicains, qui avaient vu avec angoisse le prince-président Louis-Napoléon Bonaparte piétiner certains acquis de 1848 (notamment avec la loi du 31 mai 1850 qui avait restreint les règles d'inscription sur les listes électorales), avaient pris le pli de se réunir en chambrées, ou cercles, le plus souvent dans l'arrière-salle d'une auberge, afin de débattre de la situation politique. Comme les clubs avaient été interdits par la loi du 19 juin 1849, il convenait de se montrer prudent. Ainsi, lors du rituel d'affiliation, on prêtait serment de fidélité à la cause de la Montagne et l'on se mettait d'accord sur des mots de passe. Par exemple si l'un disait « suffrage », l'autre devait répondre « universel » suivant une sorte de code prévu à l'avance.

Agathe-Marie redoutait de voir son époux se compromettre. Elle savait qu'il recevait du courrier d'Alsace et de Haute-Garonne, et fréquentait nombre de « républicains exaltés » comme on les appelait à la police. Jean-Baptiste avait piqué une colère en apprenant que la nouvelle loi sur la presse faisait obligation aux colporteurs d'obtenir une autorisation délivrée par le préfet. Son épouse avait des idées plus modérées que Jean-Baptiste, même si elle avait lu avec intérêt les écrits de Flora Tristan.

Elle s'était bien gardée de le confier à son époux. Elle était en effet persuadée qu'il se défiait des « femmes savantes », comme il le disait avec une pointe de mépris dans la voix. Curieux hommes que ces républicains qui refusaient le partage des droits avec leurs femmes ! Agathe-Marie s'en amusait, en se disant qu'il était trop tard pour sa génération. Elle aurait aimé avoir une fille pour discuter avec elle de ce qu'elle ressentait. Curieusement, c'était Zacharie qui demeurait le plus proche d'elle. Parti sur un coup de tête à Marseille, où il participait aux réunions de l'Athénée ouvrier[1], il rêvait de devenir journaliste, comme Louis Blanc.

Il écrivait quelques articles dans des revues progressistes – articles qu'Agathe-Marie découpait et conservait précieusement – tout en travaillant dans une fabrique de savons, au Chemin de Sainte-Marthe. Il revenait pour la fête du pays et pour l'anniversaire des jumeaux, en juin.

1. Présidé par Louis Langomazino de 1847 à 1849.

« Il me manque », pensa-t-elle en soulevant le rideau du salon.

Des nuages noirs couraient dans un ciel de plomb. Agathe-Marie frissonna. Elle n'aimait guère le mois de novembre, humide et triste. Durant la nuit précédente, un loup avait hurlé, et un autre lui avait répondu, depuis les hauts de Lure. Elle n'avait pu se rendormir, malgré les deux tasses de tilleul qu'elle avait bues. Elle avait été attaquée, enfant, par un loup alors qu'elle rentrait au Prieuré à la nuit tombée et en avait gardé une terreur irrépressible. Son chien, un gros berger portant un collier à pointes destiné à le protéger, avait réussi à faire fuir la bête. Elle y songeait, tout en scrutant l'allée obscurcie. Où se trouvait donc son époux ? On chuchotait dans le pays. La République serait menacée. Les uns s'armaient. Les autres priaient. Dieu merci, les jumeaux ne s'intéressaient pas encore à la politique ! Inséparables, ils couraient la montagne dès qu'ils revenaient du collège. Chaque jour, Agathe-Marie remerciait le Ciel de leur belle entente. Ils ne se ressemblaient pas de façon frappante mais avaient pour habitude de parler d'une même voix, Raphaël terminant souvent la phrase commencée par Victor.

« Ils deviendront des notables », avait décrété Jean-Baptiste.

Les revenus du colportage diminuaient de façon constante. Le siècle connaissait une mutation technologique sans précédent et les habitants des villes réclamaient des produits plus élaborés que de simples plantes. Heureusement, les apothicaires comme nombre d'hôpitaux continuaient de s'approvisionner chez les droguistes de la montagne de Lure.

Agathe-Marie se détourna de la fenêtre en réprimant un soupir. Elle, toujours vaillante, n'aimait pas cette mélancolie insidieuse qui la gagnait. Elle n'avait pas le droit de se plaindre, se dit-elle fermement. Même s'il lui manquait l'essentiel. L'amour de Jean-Baptiste.

L'humidité de la brume, tombée avec la nuit, s'insinuait dans le corps de Jean-Baptiste, réveillant ses douleurs. Tant de journées passées sur les chemins l'avaient vieilli avant l'heure. Pourtant, à quarante-trois ans, il se sentait encore dans la force de l'âge.

Il secoua les rênes. Il était en retard, chose dont il avait horreur. Depuis plusieurs jours, le cercle républicain dont il faisait partie se réunissait le vendredi soir dans une auberge située sur la route de Forcalquier. Il y retrouvait des camarades venus de Volx, de Lurs et de Lardiers. Tous s'alarmaient. Le vote de la loi Falloux, renforçant les droits de l'Église sur l'enseignement secondaire, ainsi que celui de la loi du 31 mai 1850, restreignant les inscriptions sur les listes électorales, avaient déjà semé le doute. Louis-Napoléon Bonaparte était bel et bien le chef du parti de l'ordre et la République était en danger.

Jean-Baptiste s'était toujours défié des bonapartistes, certainement parce que son père admirait l'empereur.

Il crispa les mâchoires. Durant l'été, il s'était rendu à Buis pour l'enterrement de son oncle Hector. Cela avait été pour lui l'occasion d'apercevoir son père et son demi-frère. Sosthène avait le poil blanchi, le visage raviné de rides, mais se tenait encore droit. Élie avait toisé Jean-Baptiste. Les deux frères avaient échangé un regard de duellistes. La vieille Léonie, toujours vaillante bien que cassée en deux sur son bâton, avait entraîné le fils de sa nourrissonne vers la place des Arcades.

« Le notaire veut te voir, lui avait-elle dit. Les deux mauvais vont en crever de jalousie. »

Hector léguait à son neveu sa maison de Buis et sa bibliothèque. Un trésor qui avait ému Jean-Baptiste et conforté la haine de Sosthène et d'Élie.

Le fils d'Adélaïde y tenait, à cette maison ! Pour des raisons sentimentales d'abord mais, aussi, parce que le legs d'Hector lui permettait de reprendre pied, le plus légalement du monde, dans les Baronnies.

En revenant de Buis, il avait été tenté de se confier à Agathe-Marie pour finalement y renoncer. Tous deux restaient des étrangers l'un pour l'autre.

Autour de lui, ses camarades évoquaient la fin prochaine du mandat du prince-président.

« Si Bonaparte veut s'emparer du pouvoir, c'est en décembre qu'il le fera », martelait Vernamont, un avocat. Jean-Baptiste garda le silence. Il avait le sentiment de se trouver à la croisée des chemins. Avait-il le droit de s'engager dans la lutte alors que les jumeaux avaient à peine quatorze ans ? À la différence de la plupart de ses compagnons, il ne nourrissait guère d'illusions. Si le prince-président tentait un coup d'État, il mettrait toutes les chances de son côté et s'arrangerait pour avoir l'armée et la police dans sa manche. Or, que feraient-ils, eux, les membres des chambrées républicaines bas-alpines ?

Jean-Baptiste n'avait pas peur de mourir. Il tenait cependant à protéger sa famille et à faire valoir ses droits sur le Mas des Tilleuls. Pour ses fils, afin de leur transmettre l'héritage des Bonaventure et pour prouver à Agathe-Marie qu'il n'était pas un simple colporteur.

Sans même en avoir conscience, il fit la moue. Agathe-Marie l'exaspérait souvent. Il paraissait impossible de la prendre en défaut. Jamais un mot plus haut que l'autre, ni un reproche. Il rêvait parfois de la faire sortir de ses gonds ou encore de lui arracher des cris de plaisir. Ils avaient connu quelques nuits passionnées, après la naissance des jumeaux, sans que cela ne change réellement leur relation. Dans la journée, Jean-Baptiste demeurait sur la réserve et Agathe-Marie calquait son comportement sur le sien. Le jour où il avait compris qu'il était prêt à l'aimer, il avait battu en retraite et déserté la chambre conjugale. Il ne pouvait supporter l'idée de trahir le souvenir de Lilas. Pourtant, l'image même de la jeune femme se diluait. Il devait désormais faire un effort pour se rappeler certaines de ses expressions. Mais, dès qu'il montait vers le grangeon de Fine, tout lui revenait en mémoire, jusqu'au son de sa voix.

– Nous sommes bien d'accord ? insista Vernamont.

Ils levèrent tous la main. Ils mettraient tout en œuvre pour empêcher le prince-président de confisquer la République.

« Et après ? » pensa Jean-Baptiste.

Il songeait à son aîné, Zacharie, qui se battait, lui aussi, pour une idée qu'il lui avait inculquée, et il avait peur. Il lui semblait qu'en ville, on était plus vulnérable. Zacharie, à vingt et un ans, était idéaliste et rêveur. D'une certaine manière, il était plus le fils d'Agathe-Marie que celui de Lilas, et ce constat contrariait Jean-Baptiste.

Il se remit en route après avoir bu deux verres de génépi, pour se réchauffer.

Tous les compagnons étaient contents d'eux, « comme au terme d'une bonne partie de chasse », se dit Jean-Baptiste. Mais dans quel camp se trouvaient-ils ?

Celui des chasseurs ou celui du gibier ?

21

7 décembre 1851

Un froid de gueux pétrifiait les Basses-Alpes. Dans le ciel lourd de neige, un vol de corbeaux semblait s'attarder au-dessus du Prieuré.

– Sales bêtes ! pesta Valentine, emmitouflée dans son châle le plus chaud offert par Agathe-Marie.

À sa demande, Raphaël et Victor venaient de lui dégager un chemin pour se rendre jusqu'au poulailler. L'attitude des garçons, le visage jovial sous les cheveux ébouriffés, contrastait avec le regard inquiet de leur mère.

Agathe-Marie marchait de long en large dans le vestibule. Depuis quelques jours, les événements s'étaient précipités. Le coup d'État du 2 décembre n'avait pas vraiment surpris, le Midi comme le reste de la France s'y attendaient et les gages de bonne volonté de Louis-Napoléon Bonaparte ne changeaient rien à l'affaire. Celui-ci n'avait-il pas déclaré le 28 novembre à Michel de Bourges, un chef républicain : « Je voudrais le mal que je ne le pourrais pas. Hier, jeudi, j'ai invité à ma table cinq des colonels de la garnison de Paris [...]. Tous les cinq m'ont déclaré que jamais l'armée ne se prêterait à un coup de force et n'attenterait à l'inviolabilité de l'assemblée » ?

Malgré ces belles paroles, Louis-Napoléon Bonaparte avait bel et bien dissous l'Assemblée nationale et décrété l'état de siège.

Sans prêter attention aux protestations de son épouse, Jean-Baptiste, prenant sa canne et son chapeau, était parti en direction de Forcalquier après avoir ordonné aux jumeaux de rester à la bastide. Ceux-ci ne l'entendaient pas ainsi ! Mais leur mère eut tôt fait de les rappeler à l'ordre.

« Vous n'avez même pas trois poils de barbe au menton ! leur avait-elle dit. Ne vous avisez pas de vous prendre pour des hommes ! »

Agathe-Marie fit rentrer ses garçons, leur demanda d'aller se changer. Réfugiée avec Valentine dans la salle, où l'âtre et le potager diffusaient une douce chaleur, elle leva vers elle un visage tendu.

– Que puis-je faire, Valentine ? questionna-t-elle. Nous sommes condamnées à attendre, toi et moi, en priant pour qu'il n'y ait pas trop de blessés.

Elle ne s'illusionnait pas. Que pourraient des paysans et des bourgeois, même animés par la révolte, contre l'armée ? On savait que les préfets tenaient leurs troupes. Elle l'avait crié à Jean-Baptiste pour le retenir. Il avait secoué la tête.

« Vous ne pouvez pas comprendre. »

Elle s'était sentie rejetée. Abandonnée.

Lilas se serait-elle jointe à la colonne des insurgés ? Lilas était morte si jeune qu'on lui pardonnait tout.

Même de gâcher la vie de celle qui lui avait survécu.

– Par ici !

La main de Bosquet, l'ouvrier-imprimeur, crocheta le bras de Zacharie et l'entraîna vers la demeure où il logeait, dans le quartier Saint-Jean.

– Pas la peine de se faire arrêter, grommela l'ouvrier. De toute façon, c'est foutu pour cette fois.

Marseille n'avait pas appuyé les insurgés. Peut-être à cause du choléra qui sévissait de nouveau, frappant à l'aveugle riches et miséreux, jeunes et vieux.

– Tu peux rester ici pour la nuit, proposa-t-il. Ma femme est chez sa mère, malade, à Aubagne. Demain, on y verra un peu plus clair.

Le cœur lourd, Zacharie accepta. Il songeait à son père, qui avait dû se joindre aux républicains bas-alpins. On chuchotait en ville qu'ils allaient se faire massacrer par la troupe, que le préfet ne ferait pas de quartier. Ses collègues du journal l'avaient prévenu.

« Fais-toi oublier quelque temps, comme nous. La Rousse[1] ratisse large. »

Et de citer des noms célèbres. À Paris, nombre de parlementaires criant à la trahison avaient été arrêtés. Des barricades avaient été dressées dans le faubourg Saint-Antoine et le quartier des Halles. La brigade Canrobert avait tiré sur la foule boulevard Montmartre.

On dénombrait des centaines de morts et de blessés, et personne ne bougeait ! C'était incroyable, hallucinant, révoltant.

1. Terme d'argot désignant la police.

Bosquet alluma la lampe à huile, éclairant l'intérieur d'un logis pauvrement meublé mais bien tenu. Il sortit du garde-manger un quignon de pain, un morceau de fromage.

– À la fortune du pot ! lança-t-il.

Zacharie l'avait rencontré aux réunions de l'Athénée ouvrier. Donatien Bosquet travaillait à l'imprimerie Canquoin et en était fier, à juste titre.

Zacharie et lui se prêtaient des livres et aimaient à refaire le monde ensemble. Ce soir-là, pourtant, ils n'en avaient pas le cœur. Le rêve qu'ils avaient caressé s'était évanoui.

– Et maintenant ? murmura Zacharie alors qu'ils venaient de vider une bouteille de vin âpre.

Il étendit ses mains sur la table en sapin. Elles portaient des traces de brûlure de soude.

– La Belle[1]… depuis le temps que mon père m'en parle ! Tu as lu les dernières nouvelles ? Badinguet n'est pas près de lâcher le pouvoir.

– Nous attendrons un meilleur moment, voilà tout ! tenta de le réconforter son camarade. Je suis aussi impliqué que toi, bien sûr, mais j'ai ma douce. Ça aide…

Le mot tendre révélait à quel point il l'aimait. Brusquement, Zacharie l'envia.

– Comment s'appelle-t-elle ? questionna-t-il.

– Maria. Elle vend des fleurs sur les allées Meylan. Une belle brune, tu peux me croire ! Elle et moi, c'est du sérieux, même si on est contre le mariage. Et toi ?

1. Surnom donné à la République.

Zacharie esquissa un sourire.

– Oh ! moi... pas de femme, pas d'amours. Rien que la politique.

– Tu en reviendras, mon gars ! Tu peux dormir sur ces sacs de jute, là. C'est pas l'Hôtel de Ville mais, au moins, tu es libre d'aller et venir comme tu le souhaites.

– Merci, répéta Zacharie.

La fatigue de la journée pesait sur ses épaules. Il dormit d'un sommeil lourd et sans rêves.

La neige tombait en abondance quand Agathe-Marie fit atteler le boghei et s'emmitoufla. Autour d'elle, Valentine multipliait les recommandations.

– N'allez pas m'attraper la mort, surtout, que je ne saurais pas vous soigner ! Et les garçons, qu'est-ce que je fais d'eux ? À coup sûr, ils vont vouloir partir sur vos traces.

– Je leur ai laissé une lettre. Tu la leur montreras.

– Une lettre ! comme si ça leur suffisait ! Ils sont pleins de force et ont le sang chaud, nos gamins ! Et vous... vous tenez vraiment à aller vous jeter dans la gueule du loup ? Vous avez lu : la révolte a fait long feu ! On arrête, on emprisonne... Vous voulez donc me faire mourir de chagrin ?

– Pauvre Valentine, fit Agathe-Marie sans se laisser impressionner par le lamento de la servante. Va vite, reprit-elle, ce n'est pas le moment de prendre froid.

– Et vous, que Dieu vous garde !

Agathe-Marie secoua les rênes. Le cheval bai se mit en route.

– Tâchez de ramener votre homme ! s'époumona Valentine.

Agathe-Marie avait du cran, personne ne pouvait le nier. Face aux bruits qui couraient la campagne, elle avait renoncé à se munir d'un fusil, comme ses fils le lui conseillaient. Elle ne tenait pas à se faire arrêter par la troupe envoyée réprimer le soulèvement bas-alpin.

Siméon avait vu passer les militaires en provenance de Manosque. On chuchotait que l'insurrection était terminée. Paris, Lyon, Marseille ne s'étaient pas révoltées.

La neige tombait de plus en plus dru, modifiant le paysage, enveloppant la campagne d'un silence minéral, impressionnant.

Cramponnée aux rênes, Agathe-Marie cherchait le moindre indice susceptible de l'aider à se repérer dans ce désert blanc.

Le cheval glissa à deux reprises, manquant faire verser la voiture. La mort dans l'âme, Agathe-Marie dut s'arrêter à l'auberge du Canon, dont l'enseigne grinçait sous les assauts du vent. C'eût été pure folie de poursuivre son chemin, elle le savait.

Un valet se précipita pour dételer sa voiture et l'entraîna vers la salle. Le dos raidi, elle salua les rares habitués et se rapprocha de la vaste cheminée. L'aubergiste s'empressa, lui proposant du vin chaud, une chaufferette…

Agathe-Marie, glacée jusqu'à l'âme, secoua la tête.

– Dites-moi plutôt ce qui s'est passé à Forcalquier, suggéra-t-elle.

22

1852

Deux oiseaux de proie tournaient au-dessus de la colonne de prisonniers. Fortuné, l'armurier, cligna de l'œil à l'intention de Jean-Baptiste, avec qui il était attaché.

– Tu crois qu'ils attendent le premier qui va tomber ?

– Pas question de leur donner ce plaisir ! répliqua Jean-Baptiste.

Après deux mois d'emprisonnement à Digne, il s'émerveillait de humer à nouveau l'air piquant et froid, de sentir la morsure du vent sur son visage, de marcher sur la route. Le beau rêve de la Rouge, la République, la vraie, s'était brisé au défilé des Mées, sous la neige. Pourtant, après s'être rassemblés, les insurgés s'étaient retrouvés à plus de huit mille à Digne. C'était la fête, la Belle enfin, et ils avaient été nombreux à y croire. Les rangs s'étaient éclaircis en apprenant que Marseille avait envoyé un bataillon pour reprendre la préfecture de Digne. Cela voulait dire que Marseille ne s'était pas soulevée.

Les autres départements n'avaient pas suivi la folle aventure des Bas-Alpins. La mort dans l'âme, Jean-Baptiste et ses camarades avaient dû se rendre.

Emprisonnés à Digne, ils avaient attendu de passer en jugement. Le froid régnant dans les geôles les avait affaiblis, ainsi que le manque de nourriture. Ils s'étaient crus oubliés, jusqu'à ce qu'on vienne les chercher et leur ordonner de se mettre en route.

Sans nouvelles des siens, Jean-Baptiste espérait qu'ils n'avaient pas été inquiétés. Il se souciait surtout de Zacharie, très engagé politiquement. Agathe-Marie avait certainement empêché les jumeaux de commettre quelque folie. Et elle ? Comment avait-elle réagi ? Il se surprenait à se poser des questions au sujet de son épouse, qu'il connaissait si mal.

Il avait conscience de ne pas s'être bien comporté avec elle, s'évertuant à lui faire payer le fait de ne pas être Lilas. Il savait, pourtant, qu'Agathe-Marie l'avait toujours soutenu dans ses entreprises.

« Et maintenant ? » se dit-il, en proie à une soudaine angoisse. Il ne supportait pas l'idée que son épouse puisse se détourner de lui ou condamner son action.

Il avait besoin d'elle, de ce calme souriant contre lequel se brisaient ses emportements.

Fortuné trébucha. Jean-Baptiste le rattrapa, l'aida à retrouver son équilibre. Depuis leur départ de Digne, les personnes rencontrées ne leur manifestaient pas d'hostilité, au contraire. Gênées, elles baissaient les yeux.

Son cœur se serra en apercevant les étranges rochers des Mées, des pénitents pétrifiés, selon la légende.

C'était là que tout s'était joué, qu'ils avaient compris que personne ne les rejoindrait pour soutenir leur mouvement.

Ils passèrent une nuit pénible dans les écuries, glaciales. Plusieurs camarades souffraient d'une mauvaise toux. Se tournant et se retournant sur la paille, Jean-Baptiste se demandait ce que le pouvoir leur réservait.

Pourtant, il ne regrettait rien. Les Basses-Alpes n'avaient-elles pas été l'un des rares départements à refuser le coup de force de Bonaparte ?

À ses côtés, Fortuné s'agitait. Lorsqu'il avait pris les armes, en décembre, sa femme était prête à accoucher. Il n'avait eu aucune nouvelle. À croire que les insurgés de décembre avaient été rayés du nombre des vivants. Jean-Baptiste finit par sombrer dans un sommeil lourd alors qu'une chouette hululait dans la nuit.

Le lendemain, Fortuné eut toutes les peines du monde à le réveiller.

Ils repartaient en direction de Manosque.

« Ils arrivent ! »

Des gamins avaient couru par les drailles pour annoncer plus vite la grande nouvelle. Les prisonniers de décembre descendaient de Digne, liés deux par deux. Qu'allait-on faire d'eux ? Des Mées, ils se dirigeaient vers Manosque.

Agathe-Marie n'hésita pas. Ses fils se trouvaient au collège. Il n'était pas question de les déranger, ils avaient été assez perturbés au cours des derniers mois. Elle fit atteler et partit à leur rencontre après être passée chez Doline, l'épouse du maréchal-ferrant, restée elle aussi sans nouvelles. Doline ne l'accompagna pas à cause de ses petits en bas âge mais lui demanda de faire passer quelques provisions à son homme.

Tout au long de la route descendant sur Manosque, Agathe-Marie priait.

« Seigneur, faites qu'il soit en bonne santé. Faites qu'on le libère vite. »

Elle appréhendait l'instant où ils se retrouveraient. Pourtant, lorsqu'elle aperçut la pitoyable colonne couverte de poussière, elle oublia toutes ses craintes.

Comment le reconnaître parmi ces pauvres diables qui avaient été emprisonnés durant trois mois ? Il était l'un des rares à se tenir bien droit. Et son regard brûla Agathe-Marie.

– Je ne veux pas vous voir ici, laissa-t-il tomber, glacial, alors qu'elle s'élançait vers lui.

Saisie, elle s'immobilisa au bord du chemin. Les gardes repoussaient les curieux et les proches. Des enfants pleuraient. Une femme hurla : « Je t'attendrai, Roland ! »

Cette fois, Jean-Baptiste lança à Agathe-Marie un regard chargé de défi.

« Eh bien, que dites-vous de ça ? semblait-il penser. Vous qui m'avez demandé en mariage comme on propose un marché… »

Tétanisée, le cœur déchiré, elle resta muette. Elle tressaillit quand le cortège s'ébranla à nouveau, courut pour se maintenir à sa hauteur. Elle tendit une fiasque de vin de gentiane à Jean-Baptiste. Il la remercia d'un demi-sourire. Toujours courant, elle cria :

– Revenez vite. Je vous attends.

Il était impossible de poursuivre cette ébauche d'échange. Les gardes grondaient. Alors, des rangs des prisonniers s'éleva l'hymne républicain, la chanson que tous reprirent en chœur :

Marchons, marchons, républicains
Un poignard à la main.
Oui, oui, les montagnards
sont les soutiens de notre République
Plantaren la farigoulo
Sur la mountagno arapara,
Faren la farandoulo
La montagno flourira.

Un frisson parcourut la foule. Agathe-Marie, les yeux pleins de larmes, garda le regard fixé sur la silhouette de son mari jusqu'à ce qu'elle ait disparu derrière le tournant de la route. Elle se rappela alors qu'elle n'avait pas vu l'époux de Doline. Où le maréchal-ferrant se trouvait-il ? Y avait-il eu des morts, des blessés ? Un grand silence était retombé sur les insurgés de décembre, faisant d'eux des renégats.

Elle sut se montrer patiente, poser les bonnes questions, ouvrir sa bourse… Avant la fin de la journée, elle apprenait que les prisonniers descendaient vers Toulon et qu'après Riez, on les ferait monter par six sur des charrettes.

Son cœur s'affola. Toulon… allait-on les expédier en Afrique sans jugement ? À présent qu'elle avait vu Jean-Baptiste, qu'elle le savait en vie, elle était bien décidée à faire jouer toutes les relations de sa famille.

Les puces, les poux et le sel semblaient s'être donnés le mot pour rendre infernale la vie des prisonniers de Toulon. Après douze jours de cachot, ceux-ci étaient partis sur les bagnes flottants, le « bagne du bagne », là où les conditions de vie étaient les plus pénibles. Les bagnards couchaient par terre, roulés dans l'unique couverture de laine qui leur avait été attribuée et qui devait durer quatre ans.

Le vaisseau 80, où Jean-Baptiste et Fortuné avaient été affectés, était amarré près du Mourillon. On y accédait par une ouverture pratiquée dans la coque. L'air y était irrespirable, l'atmosphère fétide, l'humidité omniprésente. La pluie pleurait par les trous de la coque, les ponts demeuraient humides en permanence.

Combien de temps survivraient-ils ? se demandait Jean-Baptiste.

Agathe-Marie avait vendu ses bijoux pour parvenir à rencontrer son époux. Une entrevue décevante, dont elle était revenue désespérée. Jean-Baptiste, en effet, s'obstinait. Il refusait de reconnaître le coup d'État de Bonaparte.

« Ils pensent nous réduire au silence par la force, lui avait-il déclaré. À nous de montrer que nous sommes capables de résister. »

Parce qu'elle admirait son courage, elle ne lui avait pas dit qu'il était en train de gâcher la vie des jumeaux. Ceux-ci ne rêvaient que de délivrer leur père plutôt que d'apprendre par cœur leurs déclinaisons latines.

Zacharie était venu à Saint-Pancrace. Agathe-Marie avait été touchée par sa sollicitude. Il avait longuement parlé avec ses demi-frères, leur rappelant qu'il convenait de terminer leurs études avant de songer à se battre.

Dans ses lettres, Agathe-Marie avait supplié Jean-Baptiste de faire amende honorable. En vain. L'imaginait-elle faire acte de soumission à celui qui avait piétiné la République ? Il en étouffait de colère.

Et puis, il y eut ce jour de mai, jour de repos, lumineux et radieux, comme si la vie leur avait encore réservé quelque belle surprise.

En suivant des yeux les évolutions des mouettes, Jean-Baptiste et Fortuné rêvaient de liberté. Célestin, le gardien, lança :

– Lombard ! Une visite pour toi !

Jean-Baptiste tenta maladroitement de passer la main dans ses cheveux, en songeant qu'Agathe-Marie avait dû trouver le moyen de revenir le voir. Il se sentait sale, puant même, et avait honte. À chaque visite, le garde-chiourme faisait brûler du parfum. Cette fois, il n'en avait pas eu le temps.

Il se redressa quand Célestin l'entraîna vers une cabane de planches. Il s'attendait à retrouver son épouse et ne put réprimer un sursaut en reconnaissant le vieil homme qui lui faisait face. Malgré ses cheveux blancs, Sosthène Lombard avait encore de l'allure dans ses vêtements de velours noir.

Il ébaucha un rictus devant l'état pitoyable de Jean-Baptiste et partit d'un rire atroce.

– Comme te voilà fait ! Un vrai *boumian* ! Ah ! On peut dire que tu as fait du chemin depuis que je t'ai chassé du Mas des Tilleuls !

Tout en serrant les poings, Jean-Baptiste, pour la première fois, bénit ses liens qui l'empêchaient de sauter à la gorge de son père. De nouveau, Sosthène le contempla d'un air satisfait.

– Déchéance ! gronda-t-il. Tu as tenu tes promesses. Insurgé, canaille, prisonnier de la nation… tu ne seras pas étonné d'apprendre que je lègue le Mas des Tilleuls à ton frère Élie.

Jean-Baptiste haussa les épaules.

– Vous aviez pris votre décision depuis longtemps. Il vous manquait simplement un prétexte. Je vous l'offre sur un plateau. Ne vous gênez pas, déshéritez le fils maudit ! Mais ne vous leurrez pas. Je n'abandonnerai jamais le Mas des Tilleuls et il finira bien par me revenir, à moi ou à mes descendants.

Le visage de Sosthène se crispa sous l'effet de la colère.

– *Mangeanço*[1] *!* Élie saura bien t'en empêcher. C'est un vrai Lombard, lui, âpre au gain et dur en affaires. Et les jupons ne lui tournent pas la tête.

– Toutes les qualités, quoi ! ironisa Jean-Baptiste.

Il ne voulait pas laisser voir son dégoût ni son accablement.

Il se tourna vers Célestin qui avait assisté à l'échange entre le père et le fils.

1. « Vermine. »

– Garde ! J'en ai assez entendu !

– Moi aussi ! rugit Sosthène. Rien n'a changé, tu peux me croire ! Tu n'es plus mon fils.

Jean-Baptiste plissa les yeux.

– Pourtant, vous ne pouvez mettre la moralité de ma mère en doute ! répliqua-t-il. En est-il de même pour votre seconde épouse ? Êtes-vous sûr qu'Élie soit bien votre fils ?

Sosthène s'empourpra d'un coup. Les veines de son front gonflèrent.

– Je vais te tuer ! gronda-t-il en se ruant vers son fils.

L'espace d'un instant, Jean-Baptiste eut l'impression que le cauchemar vécu en 1826 au Mas des Tilleuls allait se reproduire. Il esquiva le premier coup. Célestin, à la stature impressionnante, eut tôt fait de ceinturer Sosthène.

– Doucement ! fit-il. Vous feriez mieux de partir, monsieur.

Sosthène décocha un ultime regard chargé de haine à son fils.

– Crève ! hurla-t-il. Et vite ! Sinon, dès que tu sortiras d'ici, c'est moi qui viendrai te planter !

– Il ne sortira pas, intervint Célestin. Leurs places sont déjà prévues pour l'Algérie.

Alors qu'il avait déjà regagné l'entrepont, le rire fou de Sosthène résonnait encore dans la tête de Jean-Baptiste.

23

Un parfum familier flottait dans Saint-Pancrace et, avec ce parfum, c'était la vie qui revenait. Agathe-Marie avait laissé la porte de son épicerie grande ouverte pour mieux profiter du soleil de mai. Chaque matin, les cueilleuses et leurs enfants grimpaient à Lure, leur hotte ou leur saquette sur le dos, pour aller ramasser le genévrier, le thym, la sarriette vivace, l'immortelle stéchade, et la rue-de-montagne, dont l'odeur s'accentuait quand on la froissait entre ses doigts.

Dans son arrière-boutique, Agathe-Marie triait, pesait, emballait les différentes variétés d'herbes médicinales sans oublier d'écrire, de son écriture nette et fine, comme calligraphiée, le nom de la plante sur chaque sachet.

Elle avait toujours à portée de main les dossiers rédigés par son père recensant les propriétés des herbes de Lure. Elle avait gardé le pli de soigner ses enfants elle-même. Le docteur Vallon, qui avait ses entrées au Prieuré, plaisantait souvent à ce sujet.

« Heureusement, disait-il, qu'il me reste les accouchements et les membres brisés, sinon je ne réaliserais guère d'affaires au pied de la montagne de Lure ! »

Elle jeta un coup d'œil à l'horloge qui égrenait trop lentement les heures à son gré. Elle avait le cœur lourd, l'impression que plus rien, jamais, ne serait pareil.

Elle s'était battue depuis la mi-décembre pour obtenir la libération de Jean-Baptiste, en vain. Agathe-Marie avait baissé les bras à compter du jour où ses camarades et lui étaient partis à destination de l'Afrique. Elle avait peur de ne jamais le revoir, peur de ne pas réussir à tenir entre la boutique et le colportage. Elle devait trouver quelqu'un de confiance pour effectuer la tournée. Elle ne pouvait se permettre de s'en dispenser. Les liquidités dont ils disposaient avaient été englouties dans les secours apportés à Jean-Baptiste ainsi qu'aux fermiers qui avaient été arrêtés comme lui. La situation devenait alarmante, alors que les affaires reprenaient dans une France rassurée par le retour de l'ordre moral.

Agathe-Marie crispa les mâchoires. Comment qualifier un gouvernement qui avait lourdement sanctionné des hommes ayant simplement manifesté leur soutien à la République ? Elle s'était endurcie au cours des derniers mois, avait dû subir sans broncher humiliations et camouflets lors de ses nombreuses démarches. Elle avait vite compris que son mari, comme d'autres habitants de Saint-Pancrace et de la région, était fiché depuis longtemps sur la liste des « démocrates exaltés ». Elle avait contenu à grand-peine sa colère en lisant fin décembre la proclamation du préfet Pastoureau, du Var. Celui-ci se félicitait de ce que « le parti de l'anarchie et des brigands ait été écrasé. L'autre parti, celui des lois, du travail, de l'ordre, de la justice, de la paix, celui du pays honnête triomphait ».

Des brigands, Jean-Baptiste, Fortuné, et nombre de leurs amis ? En vérité, il y avait de quoi s'armer de nouveau ! Pourtant, c'était impossible. Le bourg, comme le département tout entier, était sous bonne garde. S'il existait encore des chambrées, celles-ci se dissimulaient bien. Saint-Pancrace avait changé, l'insurrection avait laissé des traces. Suspicions entre bonapartistes et rouges, rancœurs, inimitiés… Plusieurs années seraient nécessaires pour retrouver l'atmosphère de jadis.

Agathe-Marie avait même pensé être devenue la paria de Saint-Pancrace jusqu'à ce jour où un vieil homme fou de colère était venu l'insulter sur le seuil de l'épicerie. Elle avait tout de suite deviné de qui il s'agissait. Une ressemblance indéniable unissait le père et le fils.

Si le calme et l'allure d'Agathe-Marie l'avaient impressionné, Sosthène n'en avait rien laissé voir. Il avait parlé de Jean-Baptiste, qu'il était allé défier à Toulon, de sa honte d'être le père d'un bagnard.

« Vous n'avez rien à faire ici », avait posément répondu Agathe-Marie.

Elle n'oublierait jamais le regard halluciné, flambant de haine, du vieux Sosthène Lombard. Il s'était avancé de deux pas, d'un air menaçant et avait commencé à balayer d'un revers de la main les plantes séchées se trouvant sur le comptoir.

« Je n'aurai pas de repos tant que ce fils maudit ne sera pas ruiné, mort et enterré ! » avait-il lancé.

Attirés par le vacarme, le cordonnier et le boucher voisins avaient fait irruption dans la boutique. Tous deux avaient réussi à maîtriser le forcené et l'avaient expulsé sans plus de manières. Agathe-Marie en avait longtemps fait des cauchemars. Ce vieil homme suscitait en elle une sorte de terreur irrépressible.

Le soir, elle avait longuement écrit à Jean-Baptiste, sans mentionner la venue de son père. Il lui manquait, et elle s'inquiétait tant à son sujet. Avertie par Zacharie qui avait des camarades à Toulon, elle avait appris le départ de Jean-Baptiste et de ses compagnons la veille au soir. Elle était aussitôt descendue à Toulon. Elle avait conduit elle-même le phaéton une partie de la nuit, était arrivée sur le port à l'aube, juste à temps pour apercevoir le navire qui s'éloignait vers les côtes d'Afrique.

Ce jour-là, pour la première fois, elle s'était lentement laissé glisser sur le sol et elle avait pleuré. Jusqu'à ce qu'on se penche vers elle et qu'on l'aide à se relever.

« Madame… que puis-je pour vous ? »

Un officier l'enveloppait d'un regard empreint de compassion. Elle comprit tout de suite qu'il avait déjà deviné ce qu'elle faisait là. Il l'avait entraînée vers la ville, loin du port, de l'arsenal, loin du bagne.

« Il reviendra, madame, lui avait-il assuré. L'empereur ne tardera pas à gracier tous ces hommes. »

Elle se rappelait qu'il avait des yeux sombres, un sourire doux sous la moustache effilée.

« Je n'en peux plus », avait-elle soufflé. Avant de se redresser, par réflexe, et d'affirmer : « Pardonnez-moi, monsieur. Je n'ai pas pour habitude de me donner ainsi en spectacle. »

Elle avait repris aussitôt après la route de Saint-Pancrace pour se réfugier chez elle, au Prieuré, là où elle avait l'impression que ses enfants et elle étaient en sécurité.

Depuis ce jour de début mai, il lui semblait qu'elle survivait.

Dieu merci, elle avait auprès d'elle Valentine et les jumeaux.

Zacharie lui avait promis de revenir à Saint-Pancrace dès que possible. Elle avait besoin de le savoir à ses côtés, même si elle n'osait pas le lui dire.

Il fallait qu'elle tienne. Elle l'avait promis à Jean-Baptiste.

Les quatre jours de traversée avaient permis à Jean-Baptiste et à ses camarades de reprendre un peu de couleurs. Ils avaient eu l'impression de revivre, enfin, après les mois de cauchemar passés sur leur bagne flottant.

Le colporteur ressentit un choc en apercevant les côtes de la province d'Oran. On lui avait raconté que cette région de l'Algérie avait connu nombre de vicissitudes. Fondée par des marins andalous en 902, Oran avait été plusieurs fois détruite. Elle commerçait depuis 1250 avec Marseille, Gênes et Venise. Après avoir été occupée par les Espagnols, puis les Turcs, la ville était devenue possession française en août 1831.

Les insurgés des Basses-Alpes découvrirent avec soulagement une forteresse en forme de polygone à douze pointes, et un campement en bois qui leur parut le comble du luxe comparé à l'espace plus que réduit des entreponts. Chacun disposait d'un lit, d'une paillasse, de trois planches reposant sur deux tréteaux, d'une couverture et d'un sac de campement.

Fortuné résuma le sentiment général en s'écriant : « Les amis, nous allons être comme des rois, ici ! » et Jean-Baptiste sentit qu'il reprenait espoir.

Il suffisait de ronger son frein, Louis-Napoléon Bonaparte finirait bien par gracier les têtes brûlées des Basses-Alpes, même si celles-ci refusaient obstinément de faire acte de contrition.

Il eut une pensée pour Agathe-Marie. Il savait que son épouse se démenait pour le faire revenir en France.

Pour la première fois, il se dit qu'il l'avait certainement mal jugée. Il se rappelait ses déplacements, son soutien sans faille. Les camarades lui avaient envié cette femme élégante qui paraissait être à l'aise en toutes circonstances.

Sa femme, Agathe-Marie, qu'il avait ignorée durant tant d'années…

24

1852

Les cloches de l'église de Buis carillonnaient sous un ciel lumineux. Le pays tout entier fleurait bon la lavande. Cet été-là, pour la première fois, Élie avait été le maître des moissons, et il en avait éprouvé un sentiment de puissance grisant. Même si, au fond de lui, il savait bien que jamais Sosthène ne lui aurait cédé sa place.

Le père était mort fin mai, au retour d'un voyage dont il n'avait rien voulu dire. Des pluies diluviennes avaient inondé routes et chemins. Sosthène était rentré trempé, glacé et s'était couché pour ne plus se relever. Ç'avait été si rapide que Séraphine elle-même avait été prise de court. Elle avait pleuré le jour de l'enterrement, en marmonnant : « Sans lui, je ne sais pas où je serais. »

Tout le pays s'était déplacé pour accompagner le vieux Sosthène. Le curé ne devait pas vraiment savoir si le maître du Mas des Tilleuls était croyant ou non mais il importait de sauver les apparences. La famille Lombard avait déjà suffisamment alimenté les commérages depuis plusieurs décennies ! C'était le raisonnement de Séraphine. Élie, lui, s'en moquait. Il était désormais le maître et entendait bien agir en tant que tel.

En sortant de l'étude du notaire familial, à Buis, il avait éprouvé un sentiment de toute-puissance. Il était l'unique héritier de Sosthène. L'autre, le fils maudit, le déporté, était exclu de la succession.

Quoi d'étonnant ? Sa condamnation l'avait marginalisé, avait fait de lui un double proscrit.

« Je n'aurais pu rêver meilleure revanche », plastronnait Séraphine.

Elle avait fait venir au mas un brocanteur et lui avait vendu le tableau représentant Adélaïde, Adrienne et Hector. Elle l'aurait volontiers brûlé mais sa cupidité l'avait emporté. La mère et le fils partageaient la même ladrerie. Séraphine redoutait la misère, et Élie considérait chaque dépense comme une atteinte à son pouvoir. N'était-il pas le propriétaire le plus important de la région ?

« Tu dois bien choisir ton épouse, lui avait répété sa mère. Un mariage, c'est d'abord une union de biens. »

Elle avait eu beau insister, elle n'était pas parvenue à le convaincre. Élie convoitait une seule fille, celle qui refusait ses avances, Alexandrine, la cadette d'une famille de fermiers, passionnée de livres.

L'adolescente aurait désiré poursuivre ses études mais ses parents ne pouvaient se le permettre. L'abbé Belhomme lui prêtait des ouvrages et elle dévorait tout ce qu'elle trouvait, aussi bien l'almanach que *Le Moniteur*.

« Attention, quand Alexandrine garde le troupeau, elle ne remarquerait même pas l'attaque du loup ! » se moquait-on.

Grâce à l'entremise du père Belhomme, elle avait réussi à se faire embaucher par le libraire de Buis. Elle préparait les commandes, se rendait aux Messageries pour les expéditions, classait, rangeait les ouvrages. Le libraire, M. Lecoq, lui offrait parfois un livre à la couverture défraîchie, et elle achetait pour quelques sous des romans de la « Bibliothèque Bleue » au colporteur Arsène.

Parmi les livres, Alexandrine était heureuse. Dans son monde.

L'insistance d'Élie l'avait d'abord agacée. Il ne lui plaisait pas, il lui inspirait même une certaine crainte depuis le bal public, un an auparavant. Le fils Lombard n'avait pas bonne réputation. On le savait coureur, brutal. Alexandrine s'arrangeait pour l'éviter mais, depuis qu'elle travaillait à la librairie, il y venait au moins une fois par semaine sans pour autant effectuer le moindre achat, ce qui mettait M. Lecoq de fort mauvaise humeur.

Il l'avait demandée en mariage à la Saint-Jean, et la jeune fille avait secoué la tête.

« Je ne vous aime pas, Élie. Et nous nous connaissons à peine. »

Sous prétexte de faire plus ample connaissance, il s'était attaché à ses pas. Elle avait fini par ne plus accompagner Clémence aux fêtes. Elle avait peur qu'Élie ne l'importune, et elle se détestait de ne pas parvenir à surmonter cette appréhension. Elle avait pourtant prouvé sa force de caractère en bataillant avec son père pour travailler en ville plutôt que d'aider à la ferme.

Chez elle, Alexandrine était considérée comme marginale, parce qu'elle ne s'intéressait qu'aux livres. Auguste Corré lançait parfois, en guise de boutade, à son épouse : « Céleste, tu es sûre que Nine est bien de moi ? »

Tout le monde riait, même Alexandrine. La bonne humeur régnait dans la famille Corré, même si la mère soupirait parce que l'argent manquait.

C'était avant… Avant le feu qui avait ravagé la récolte tout juste engrangée.

Clémence s'était réveillée la première. Fronçant le nez, elle avait secoué Alexandrine.

« Tu ne sens rien ? »

Alexandrine se rappelait l'odeur pénétrante de grains grillés, la vision des flammes qui montaient vers le ciel d'été, la panique…

Elle se rappelait aussi le visage ravagé de leur père, lorsqu'au petit matin, ils étaient enfin venus à bout de l'incendie. Auguste avait vieilli de dix bonnes années.

« Mes enfants, nous avons tout perdu », avait-il dit d'un ton accablé.

Moins d'une semaine plus tard, celui qu'on appelait encore « le fils de Sosthène » était venu renouveler sa demande. C'était une belle journée, le ciel était délavé par la chaleur, la silhouette du rocher Saint-Julien se découpait au-dessus de Buis et, sur la place, les préparatifs allaient bon train pour la fête.

Chez les Corré, cependant, on se demandait comment sortir d'une situation aussi difficile. Auguste s'était endetté pour acquérir deux mulets. Il ne pourrait pas rembourser l'argent emprunté de sitôt.

Alexandrine, qui revenait du lavoir en compagnie de Léonie, sa cadette, s'immobilisa en reconnaissant la jardinière du fils Lombard arrêtée devant leur porte. Elle pâlit et manqua laisser choir sa brouette pleine de linge mouillé.

– Viens avec moi, demanda-t-elle à sa sœur. On va étendre le linge derrière.

C'étaient les draps de toute la famille, lourds et raides tant ils avaient déjà été pétassés, reprisés. Ils avaient tous été rapiécés en leur milieu.

Léonie aida sa sœur à étaler les draps sur l'herbe. Elle devinait la nervosité d'Alexandrine, qui jetait sans cesse des coups d'œil furtifs par-dessus son épaule.

Quand leur mère les héla, Alexandrine se mit à trembler. Elle avait déjà compris que, vu la détresse de sa famille, elle n'aurait pas d'échappatoire.

– Viens vite, Nine, s'impatienta Céleste.

En pénétrant dans la salle, la jeune fille eut l'impression de se trouver dans un tribunal. Attablé, Élie faisait tourner son verre contenant de la liqueur de cerise. Alexandrine rougit en sentant son regard peser sur elle.

– Bonsoir, fit-elle gauchement.

Élie la salua d'un signe de tête.

– C'est Nine qui a fait la liqueur, glissa Auguste.

Elle eut envie de s'enfuir. Elle ne voulait pas qu'on parlât d'elle devant le fils Lombard, ni qu'on la mît en avant. Elle souhaitait seulement se faire oublier.

Il fit claquer sa langue.

– C'est de la bonne. Elle a macéré cinq mois ?

– Six, précisa Alexandrine.

« Qu'il s'en aille ! » pensa-t-elle avec force. Mais sa mère l'incitait à prendre place sur le banc, à boire, elle aussi, un peu de liqueur, ce qu'elle refusa. Elle avait déjà trop chaud dans la salle pourtant fraîche. Elle se tordit les mains sous le regard lourd d'Élie.

Elle se tourna du côté de son père. Gêné, il baissa les yeux.

« Non ! » eut-elle envie de hurler.

Clémence lui pressa l'épaule. Elle sut, alors, qu'il n'y avait plus d'espoir. Elle était condamnée à épouser Élie Lombard.

Le jour du mariage, Alexandrine était presque résignée, ce qui ne lui ressemblait pas. Elle portait la robe de sa mère, retouchée, et ses cheveux d'un blond chaud étaient torsadés en chignon, entrelacés de rubans de velours vert.

Il faisait beau ce jour-là, et l'ambiance aurait dû être joyeuse mais les jeunes du pays eux-mêmes n'étaient pas au diapason.

Élie Lombard n'était guère apprécié dans le pays. On savait qu'il était le plus riche propriétaire de la région et qu'il n'hésitait pas à chasser ses fermiers trop lourdement endettés. Les amis d'Alexandrine étaient désolés pour elle.

La jeune fille s'avançait au bras d'Auguste. Elle refusait de laisser voir à quel point ce mariage imposé lui coûtait. Malgré les recommandations de Clémence, elle ne prêta pas attention aux gestes d'Élie lorsqu'il passa l'alliance à son doigt.

« S'il la glisse jusqu'au bas de ton annulaire, c'est lui qui commandera dans votre ménage », lui avait dit sa sœur aînée.

Réfléchissait-on à ce genre de détails lorsqu'on n'avait pas dix-sept ans et qu'on pensait sa vie finie ?

Tout au long de la journée, Alexandrine s'était comportée comme la mariée modèle, esquissant un sourire quand on la félicitait, saluant famille, connaissances et amis.

Durant le repas de noces, son estomac s'était noué. Elle voyait qu'Élie buvait sec, elle l'entendait qui lançait des allusions de plus en plus grivoises à la nuit de noces et elle devait lutter contre le désir irrésistible de s'enfuir.

Il l'entraîna au Mas des Tilleuls à la nuit tombée. Le ciel clouté d'étoiles indiquait le chemin. Il conduisait d'une main et, de l'autre, caressait sa jeune femme. Raidie, au bord de la nausée, elle se cramponnait aux ridelles.

La demeure lui parut immense, et hostile. De nouveau, elle eut peur.

Elle voulut aller se changer, faire un brin de toilette. Il la rattrapa par le bras alors qu'elle se dirigeait vers l'escalier.

– La chambre du maître est par là, lui dit-il d'une voix avinée.

Elle chercha à se dégager. Elle avait besoin d'un répit, de quelques minutes… La gifle qu'il lui assena lui coupa le souffle.

– Fini de faire ta mijaurée ! hurla-t-il. Tu es à moi, j'y ai mis le prix. C'est moi le maître.

Il le lui prouva sur-le-champ, brutalement, sans égard pour son gémissement de douleur. Elle ne pleura pas, ne le supplia pas. Elle avait déjà compris que cela ne ferait qu'accentuer sa brutalité.

Les yeux grands ouverts, elle soutint son regard chargé de haine jusqu'à ce qu'il la gifle de nouveau, à deux reprises, en lui ordonnant de baisser les yeux.

« Autant mourir tout de suite », se dit-elle, le cœur au bord des lèvres, le corps déchiré.

Elle aurait aimé qu'il la tue, dès la première nuit. Car elle pressentait que la vie à ses côtés serait un interminable enfer.

Mais, s'il la battit, il mesura ses coups. Il n'avait pas l'intention de se débarrasser d'elle, elle lui avait coûté assez cher.

Elle n'aurait pas assez de sa vie pour rembourser sa dette.

25

1853

Durant le périple qui le mena de Saint-Pancrace à Beaucaire, Zacharie pensa souvent à son père et au visage rayonnant d'Agathe-Marie lorsqu'elle avait compris qu'il se chargeait de la tournée.

« Et ton travail à Marseille ? » s'était-elle écriée.

Il avait esquissé un sourire désenchanté.

« Vu les événements, je ne suis pas vraiment le bienvenu à Marseille ! J'ai tout intérêt à me faire oublier un moment. Tu vois, finalement, c'est toi qui me rends service ! »

L'affection, la complicité qui les unissaient ne s'étaient jamais démenties. Agathe-Marie avait convaincu sans peine Siméon de se joindre à la tournée. Cependant, Zacharie ne lui avait pas caché qu'il n'avait toujours pas vocation à se faire colporteur.

« Ce sera une expérience, avait-il ajouté. Elle me permettra de rencontrer des collègues. »

Il avait souri quand Agathe-Marie lui avait recommandé la prudence.

« Je te promets de faire attention tant que mon père sera déporté. Après… »

Il riait, avec une belle insolence, et Agathe-Marie se disait une nouvelle fois qu'il était aussi séduisant que Jean-Baptiste. Avec une qualité supplémentaire. L'insouciance.

Au printemps, Zacharie se procura *Napoléon le Petit*, le pamphlet de Victor Hugo, par l'intermédiaire d'un colporteur venu d'Alsace. Sa lecture le grisa. Hugo, le génie émigré, avait vu juste. On se passait sous le manteau les commentaires du grand homme.

« On me dit, écrivait-il au colonel Charras, à Bruxelles, que mon petit livre s'infiltre en France et y tombe, goutte à goutte, sur le Bonaparte. Il finira peut-être par faire le trou… Depuis que je suis ici, on m'a fait l'honneur de tripler les douaniers, les gendarmes et les mouchards à Saint-Malo. Cet imbécile hérisse les baïonnettes contre le débarquement d'un livre[1]… »

Cette atmosphère de secret entretenait le désir de liberté et de revanche. Sur les foires et les marchés, les esprits s'échauffaient, tout en faisant attention aux mouchards et aux espions du gouvernement, qui pullulaient. Zacharie se doutait qu'il était fiché à double titre, et par son père, et par ses fréquentations à Marseille. Peu lui importait. Personne ne lui ôterait sa liberté de penser.

Finalement, il avait pris goût à son travail, essentiellement grâce aux contacts noués. La découverte de régions inconnues avait fait naître en lui l'envie de lire encore plus. Il avait acquis un dictionnaire et des cartes, discuté de Voltaire et de Rousseau avec un vieux colporteur âgé d'au moins septante ans, né sous l'Ancien

1. Extrait d'une lettre inédite, collection Alfred Dupont.

Régime. Ce n'était pas pour lui une année perdue. Il avait senti mûrir sa conscience politique, appris ce qu'il voulait faire et ne pas faire.

Quel que soit le métier qu'il choisirait, il donnerait toujours la priorité à la formation de ses camarades et à la lutte pour un monde plus juste.

Siméon l'appelait « le moine » car Zacharie ne se laissait pas tourner la tête par les filles de passage. Depuis qu'il avait quitté Marseille, où il avait fréquenté une ouvrière des tuilières, il n'avait pas éprouvé de réelle attirance pour les femmes qu'il avait croisées.

Zacharie attendait le grand amour, la passion. Il se moquait parfois de lui-même.

« Je suis beaucoup trop romantique », se disait-il.

Il n'était pas pressé.

Jean-Baptiste ne regretterait pas le soleil brûlant ni les fièvres qui l'avaient cloué durant trois semaines sur un lit d'hôpital, retardant ainsi son retour.

Il flottait dans ses vêtements. Il n'avait pourtant pas été maltraité. Au camp Saint-André, on leur donnait du café le matin, de la soupe de bœuf à dix heures et, à quatre heures, de la soupe au sucre, ou encore des pommes de terre. Treize heures par jour de travail, sous le soleil, pour un salaire quotidien d'un franc. Presque correct, ce salaire, puisqu'ils étaient nourris et recevaient gratis café et vin.

Cependant, à moins de cinquante ans, Jean-Baptiste se sentait un homme cassé. Il n'avait pas supporté l'humiliation de son arrestation, de son emprisonnement, pas plus que sa déportation sur une terre qui lui demeurait étrangère. Et, peut-être plus que tout, les insultes et le triomphe de Sosthène l'avaient brisé. Il savait bien, pourtant, qu'il n'avait rien à attendre de son père, hormis de la haine.

Il inspira à longues goulées l'air du large.

Lorsqu'on lui avait annoncé sa grâce, début septembre, il n'avait pas réalisé ce qui lui arrivait. Il avait tout de suite écrit la nouvelle à Agathe-Marie. Depuis plus d'un an, les lettres de sa femme et de ses fils l'aidaient à tenir. Il songeait à elle avec tendresse, s'émouvant de son soutien sans faille. Certains de ses camarades avaient vu leur famille leur tourner le dos. Jean-Baptiste avait de la chance, et en était conscient.

Sur le pont du navire les ramenant à Marseille, il songeait à l'avenir. Il doutait fort de pouvoir reprendre ses tournées. On racontait que les insurgés de décembre 1851 étaient soumis à toute une série d'obligations plus humiliantes les unes que les autres. Même libérés, ils demeuraient sous la surveillance étroite des autorités. La liberté de courir la montagne était certainement ce qui lui manquait le plus, ainsi que ses enfants.

Il serait assurément assigné à résidence dans les Basses-Alpes. Comment, dans ces conditions, pourrait-il revenir au Mas des Tilleuls ? Il aurait souhaité pouvoir enfin exprimer à Sosthène tout ce qui lui pesait sur le cœur.

Il s'appuya au bastingage. Le capitaine Barron, qui devait avoir quelque sympathie pour les républicains, les avait traités avec bienveillance depuis leur embarquement.

Lentement, Jean-Baptiste prenait conscience du fait qu'il était désormais un homme libre.

Le camarade Tonin fut le premier à apercevoir la colline de la Garde qui, depuis des siècles, servait de vigie aux Marseillais.

– Enfin ! s'écria-t-il.

Jean-Baptiste aurait dû exprimer sa joie, à l'exemple de ses compagnons de captivité. Au lieu de quoi, il resta impassible, accoudé au bastingage, se demandant de quoi demain serait fait.

À cet instant, il songeait au parfum miellé de ses tilleuls.

Clémence tira d'un geste décidé les lourds rideaux, faisant entrer à flots le soleil dans la chambre aux murs sombres.

Bien que sa sœur ait tourné vivement la tête vers le côté, elle avait eu le temps d'apercevoir son visage tuméfié. D'un bond, elle la rejoignit, lui prit le menton.

– Nine ! Oh ! Nine…, gémit-elle. C'est lui, n'est-ce pas ?

Sans en avoir conscience, elle avait baissé la voix. Le maître du mas inspirait en effet de la crainte et en tirait un plaisir malsain.

C'était Quentin, le plus jeune valet, un gamin de l'Assistance, qui était venu frapper à la porte des Corré, au petit matin. La servante du Mas des Tilleuls l'envoyait ; la jeune maîtresse était au plus mal. Clémence avait devancé sa mère.

« J'y vais ! »

Le temps de jeter son châle sur ses épaules, de se munir de sa besace d'herbes… Chez les Corré, les femmes se transmettaient de génération en génération le don de soigner par les plantes. En tant qu'aînée, Clémence avait été initiée par sa propre mère.

Adèle, la domestique, l'avait accueillie avec gêne.

Séraphine et son fils étaient demeurés invisibles.

Il y avait du sang dans le lit, sur la chemise déchirée d'Alexandrine qui gémissait sourdement en répétant : « mon bébé ».

Clémence savait sa sœur grosse de trois mois. Pour la première fois depuis son mariage, Alexandrine avait paru heureuse.

« Un enfant… cela donne enfin un sens à cette union », avait-elle confié à son aînée. Elle n'avait pas encore osé le dire à son mari mais elle pensait que sa belle-mère avait quelques soupçons.

La dernière fois qu'elle avait vu sa cadette sur le marché de Buis, Clémence lui avait trouvé mauvaise mine. Le regard éteint, les gestes lents, prudents, Alexandrine semblait être devenue une ombre. Dans sa famille, on s'alarmait. Élie était connu pour sa brutalité. Les trois filles avaient reproché à leurs parents ce mariage quasi imposé.

Dans la chambre aux meubles sombres, écrasants, Clémence se demandait ce qui s'était passé. Sa cadette avait-elle fait une chute ? Ou bien…

Elle avait épongé tout le sang, fait avaler à Alexandrine une tisane de feuilles de noyer, réputée pour arrêter les hémorragies avant de l'aider à se lever pour changer les draps et sa chemise. Nine, à la limite de l'évanouissement, lui obéissait comme une enfant. Quand Clémence découvrit les traces de coups et les hématomes marquant le ventre et les cuisses de sa jeune sœur, elle manqua défaillir. De toute évidence, la fausse couche d'Alexandrine n'était pas accidentelle. « On » s'était acharné sur elle avec une violence incroyable, et ce ne pouvait être qu'Élie. Son mari.

Elle avait nettoyé et pansé ses plaies avec une infinie douceur, et décidé de s'installer à ses côtés tant qu'elle serait intransportable. Elle bouillonnait de colère à l'idée qu'Élie avait pu infliger un traitement aussi barbare à sa petite sœur. Partie à sa recherche, elle ne le trouva pas. Séraphine traînait dans la salle. La belle fille qui avait tourné la tête de Sosthène s'était empâtée. Sa robe en indienne à imprimé ramoneur était déchirée.

Elle haussa les épaules lorsque Clémence lui demanda où était son fils.

– Élie vit à sa guise, répondit-elle avec indifférence.

Il était inutile de lui faire remarquer qu'Alexandrine avait failli mourir. Séraphine s'en moquait bien. N'avait-elle pas fait la guerre à sa bru, lui reprochant de perdre son temps à lire ?

– Il faut faire venir le médecin, se contenta de dire Clémence.

Cette fois, Séraphine fronça les sourcils.

– Ça coûte cher. Elle n'est pas la première à avoir perdu un enfant.

– Pas dans ces circonstances, insista Clémence.

Le regard de Séraphine se fit fuyant. Dans sa jeunesse, elle avait connu une gamine saignée à mort par la faiseuse d'anges qui officiait alors à Carpentras.

On l'avait enterrée de nuit, avec la complicité de la police. Seize ans. Marinette avait seize ans. Séraphine n'était jamais parvenue à l'oublier.

– Emmène-la chez toi, suggéra-t-elle. Ça vaut mieux.

Clémence secoua la tête.

– Nine a perdu beaucoup trop de sang. Je reste là.

« Et votre fils n'a pas intérêt à m'en empêcher ! » signifiait son regard résolu.

– Comme tu veux, fit Séraphine.

À cet instant, Clémence se jura d'arracher sa sœur aux mains des Lombard.

26

1860

Chaque dimanche, elle s'habillait avec soin, rafraîchissant sa toilette d'un ruban acheté sur le marché ou d'une fleur attachée à son corsage. Elle prenait plaisir à prendre soin d'elle, après toutes ces années passées à vivre dans la terreur.

M. Lecoq, Clémence et son père lui avaient permis de fuir le Mas des Tilleuls et de trouver du travail à Marseille. Depuis qu'elle avait découvert la ville, elle avait décidé de devenir une autre femme.

Elle avait essayé, pourtant, d'être une bonne épouse pour Élie mais il n'était jamais satisfait. Elle ne cuisinait pas suffisamment bien, tenait mal la maison, était toujours malade… Depuis sa fausse couche, elle souffrait d'hémorragies à répétition qui l'épuisaient.

« Même pas capable de me donner du plaisir », éructait-il, dégoûté, en se détournant d'elle.

Le plus souvent, pour se venger, il la battait. Jamais sur le visage, afin de ne pas laisser de traces. Le jour où elle s'était évanouie à la librairie, Mme Lecoq, en la délaçant, avait découvert son torse couvert d'hématomes et appelé le médecin. Celui-ci connaissait les membres de la famille Corré depuis des lustres. Malgré les protestations d'Alexandrine, il l'avait auscultée et diagnostiqué plusieurs côtes brisées.

« Il faut quitter ce malfaisant », lui avait-il dit gravement, refusant de la croire quand elle affirmait être tombée dans l'escalier du mas.

Ce jour-là, ils avaient décidé de la sauver. Malgré elle.

Elle gardait des cinq années passées au Mas des Tilleuls le souvenir d'un long tunnel de souffrances et de désespoir. Élie était fou, c'était la seule explication. À moins qu'il ne soit malade. Il buvait et, ensuite, montait pesamment jusqu'à leur chambre. Chaque soir, le même cauchemar recommençait.

Lorsqu'il partait à la foire de Beaucroissant, comme son père l'avait fait avant lui, Alexandrine se rendait chez Clémence, qui avait ouvert une mercerie à Buis. Elle cousait, taillait robes et costumes. Alexandrine avait l'impression de se trouver chez une fée.

« Pars ! lui répétait-elle. Rends-toi compte qu'un jour, il te tuera. »

Alexandrine redoutait la réaction de ses parents. On savait assez qu'on se mariait pour la vie, quel que soit le prix à payer. Et puis, il y eut cette nuit de septembre durant laquelle elle pensa sa dernière heure arrivée. Élie semblait avoir perdu la raison. Alexandrine s'était enfuie, en chemise, pieds nus, et s'était réfugiée chez Clémence. Elle ne pleurait pas, elle n'avait plus de larmes. Le regard durci, elle avait annoncé à son aînée : « Je vais partir. Loin, très loin, pour qu'il ne me retrouve jamais. »

Elle ne s'était pas confiée plus avant et Clémence n'avait pas osé l'interroger mais elle pressentait que quelque chose de terrible s'était passé. Elle avait serré sa sœur contre elle avant de l'envelopper dans un grand châle en étamine de laine.

« Je t'aiderai, Nine. Nous t'aiderons tous. »

M. Lecoq lui avait donné l'argent pour le voyage et lui avait recommandé de se rendre à la librairie Marqueys, située rue de Rome. À l'époque, Marseille lui semblait être une ville scintillante et inaccessible.

Elle avait gagné Vaison à pied afin de brouiller les pistes. Chaque pas l'éloignant du mas était pour elle une victoire. Elle avait quitté la demeure des Lombard sans rien, et elle préférait qu'il en fût ainsi. Élie ne lui répétait-il pas : « *Une fremo es pas mai qu'un varlet*[1] » ?

En marchant, elle avait affermi sa résolution. Elle n'avait attendu que trop longtemps, à subir les coups de sa brute d'époux !

La diligence empruntée à Vaison l'avait menée jusqu'à Avignon, puis à Marseille. En découvrant la ville immense, bourdonnante d'activité, et la mer qui miroitait sous le soleil, Alexandrine s'était sentie sauvée. Comment Élie pourrait-il la retrouver ici ?

Elle sourit à son reflet dans une vitrine. Était-ce bien elle, cette jeune femme à la démarche assurée, qui lui aurait paru presque belle dans sa robe à crinoline en mérinos bleu paon ?

---

1. « Une femme n'est pas plus qu'un valet. »

Elle avait repris confiance en elle, en la vie. Son emploi de vendeuse chez M. Marqueys lui convenait. Elle pouvait emprunter nombre de livres, deviser à loisir avec les clients de la librairie, les conseiller dans leurs choix de lectures.

Elle louait une chambre modeste rue Grignan. Un lit, une table, une chaise… et un pan de ciel entrevu par la fenêtre mansardée. Elle n'avait pas encore vingt-cinq ans et elle avait l'impression d'avoir déjà vécu plusieurs vies.

Parfois, elle imaginait qu'Élie la retrouvait. Alors elle se promettait, comme pour se rassurer, de se donner la mort. Elle n'aurait pas la force de revivre cet enfer. Plus jamais. Le dimanche, elle marchait jusqu'au chemin de la Corniche, construit en 1848 par les chômeurs marseillais, à l'initiative des chantiers communaux. Souvent, Sybille, la fille de M. Marqueys, l'accompagnait. Belle brune de vingt-six ans, Sybille était peintre et restaurait des tableaux. Son assurance, son érudition impressionnaient Alexandrine, l'incitaient à apprendre, toujours plus, dans les livres. Elle avait le sentiment de renaître, enfin, dans cette ville bruyante, lumineuse, tournée vers la Méditerranée.

Elle oubliait, lentement. Parce qu'elle était jeune et avait une furieuse envie de vivre, elle parvenait parfois à se persuader que les cinq années passées au Mas des Tilleuls étaient un mauvais rêve.

Parfois…

– Viens donc ! s'impatienta Sybille. Elle est délicieuse.

Sans façons, la fille du libraire avait ôté ses souliers et ses bas et, ayant retroussé ses jupes, elle marchait le long du rivage, s'enhardissant jusqu'à ce que la mer lui recouvre les chevilles.

Fille de la montagne, Alexandrine redoutait les colères de la Méditerranée. Pourtant, Sybille paraissait si joyeuse que son amie l'imita.

La journée de juin était exceptionnelle et la lumière baignait le petit golfe nommé l'Estaque, à l'extrémité nord-ouest de Marseille.

Sybille l'avait découvert grâce à ses amis peintres et y avait entraîné Alexandrine.

« Il faut profiter de l'endroit avant que les grands hôtels n'en entendent parler », lui avait-elle dit en riant.

Village de pêcheurs aux toits rouges dominé par la chaîne rocheuse de la Nerthe parfumée de myrtes, l'Estaque offrait une beauté préservée à ceux qui s'aventuraient loin du centre de la ville.

« Je voudrais tant capter toute cette lumière ! » bougonnait Sybille, griffonnant esquisse sur esquisse pendant qu'Alexandrine lisait. Grâce à M. Marqueys, elle avait découvert des auteurs tels que George Sand et Flaubert.

La lecture suscitait en elle le désir d'écrire. Elle haussait alors les épaules. Qu'aurait-elle eu de passionnant à raconter ? Elle avait déchiré ses quelques ébauches sans avoir le courage de les relire. Quand la plume courait sur le papier, les souvenirs remontaient par vagues, et elle ne parvenait pas à le supporter.

La main en visière devant les yeux, Alexandrine admirait les jeux de lumière sur la mer et sentait la chaleur du soleil sur sa joue.

Elle marcha un long moment les pieds nus dans l'eau, éprouvant un bien-être incomparable.

À ses côtés, Sybille, le nez en l'air, observait tout. Le bleu du ciel tranchant sur celui de la mer, les barques des pêcheurs, les pointus, attachées à un pieu fixé entre terre et eau, la petite chapelle Notre-Dame de la Galline…

– Je ne pourrais pas vivre loin d'ici, murmura Sybille, d'un ton rêveur.

Alexandrine sourit.

– J'aimais tant mon pays que je n'aurais jamais imaginé le quitter. Et puis… tu vois, me voici à Marseille, et heureuse de mon sort.

Elle aimait l'animation de la ville. Parfois, il lui semblait qu'elle ne dormait jamais. Partout, on construisait à Marseille.

Les plages du Roucas-Blanc, de la Pointe-Rouge, du Prado attiraient les investisseurs immobiliers qui exploitaient la vogue des bains de mer.

La première fois qu'elles avaient vu ces femmes en costumes de bain se promener sur le rivage, Sybille et Alexandrine avaient esquissé un sourire.

« Après tout… pourquoi pas ? » avait commenté Sybille.

Sous son impulsion, Alexandrine s'enhardissait. Il lui arrivait encore pourtant de tressaillir lorsqu'elle riait avec son amie et de se retourner vivement, croyant voir surgir Élie, l'invective aux lèvres.

Elle ne s'était pas confiée à Sybille et celle-ci avait respecté son silence même si elle devinait qu'Alexandrine avait beaucoup souffert par le passé.

Sybille glissa son bras sous le sien.

– Il faudra que tu poses un jour pour moi. Ton regard m'intrigue. J'ai l'impression que tu as vécu plusieurs vies.

– Une seule me suffit ! se récria Alexandrine.

Une ombre voila ses yeux verts.

Bras dessus, bras dessous, les deux jeunes femmes regagnèrent le sable sec où elles avaient laissé leurs bottines. Trois hommes en tenue d'ouvrier se retournèrent sur elles. Le plus grand ôta sa casquette pour les saluer.

– Bonjour, mesdemoiselles. Nous cherchons des cavalières pour nous accompagner au Grand-Théâtre.

– Vous vous intéressez à l'Opéra ? s'enquit Sybille, sans chercher à dissimuler son étonnement.

Son interlocuteur rougit.

– Notre condition d'ouvriers ne nous empêche pas d'aimer la belle musique.

C'était une constante de la vie marseillaise : on était curieux de tout et notamment de spectacles. *L'Alcazar*, un café-concert créé cette année-là, attirait nombre de spectateurs comme le Grand-Théâtre ou les guinguettes qui s'ouvraient en bord de plage. Les Marseillais aimaient à rire, chanter et danser. Ils aimaient aussi à s'enthousiasmer pour les artistes admirés sur scène.

Gênée, Alexandrine glissa :

– Mon amie n'a pas cherché à vous blesser.

Mais Sybille fronça les sourcils.

– De toute manière, il est hors de question pour nous de suivre des inconnus !

Deux des jeunes gens s'éloignèrent en commentant de façon peu amène l'attitude de Sybille. Le plus grand resta.

– Je m'appelle Zacharie Lombard, déclara-t-il.

Il ne comprit pas pourquoi la jeune femme qui semblait jusqu'alors le considérer avec bienveillance poussa un léger cri avant de glisser inanimée sur le sable.

27

1863

Les mains de Zacharie étaient rêches, marquées de fines coupures et de brûlures causées par la soude. « Des mains de travailleur », disait-il en esquissant un sourire teinté d'autodérision. Même s'il passait une bonne partie de ses soirées à lire ou à rencontrer des camarades, il demeurait avant tout un ouvrier et il en était fier. Ces mains rudes avaient apprivoisé le corps de Nine, l'éveillant au plaisir. Il l'appelait ainsi, Nine, parce que, décidément, le prénom « Alexandrine » lui paraissait beaucoup trop long.

Ils s'aimaient.

La représentation de *Rigoletto* au Grand-Théâtre avait été suivie de nombreuses autres sorties. En compagnie de Zacharie, Nine avait découvert la joie de pique-niquer le dimanche dans une calanque, de marcher jusqu'à la Treille ou à la Pointe-Rouge, de nager, dans une crique solitaire, au mépris des conventions.

Zacharie donnait l'impression de ne pas attacher d'importance aux règles édictées par le gouvernement. « Cette société dans laquelle nous vivons doit être remplacée par une démocratie », estimait-il.

Il était écouté dans le cercle qu'il fréquentait, composé

d'anciens montagnards de 1851 et de révolutionnaires plus jeunes.

Le nom de son père était l'un de ceux qu'on chuchotait, parce que Jean-Baptiste, même s'il avait obtenu sa grâce, avait toujours refusé de faire amende honorable.

Ce nom de Lombard, qui avait terrorisé Nine lorsqu'elle l'avait entendu prononcer. Elle avait voulu fuir Zacharie. Lui avait insisté.

« Expliquez-moi, mademoiselle. »

Elle ignorait encore pourquoi elle s'était confiée à lui. Peut-être parce que, dès le premier regard échangé, elle avait su qu'il ne lui ferait jamais de mal.

Il l'avait écoutée, gravement, avant de poser la main sur son épaule.

« Cet Élie Lombard qui est votre époux demeure au Mas des Tilleuls dans les Baronnies, n'est-ce pas ? »

Et, comme elle le considérait d'un air stupéfait, il avait précisé : « Il s'agit du demi-frère de mon père. Rassurez-vous, nous n'avons aucune relation avec ces Lombard depuis des décennies. Je ne connais même pas le Mas des Tilleuls. – Je n'ai pas peur de vous », avait assuré Nine. C'était la vérité.

Elle qui, depuis plus de trois ans, fuyait les hommes, se sentait en sécurité auprès de lui. Ils avaient devisé tout en marchant. Sybille, contrariée, avait refusé de les accompagner. Nine y avait à peine prêté attention, ce qui ne lui ressemblait pas. Aux côtés de Zacharie, elle découvrait une autre ville, marquée par l'industrialisation et les grands travaux d'urbanisme.

Par la suite, Zacharie l'avait emmenée sur les quais de la Joliette, où elle avait mesuré l'importance des infrastructures portuaires, rue Guibal, sur le chantier de la nouvelle manufacture de tabac, dans la rue de Noailles qu'on venait d'élargir pour la rebaptiser La Canebière. Il lui avait expliqué en quoi consistaient les travaux de percement de la future rue Impériale…

« Marseille bouge, Marseille avance, lui disait Zacharie. Nous devons nous battre pour faire valoir nos droits. »

Grâce à ses lectures, Nine apprenait vite. Elle écoutait, aussi, quand Zacharie et elle retrouvaient des amis au *Café de la Renaissance* qui constituait leur quartier général. On évoquait à mots de moins en moins couverts la montée des prix – curieux paradoxe, le poisson n'était-il pas plus cher à Marseille qu'à Lyon ou à Paris ? – mais aussi la dégradation des conditions de vie des ouvriers et la redistribution des richesses, qu'on attendait avec impatience.

Parfois, Nine ressentait le besoin de se pincer. Douze ans auparavant, elle se contentait de lire en gardant un troupeau de chèvres lorsqu'elle ne travaillait pas chez M. Lecoq. Désormais, il lui semblait être marseillaise à part entière. Et, avant tout, amante de Zacharie. Leur histoire d'amour s'était imposée à eux. Par la suite, Zacharie lui avait déclaré être tombé sous son charme dès qu'il l'avait entrevue. Grâce à lui, Nine avait découvert le plaisir d'être une femme sous le regard empreint de désir de l'homme qui l'aimait.

« Élie a saccagé mon corps », avait-elle osé lui confier, le jour où elle avait eu envie de lui, de ses mains sur elle, de son corps sur son corps. Il attendait patiemment ce moment depuis plusieurs mois. Il le lui avait dit.

« J'attendrai. Toute la vie s'il le faut. Parce que je suis sûr que toi et moi sommes faits l'un pour l'autre. »

En guise de réponse, il lui avait baisé les yeux, les lèvres, puis les seins. Sa beauté l'émerveillait. Seins haut placés, taille très fine, jambes longues, peau laiteuse… Nine était ravissante, et sa timidité émouvait Zacharie. Forcée par son mari bestial à seize ans, elle ignorait cependant tout de l'amour.

Il avait eu suffisamment de maîtrise pour faire monter en elle le désir. Chaque soir, alors qu'elle venait le rejoindre dans son logement du quartier Saint-Jean, il éveillait une partie de son corps, sans pour autant pousser son avantage. Il attendait… Qu'elle ait envie de lui à son tour, qu'elle l'appelle en gémissant, réclamant ses caresses. Un jour, il s'était enfin uni à elle en éprouvant une impression de plénitude. Il avait bu la larme qui avait roulé sur la joue de Nine. Les yeux grands ouverts, elle le regardait, et ses yeux exprimaient un amour tel que Zacharie, bouleversé, l'étreignit avec encore plus de force.

Dans ses bras, Nine se souvenait. Des insultes et des coups. Des reproches, lancés comme autant d'injures. « Tu n'es pas une vraie femme. Avec les putes, au moins, j'en ai pour mon argent ! »

Elle l'avait cru. Et, grâce à l'amour passionné qui l'unissait à Zacharie, elle comprenait qu'Élie lui avait menti. C'était lui qui avait tout saccagé. Dieu merci, Nine avait réappris à vivre, découvert le désir et le plaisir. Avec Zacharie.

« Ma brune », l'appelait Zacharie, avec un amour infini dans la voix.

Elle était heureuse. Même s'ils ne pouvaient s'épouser. Nine restait en effet une femme mariée, qui portait toujours officiellement le nom de Lombard. Dans ses cauchemars, elle redoutait qu'Élie ne fasse irruption dans leur vie. Au petit matin ou au milieu de la nuit, Zacharie la rassurait en la serrant dans ses bras.

« Nous nous aimons tant que personne ne pourra nous séparer », lui affirmait-il.

Elle voulait le croire. De toute son âme.

Dix ans. Il y avait dix ans que Jean-Baptiste était revenu d'Algérie mais il gardait toujours présente à l'esprit la honte de la déportation. Ses idées n'avaient pas changé. Il aspirait toujours à une société plus libre, plus démocratique, et soutenait les mouvements républicains.

À cinquante-cinq ans, il se sentait vieux. Usé par tous les combats menés, par toutes ces années passées sur les chemins, par la plaie qui lui rongeait le cœur. Désormais, il n'effectuait plus les tournées. Les jumeaux avaient repris le flambeau et s'en tiraient plutôt bien.

Lui, Jean-Baptiste, continuait à parcourir la montagne, se chargeait de la distillation et de l'ensachage.

La ferme Duthilleux était toujours louée à la même famille, qui la gérait avec compétence. Le montant des fermages constituait une rentrée d'argent appréciable. Malgré ses conseils, Agathe-Marie s'obstinait à se rendre encore tous les après-midi à la boutique. Elle avait besoin, prétendait-elle, de se retrouver dans cette atmosphère particulière, où elle se sentait chez elle.

Jean-Baptiste sourit avec indulgence. Agathe-Marie et lui formaient un couple uni, plus encore depuis son retour d'Algérie. Il n'avait pas oublié le dévouement ni le soutien de son épouse.

Lorsqu'il l'avait trouvée sur le port, guettant l'arrivée des navires, il l'avait serrée contre lui avec une infinie tendresse.

« Vous avez toujours été là pour moi », avait-il soufflé, le nez dans ses cheveux, après avoir soulevé la capote de velours gris.

Le visage d'Agathe-Marie s'était illuminé. Chacune des rides de son visage révélait ses angoisses comme son attente. Face à elle, Jean-Baptiste s'était brusquement senti coupable.

Il n'avait pas reconnu les jumeaux. Raphaël et Victor avaient grandi et forci. On l'avait privé trop longtemps de ses fils. Eux le considéraient avec un respect difficile à accepter. Il n'était pas un héros. Juste quelqu'un de banal qui s'était battu pour sauvegarder la république.

Il avait eu beau passer plus d'une heure dans le cabinet de toilette, à frotter, savonner et savonner encore son corps, il lui semblait qu'il ne parviendrait jamais à se débarrasser de l'odeur des pontons qu'il sentait encore, près de deux ans après. Il était ému en pénétrant dans la grande chambre du Prieuré. Le lit orné de draps brodés fleurant bon la lavande, les deux fauteuils placés à côté d'un guéridon en citronnier, la fenêtre ouvrant sur les champs… suggéraient une atmosphère paisible qui lui avait tant manqué, du côté d'Oran. Il s'était retourné vers Agathe-Marie.

« Merci de m'avoir attendu. »

Deux jours plus tard, Agathe-Marie confiait son inquiétude à Valentine.

« Il n'est plus le même ! Il est trop attentionné, cela ne lui ressemble pas ! »

Et la vieille nourrice avait répondu : « Patience, ma belle ! Même le bagne n'a jamais transformé un loup en mouton. »

C'était vrai. Jean-Baptiste n'avait pas tardé à tempêter contre les clients trop frileux ou le banquier trop exigeant. Lentement, il avait repris sa place dans la maison et, tout naturellement, les jumeaux avaient renoué avec l'habitude de lui demander souvent conseil.

Saint-Pancrace s'était scindée en deux camps. Ceux qui s'étaient pliés à la loi de l'Empire et ceux qui, comme Jean-Baptiste, étaient contraints de respecter des mesures humiliantes.

Il aurait voulu vivre en marge, partir s'installer dans la montagne, là où ils auraient mis du temps à le retrouver mais il ne pouvait infliger ce nouveau tourment à Agathe-Marie. Elle lui inspirait de la compassion, même s'il était certain qu'elle détesterait cette idée. Avec le temps, il avait appris à mieux la connaître.

Auparavant, il ne cherchait pas à aller au-delà des apparences. L'attitude d'Agathe-Marie durant l'insurrection de décembre, le soutien qu'elle lui avait témoigné, ses lettres lui avaient permis de tenir.

Il l'estimait et éprouvait pour elle de la tendresse.

Cela lui suffisait-il ? C'était une question qu'il ne souhaitait pas se poser.

28

1868

La diligence les avait déposés au rocher d'Ongles et ils étaient montés à pied jusqu'à Saint-Pancrace. Les montagnes dans le lointain étaient noyées dans la brume. De gros nuages joufflus se poursuivaient dans le ciel très clair.

Le nez en l'air, Zacharie reconnaissait avec émotion son univers familier. Tout lui parlait, depuis les ânes dans les champs, les bâtisses en pierres sèches, les pierres posées sur les toits de tuiles, jusqu'à la route qui grimpait, lentement, par paliers, les moutons bruns, et les touffes de lavande sauvage.

À ses côtés, Nine suivait son pas rapide tout en s'efforçant de dissimuler son trouble. Elle appréhendait, en effet, ce premier contact avec la famille de l'homme qu'elle aimait. Dans ses lettres, Zacharie parlait souvent de Nine, sans préciser qu'il ne pouvait l'épouser. Comment recevrait-on la femme adultère ? se demandait Nine avec une angoisse grandissante.

Le paysage renforçait son sentiment de malaise. Ici, lui semblait-il, il fallait être fort et robuste, pour résister à cette terre de contrastes.

Zacharie lui avait montré en chemin des pierres

éclatées sous les actions conjuguées du gel et du vent. Elle avait frissonné.

Zacharie désigna à Nine le bourg blotti autour de l'église au clocher quadrangulaire.

– Regarde ! Autrefois, tout Saint-Pancrace fleurait bon les herbes médicinales. Les passages couverts nous servaient de terrains de jeux.

– Tu ne regrettes pas ce temps-là ?

Il soutint son regard.

– J'aimais courir la montagne mais, en revanche, la tournée de plus de neuf mois... très peu pour moi !

Elle savait l'importance qu'il accordait aux réunions politiques, à Marseille. Les camarades de Zacharie se rencontraient de plus en plus souvent dans l'arrière-salle d'un cabaret, *Le Petit Café* de la place Saint-Ferréol. Ils y refaisaient généralement le monde, tout en étant de plus en plus critiques vis-à-vis du pouvoir impérial. Un mot d'ordre emprunté au journal *Le Peuple* courait sur toutes les lèvres : « Plus de couvents, plus de casernes et beaucoup d'écoles ! »

On estimait en effet à Marseille que les églises étaient beaucoup trop nombreuses et la construction de la Major comme celle de Notre-Dame-de-la-Garde n'avaient pas calmé le débat.

– Nous y voilà, fit Zacharie, désignant les maisons en pierres abritées sous leur toit à triple génoise.

Il entraîna Nine vers le bourg où il désirait lui montrer l'épicerie. Il sursauta en constatant que la devanture avait changé. Une pancarte annonçait une grande variété de produits, allant de la morue séchée au savon et aux clous.

Un carillon aigrelet tinta lorsqu'il ouvrit la porte. Si la boutique sentait toujours les herbes séchées, Agathe-Marie avait repoussé le grand comptoir en chêne. Ses sacs de jute se tenaient presque droits contre les murs couverts d'étagères. *Lentilles*, *Haricots secs*, *Pommes de terre*, indiquaient des écriteaux.

Il découvrit avec une surprise croissante des articles de mercerie – fils, rubans, boutons –, un pain de sucre, des boîtes de biscuits et des caissettes de fruits confits.

– C'est devenu une véritable caverne d'Ali Baba ! lança-t-il à l'adresse d'Agathe-Marie qui laissa tomber le paquet qu'elle tenait et se précipita vers son beau-fils.

– Zacharie, enfin !

Elle l'étreignit avec force avant de se tourner vers Nine.

– Pardonnez-moi, mademoiselle, il y a beaucoup trop longtemps que je n'ai pas revu Zacharie.

Celui-ci procéda aux présentations. Il avait pris l'habitude de dire « ma femme » à propos de Nine, ce qui coupait court aux supputations et autres regards entendus. Le moyen, en effet, d'expliquer sa situation ? Juridiquement, la jeune femme était toujours l'épouse d'Élie Lombard et vivait une relation adultère.

Agathe-Marie tendit la main à Nine.

– Soyez la bienvenue. Zacharie, ton père est allé livrer des plantes chez l'apothicaire de Forcalquier. Vous montez avec moi au Prieuré ? Je ferme l'épicerie.

– Et les jumeaux ?

– Ils distillent. Nous avons une grosse commande, il n'y a pas trop de temps à perdre. Vous les verrez ce soir au dîner. Parce que vous restez au Prieuré, n'est-ce pas ?

Nine hocha la tête. Cette femme qui portait avec élégance son âge déjà respectable lui plaisait. Zacharie sourit.

– L'air de Lure fera du bien à Nine. Elle s'étiole à Marseille dans sa librairie.

Il ne dit pas que la jeune femme avait fait une nouvelle fausse couche. La troisième depuis qu'ils vivaient ensemble. Elle l'avait si mal vécue que Zacharie avait décidé de l'emmener passer quelques jours à Saint-Pancrace.

M. Marqueys lui avait accordé sans barguigner une semaine de congé et Zacharie venait de quitter l'huilerie dans laquelle il travaillait. Toujours le même motif : on lui reprochait son activisme politique. Catalogué comme rouge, Zacharie Lombard inspirait de la crainte à nombre de patrons.

Nine, un peu lasse, se reposa quelques minutes à l'épicerie tandis que Zacharie aidait sa belle-mère à disposer les vantaux de bois par-dessus la vitrine. Tous trois sortirent par la porte de derrière.

– L'air de Lure…, fit remarquer Agathe-Marie en souriant. Mon père prétendait qu'il n'en était pas de meilleur au monde. Tu te rappelles, Zacharie ? Quand tu avais eu ta fièvre typhoïde… après que la fièvre fut tombée, tu étais plus faible qu'un chaton. Je t'enveloppais de courtepointes et t'installais sur le balcon, pour que tu respires le bon air descendu de Lure…

Nine, attendrie, comprit tout de suite qu'une grande affection unissait Zacharie et Agathe-Marie.

– Parlez-moi de son enfance, la pria-t-elle, les yeux brillants. À l'en croire, sa vie n'est devenue intéressante que du jour où il s'est pris de passion pour la politique.

– Ah ! la politique…, répéta Agathe-Marie d'un ton indéfinissable. Notre famille lui a déjà payé un lourd tribut. Mais je présume que ce n'est pas terminé ?

Sans répondre, Zacharie saisit le bras de chacune des deux femmes et les entraîna vers le Prieuré.

– Il fait si bon… Demain, nous irons chercher des myrtilles et des framboises, annonça-t-il.

– Excellente idée !

Le soir, alors que toute la famille était réunie autour de la table recouverte d'une nappe damassée, Nine se sentit comme chez elle. Le père et les frères de Zacharie lui avaient réservé un bon accueil. Quant à sa belle-mère, elle avait déjà l'impression d'avoir trouvé en elle une amie.

« Quel contraste ! » pensa-t-elle, se souvenant, à son cœur défendant, de l'atmosphère pesante du Mas des Tilleuls.

Raphaël et Victor se distinguaient l'un de l'autre par leurs tailles et leurs attitudes différentes. Raphaël dépassait son jumeau d'une tête et paraissait être beaucoup plus à l'aise que lui en société. Victor jouait plutôt les ermites. Il raconta qu'il pouvait rester des heures dans une combe, à guetter le chant d'un bruant ou à observer le vol d'un papillon. Il donnait l'impression de se tenir un peu en retrait, à la différence de Raphaël qui aimait à occuper le devant de la scène.

L'un et l'autre avaient peu de points communs avec leur demi-frère.

Nine en fit la remarque à Zacharie alors que tous deux se promenaient en fin de soirée dans les jardins du Prieuré.

– Pourtant, nous avons été élevés de la même façon, répondit-il. Agathe-Marie m'a emmené au Prieuré alors que je devais avoir deux ans. Quand mon père et elle se sont mariés, je n'ai pas vu vraiment de différence. Je n'ai pas gardé de réel souvenir de Lilas, ma mère. Mon père m'emmenait chaque été à la bergerie qu'elle habitait, dans la forêt, mais je n'aimais pas l'entendre me parler d'elle. À chaque fois, il était si ému que cela me faisait peur.

Nine s'était sentie à l'aise face à Jean-Baptiste Lombard. Il en imposait pourtant, avec sa silhouette alourdie qu'il appuyait sur une canne, sa chevelure et sa barbe blanches, son regard bleu si semblable à celui de son aîné. Une autorité naturelle émanait de chacun de ses gestes mesurés. Tout en l'observant discrètement, Nine se dit qu'il ne ressemblait en rien à Élie, son demi-frère. Un frisson la parcourut. Quelle serait la réaction de leur hôte s'il apprenait la vérité la concernant ?

Elle ne parvenait pas à faire abstraction de cette question obsédante.

– Quel secret nous dissimulez-vous, Nine ?

Elle releva la tête, soutint le regard bienveillant d'Agathe-Marie.

Les deux femmes se tenaient dans la grande cuisine du Prieuré, où elles confectionnaient des tartes aux framboises.

Nine ne se lassait pas d'admirer les vastes proportions de la pièce, les murs chaulés de frais, la grande cheminée, son potager carrelé et ses braseros. Au-dessus de l'âtre, un avaloir évitait que la fumée ne se répande dans la cuisine.

Elle étala le pâton sur la planche farinée avant de répondre d'une voix mal assurée :

– De quel secret parlez-vous ?

Agathe-Marie lui sourit. Sous le bonnet de dentelle, ses cheveux étaient gris, désormais. Elle retroussa ses manches avant d'expliquer :

– Jean-Baptiste a aimé éperdument Lilas, sa première épouse. Moi, j'ai eu le rôle ingrat et je ne suis même pas certaine qu'il éprouve quelque affection pour moi. Aussi, croyez-moi, je sais reconnaître quelqu'un qui fait bonne figure tout en étant rongé par quelque tourment…

Elle laissa sa phrase en suspens, comme pour permettre à Nine de mieux s'en pénétrer.

La jeune femme soupira.

– Ne croyez surtout pas que je me sente coupable. Enfin… parfois mais, en conscience, il aurait fini par me tuer si j'étais restée au mas. Voilà…

Elle posa les mains bien à plat sur le plateau patiné de la table.

– J'ai été mariée à Élie Lombard, le demi-frère de Jean-Baptiste, lâcha-t-elle d'un trait. J'ai fini par m'enfuir à Marseille où j'ai rencontré Zacharie.

Elle jeta un regard chargé de défi à Agathe-Marie. « C'est ainsi et ne comptez pas sur moi pour battre ma coulpe ! » signifiait ce regard.

Cette attitude ne pouvait que plaire à Agathe-Marie. Sans réfléchir, elle tendit la main à Nine.

– Du moment que vous vous aimez, Zacharie et vous, le reste n'a pas la moindre importance pour moi.

– Pour vous, peut-être mais... pour votre époux ?

– Il faudra lui laisser un peu de temps, admit Agathe-Marie.

Elle reprit aussitôt après :

– Vous connaissez donc le fameux Mas des Tilleuls ? Si j'en crois Jean-Baptiste, c'est le paradis perdu !

Nine frissonna.

– En toute franchise, j'en garde un souvenir épouvantable.

– La vie est étrange..., murmura Agathe-Marie d'une voix lointaine. Durant tant d'années, je me suis persuadée qu'il ne pourrait jamais m'aimer à cause de Lilas. Et, finalement, je crois que c'est à cause de cette terre, là-haut, dans les Baronnies, et d'une quadruple allée de tilleuls...

Nine ne souffla mot. Elle se contenta de serrer, fort, l'épaule de l'épicière.

À cet instant, elle se sentait étonnamment proche d'elle.

29

1869

De la table-bureau à la fenêtre, Nine avait compté six pas. Six pas qu'elle avait multipliés durant ses nombreux allers et retours.

Elle jeta un coup d'œil exaspéré à la pendule qui indiquait dix heures. Décidément, Zacharie n'était pas raisonnable !

Jetant un châle sur ses épaules, elle quitta leur appartement de la rue Fontaine-Saint-Laurent et marcha à pas précipités vers la rue Molière.

Depuis plusieurs semaines, Zacharie retrouvait là-bas, au *Café de la Renaissance*, tous ceux qui appelaient de leurs vœux une nouvelle révolution. Étudiants, ouvriers, artisans, journalistes, avocats s'y donnaient rendez-vous afin de se tenir informés des derniers événements et d'élaborer des stratégies.

Cela faisait peur à Nine, bien qu'elle refusât de l'avouer. Il n'était pas question en effet pour elle de peser de quelque façon sur Zacharie en lui interdisant de fréquenter ses amis. Elle le respectait trop pour agir ainsi.

La nuit était douce à Marseille. Nine s'émerveillait souvent d'avoir fait sienne cette ville, au point que son enfance à Buis lui paraissait désormais lointaine.

Contrairement à certaines personnes qui prétendaient que Marseille était sale et ses habitants paresseux et vantards, Nine s'était tout de suite sentie chez elle dans la ville à l'atmosphère trépidante. C'était à Marseille qu'elle avait retrouvé le goût de vivre.

Elle aperçut les vitres du *Café de la Renaissance* et se blottit dans l'encoignure d'une porte cochère. Des quinquets brûlaient à l'intérieur de la salle enfumée au plafond bas. Zacharie devait se trouver parmi ces silhouettes qui devisaient en s'échauffant de temps à autre, devant un verre d'absinthe ou un café.

La main posée sur son ventre dans un geste instinctif de protection, elle songea qu'elle ne devait pas s'exclure elle-même de ce monde masculin. Si elle partageait les idées et les aspirations de Zacharie, la politique lui inspirait une certaine crainte. Pour avoir longuement discuté avec Agathe-Marie, elle savait que tout le département des Basses-Alpes avait été marqué à jamais par l'insurrection de décembre 1851 et sa répression cruelle, particulièrement injuste. Elle avait conscience du fait que Zacharie était déjà fiché, peut-être même épié par la police impériale, et s'en inquiétait. La vie de Jean-Baptiste avait été brisée par sa déportation. Il en avait gardé des accès de fièvre qui l'obligeaient à rester alité durant plusieurs jours, lui qui ne supportait pas l'inactivité. Si Zacharie devait subir le même genre de peine… Dieu juste ! Nine n'osait envisager cette idée.

De nouveau, elle posa la main sur son ventre. Après trois fausses couches, elle ne se résignait pas à être ce que Séraphine appelait d'un ton méprisant « un fruit sec », une femme stérile.

Elle crispa les mâchoires. Elle ne voulait pas évoquer Séraphine. Encore moins à présent, alors qu'elle avait un nouvel espoir.

Agathe-Marie, à qui elle s'était confiée, lui avait conseillé des herbes médicinales. Des tisanes d'aubépine et d'ortie, réputées pour revivifier le sang.

Elle lui avait surtout redonné confiance en lui recommandant d'aller consulter une sage-femme.

« Elles connaissent tout de nous, lui avait-elle expliqué. Souvent, elles sont plus savantes que les médecins pour tout ce qui concerne nos problèmes féminins. »

À Bettine, qui officiait place des Treize-Coins, Nine avait réussi à raconter ce qu'elle gardait par-devers elle depuis plus de quinze ans. Sa première fausse couche provoquée par les coups d'Élie. Son angoisse, à chaque nouvelle grossesse, que le cauchemar ne recommence. La certitude qu'elle devait être maudite… Bettine l'avait écoutée. Longtemps. Avant de dire : « Quel âge as-tu, ma belle ? Trente-deux ans ? Rien n'est perdu. Tu vas le faire bientôt, ce bébé dont tu te languis tant. »

Deux mois. Cela faisait deux mois qu'elle n'avait pas vu revenir ses règles. Et elle n'avait encore rien dit à Zacharie, de peur de lui donner une fausse joie. Elle esquissa un sourire en songeant à Zacharie et à l'amour qui les unissait.

Elle fit demi-tour et regagna leur appartement à pas lents. Des enfants jouaient encore à saute-ruisseau au-dessus du caniveau dans lequel se déversaient les eaux sales. C'était si injuste, pensa Nine. Tant de misère, d'ignorance, alors que, chaque été, des épidémies de fièvre typhoïde frappaient les habitants des quartiers les plus déshérités. Elle comprenait et soutenait le combat de Zacharie et de ses amis, tout en se demandant si le pays était prêt à les suivre.

Rentrée chez eux, elle s'assit à la table-bureau et reprit le texte qu'elle avait commencé depuis une semaine.

L'écriture lui permettait de se libérer du passé. Elle avait commencé par des poèmes en provençal, puis écrit des nouvelles, se déroulant entre les Baronnies et Marseille. M. Marqueys, consulté, lui avait conseillé de les envoyer à Alphonse Daudet.

Elle n'osait pas, de crainte de l'importuner.

« Cela n'en vaut pas la peine », disait-elle en souriant.

Comment, en effet, aurait-elle pu comparer ses écrits à ceux des auteurs qu'elle admirait tant ? Pour elle, il s'agissait d'une détente, d'un plaisir.

Elle n'allait pas chercher plus loin.

1870

Soucieux, Zacharie contemplait sans vraiment la voir la pâte à savon qui bouillonnait comme de la lave. Depuis la veille au soir, Nine, d'habitude si vaillante, était d'humeur chagrine. Lasse, elle se traînait dans l'appartement sans parvenir à trouver une position lui permettant de se reposer. Sa délivrance était imminente et Zacharie aurait voulu rester à ses côtés. Elle s'y était opposée. « Va vite à ton travail ! Je suis tout à fait capable de me débrouiller. Maria m'a promis d'aller chercher Bettine dès que le moment sera venu. »

Il avait cédé, parce qu'il savait qu'ils auraient besoin d'argent dans les mois à venir. Nine ne travaillait plus depuis deux mois. Bettine le lui avait interdit, il y avait trop de risques pour le bébé. Si M. Marqueys lui avait affirmé qu'il comprenait la situation, Nine n'était pas certaine pour autant de retrouver sa place à la librairie. Leurs revenus avaient diminué en conséquence, d'autant que les Savonneries Marseillaises traversaient une crise. Pour le moment, Zacharie avait réussi à garder son emploi. Ce qui ne l'empêchait pas, bien au contraire, d'écrire des articles fustigeant les conditions de travail dans les entreprises marseillaises. Une rivalité sévère opposait les savonneries depuis plusieurs décennies. Zacharie savait que les méthodes de saponification avaient profondément évolué depuis le XVIIIe siècle. À compter de 1826, les savonniers avaient tous utilisé de la soude artificielle. La concurrence, qu'elle vienne de Toulouse, de Rouen ou de Reims, suivant le modèle britannique, recourait à l'huile de palme, beaucoup moins onéreuse que l'huile d'olive. Cependant, l'huile de palme donnait un savon de couleur jaune, peu apprécié aussi bien des lavandières que des indienneurs. C'était un Marseillais, un certain Rougier, qui avait inventé en 1853 un procédé simple pour blanchir la couleur de l'huile de palme.

Zacharie était fier de son métier même si parfois, après douze heures passées dans la chaleur étouffante du bâtiment de préparation des lessives, il aurait tout donné pour courir la montagne de Lure…

Juché sur un madrier placé en travers d'un des énormes chaudrons de la salle – trois mètres vingt-cinq de diamètre sur trois mètres cinquante de profondeur –, Zacharie agitait le mélange d'huiles et de lessive avec un redable, une plaque de métal fixée au bout d'un long manche en bois. Il fallait supporter les vapeurs chaudes montant du magma visqueux qui évoquait pour Zacharie le cratère d'un volcan infernal. Il avait longuement bataillé avec le directeur pour obtenir, pour ses camarades et pour lui, la ceinture Darcet, une sécurité permettant de protéger l'ouvrier en cas de vertige ou de faux pas.

Les sourcils froncés, il se concentra sur sa tâche. Il n'avait qu'une hâte, rejoindre la femme qu'il aimait.

Une odeur indéfinissable flottait dans la chambre, pourtant propre et bien rangée. Haletante, les cheveux plaqués sur le crâne, Nine se mordait les lèvres pour ne pas hurler. Penchée au-dessus d'elle, Bettine lui massait le ventre avec une mixture de sa composition.

– Pousse, petite, pousse, lui recommanda-t-elle.

Elle se voulait confiante, même si les angoisses de Nine avaient fini par devenir les siennes. Les trois dernières semaines avaient été éprouvantes. Nine avait perdu le sommeil.

« J'ai peur », avouait-elle parfois, recroquevillée dans un fauteuil en osier que Zacharie avait déniché dans une foire à tout et décapé au savon de Marseille avant de le monter dans leur logement.

Deux petits coups frappés à la porte firent tressaillir Nine et Bettine. La sage-femme alla ouvrir après avoir consulté du regard sa parturiente. Elle découvrit sur le seuil une femme grande, d'un certain âge, qui paraissait un peu lasse mais se tenait bien droite. Elle avait posé à ses pieds un panier et un sac de voyage.

– Je suis la belle-mère de Nine, se présenta-t-elle après avoir salué Bettine. Puis-je entrer ?

À son retour, le soir, Zacharie s'étonna à peine de découvrir Agathe-Marie en train de confectionner un aigo-boulido dans la cuisine.

– Le bébé est né ! lui annonça-t-elle avec un large sourire.

Il courut vers la chambre, aperçut un bébé emmailloté blotti contre Nine. Même si la souffrance et la fatigue marquaient ses traits, elle rayonnait.

– Zacharie, mon chéri… notre fille est née.

– Un superbe bébé ! confirma Bettine.

Agathe-Marie et elle avaient eu peur lorsque Nine, à bout de forces, ne parvint plus à pousser. Agathe-Marie lui avait alors massé les reins alors que Bettine lui appuyait sur le bas-ventre dans le but de faciliter l'expulsion du bébé, tout en lui expliquant qu'elle apercevait ses cheveux. La délivrance s'était effectuée d'un coup, comme si Nine s'était autorisée, enfin, à devenir mère.

Zacharie, bouleversé, serra contre lui la femme qu'il aimait. Leurs larmes se mêlèrent.

– Il y avait si longtemps…, souffla Nine.

À cet instant, elle se sentit pleinement heureuse.

30

Mars 1871

Les jours rallongeaient, une période annonçant le printemps que, d'ordinaire, Nine appréciait tout particulièrement. Cette année-là, pourtant, tout était différent. La défaite de Sedan, la chute de l'Empire, le siège de Paris avaient provoqué agitation et troubles à Marseille.

Zacharie continuait de travailler à la savonnerie mais M. Marqueys avait mis la clef sous la porte et s'était réfugié dans sa campagne, au-dessus de Fuveau. Même si cela permettait à Nine de s'occuper à loisir de leur fille, la situation, si elle s'éternisait, risquait de devenir critique. Heureusement, Agathe-Marie et Jean-Baptiste leur envoyaient régulièrement de l'argent.

« Notre première petite-fille ! » s'extasiait Agathe-Marie, tombée sous le charme de Vermeille dès le premier jour.

Zacharie avait choisi ce prénom peu usité en hommage à la chanson *Le Temps des cerises* de Jean-Baptiste Clément. Vermeille, comme les « pendants de corail qu'on cueille en rêvant ».

À près de dix mois, la petite fille, ravissante brunette aux yeux bleus, était particulièrement éveillée. Nine se retenait souvent de la dévorer de baisers. Lorsqu'elle disait « ma fille », elle rayonnait. Zacharie en était ému et fier.

Pourtant, son nouveau statut de père de famille ne l'avait pas incité à renoncer à la politique. Depuis 1868, il avait attaché ses pas à ceux de Gaston Crémieux, un jeune avocat surnommé par ses collègues l'Avocat des pauvres.

Crémieux avait créé à Marseille l'Association phocéenne de l'enseignement, de l'instruction et de l'éducation des deux sexes.

Comme Zacharie et nombre de leurs camarades, Crémieux estimait que l'accès à la connaissance constituait l'un des premiers pas vers l'égalité des chances. Une fois par semaine, Nine apprenait à lire et à écrire à des ouvrières de leur quartier. L'entraide était la règle parmi elles.

Une atmosphère étrange régnait à Marseille. La ville tout entière semblait être en attente. Crémieux inspirait parfois une certaine crainte à Nine. Non que l'avocat fût violent, c'était plutôt son intransigeance qui faisait peur à la jeune femme. L'un de ses discours, notamment, l'avait impressionnée.

« Nous sommes résolus à tous les sacrifices, et, si nous restons seuls, nous ferons appel à la révolution, à la révolution implacable et inexorable, à la révolution avec toutes ses haines, ses colères et ses fureurs patriotiques [...] », s'était-il enflammé.

On savait qu'il avait choisi comme prénom pour son troisième enfant celui de Robespierre. Une raison supplémentaire pour alarmer Nine. Zacharie souriait de ses appréhensions.

« Crémieux est le plus pacifique des hommes ! »

Il n'empêchait, Nine aurait voulu quitter Marseille, se réfugier à Saint-Pancrace. L'arrivée d'Agathe-Marie le jour de sa délivrance (l'épicière-droguiste avait pris la diligence des Alpes la veille de la pleine lune, persuadée que l'accouchement de Nine était imminent) avait encore resserré les liens entre les deux femmes. Agathe-Marie était restée plusieurs jours à Marseille.

Avant qu'elle ne parte pour Saint-Pancrace, Zacharie, bouleversé, l'avait serrée contre lui.

« Merci, merci. Tu as toujours été là pour moi. – Toi aussi, mon grand, avait-elle répondu en redressant d'une chiquenaude son col de chemise. Te voici un respectable père de famille, désormais. »

Personne n'avait risqué une allusion à la situation de Nine, toujours mariée à Élie Lombard. Dans ses cauchemars, la jeune femme imaginait son époux venant réclamer ses droits sur sa fille. Zacharie avait bien reconnu Vermeille par un acte notarié mais cela ne rassurait pas Nine pour autant. Secouant la tête, comme pour chasser ses soucis, elle alla vérifier une nouvelle fois que Vermeille dormait toujours dans le petit lit que Zacharie lui avait confectionné et s'installa à sa table. Cette fois, elle était décidée, elle enverrait sa nouvelle à M. Daudet, chez son éditeur.

Mars 1871

Cette année-là, sa tournée manquait à Jean-Baptiste. La guerre l'avait dissuadé de partir et il savait que sa femme avait eu raison de lui conseiller de rester à Saint-Pancrace mais c'était plus fort que lui, il regrettait l'atmosphère chaleureuse des marchés et des cabarets. Il avait besoin de humer la poussière des chemins, il avait besoin de se sentir libre, plus encore depuis son emprisonnement à Toulon et sa déportation en Algérie. Agathe-Marie l'avait bien compris ; elle ne lui posait jamais de questions.

Au fil des années, elle lui était devenue indispensable. Il l'appelait « mon point d'attache » avec une tendresse bourrue. À soixante-trois ans, Jean-Baptiste aurait eu l'impression de devenir – enfin ! – un vieux monsieur raisonnable si le vent de la république ne lui avait pas tourneboulé la tête. L'Empire, ce régime haï, était tombé mais la victoire des Prussiens lui avait laissé un goût amer. Il s'était lancé de nouveau avec passion dans la politique, pour vite se rendre compte qu'il appartenait désormais au clan des vieux briscards.

Si l'on respectait son engagement, on considérait qu'il avait fait son temps. Et nombre de ses anciens camarades étaient soit disparus, soit devenus trop frileux pour le suivre. Dieu merci, Agathe-Marie lui faisait confiance.

« Mon cher, je sais qu'il vous faudra toujours combattre toute forme d'injustice, et vous avez mon soutien. Mais, de grâce, ne partez pas trop loin ! Je n'ai plus l'âge de vous suivre… »

Il l'aimait. Et s'étonnait encore que cette bourgeoise, cette héritière, l'ait accompagné, encouragé, tout au long de ses chemins de traverse. Lorsqu'il avait appris de leurs voisins comment elle avait tenu tête au vieux Sosthène, une bouffée de fierté l'avait envahi. Cependant, il ne lui en avait jamais parlé. Son père n'existait plus pour lui.

Par la suite, grâce à Nine, il avait su ce qu'il était advenu du vieux, s'étonnant de ne rien éprouver en prenant connaissance de sa mort. Ni haine, ni regrets, ni soulagement. Rien… le néant. Il avait alors compris que Sosthène était mort pour lui le jour où il était venu l'accabler d'insultes sur les pontons.

Un seul but l'animait. Reprendre possession du Mas des Tilleuls et le transmettre à ses fils.

22 mars 1871

Cette montagne de Lure, dont toute la famille prononçait le nom avec respect et émotion, avait toujours impressionné Nine. Elle descendit de la diligence. Vermeille pesait à son bras. Presque étonnée, la jeune femme reconnut la place de la Mairie, les ormeaux plantés en quinconces, les demeures serrées les unes contre les autres, ornées de portes rondes cintrées.

Elle ne s'inquiétait pas de l'accueil qu'on leur réserverait au Prieuré mais bel et bien de la situation à

Marseille. Elle avait cédé à regret à l'insistance de Zacharie et fini par accepter de se réfugier avec Vermeille à Saint-Pancrace mais se sentait déchirée.

Victor tenait l'épicerie. Il embrassa Nine et sa nièce avec chaleur.

– Mère ne va pas tarder, lui dit-il. Tu la connais... si elle reste une seule journée sans venir à la boutique, c'est la catastrophe !

Victor avait changé. Une barbe noire du plus bel effet accentuait par contraste la clarté de ses yeux. Il ressemblait à sa mère, plus que Raphaël, qui était un Lombard comme il le disait lui-même avec une pointe de fierté. Victor voulait tout savoir. La situation à Marseille, l'engagement de Zacharie... Et Crémieux ? Fréquentait-il l'Avocat des pauvres ? En répondant à ces questions, Nine mesurait combien sa belle-famille était restée marquée par l'esprit de 1851.

Elle le comprenait, naturellement, mais elle-même était trop jeune à l'époque pour s'intéresser à la politique.

Agathe-Marie arriva alors que Victor et Nine refaisaient le monde. Tout de suite, elle s'empressa, proposa de les emmener au Prieuré, s'extasia devant Vermeille.

– Jean-Baptiste va être si heureux de vous voir ! s'écria-t-elle. Il se languit de la petite, tu ne peux savoir à quel point.

Nine éprouva un pincement au cœur fugitif. Depuis qu'elle avait fui le Mas des Tilleuls, elle ne recevait plus de nouvelles que de sa sœur Clémence. Certes, elle imaginait que ses parents avaient dû subir la colère et les reproches d'Élie, mais elle aurait aimé qu'ils la soutiennent plus ouvertement.

Elle secoua la tête. Sa famille, désormais, c'étaient Zacharie et Vermeille.

Et les Lombard de Saint-Pancrace.

31

25 mars 1871

Marseille avait changé en l'espace de quatre jours. La ville frémissait, comme sous l'emprise de la fièvre. Partout, sur le port, sur le cours des Fleurs[1], on évoquait l'insurrection du 22 mars, cet assemblage hétéroclite de francs-tireurs, de garibaldiens, de gardes nationaux et de jeunes républicains pleins d'ardeur qui avait pris d'assaut la préfecture après la proclamation de Thiers, une véritable provocation.

Profondément ému, Zacharie marchait deux pas derrière Gaston Crémieux, qui répétait ses consignes. Surtout, pas d'effusion de sang ! L'Avocat des pauvres rêvait d'une république idéale et réprouvait tout recours à la violence. À ses côtés, Clovis Hugues, un jeune homme d'à peine vingt ans, ancien séminariste devenu journaliste, brandissait le drapeau rouge de la Commune.

Le lendemain, 23 mars, la préfecture était aux mains des insurgés, le préfet Cosnier fait prisonnier, la commission départementale constituée sous la présidence de Crémieux. Celle-ci comprenait douze membres et se voulait représentative des différents courants :

1. Cours Saint-Louis, ainsi nommé en 1871, de façon temporaire.

les radicaux, l'Internationale, la Garde nationale ainsi que le conseil municipal.

Zacharie n'oublierait jamais la déclaration que Crémieux avait faite depuis le balcon de la préfecture. Le jeune avocat avait solennellement réaffirmé la solidarité de la Commune de Marseille avec la Commune de Paris, et appelé la population à maintenir l'ordre. Dans son discours, l'idée de réconciliation était toujours sous-jacente. Un idéal que ne partageaient pas certains extrémistes. Dans l'ambiance survoltée de Marseille, Zacharie s'efforçait de garder la tête froide. Combien de temps les insurgés pourraient-ils tenir ?

Il admirait profondément Crémieux, tout en pressentant que les communards ne le soutiendraient pas éternellement. On l'aurait souhaité plus sectaire, moins gentilhomme… Pour l'avoir côtoyé depuis plusieurs années, Zacharie le savait simplement humain. Il regagna à pas pressés son logement. Le chat Athos vint se frotter contre ses jambes en miaulant. « Je te le laisse », lui avait dit Nine, un sourire creusant une fossette dans sa joue droite. « À deux, vous ferez peut-être moins de sottises… » Elle était partie à regret, et seulement dans le but de mettre leur fille à l'abri. Il aurait voulu la rassurer, lui promettre que tout se passerait bien, et se sentait incapable de lui mentir. Il y avait trop longtemps qu'il attendait la république !

Il but un verre de vin de sureau, s'allongea sur le lit sans même prendre la peine de se dévêtir. Demain serait une longue journée.

Il faisait particulièrement beau en ce matin du 25 mars. Gaston Crémieux songea qu'il aurait aimé aller se promener sur la corniche en compagnie de son épouse, Noémie, et de leurs trois enfants. Très attaché à sa famille, l'avocat souffrait de ne pouvoir voir les siens aussi souvent qu'il l'aurait voulu. Il pressentait que le bras de fer avait commencé. Désormais, il souhaitait désespérément que d'autres villes rejoignent la Commune de Marseille. Il se rappelait trop bien les tragiques événements de 1851, quand les insurgés bas-alpins s'étaient retrouvés seuls à se révolter. Crémieux était alors âgé de quinze ans mais il n'avait rien oublié.

Animé d'une forte conscience politique, il avait créé à vingt et un ans le journal *L'Avenir*, ce qui lui avait valu la surveillance de la police, qui l'avait considéré dès cette époque comme un individu dangereux.

« Dangereux, Crémieux ? » s'interrogeait Zacharie. Il connaissait l'homme idéaliste et généreux, qui défendait gratuitement les plus pauvres depuis son inscription au barreau d'Aix-en-Provence, en 1857.

Il craignait, précisément, que les plus révolutionnaires ne cherchent à se débarrasser de Crémieux, jugé trop pacifiste. Ce dernier aurait alors besoin de tous ses fidèles.

En l'espace de quelques jours, Marseille s'était métamorphosée.

Le drapeau rouge – sujet de nombreuses querelles – flottait au-dessus de la préfecture depuis le 23 mars mais l'atmosphère bon enfant des premiers jours avait disparu, remplacée par des tensions et des menaces. Les Marseillais qui avaient d'abord soutenu les républicains s'inquiétaient des conséquences de la Commune. Le fameux drapeau rouge, surtout, choquait les catholiques. D'autant que les églises faisaient l'objet de pillages. On évoquait à mi-voix l'époque révolutionnaire, la peur montait.

Nine ne fut pas étonnée de découvrir leur logis vide. Elle connaissait suffisamment son Zacharie pour deviner qu'il se trouvait en première ligne, aux côtés de Crémieux à qui il vouait une admiration sans réserve.

C'était peut-être ce qui l'angoissait le plus car la ville bruissait de rumeurs.

On murmurait de plus en plus fort que Crémieux ne maîtrisait plus la situation et qu'il était tiraillé entre les modérés et les révolutionnaires. Il avait suffi à Nine de traverser une partie de la ville pour entendre ces récriminations.

Elle caressa Athos, ouvrit la fenêtre. Le lit n'était pas défait. Elle imaginait la nuit blanche passée à la préfecture pour échafauder une politique, une nouvelle stratégie.

Elle ramassa une chemise jetée à la hâte sur l'unique chaise paillée de leur chambre, y enfouit son visage. Zacharie lui manquait, avec une intensité douloureuse.

Elle avait quitté le Prieuré après avoir lu dans *Le Progrès du Var et des Basses-Alpes* que le mouvement se durcissait à Marseille. Depuis le début des événements, Agathe-Marie et Nine redoutaient de vivre une nouvelle répression sur le modèle de celle de 1851.

Jean-Baptiste ne disait rien, mais sa façon de crisper les poings était révélatrice.

Nine avait serré sa fille contre elle. « Je vous la confie », avait-elle dit à Agathe-Marie et celle-ci avait souri. « N'aie crainte. »

« Et maintenant ? » se dit-elle. Elle voulait retrouver Zacharie le plus vite possible. Elle devinait qu'elle ne parviendrait pas à le convaincre de retourner au Prieuré. Au moins, seraient-ils ensemble.

De loin, Zacharie paraissait las et soucieux. Jouant des coudes, Nine se fraya un chemin dans la foule des manifestants qui grossissait d'heure en heure. Zacharie s'entretenait avec un petit groupe. Elle attendit patiemment qu'il la voie à son tour.

Elle reconnut Crémieux, bel homme aux cheveux et à la barbe noire. Son regard désenchanté fit mal à Nine. N'était-il pas d'ordinaire passionné, prêt à combattre toutes les injustices ?

Zacharie fronça les sourcils en apercevant enfin Nine. Il marcha sur elle et l'entraîna à l'écart.

– Que fais-tu ici ? lui jeta-t-il d'un ton peu amène.

Refusant de se laisser impressionner, Nine lui tint tête.

– Je suis venue te rejoindre, lui dit-elle.

Elle lui décocha un regard chargé de défi.

Malgré la gravité du moment, Zacharie eut envie de sourire. Il la retrouvait telle qu'il l'aimait, rebelle, indomptable.

– Vermeille ? s'enquit-il.

– Elle est en sécurité au Prieuré, nourrie par une jolie chevrette blanche et par les bouillies d'Agathe-Marie.

Elle ne précisa pas que son lait s'était tari du jour où elle était arrivée à Saint-Pancrace.

– Je préfère que tu retournes chez nous, insista Zacharie.

Nine secoua la tête.

– Pas question, Zacharie Lombard ! Je reste à tes côtés.

On l'appelait depuis la tribune. Il dut s'éclipser après l'avoir enveloppée d'un regard indéfinissable.

« Je t'aime », signifiait ce regard mais aussi : « Comprends-moi, j'ai peur pour toi. »

Nine releva le menton.

À cet instant, l'un comme l'autre n'imaginaient pas que la situation à Marseille se dégraderait aussi rapidement.

32

30 mars 1871

– J'aime pas ça, marmonna Bettine, en resserrant son châle autour de ses épaules.

Venue saluer Nine avec qui elle avait noué des liens d'amitié, la sage-femme avait découvert les affiches couvrant les murs de la ville. Le commandant en chef de l'armée, le général Espivent de la Villeboisnet, annonçait par ce biais qu'il avait déclaré le département des Bouches-du-Rhône en état de siège. Or, les sympathies versaillaises d'Espivent n'étaient un secret pour personne.

– Tout a basculé à cause des trois Parisiens, renchérit Nine.

Landeck, May et Amouroux étaient des émissaires de la Commune de Paris. Arrivés à Marseille depuis le 28 mars, ils avaient contribué à alourdir un climat déjà détestable. Ceux qu'on surnommait le Trio infernal avaient en effet pour mission de remettre de l'ordre à Marseille, Paris estimant que le mouvement manquait d'unité et de fermeté.

Gaston Crémieux avait beau se démener, il était impossible de trouver un terrain d'entente entre les élus municipaux et les membres de la Commission départementale. On butait sur deux pierres d'achoppement, la libération des prisonniers, au nombre desquels on comptait notamment le préfet Cosnier et le général Ollivier, et le retrait du drapeau rouge. Or, dès que le Trio infernal prit les choses en main, la situation s'aggrava. Landeck tint à garder les otages, proféra des menaces. Selon lui, Crémieux était incapable de faire exécuter ses ordres. L'Avocat des pauvres avait le tort d'être trop humaniste comparé à des personnages rigides comme Landeck.

Maria, la voisine de Nine, rejoignit les deux femmes devant le lavoir, en bas de la rue Fontaine-Saint-Laurent.

– Ils ont retiré le drapeau rouge de la préfecture ! annonça-t-elle.

Bettine se signa.

– Doux Jésus ! Tout va s'arranger alors !

Maria fit la moue.

– Ils l'ont remplacé par un drapeau noir ! M. Doux, qui tient le café du coin, m'a expliqué que c'était encore pire. Une sorte de provocation.

Nine ne dit rien. Elle pensait à Zacharie, qui ne quittait pas Crémieux, et à leur fille. Elle avait peur.

Le soir, quand Zacharie rejoignit enfin leur logis, elle s'affola en remarquant son visage émacié et ses yeux profondément cernés.

– Nous nous battrons jusqu'au bout, bien sûr, lui dit-il avec lassitude, mais j'ai bien peur que notre rêve ne soit brisé.

– Nous ? répéta Nine, la bouche sèche.

Zacharie la fixa.

– M'imaginerais-tu abandonnant Crémieux ? Ce sera la débandade d'ici peu, le peuple lui-même nous tournera le dos ! Tout cela à cause de ces trois Parisiens ! La peur gagne. Hier, les petits épargnants sont allés retirer leurs économies de la Société marseillaise de la rue Paradis. Les pillages augmentent, on a même saccagé l'appartement du marquis de Barthélémy, un des chefs du parti légitimiste, et empoisonné son chien. Les fonctionnaires désertent leurs postes, la ville est pratiquement paralysée.

Elle tendit la main vers lui.

– Il est encore temps de quitter Marseille… Vermeille nous attend à Saint-Pancrace.

Cette fois, le regard de Zacharie se chargea de mépris.

– Fuir ? Tu me connais bien mal ! Je suis trop vieux pour renier le combat de toute une vie et, de toute manière, cela ne me viendrait jamais à l'esprit ! Pars, toi, je préférerais te savoir à l'abri. Tu n'aurais jamais dû revenir d'ailleurs. À cause de toi, je ne peux me consacrer totalement à notre cause.

Blessée, Nine se raidit pour ne pas se laisser submerger par l'émotion. Pas question d'éclater en sanglots devant cet inconnu qui n'était pas le Zacharie qu'elle aimait !

– Je ne partirai pas sans toi, déclara-t-elle gravement. Nous ne sommes pas mariés mais je t'aime, Zacharie, jusqu'à ce que la mort nous sépare.

Une ombre voila son regard. Il la serra contre lui avec emportement avant de la laisser aller avec lassitude.

– Je dois retourner là-bas, Nine. Promets-moi…

Il s'interrompit, lui prit les lèvres, passionnément. Elle ne dit rien. Les yeux pleins de larmes, le cœur déchiré, elle le regarda jeter dans sa besace l'exemplaire des *Contemplations* de Victor Hugo dont il ne se séparait jamais. Il franchit le seuil de leur chambre sans se retourner.

Nine effleura ses lèvres du bout des doigts.

Le baiser de Zacharie avait un goût d'adieu.

4 avril 1871

Dès les premiers coups de canon, Nine avait compris qu'Espivent était passé à l'attaque. C'était fatal, pensa-t-elle. Les jeux étaient faits depuis le 31 mars, quand Landeck avait prononcé la dissolution du Conseil municipal et fixé la date des élections au 5 avril. Crémieux, qui s'était entremis afin d'éviter tout recours à la violence, avait peu à peu été évincé par le Trio infernal parisien. Écarté, il redoutait quelque coup de force et s'en était ouvert à Zacharie. Les deux hommes avaient le sentiment que leur rêve leur avait échappé. Les Marseillais, effrayés par l'anticléricalisme affiché des Parisiens, ne savaient plus très bien où allaient leurs préférences. Les légitimistes, en effet, avaient beau jeu, dans de telles circonstances, de prédire les pires catastrophes ! La ville, apeurée, faisait le dos rond. Et, quand les bombardements commencèrent, Nine ne s'en étonna même pas. Elle pressentait que cela se terminerait ainsi depuis que, la veille, Landeck avait rappelé mille cinq cents gardes.

Espivent ne calerait pas. Et il avait avec lui plus de six mille hommes et, surtout, vingt-quatre pièces de canons.

Elle courut chez Bettine, dont le fils se trouvait parmi les insurgés, à la préfecture.

– Viens avec moi ! lui cria-t-elle.

Elle avait peur, horriblement peur. Et l'impression que, quoi qu'elle fasse, elle ne parviendrait pas à sauver Zacharie du piège où il s'était laissé prendre.

Les canons bombardaient sans relâche les rues menant à la préfecture depuis Notre-Dame-de-la-Garde. Espivent avait donné ses ordres. Et les Marseillais, atterrés, songeaient à Crémieux qui prédisait un véritable massacre depuis plusieurs jours.

– Comment veux-tu les retrouver dans cette pagaïe ? cria Bettine afin de couvrir le bruit des tirs et de la canonnade.

Nine secoua la tête.

– Sauve-toi si tu le souhaites. Moi, j'y vais !

Bettine posa la main sur son poignet.

– N'oublie pas votre fille.

Tout au long de la journée, cette simple phrase obséda Nine.

Vermeille se trouvait au Prieuré en sécurité, certes, mais elle avait besoin de son père et de sa mère. Cependant, Nine ne pouvait pas ne pas chercher Zacharie.

Il semblait y avoir des soldats partout. Ils tiraient depuis les fenêtres et les toits, place Castellane, sur le cours Bonaparte, le cours du Chapitre, rue Breteuil... On racontait que le chef de gare, M. Roy, avait été fusillé sous prétexte de complicité avec les garibaldiens.

Nine, malgré ses efforts, ne put parvenir à la préfecture. Bettine et elle aidèrent à l'évacuation des blessés. Beaucoup avaient été atteints par des éclats d'obus. Des vieillards, des enfants gisaient sur les pavés. Les hommes jeunes continuaient de se battre pour défendre la préfecture. Derrière le rideau de fumée, Nine ne discernait pas grand-chose. Elle crispa les doigts sur l'épaule d'une femme qui gémissait à ses côtés. Son enfant était touché.

– Ça saigne beaucoup mais il s'en sortira, lui assura Bettine.

La femme pleurait.

– Un garçon qui n'a pas huit ans... Comment a-t-on pu tirer sur lui ?

Elle brandit le poing en direction des soldats qui prenaient le cours du Chapitre en enfilade sous leurs tirs.

– Ces maudits ! Ils n'ont rien compris !

Oui, songea Nine, ils n'avaient rien compris au rêve des Marseillais. Jeter les bases d'une vraie démocratie, sans sombrer pour autant dans la violence. Landeck d'abord, par son intransigeance, puis Espivent, réputé haïr les Marseillais, avaient tout gâché.

Les tirs se concentraient désormais sur la préfecture. On avait fait courir le bruit que les otages avaient été exécutés la veille, afin d'attiser la haine des soldats. Nine était persuadée qu'il n'en était rien. Zacharie n'aurait jamais permis pareille ignominie ou aurait quitté séance tenante les rangs des insurgés.

Un homme barbu, les cheveux longs, s'arrêta à hauteur de Bettine.

– C'est Notre-Dame-de-la-Bombarde désormais ! lança-t-il en désignant la colline de Notre-Dame-de-la-Garde d'où partait une canonnade nourrie.

Bettine se signa.

– Le Ciel ait pitié de nous ! S'ils gagnent la partie, la répression sera terrible.

Nine hocha lentement la tête.

Elle savait que le rêve de la Commune de Marseille était d'ores et déjà condamné. Une seule chose lui importait, sauver Zacharie.

La nuit enveloppa lentement la ville. Les tirs cessèrent peu à peu et Nine se reprit à espérer. Et puis, elle entendit comme un grondement qui se rapprochait, d'autant plus alarmant que l'obscurité ne permettait pas de déterminer ce qui se passait. Bettine et elle se plaquèrent contre une porte cochère.

– Les marins ! souffla Bettine.

Elle savait, comme la plupart des Marseillais, que deux navires de guerre, *La Magnanime* et *La Couronne*, avaient fait route sur la ville.

Blotties dans leur refuge, elles virent passer les colonnes de marins. À la lueur des flambeaux, leurs visages étaient de pierre, leurs regards déterminés.

Nine se mit à trembler.

« Ils vont me le tuer ! » pensa-t-elle.

Elle se lança à la suite de la dernière colonne. Ses pieds chaussés d'espadrilles de corde ne faisaient pas de bruit sur les pavés. De loin, on aurait pu croire que la préfecture avait été désertée. Une atmosphère de plomb empoisonnait la ville. Tout le monde attendait un miracle. Quand les marins donnèrent l'assaut, Nine sut que tout était fini. Les insurgés ne pouvaient pas résister au déluge de mitraille qui s'abattait sur eux.

Serrant les poings, elle scruta la nuit déchirée par les flammes. Zacharie était quelque part dans cet enfer, et elle le trouverait.

Ou bien elle mourrait.

33

Avril 1871

La roue gauche de la brouette grinçait sur les pavés, accentuant la panique de Nine.

« Je peux y arriver », se répétait-elle, en se raidissant. Il lui semblait qu'elle n'oublierait jamais cette nuit du 5 avril, pas plus que la journée du 6, durant laquelle elle avait parcouru les alentours de la préfecture, à la recherche de l'homme qu'elle aimait. Le bâtiment avait été pris par les marins un peu avant minuit. On avait alors découvert que les otages étaient en vie. En revanche, des dizaines de cadavres d'hommes jeunes jonchaient les parquets de la préfecture. Hagarde, Nine avait réussi à franchir le barrage des marins et avait couru d'un corps à l'autre, en priant pour que Zacharie ait été épargné.

Le fils de Bettine comptait au nombre des blessés. Les deux femmes avaient voulu l'emmener, en vain. Un officier les en avait empêchées en les menaçant de son sabre. Hors de lui, il les avait insultées, hurlant que tous les communards devaient être passés par les armes. Vaincue, Bettine avait tourné les talons. Nine, elle, avait continué à batailler pied à pied, jusqu'à ce qu'un marin pose la main sur son bras.

« Madame, vous devriez rentrer chez vous, lui avait-il soufflé. Il est capable de vous faire fusiller. »

Elle s'était alors souvenue de la phrase prononcée par Bettine, la veille ou l'avant-veille, elle ne savait plus.

« N'oublie pas votre fille. »

Il fallait qu'elle vive. Pour Vermeille. Et pour Zacharie.

Elle ne s'était pas mêlée aux Marseillais qui, à midi, avaient applaudi Espivent et ses troupes. Plusieurs huées lui avaient redonné du courage. Dieu merci, toute la ville n'avait pas retourné sa veste !

De retour chez eux, elle s'était changée, débarbouillée, avait passé ses habits du dimanche qui la faisaient ressembler à une bourgeoise. À ce prix, elle pourrait se faufiler un peu partout. Elle était allée au *Café de la Renaissance* demander discrètement si quelqu'un avait vu Zacharie. Le garçon lui avait fait comprendre que la rue Molière était surveillée. Il lui avait cependant glissé : « Allez voir du côté du cimetière Saint-Pierre. »

Nine était allée se recueillir à la toute récente église Saint-Vincent-de-Paul que les Marseillais continuaient à appeler l'église des Réformés afin de brouiller les pistes si elle avait été suivie.

Elle marchait vite, et s'efforçait de ne pas imaginer le pire. Crémieux n'avait pas été retrouvé. En toute logique, Zacharie, qui l'admirait tant, devait s'être attaché à ses pas.

Parvenue devant l'entrée du cimetière, elle marqua une hésitation. Qui aurait pu avoir l'idée de se réfugier ici ? Pourtant, au-delà des grilles, elle apercevait des pins, des allées, évoquant un endroit paisible et pourquoi pas ? une cachette.

De toute manière, elle n'avait pas le choix !

Résolue, elle franchit les grilles et se dirigea vers le logement du gardien. Elle remarqua tout de suite son trouble. Cet homme-là avait peur. Il jetait sans cesse des coups d'œil furtifs par-dessus son épaule comme s'il s'était attendu à voir surgir Espivent en personne !

Nine se présenta comme l'épouse de Zacharie.

– Je m'en remets à vous, monsieur, lui dit-elle simplement. Si vous désirez me dénoncer aux soldats, libre à vous. Je cherche mon mari, c'est tout ce qui compte pour moi.

– Je ne le connais pas ! se défendit trop vite le gardien.

Elle aurait volontiers trépigné d'impatience. Ne pouvait-il comprendre que le temps pressait ? Les hommes d'Espivent traquaient les sympathisants et les acteurs de la Commune de Marseille. Ils pouvaient arriver d'un instant à l'autre.

– Je vous en supplie, insista Nine. Ils ont déjà tué tant de jeunes hommes, à la préfecture…

L'homme opina du chef. Se décidant soudain, il l'entraîna vers un local adjacent à son logis.

– Pas un mot, surtout ! lui recommanda-t-il.

Elle eut l'impression que son cœur s'arrêtait en découvrant les deux corps allongés sur une table nue. Tous deux portaient la barbe. L'un était d'une pâleur cadavérique, comme les morts qu'elle avait entrevus à l'intérieur de la préfecture. L'autre… Dieu juste ! Elle venait de reconnaître le pantalon de velours et les souliers de son homme, qu'elle appelait « les increvables », achetés dix ans auparavant à Beaucaire. Elle s'élança.

– Zach, mon chéri…

Elle frémit en sentant son pouls battre faiblement. Il avait une blessure au côté droit par laquelle le sang coulait.

– C'est lui, mon mari. Avez-vous de quoi le soigner ?

Le gardien haussa les épaules.

– Je vais vous chercher un peu de gnôle.

Déjà, Nine déchirait son jupon d'un coup sec pour en faire un bandage. Elle versa de l'alcool sur la plaie, ce qui eut pour effet de ranimer Zacharie. Il ouvrit les yeux, la découvrit penchée au-dessus de lui.

– Nine ! C'est bien toi ?

– Chut ! fit-elle en posant un baiser sur ses lèvres. Nous rentrons à la maison.

Il tenta de protester, mais il était si faible qu'il s'évanouit de nouveau.

Nine se retourna vers le gardien.

– Pouvez-vous m'aider ?

– Les soldats et les marins sont partout. C'est un vrai miracle s'ils ne sont pas encore venus inspecter le cimetière.

– Je refuse de laisser mon mari ici.

Elle réfléchit quelques instants, sourit.

– Il suffit de me dénicher une brouette.

La roue gauche grinçait de plus en plus fort. On n'entendait qu'elle, semblait-il et, sous le soleil déjà chaud d'avril, Nine sentait la sueur ruisseler le long de son dos. L'aide du gardien lui avait été précieuse pour porter Zacharie dans la brouette du fossoyeur. Ils avaient posé sur lui des sacs en toile de jute.

« Allez-y, ma petite dame, et que le Seigneur vous assiste », lui avait-il dit.

Pour faire bonne mesure, il avait renversé de la gnôle sur les vêtements de Zacharie.

En quittant le cimetière, Nine avait remarqué une femme à l'allure étrange descendant d'un fiacre. Elle se dirigeait vers le cimetière israélite qui jouxtait le cimetière Saint-Pierre. Leurs regards s'étaient croisés. La femme avait jeté un coup d'œil au visage de Zacharie avant de se détourner. Nine en avait gardé un sentiment de malaise diffus.

Elle s'arc-bouta pour réussir à gravir une rue pentue que Zacharie et elles surnommaient la Grimpette. Elle choisissait de préférence les rues étroites du vieux Marseille, espérant ainsi échapper à la vigilance des soldats qui, la baïonnette au fusil, effectuaient des rondes, toujours à la recherche des communards en fuite. La ville bruissait de rumeurs. On aurait déjà arrêté plus de cinq cents personnes. Plusieurs rédacteurs de journaux avaient été emprisonnés au fort Saint-Nicolas.

Nine avait compris qu'ils ne devaient pas regagner leur logis. Il lui fallait trouver un refuge chez une personne non compromise, ce qui excluait tous les collègues de Zacharie.

Parvenue en haut de la Grimpette, elle laissa errer son regard sur cette ville qu'elle aimait tant. Les commerces avaient rouvert leurs portes mais les visages demeuraient fermés. Dans nombre de familles, on déplorait un mort ou un blessé.

« Sybille, pensa alors Nine. Sybille pourra m'aider. »

Elle reprit sa marche cahotante. Des soldats l'avaient déjà arrêtée, du côté de l'ancienne léproserie Saint-Lazare. Elle leur avait lancé : « Regardez l'état dans lequel mon époux s'est mis ! En quinze ans de mariage, je n'avais jamais vu ça ! Il a fêté la victoire jusqu'à rouler sous la table du cabaret. Et comme pas un fiacre n'accepte de nous prendre en charge, je n'ai trouvé qu'une brouette pour le ramener chez nous ! Sentez, messieurs, il pue l'eau-de-vie ! »

Les militaires riaient sous cape. Ils l'avaient laissée continuer son chemin. Le gardien avait eu la main lourde. Sous le soleil, l'odeur de gnôle était difficilement supportable.

Nine avait hâte d'atteindre la rue de Rome. Elle craignait qu'un gémissement n'échappe à Zacharie.

Parvenue sur la place de Rome, elle détourna la tête pour ne pas regarder du côté de la préfecture. Partout, on relevait des traces – vestiges de barricades, de trous d'obus – de la bataille du 4 avril.

Elle crispa les mâchoires. Elle avait retrouvé Zacharie mais elle imaginait qu'il leur faudrait du temps, beaucoup de temps, avant de se remettre des événements tragiques des derniers jours.

Elle pressa le pas en direction de la rue de Rome. Si Sybille n'était pas chez elle, Nine irait quérir

M. Marqueys. Elle n'avait personne d'autre à qui faire confiance.

Dans la brouette, Zacharie bougea et exhala une plainte sourde.

– Nous arrivons, lui dit-elle avec une infinie tendresse.

Quand Sybille se pencha à sa fenêtre, Nine ressentit brutalement la fatigue. Pourtant, elle savait qu'ils n'étaient pas encore saufs. Il fallait soigner Zacharie et, surtout, parvenir à quitter Marseille.

La ville passée sous le contrôle d'Espivent était devenue un piège mortel pour les communards.

34

Juin 1871

Chaque été, le parfum des tilleuls de l'allée exaspérait Élie Lombard. Trop fort, trop douceâtre, trop insidieux... Il savait par Séraphine que son demi-frère, le fils maudit comme elle l'appelait, était passionné par les tilleuls. On lui parlait encore de temps à autre de Jean-Baptiste, un « vrai Bonaventure », en vantant les vertus de sa mère et de sa famille maternelle. De quoi exacerber la rancœur d'Élie qui se rendait bien compte que Séraphine n'avait jamais été vraiment acceptée par les gens du pays. Lorsque sa mère était morte, deux ans auparavant, on ne s'était pas déplacé en masse pour l'accompagner au cimetière. Les derniers temps, Séraphine avait sombré dans une démence sénile. Elle ne se lavait plus, restait recluse dans sa chambre et proférait d'horribles jurons. Elle avait refusé la visite du prêtre et, de ce fait, avait été enterrée dans le carré réservé aux indigents et aux athées. Tout le pays en avait parlé pendant au moins six mois !

Élie s'était querellé avec le prêtre, l'abreuvant d'injures et de menaces, avant de jeter l'éponge.

« Après tout... ma mère ne croyait pas en votre Dieu, seulement en elle ! » avait-il conclu, en enfonçant son chapeau sur la tête.

La mort de Séraphine l'avait plus dérouté que peiné. S'étaient-ils vraiment aimés l'un et l'autre ? Elle avait vu en lui un moyen d'asseoir sa situation au Mas des Tilleuls et lui s'était habitué très vite à ce qu'elle lui passe ses caprices. Mais en fait ils avaient partagé peu de chose.

Il haussa les épaules. Il se sentait vieux depuis la mort de sa mère, malgré ses quarante-cinq ans. Peut-être parce qu'il se retrouvait seul désormais dans une bâtisse peuplée d'ombres. La silhouette de la petite chapelle de Nazareth se découpait au-dessus des arbres sur un ciel presque trop bleu.

Il héla Aglaé, la servante qu'il mettait dans son lit. La trentaine déjà fanée, cette fille de l'Assistance, dure à la peine, travaillait sans relâche sans jamais se plaindre.

– Dépêche-toi donc ! s'impatienta-t-il.

Aglaé leva vers lui un regard de chien battu. Élie lui décocha une bourrade qui manqua la faire trébucher.

– Espèce de maladroite ! hurla-t-il. Même pas capable de tenir debout !

Aglaé serra les dents pour retenir un gémissement de douleur. Élie ne remarqua pas l'éclat de haine qui passa dans ses yeux. L'instant d'après, elle avait abaissé ses paupières.

– Les cueilleurs sont arrivés ? s'enquit-il d'un ton rogue.

– Ils sont à l'ouvrage.

De nouveau, Élie haussa les épaules. Il ne s'occupait pas volontiers des tilleuls. Depuis la mort de son père, il ne cherchait plus à exercer les attributions du maître.

Boire, vivre à sa guise lui suffisaient. Lorsqu'il regagnait sa chambre après avoir vidé plusieurs bouteilles et fait honneur à l'absinthe – qu'un compagnon de beuverie lui avait fait découvrir un jour à Mollans –, le fils cadet de Sosthène parvenait à oublier.

Celle qu'il maudissait depuis près de quinze ans, Alexandrine.

Sa garce d'épouse, dont il n'avait jamais retrouvé la trace.

Dès leur première excursion, Nine était tombée sous le charme de la montagne de Lure. La transparence de l'air, son piquant au petit matin, la richesse de la végétation l'avaient séduite. Comme les femmes de Saint-Pancrace l'avaient toujours fait avant elle, elle était partie cueillir des plantes, qu'elle avait appris à reconnaître grâce aux planches dessinées par Lilas. Elle savait désormais distinguer l'anémone hépatique, ainsi nommée car le dessous de ses feuilles était aussi violet que le foie, la buglosse et la vipérine, fausses bourraches, ou encore l'hysope.

Ses escapades dans la montagne lui avaient permis de se remettre des émotions vécues à Marseille. Elle se demandait encore parfois comment elle avait réussi à ramener Zacharie au Prieuré. Sybille les avait recueillis, hébergés durant plusieurs jours. Un médecin de ses amis, venu soigner la blessure de Zacharie, leur avait recommandé la prudence. Les militaires d'Espivent étaient partout. Il fallait changer les pansements deux fois par jour, faire boire le blessé, le soutenir par une alimentation riche en viande car il avait perdu beaucoup de sang. Quand Zacharie s'était senti un peu mieux, ils étaient partis pour les Basses-Alpes, où ils seraient en sécurité. Victor était venu les chercher à La Treille, où Sybille les avait conduits. Cette solidarité amicale et familiale avait bouleversé la jeune femme. Tout au long du trajet, elle s'était montrée enjouée afin de rassurer Vermeille qui les regardait d'un air apeuré.

La petite fille caressait la main de Zacharie.

« Ma blessure n'est rien », répondait-il obstinément lorsqu'on lui demandait s'il ne souffrait pas trop. Son regard filait, du côté de Marseille, où étaient restés de nombreux camarades. Lorsqu'il avait appris l'arrestation de son ami Gaston Crémieux, dans le cimetière Saint-Pierre duquel Nine était parvenue à le tirer, Zacharie avait voulu se rendre aux autorités.

« Ils vont le fusiller, ils le considèrent comme un homme dangereux », expliquait-il à Nine. Et elle, obstinée, secouait la tête. « Te croiras-tu plus avancé s'ils t'arrêtent à ton tour ? Tu dois rester libre, pour mieux défendre tes amis. »

Elle avait compris en lisant la presse que la femme étrange entrevue devant le cimetière était en fait Crémieux… déguisé. Elle avait bataillé ainsi durant plusieurs jours. Jusqu'à ce que Zacharie s'incline. Il avait fini par admettre qu'il était trop faible pour être utile à quoi que ce soit. Tout comme son père, cependant, il parcourait tous les journaux, s'irritant à la perspective du procès de Crémieux et des seize autres inculpés.

– Regarde ! lança-t-il, jetant le quotidien sur la table.

Nine attira à elle le journal.

– Le procès débutera le 12 juin devant le premier conseil de guerre, dans la grande salle du tribunal correctionnel de police du palais de justice, lut-elle.

Elle frissonna. Elle ne pouvait s'empêcher de penser que Zacharie aurait pu se trouver parmi les accusés.

L'entrée de Jean-Baptiste dans le salon la fit sursauter. Le père de Zacharie apparaissait vieilli. La défaite contre les Prussiens et, surtout, les événements de Marseille l'avaient miné. Peut-être plus encore, l'incertitude quant au devenir du Mas des Tilleuls le rongeait. Il avait souvent posé des questions à Nine, au sujet de la grande allée de tilleuls, des moutons, de l'horloge de la salle… Cette horloge avait son histoire. Le grand-père Bonaventure avait fait venir de Franche-Comté le mécanisme et son balancier. Un menuisier de Buis avait fabriqué la caisse, ornée de feuilles de tilleul, avant d'y apposer ses initiales.

Elle lui répondait du mieux possible, tout en se raidissant contre ses propres souvenirs. Pour elle, le Mas des Tilleuls était un endroit où elle avait pensé mourir de désespoir.

Jean-Baptiste marcha d'un pas lourd jusqu'à son fauteuil, une grande chaise à bras garnie de serge de laine rouge incarnat, s'y carra avant de bourrer sa pipe. Il avait rapporté cette habitude d'Algérie et ne pouvait plus s'en passer.

« Ça trompe la faim », avait-il expliqué à Agathe-Marie, qui s'en étonnait.

– Agathe-Marie n'est pas encore rentrée ? demanda-t-il.

Nine retint Vermeille qui s'approchait un peu trop près de la pipe de son grand-père avant de répondre :

– Elle est allée à l'église.

Jean-Baptiste leva les yeux au ciel.

– Ma femme et ses bonnes œuvres !

Nine et Zacharie échangèrent un regard amusé. Jean-Baptiste aurait protesté haut et fort si on le lui avait fait remarquer mais il donnait l'impression d'être perdu dès qu'Agathe-Marie quittait le Prieuré.

« J'espère bien que nous deviendrons comme eux, lui avait confié Nine. Un vieux couple qui s'aime... »

Une ombre avait voilé son regard. Même si elle portait le même nom que Zacharie, elle n'était pas, et ne serait certainement jamais, son épouse.

Elle rêvait encore souvent d'Élie. Des rêves empreints de violence, durant lesquels elle tentait de lui échapper. Elle ne voulait pas penser à cet homme malfaisant.

Jean-Baptiste se tourna vers son fils aîné.

– J'ai vu maître Valas. Il te conseille de quitter Saint-Pancrace. Notre famille est fichée, tu t'en doutes. Je suis même surpris qu'on ne soit pas encore venu te chercher ici.

Il lui pesait de devoir s'adresser ainsi à Zacharie. Même s'il aimait tendrement Victor et Raphaël, le fils de Lilas demeurait son préféré. Tous deux partageaient le même idéal républicain, bien que Zacharie soit plus radical que lui.

Le père de Vermeille hocha la tête.

– Nous partirons dès demain.

Jean-Baptiste leva la main en signe d'apaisement.

– Je ne te chasse pas, mon fils, bien au contraire. Si tu veux, nous grimperons demain matin jusqu'à Notre-Dame-de-Lure.

– Il y a déjà longtemps que j'ai perdu la foi, répliqua Zacharie.

Un sourire teinté de mélancolie éclaira le visage de Jean-Baptiste.

– Ce n'est pas une question de foi. Notre-Dame de Lure, c'est différent. C'est là-haut que j'ai rencontré ta mère…

Nine s'était éclipsée, entraînant Vermeille vers l'office.

Les deux hommes gardèrent un silence prudent. Zacharie n'avait rien qui pût lui rappeler sa mère, seulement la voix de son père qui chavirait lorsqu'il évoquait Lilas. Tous deux étaient bien trop pudiques pour s'épancher. Jean-Baptiste toussota.

– Elle et moi, c'était… comme un orage qui nous aurait foudroyés en même temps. Les années ont passé, naturellement, mais… je n'ai jamais aimé comme j'ai aimé Lilas. Éperdument.

– Que faites-vous ici par ce beau temps ? Nine et Vermeille cueillent les framboises. Venez donc sous la treille ! Les jumeaux ne vont pas tarder.

La voix d'Agathe-Marie était enjouée. Avait-elle entendu la confidence de son père ? s'inquiéta Zacharie. Il lui jeta un coup d'œil discret.

Semblable à elle-même, elle ôtait les brides de son chapeau, le posait sur le dossier d'une chaise, soupirait d'aise.

– Il fait si bon au jardin ! Venez donc !

Zacharie se rapprocha d'elle, déposa un baiser léger sur sa joue.

– Nous, les Lombard, ne savons pas parler de nos sentiments. T'ai-je jamais dit, Gatoun, combien je t'aime ?

Les joues d'Agathe-Marie s'empourprèrent. Elle serra son beau-fils contre elle.

S'il sentit la larme qui mouillait sa joue, il n'en dit rien.

35

Zacharie avait oublié qu'il fallait du jarret pour grimper jusqu'à Notre-Dame de Lure. Son père était moins essoufflé que lui, malgré ses soixante-trois ans. Les deux hommes restaient silencieux. Le fils respectait la méditation du père. Il savait qu'ils avaient emprunté le chemin des souvenirs.

Il aimait la succession de végétation, garrigues, pins, chênes puis hêtres qui s'étageaient au fur et à mesure qu'ils progressaient vers l'ermitage.

Notre-Dame de Lure, fièrement plantée dans la combe, à laquelle on accédait sous une voûte de tilleuls, rappelait à Zacharie les pèlerinages auxquels, étant enfant, il avait accompagné Agathe-Marie.

Jean-Baptiste désigna de la main le noyer qui mesurait plus de quatre mètres de circonférence, situé à droite de l'esplanade :

– Ma tante Adrienne affirmait que cet arbre était le plus gros de France. Elle lisait beaucoup elle aussi et s'intéressait aux plantes. Des naturalistes sont déjà venus à l'épicerie pour me parler d'elle. C'était un personnage, tu peux me croire !

– Toutes les femmes de la famille sont des personnages, glissa Zacharie.

Il ne pardonnait pas à son père sa réserve à l'égard

de Nine. Était-ce sa faute si elle était toujours mariée à cette brute d'Élie, son demi-frère ?

Zacharie aurait aimé en parler à son père. Il pressentait que Jean-Baptiste, en vieillissant, devenait de plus en plus amer. Son domaine tant aimé, ses racines lui manquaient. Pour Zacharie, c'était simple : Nine et Vermeille lui tenaient lieu de racines.

Sans hésiter, Jean-Baptiste obliqua vers la combe.

– La source de Morteiron a toujours alimenté le jas de Fine, indiqua-t-il.

Le sol était couvert d'aphyllanthes de Montpellier et de touffes basses de petit genêt d'Espagne. Le jaune et le bleu mêlés composaient un tableau bucolique.

– Ta mère appelait l'aphyllante le Pain de coucou, rappela Jean-Baptiste. J'ai longtemps cherché une explication. C'est très simple : les graines de cette plante, riches en gras, sont précieuses pour les oiseaux en automne, à l'époque des migrations.

Il ne prononçait jamais le nom de Lilas comme si c'eût été pour lui une épreuve insurmontable. Zacharie reconnut la silhouette trapue du jas, à l'appareillage de pierres sèches sous le toit de lauzes.

Jean-Baptiste reprit son souffle en s'appuyant sur l'épaule de son fils. Soixante-trois ans… misère ! Ce devait être à peu près l'âge de Sosthène lorsqu'il était venu l'insulter et le maudire de nouveau à Toulon.

– Tu vois, j'ai toujours voulu qu'il soit entretenu, reprit Jean-Baptiste. La cheminée tire bien, les placards sont remplis, et le revêtement de la citerne a été refait à neuf l'an passé. Les auges en bois sont en bon état, elles aussi. Vous serez à l'abri ici avec la petite.

Zacharie réprima un sourire. La solitude du jas de Fine contrastait tant avec l'animation de Marseille ! Et, cependant, si cela convenait à Nine, il ne serait pas fâché de s'installer là où Lilas avait passé sa prime jeunesse. Quand il évoquait sa mère, il imaginait une belle fille rebelle.

Curieusement, c'était Agathe-Marie qui lui avait le mieux parlé d'elle. « Elle donnait l'impression de n'avoir peur de rien ni de personne, lui avait-elle confié. Une chevrette entêtée et belle, si belle… Jean-Baptiste et elle formaient un couple de rêve. »

Il avait perçu la fêlure dans sa voix. Elle lui avait tapoté la main, comme pour lui recommander de ne pas prêter attention à son émotion. Il s'était alors senti encore plus proche d'elle.

Comme souvent dans la montagne, la porte du jas n'était pas fermée à clef. Il suffisait de la pousser pour découvrir la salle, avec ses meubles simples : table, banc, tabourets, bat-flanc, placard patinés par les ans.

– Voilà, fit Jean-Baptiste d'une drôle de voix enrouée.

Il revoyait Fine, assise les yeux mi-clos au coin de l'âtre, et Lilas, son amour, virevoltant dans la pièce.

Il tendit la main, comme pour attirer vers lui une ombre, la laissa retomber. Ses épaules s'affaissèrent.

– Voilà, répéta-t-il.

Et il tourna les talons.

Profondément ému, Zacharie lui emboîta le pas.

– Le gibier est abondant par ici, reprit Jean-Baptiste. Je ne sais ce que tu as l'intention de faire…

Son aîné soutint son regard.

– Écrire, naturellement, pour ne pas avoir l'impression d'avoir tout gâché. Nine et moi allons repartir de zéro. Nous sommes encore jeunes. Et puis, du moment que nous sommes ensemble avec notre fille…

– Ta mère avait un petit troupeau de chèvres. Le jas fait partie de ton héritage, mon fils. Tu en es propriétaire, désormais. Vous aurez de l'eau en quantité suffisante grâce à la source et à la citerne. C'est précieux ici ; tu sais comme moi que les sources sont rares dans la montagne. À présent… je redescends. Tu m'accompagnes ou tu préfères rester un peu ici ?

– Je reviens avec vous, père, bien sûr.

Zacharie réalisa soudain que, s'il tutoyait Agathe-Marie, il avait toujours vouvoyé son père. Il n'osa pas lui offrir son bras. Jean-Baptiste marchait d'un pas décidé, comme pour prouver qu'il n'avait rien perdu de son allant.

Il tendit soudain l'oreille.

– Écoute ! souffla-t-il en crochetant le bras de son fils.

C'était un bruant, assurément. Semblable à celui que Lilas avait apprivoisé. Elle connaissait tous les oiseaux de la montagne, toutes les plantes.

Elle était morte beaucoup trop tôt, et son fils allait habiter le jas de Fine.

– Tout est bien, murmura-t-il, si bas que Zacharie ne fut pas certain d'avoir bien compris.

– Tu es sûre de te plaire ici ?

Il y avait encore beaucoup à faire, se dit Nine, avant que le jas ne corresponde à une vraie maison, mais cela lui importait peu. Ils avaient laissé derrière eux à Marseille quelques meubles, un peu de linge. Lorsqu'ils avaient réussi à fuir la ville, ils n'avaient emporté que les habits de Vermeille, leurs vêtements de rechange et leurs livres préférés. L'essentiel, pour eux.

Vermeille était partie en exploration autour du jas. Nine se tourna vers Zacharie.

– Nous serons très bien ici, déclara-t-elle en se blottissant contre lui.

Du moment qu'ils étaient ensemble, elle était heureuse. Même si elle pensait de plus en plus souvent à Élie, comme si le statut de proscrit de Zacharie avait amplifié son sentiment d'insécurité.

– Tu as déjà trait une chèvre ? questionna-t-il tout à trac.

Nine éclata de rire.

– Bien sûr ! Mes parents avaient un troupeau, à Buis. Tu sais, je suis une fille de la campagne.

Elle n'évoquait pratiquement jamais son enfance. Zacharie savait qu'elle correspondait toujours avec sa sœur Clémence. Nine en parlait peu, comme si elle avait désiré édifier une barrière entre sa vie d'avant et celle qu'elle menait avec Zacharie et Vermeille. Il la comprenait. Lui-même n'avait pas envie de savoir. Plus par désir de protéger la femme qu'il aimait que par lâcheté.

Il prit une longue inspiration.

– Je vais écrire des articles. C'est à peu près tout ce que je sais faire.

Il avait été colporteur, ouvrier dans une savonnerie, journaliste. Et à quarante et un ans, se retrouvait sans emploi, sans revenus.

Nine lui caressa la joue, d'un geste empreint d'une tendresse infinie.

– Nous sommes tous les trois, mon amour.

Il n'avait pas besoin de lui dire à quel point l'échec de la Commune de Marseille l'avait marqué, ni son tourment de savoir Crémieux en si mauvaise posture. Tout cela, Nine le devinait. Elle partageait son engagement, et avait écrit plusieurs poèmes. Agathe-Marie, qui les avait lus, l'avait incitée à les envoyer à M. Daudet en donnant l'adresse du Prieuré.

Nine avait suivi cette suggestion et puis n'y avait plus songé.

Elle sourit à Zacharie.

– Allons ! Nous avons de l'ouvrage ! Mais cela ne nous a jamais fait peur, n'est-ce pas ?

Elle se tenait bien droite, le menton levé dans une attitude de défi. Elle était belle, pensa Zacharie en l'attirant contre lui, et il l'aimait.

Grâce à elle, pour elle, il avait de nouveau envie de se battre.

La cueillette du tilleul avait toujours été une période particulière, propice aux rapprochements. La chaleur, le parfum entêtant des fleurs qui attirait les abeilles en nombre, l'arrivée de jeunes gens descendus de la montagne pour se jucher, durant deux semaines, sur de grandes échelles contribuaient à créer une atmosphère de sensualité insidieuse. Échanges d'œillades, frôlements de doigts… des idylles fugaces se nouaient, le temps du tilleul.

Aglaé avait tout de suite remarqué le manège d'Aïda. Belle, certes, elle l'était, cette cueilleuse venue de Barcelonnette, et elle n'avait pas froid aux yeux. Vingt ans à peine, un regard de braise, une bouche aux lèvres pleines appelant les baisers, et un corps tout en courbes qu'elle dévoilait volontiers en dégrafant son corsage ou en retroussant son jupon. Il faisait si chaud… Et les cueilleurs d'opiner du chef en sentant leurs joues s'empourprer.

Aglaé n'avait pas été étonnée de constater que le maître, pour une fois, se mêlait aux saisonniers, allant même jusqu'à partager leurs repas. Dès le premier jour, elle avait deviné qu'il avait jeté son dévolu sur la belle fille aux dents pointues.

Aïda le regardait venir en souriant. Le maître portait déjà les stigmates de ses années de beuverie mais il avait du bien. Le plus gros propriétaire de la région, chuchotait-on. Les langues allaient bon train, dans le voisinage. « Il ne peut pas se marier », expliquait-on en rappelant l'existence de Nine, son épouse disparue. « C'est un homme mauvais », ajoutait-on.

Aglaé aurait pu en dire long à ce sujet. Elle seule, lui semblait-il, savait jusqu'où pouvait aller la cruauté du maître. Son corps couturé de cicatrices en attestait.

Elle avait enfoui, loin dans sa mémoire, cette nuit horrible durant laquelle Séraphine l'avait avortée pendant que le maître la maintenait solidement.

Elle avait failli y rester, avait brûlé de fièvre une bonne semaine et cru mourir, sur sa paillasse. Les autres domestiques ne pouvaient pas ne pas avoir remarqué son absence mais personne n'avait posé de question. Aglaé sentait encore le goût de la lanière de cuir qu'Élie lui avait fourrée dans la bouche pour étouffer ses cris. Cet homme et sa mère étaient deux monstres. Elle aurait voulu prévenir Aïda, la mettre en garde, mais avait bien trop peur du maître pour s'y risquer.

De plus, quel crédit pouvait-elle accorder à cette fille ? Depuis des années, Aglaé, terrorisée, battue, s'efforçait de survivre en courbant le dos.

Pourtant, quand elle constata qu'Aïda semblait écouter les belles paroles d'Élie, elle se décida. Sa vie à elle était gâchée depuis longtemps mais elle pouvait encore sauver celles d'autres femmes.

36

Septembre 1871

Il faisait si bon que Victor ne pouvait se résoudre à fermer la porte de la boutique. Il en rêvait depuis si longtemps de son épicerie ! Contre l'avis de ses parents, il l'avait ouverte à Marseille, dans le quartier Saint-Louis.

« Notre nom risque de te causer des problèmes, mon garçon », l'avait mis en garde Jean-Baptiste.

Victor avait haussé les épaules. Il n'allait tout de même pas rester toute sa vie à Saint-Pancrace ! Il lui fallait l'animation, le brouhaha de la grande ville pour avoir le sentiment d'exister enfin. Plus mince, plus fragile que son jumeau, Victor avait besoin de se séparer de lui pour trouver sa place.

Il vendait de tout, à *L'épicerie des Alpes*, mais surtout des plantes provenant de Lure. Il avait eu l'idée de composer des baumes aux noms évocateurs : *Baume pour des mains de soie*, *Crème sultane aux amandes*, *Eau de lys*, *Baume à la lavande*, *Baume à l'églantine*… Le bouche-à-oreille avait fonctionné, on s'arrachait les petits pots ronds entourés d'un mince fil doré.

À trente-quatre ans, Raphaël avait eu envie de découvrir d'autres horizons. Leur mère l'avait bien compris. Les jumeaux, marqués par l'arrestation de leur père, s'étaient longtemps réfugiés au Prieuré et dans la montagne comme pour se protéger du monde extérieur, forcément hostile. Le retour de Zacharie les avait en quelque sorte libérés. Ils pouvaient enfin quitter Saint-Pancrace, vivre leur vie sans se soucier de leurs parents. La politique ne les intéressait guère. Deux générations de Lombard aux prises avec la police impériale ou avec les Versaillais leur avaient suffi. Raphaël avait embarqué à bord d'un navire marchand faisant route vers l'île de la Réunion. Un voyage si lointain qu'Agathe-Marie en avait eu le tournis. Digne héritier d'une lignée d'herboristes, Raphaël avait emporté carnets, herbier et besace.

Victor caressa du plat de la main son comptoir, exacte réplique de celui de l'épicerie familiale à Saint-Pancrace. Pour l'instant, il se débrouillait sans commis mais, si son affaire se développait comme il l'espérait, il devrait bientôt embaucher. Il esquissa un sourire. Le beau temps lui permettrait d'aller se promener, après la fermeture de l'épicerie, jusqu'au parc Borély. Il espérait bien y revoir une jeune femme blonde aux yeux verts avec qui il avait échangé quelques mots la veille, dimanche.

Le carillon tinta. Deux clientes s'avancèrent vers le comptoir. Elles avaient entendu parler du *Baume à l'églantine* et désiraient s'en procurer. Victor s'empressa, leur proposa sa gamme de crèmes et d'onguents. En devisant avec ces femmes d'une trentaine d'années, il cerna mieux quel genre de produits elles recherchaient.

– Le soleil entraîne des dommages pour la peau, confia la plus âgée.

Elle portait pourtant un chapeau volumineux mais Victor savait que celui-ci n'était pas suffisant pour la protéger. Il pensa aussitôt à un baume à la rose et à la mauve.

Il avait déjà une idée pour le nom. *Le Baume pour une Dame Blonde.*

Octobre 1871

Les premières gelées avaient blanchi le sommet de Lure. Le matin, en se levant, Zacharie avait découvert un décor vaporeux, flouté par la brume. Les arbres se diluaient dans un halo laiteux.

Dieu merci, la cheminée tirait bien et, en laissant la porte de la chambre ouverte, ils ne souffraient pas du froid. Nine emmitouflait Vermeille qui riait beaucoup. Leur petite fille avait un chat, et un chien, un bâtard trois couleurs, blanc, noir et feu qui la suivait partout. Lorsqu'elle s'aventurait un peu trop loin à son goût, il se plaçait devant elle, l'empêchant de poursuivre son chemin et poussant deux jappements brefs pour alerter Nine.

« Pirate est une vraie nounou », s'amusait Nine.

Son visage s'altéra en voyant que Zacharie passait, comme elle disait, « son habit passe-muraille ». Long manteau au col relevé, chapeau en castor, canne…

– Je ne te reconnais pas, murmura-t-elle.

Elle savait ce que cela voulait dire. Zacharie s'apprêtait à descendre à Apt, où il rencontrait d'anciens camarades. À chaque fois, elle redoutait qu'il ne soit arrêté. Elle n'avait rien oublié des tragiques événements de la Commune de Marseille.

– Sois prudent, Zacharie, lui recommanda-t-elle en se haussant sur la pointe des pieds pour l'embrasser.

Il prit son visage frémissant entre ses mains.

– Je te le promets, ma chérie. Ne t'inquiète pas. Veux-tu descendre au Prieuré ?

Elle secoua la tête.

– Je n'ai pas peur ici. Lilie a tous ses points de repère depuis qu'elle sait marcher. Et puis, je suis au calme pour écrire.

Elle n'aurait jamais imaginé recevoir une lettre d'Alphonse Daudet. Pourtant, il lui avait écrit au Prieuré, l'adresse qu'elle avait donnée, en signant « A. Lombard ». Il avait aimé ses nouvelles, lui en réclamait d'autres, et transmettait les premières à son ami Frédéric Mistral.

Incrédule, Nine avait attendu trois jours avant de se confier à Zacharie. La réaction de son compagnon ne l'avait pas déçue. Il avait demandé à lire ses textes et l'avait encouragée.

Tenant Vermeille – qui s'était rebaptisée elle-même Lilie – dans ses bras, Nine suivit, depuis le seuil du jas, la progression de Zacharie vers Notre-Dame de Lure. Elle savait qu'il ne se retournerait pas.

Dans la cohue du marché du samedi, la rencontre fortuite de deux bourgeois au fond d'un café aptésien n'avait rien de surprenant. Un soleil bravache éclairait les façades des maisons en bordure du Calavon. Zacharie soutint le regard de son camarade Gabriel qui venait de lui donner des nouvelles récentes de Gaston Crémieux.

– Depuis septembre, notre ami a sombré dans le désespoir. Le fait de savoir que la Cour de cassation avait rejeté tous les pourvois l'a anéanti.

– D'autant qu'il s'est toujours battu pour épargner la vie des otages.

– Ceux-ci ont témoigné en ce sens, le préfet Cosnier en tête. Crémieux est un idéaliste comme nous, pas un homme appliquant la terreur, et ce malgré l'admiration qu'il voue à Robespierre.

Zacharie hocha la tête.

– Je me demande d'ailleurs encore pourquoi Crémieux, Pélissier et Étienne ont été condamnés à mort. Landeck lui-même n'a-t-il pas reconnu qu'il avait pris les mesures qu'il croyait nécessaires et ce contre l'avis de Crémieux ?

Gabriel émit un petit sifflement.

– Landeck a réussi à se réfugier à Londres alors que Crémieux a été arrêté… dans le cimetière juif de Marseille, de surcroît. N'oublie pas qu'Espivent ne s'est pas caché de vouloir la tête de Crémieux. N'oublie pas aussi que notre ami est israélite, et d'une famille modeste. Pour des hommes comme Espivent, il est inconcevable que Crémieux ait pu se retrouver à la tête de la Commission départementale de Marseille. De plus, les propriétaires ne lui ont pas pardonné son intervention de février dernier, à Bordeaux, quand il a volé au secours de Garibaldi. Il s'est alors écrié : « Majorité rurale, honte de la France ! » Ce jour-là, notre ami Crémieux s'est retrouvé en quelque sorte l'homme à abattre.

– Pourtant, son épouse a reçu l'assurance de Thiers lui-même qu'il serait gracié.

– Oui, Thiers aurait dit à Mme Crémieux : « J'aime beaucoup votre diable de mari. Il est un peu trop poète, mais il a du bon sens et nous ferons quelque chose pour lui, aussitôt que ses cheveux auront blanchi. »

Gabriel fit la moue.

– Pour le crédit que nous pouvons accorder à Thiers, le fossoyeur de la Commune de Paris !

– Que faire, dans ce cas ?

Le camarade de Zacharie haussa les épaules.

– Prier ? L'un et l'autre sommes athées. Notre impuissance me fait enrager. Nous avons fait circuler une pétition que nous avons adressée à la Commission des grâces. Pour le reste… Il paraît que Crémieux se consacre à l'écriture d'une pièce de théâtre, *Robespierre ou le Neuf Thermidor*. Ses amis Pélissier et Étienne tentent de le convaincre qu'ils ne seront pas exécutés.

Zacharie serra les poings.

– Il a à peine trente-cinq ans, et trois enfants. Ce serait si… injuste.

– Du calme, Zach ! On nous écoute, à ta droite.

Il eut envie de répliquer qu'il s'en moquait bien, s'arrêta à temps. Nine ne le supporterait pas. Et Lilie…

il désirait de toute son âme lui transmettre son amour de la poésie, des beaux textes, sa passion pour la justice sociale…

– Tu as raison, admit-il.

Il haïssait Espivent, Thiers et leurs sbires qui les pourchassaient comme du gibier. Il s'était attelé à la rédaction d'un pamphlet, tout en s'occupant de leur troupeau de chèvres et en herborisant. Cette vie proche de la nature l'apaisait, même s'il se demandait avec rage à quel moment ils pourraient retourner à Marseille, mener une vie normale sans se cacher. La Semaine sanglante de Paris et les exécutions de part et d'autre avaient provoqué en lui une foule de questions. Comme Gaston Crémieux, il aspirait à une république idéale, non violente. Clovis Hugues avait écrit un fort beau poème sur les jours sanglants d'avril :

Salut, Commune ! Ô jours maudits !
Contre toi, contre tes apôtres,
Se dressèrent tous les bandits
Qui mangent le pain blanc avec les autres.
Lorsqu'ils t'eurent collée au mur,
Foutriquet éclata de rire.
On tira sur toi comme on tire
Sur les moineaux, dans les blés mûrs.
Salut, glorieuse martyre !

Il but d'un trait son verre d'absinthe, dont la couleur l'avait toujours fasciné. L'arôme d'herbe froissée et d'anis lui rappelait les parfums de la montagne. Il se leva.

– Tu m'écris ? demanda-t-il à Gabriel, avant de lui serrer la main.

L'un et l'autre espéraient encore que Crémieux échapperait à l'exécution.

Quelques jours plus tard, Jean-Baptiste grimpa au jas. Son visage était livide. Il venait d'apprendre que seuls Étienne et Pélissier avaient été graciés. La Commission des grâces avait rejeté le recours de Crémieux.

– C'est fini, déclara-t-il d'une voix lasse.

Assis à la table, il reprenait son souffle.

– J'étais si furieux que je suis parti à pied, sans même prévenir Agathe-Marie. Refuser la grâce de Crémieux… le marquis de Barthélémy lui-même, qu'on ne peut pas accuser de soutenir notre homme, est scandalisé.

Zacharie ne soufflait mot. Il revoyait les jours de mars passés à la préfecture en compagnie de Crémieux, l'entendait encore défendre la cause des prisonniers.

Il crispa les poings.

– Je vais à Marseille, décida-t-il.

Jean-Baptiste posa la main sur son épaule.

– Réfléchis, mon fils. J'ai perdu plusieurs années de ma vie sur les pontons puis en Algérie. À mon retour, plus rien n'était pareil.

« Plus rien n'était pareil à compter de la mort de ma mère », pensa Zacharie.

Il lut la détresse dans le regard de Nine. Il savait, cependant, qu'elle ne s'opposerait pas à son départ. Elle n'avait jamais cherché à l'influencer ni à lui imposer quoi que ce soit.

– Nous ne pouvons pas laisser exécuter Crémieux sans tenter une dernière chance, reprit-il.

– Un baroud d'honneur, en quelque sorte, ironisa Jean-Baptiste. Qu'est-ce que tu espères ? Soulever une ville qui a été matée par Espivent ? Marseille ne nous a pas soutenus en 1851. L'âge m'a rendu lucide, mon fils. L'heure est encore à la répression.

Zacharie secoua la tête.

– Il m'est impossible de rester ici les bras croisés.

Nine ne disait toujours rien. Zacharie eut honte, soudain, de lui imposer pareille épreuve.

Il lui caressa la joue.

– Je te promets de revenir, déclara-t-il, gravement.

37

Novembre 1871

Le Mas des Tilleuls paraissait abandonné à cette heure hésitant entre le jour et la nuit. Une seule lampe à huile éclairait chichement la salle dans laquelle Aglaé s'affairait à confectionner des brasadeaux.

Assis, ou plutôt à demi écroulé sur la table, le maître de maison se versait à intervalles réguliers de petits verres d'absinthe. En l'espace de quelques mois, son état physique s'était dégradé de façon inquiétante. Des poils de barbe noircissaient son visage blême. Ses cheveux s'étaient dégarnis et il avait beaucoup maigri. Sa main trembla et il renversa de l'alcool.

– *Merdo !* jura-t-il.

Aglaé l'ignora.

– Viens essuyer la table ! s'énerva-t-il.

Il leva la main. Elle l'évita, passa un coup de torchon sur le bois.

– Où sont les autres ? questionna-t-il d'une voix pâteuse.

Aglaé soutint son regard.

– Ils sont partis. Ils n'étaient plus payés.

– Aïda aussi est partie. C'est de ta faute. Pourquoi t'es restée, toi ?

La servante haussa les épaules.

– Où aller ? Ici, j'ai un toit.

– Et tu me voles, bastarde ! Ma mère me l'avait bien dit, ne jamais faire confiance à une femelle.

« Parbleu ! elle savait de quoi elle parlait ! » pensa Aglaé. Curieusement, au fur et à mesure que la santé d'Élie s'altérait, elle retrouvait un peu de force et de courage.

Comme l'ouvrage ne lui avait jamais fait peur, elle parvenait à s'occuper des bêtes et à tenir la maison mais les travaux des champs n'étaient plus assurés. De toute manière, Élie était trop mal en point pour s'en rendre compte.

Elle avait insisté pour faire venir le médecin de Buis. Il l'avait menacée. Il n'avait pas d'argent à dépenser pour ce charlatan. Le croyait-elle riche ? La maison partait à vau-l'eau. Le dernier coup de mistral avait emporté une belle portion de tuiles. Des volets à demi-arrachés pendaient. Les pièces de l'étage, jamais chauffées ni aérées, empestaient.

– Si mon père voyait sa maison, gémit Élie.

Il se sentait épuisé. Son seul plaisir désormais était de boire, à longueur de journée, tandis que l'horloge du père Bonaventure égrenait les heures. Il dormait dans l'alcôve, il n'avait plus la force de monter à l'étage. Il vivait dans la crasse et le vomi. Aglaé le nettoyait parfois, en pinçant le nez.

« Vous me dégoûtez, osait-elle lui dire. Pas étonnant qu'Aïda n'ait pas voulu de vous ! »

Sa main se levait pour frapper. Aglaé esquivait le coup et, déséquilibré, Élie titubait. Elle l'avait laissé une fois toute une nuit à gigoter sur le dos comme un hanneton, incapable de se relever. Pour ne pas entendre ses cris et ses insultes, elle avait caché sa tête sous l'édredon de Séraphine, qu'elle s'était approprié.

Elle savourait le fait de prendre peu à peu le pouvoir sur lui. Elle tissait sa toile depuis le marché du tilleul et avait l'impression, non pas de revivre, c'était trop tard, mais plutôt de ne plus se laisser mourir. Elle avait de la patience, beaucoup de patience. Il se servit un nouveau verre.

« Continue, mon bonhomme ! » pensa Aglaé.

Il n'en avait plus pour très longtemps. Il résistait déjà de façon étonnante à la mort-aux-rats qu'elle versait chaque matin dans son absinthe.

Marseille, en ce 30 novembre, était sous le choc. Partout, sur le cours Belzunce, sur le port, dans le quartier du Panier, on s'interpellait, pour se dire : « Vous savez, pour Crémieux ? », et la plupart de baisser la tête d'un air attristé.

– Vous n'auriez rien pu faire, mon cher Zacharie, dit Sybille en servant un petit verre de cognac au compagnon de son amie.

Elle lui avait annoncé la terrible nouvelle dès qu'elle lui avait ouvert sa porte. Atterré, il avait été pris de vertige.

« Ils ont osé… », avait-il soufflé.

Au fond de lui, c'était ce qu'il redoutait depuis que le tribunal, en condamnant Crémieux à mort, avait qualifié l'avocat de trente-cinq ans de « factieux incorrigible ». Son sort, ce jour-là, était déjà scellé.

Pourtant, Noémie Crémieux, forte des assurances de Thiers, avait cru jusqu'au dernier jour que son époux ne serait pas exécuté. Qu'avaient-ils donc contre lui ? Crémieux n'avait tué personne, on ne pouvait lui reprocher le moindre crime.

Lentement, Zacharie reprit pied dans la réalité. Il s'essuya le front. Sybille lui sourit tristement.

– J'ai espéré, moi aussi, murmura-t-elle. Crémieux a toujours été estimé de tous. Il s'est battu jusqu'au bout pour son idéal de république humaniste. Venez à la librairie, ajouta-t-elle après avoir marqué une hésitation. Mon père vous racontera ce qui s'est passé.

Après avoir écouté M. Marqueys, Zacharie alla marcher le long de la mer, comme pour mieux surmonter la colère et le désenchantement qu'il éprouvait.

Gaston Crémieux avait été transféré dans la nuit du 29 au 30 novembre de la prison Saint-Pierre au fort Saint-Nicolas. Là-bas, il avait appris du greffier que tout espoir était perdu. Il avait alors écrit plusieurs lettres qu'il avait confiées le lendemain matin au rabbin Vidal, venu l'assister. On se répétait les mots du rabbin : « Je n'ai jamais vu un homme aussi courageux que vous devant la mort. » Au petit matin, Crémieux avait été amené au Pharo, ce palais construit pour Napoléon III et son épouse sur des terrains qui leur avaient été offerts par la ville de Marseille en 1855.

Zacharie et Nine connaissaient cet endroit accessible seulement par la mer. Ils avaient admiré la silhouette élégante de l'édifice un dimanche, alors que Sybille les avait emmenés dans une barque appartenant à un ami.

Zacharie imaginait trop bien la scène.

Face au peloton d'exécution, dans les jardins du Pharo, Crémieux s'était adressé aux soldats en ces termes : « Mes amis, j'ai une recommandation à vous faire. Comme il est probable que mon corps sera rendu à ma famille après l'exécution, je vous prie de ne pas me défigurer. Visez droit au cœur. Je vous montrerai ma poitrine. Ayez du courage comme j'en ai. »

Ensuite, tout était allé très vite. Crémieux avait émis le souhait de ne pas être attaché ni d'avoir les yeux bandés. Bravement, il s'était placé face au peloton, avait ordonné : « Feu ! », et crié : « Vive la Répub… » avant de s'écrouler.

Le médecin qui s'était précipité avait secoué la tête et murmuré : « C'est fini… »

Les mains crispées au fond de ses poches, Zacharie contemplait la mer sans même en avoir conscience. Il songeait à son ami Crémieux, à la famille – son épouse, leurs trois enfants, ses parents – qu'il laissait derrière lui, à l'injustice de l'exécution d'un homme qui avait toujours réprouvé tout recours à la violence. Des phrases de révolte montaient en lui. Il fallait qu'il écrive, vite, ce qu'il ressentait. Tant qu'il demeurait proscrit, que les partisans de la Commune étaient recherchés, l'écriture constituait son unique moyen de révolte. Plus tard, lorsque la situation serait apaisée, il se lancerait dans la politique. Pour témoigner.

Et éviter que de telles tragédies ne se reproduisent.

« Je rentre chez nous », pensa-t-il.

Là où Nine et Vermeille l'attendaient.

Février 1872

À mi-côte, Alphonse Piquet, le maire de Buis, s'essuya le front avec son grand mouchoir à carreaux. Cela faisait longtemps qu'il n'était pas venu au Mas des Tilleuls. Près de vingt ans, depuis la mort de Sosthène. Peu à peu, sa veuve et son fils s'étaient refermés sur eux-mêmes. On avait beaucoup parlé, à une certaine époque, de la violence d'Élie vis-à-vis de sa jeune femme et, lorsqu'elle s'était enfuie, nombre de villageois ne s'étaient pas gênés pour dire que c'était bien fait. Humilié, fou furieux, Élie avait cessé de descendre au village pour ne plus entendre les ricanements dans son dos. En revanche, il avait poursuivi la politique de son père, achetant les terres des paysans endettés, accumulant de l'argent.

Alphonse Piquet jeta un coup d'œil navré aux tilleuls qui auraient eu grand besoin d'être taillés. Cette allée était devenue célèbre dans les Baronnies, alors que la production du tilleul se développait.

L'aspect du mas était pitoyable. « Jamais le vieux Sosthène n'aurait toléré un tel délabrement », pensa le maire.

Le docteur Baron lui avait demandé de passer prendre des nouvelles du fils Lombard. Lui-même avait été reçu à coups de fusil quelques jours auparavant.

« Élie Lombard est devenu fou », chuchotait-on de plus en plus fort.

Alphonse marqua une hésitation avant de s'engager sous l'allée de tilleuls. À soixante ans, il se sentait encore capable de sauter dans le fossé s'il prenait à Élie la fantaisie de tirer sur lui.

Vu de près, le mas avait décidément bien piètre allure.

Un chien jaillit d'une grange, tous crocs dehors et s'élança vers le maire. Celui-ci brandit sa canne. Une silhouette apparut sur le seuil du mas. Alphonse reconnut la servante Aglaé. Sous son bonnet jauni, le visage aux traits creusés par la fatigue paraissait celui d'une vieille femme. Alphonse eut mauvaise conscience.

Personne ne s'était jamais vraiment soucié de ces enfants de l'Assistance qu'on plaçait dans les fermes et qui devaient trop souvent travailler comme des bêtes de somme.

Aglaé avait le teint gris, maladif.

– Bonjour, fit-elle d'une voix hésitante.

Elle retint le chien noir par son collier.

– Je suis venu rendre visite à Élie, fit Alphonse, la casquette à la main.

La servante soupira.

– Le maître est malade. Il ne veut pas du docteur Baron. Ça finira bien par aller mieux. C'est ce qu'il dit.

– Laisse-moi entrer, petite.

L'intérieur était plutôt bien tenu, estima Alphonse, si l'on exceptait une odeur forte et particulièrement désagréable, comme si Élie s'était oublié à plusieurs reprises. Assis sur une chaise, il se balançait d'avant en arrière, en donnant l'impression de râler. Il était livide, avec quelques plaques rouges sur le front et les joues.

– Seigneur ! s'écria Alphonse. Qu'est-ce qui t'arrive, Élie ?

– Sais pas, bredouilla le cadet de Sosthène. Ça me brûle de l'intérieur… comme un feu.

Il n'avait plus rien du coureur de jupons assez séduisant dans le genre brutal.

Alphonse prit peur. L'homme qui lui faisait face était quasi mourant.

– Il te faut un médecin !

Balayant les objections d'Élie, il ajouta :

– C'est moi qui le fais venir, sur mes deniers. Ne proteste pas. Il faut que quelqu'un s'occupe de toi.

Aglaé le suivit alors qu'il dévalait les marches du perron.

– Je l'ai soigné comme j'ai pu, se justifia-t-elle. Il n'a jamais voulu du docteur. C'est pas moi qui commande ici.

– Je sais bien, soupira Alphonse.

Il se rappelait entendre son père raconter que la famille Bonaventure était réputée pour la qualité de son hospitalité. Du jour où Sosthène avait ramené Séraphine au Mas des Tilleuls, tout avait changé. On avait vite su d'où venait Séraphine – de Carpentras… –, mais comme on craignait Sosthène, on ne l'avait pas trop divulgué.

Pourtant, Séraphine avait tout de suite été l'objet d'un véritable ostracisme. Pas question de fréquenter une femme de son acabit !

Alphonse, croisant le chemin du facteur, l'envoya quérir le médecin à Buis et revint sur ses pas. Le vent s'était levé. Le maire peina pour retourner au Mas des Tilleuls. Il avait souffert d'une pneumonie en décembre et, même s'il s'était bien remis grâce aux soins de son épouse, il était resté fatigué.

Il arriva essoufflé dans la cour du mas. Cette fois, le chien n'aboya pas.

Alphonse pénétra dans la salle après avoir frappé par politesse. Il recula, effrayé. Élie Lombard gisait sur le sol, sa chaise renversée un peu plus loin. Du sang coulait de son crâne ouvert. Alphonse n'avait pas besoin de tâter son pouls pour comprendre que le fils de Sosthène avait cessé de vivre.

Il chercha Aglaé du regard, sans parvenir à comprendre ce qui s'était passé.

Il héla la servante, se hasarda dans le hall de la bâtisse. Un sentiment d'abandon pesait sur cette demeure où l'on aimait à recevoir, à jouer du pianoforte et à lire les ouvrages venant de Paris du temps des Bonaventure.

Le cœur serré, Alphonse appela de nouveau la servante. Le soupçon s'insinuait en lui. Il avait éprouvé une sensation de malaise en se présentant au mas, un peu plus d'une heure auparavant. Il commençait à comprendre que sa visite impromptue avait peut-être précipité les événements.

Pourtant, il avait de la peine à croire qu'Aglaé ait pu assassiner son maître. L'hypothèse d'un rôdeur n'était-elle pas plus vraisemblable ? Le Mas des Tilleuls était isolé, et Élie incapable de se défendre.

Alphonse se devait de trouver Aglaé avant de prévenir les gendarmes. La pauvre fille était peut-être en train d'agoniser.

Il poussa les portes l'une après l'autre, apercevant, malgré la pénombre qui baignait les pièces, des meubles de bonne facture. On racontait jadis que Sosthène aimait à tout entasser : bibelots, pendules, mobilier… Des housses blanches protégeaient les sièges. Le mas ressemblait à une maison fantôme.

Alphonse ne put retenir un cri horrifié en ouvrant la dernière porte, celle d'une sorte de cagibi dans lequel avait été casée à grand-peine une paillasse.

Au-dessus, se balançait une silhouette efflanquée, vêtue de gris.

La servante Aglaé s'était pendue à la plus haute poutre.

38

Mars 1872

Depuis quatre générations, on exerçait la charge de notaire dans la famille Faucher, de père en fils. L'étude occupait une position stratégique, place du Marché, dont les arcades attiraient nombre de commerces.

Cette place, édifiée au XVe siècle, offrait sur chaque côté une longue halle couverte. La porte de l'étude, en bois sculpté de croisillons, s'ornait d'un heurtoir en cuivre. Maître Paul Faucher s'enorgueillissait de connaître la plupart des habitants de Buis et des environs. C'était son père qui avait traité avec Sosthène Lombard. Lui-même avait aperçu à deux ou trois reprises Élie Lombard sur le marché, sans avoir sympathisé avec lui. On chuchotait beaucoup à propos de cette famille depuis des lustres. De son vivant, Hector Bonaventure, fort honorablement connu, ne s'était pas privé de critiquer son beau-frère. On savait que le fils aîné, Jean-Baptiste, avait été chassé du Mas des Tilleuls dans des circonstances mystérieuses. Par la suite, Sosthène avait donné l'impression de se retirer de plus en plus sur son domaine.

Le meurtre d'Élie et le suicide de sa servante avaient profondément marqué les esprits. Certes, le fils Lombard ne laissait guère de regrets, on se rappelait trop bien ses méfaits et sa brutalité. Pourtant, on se sentait quelque peu mal à l'aise. Le médecin qui avait accompagné les gendarmes avait retrouvé des traces de mort-aux-rats dans la bouteille d'absinthe qu'Élie n'avait pas eu le temps de terminer. En procédant à des recoupements avec les domestiques renvoyés à la Saint-Michel, il avait été facile de comprendre qu'Aglaé, qui avait été si longtemps son souffre-douleur, l'avait empoisonné à petit feu, afin de ne pas susciter les soupçons.

« Quels soupçons ? » pensait Alphonse. Ils avaient laissé le fils Lombard crever comme un chien parce que tout le monde se défiait de lui et n'avait pas envie de lui rendre visite au mas.

L'enterrement d'Élie avait rassemblé de nombreuses personnes qui échangèrent des coups d'œil gênés. Le fils de Sosthène avait été inhumé près de sa mère, dans le carré des réprouvés. Le prêtre n'avait pas oublié les imprécations d'Élie ni ses insultes. On avait aussi abondamment commenté le double crime d'Aglaé. Une phrase revenait, toujours la même : « C'était une fille de l'Assistance », comme si ce constat avait tout expliqué.

On avait alors chuchoté, sous les arcades, ou sur le marché, que plusieurs femmes racontaient depuis longtemps la même histoire. Élie Lombard les avait contraintes, brutalisées, lorsqu'elles servaient au mas. Elles s'étaient enfuies, tout en sachant qu'Aglaé vivait un véritable enfer. Le pays en avait été tout retourné.

Maître Faucher soupira. Il avait déjà entendu le récit de tant de drames, dans l'étude aux murs sombres, et ses prédécesseurs avant lui, qu'il ne se faisait plus beaucoup d'illusions sur la nature humaine.

Le fils Lombard s'était rendu à Buis une quinzaine d'années auparavant afin de déshériter son épouse qui avait fui le domicile conjugal. L'affaire, déjà, avait fait grand bruit, et la famille de Nine avait fini par quitter la ville, et s'en aller du côté de la vallée de l'Ennuyé. On n'avait plus parlé d'eux.

Depuis, Élie Lombard n'avait pas franchi le seuil de l'étude. À la différence de son père, il avait laissé le Mas des Tilleuls dans un état de délabrement lamentable.

Maître Faucher referma le dossier. Il avait déjà trop hésité. Même s'il avait la fort désagréable impression d'ouvrir la boîte de Pandore, il devait retrouver Jean-Baptiste Lombard, le fils maudit.

Parce que son demi-frère Élie était mort intestat[1].

– Je suis désolé, ma chérie, souffla Zacharie.

L'hiver avait été rigoureux. La neige les avait bloqués durant plusieurs semaines et Vermeille avait eu une grosse angine qui l'avait laissée épuisée. Malgré leurs efforts, il ne faisait jamais assez chaud à l'intérieur du jas. La bise s'engouffrait par les interstices des murs en pierres sèches, ronflait dans la cheminée.

Pendant cet hiver, Zacharie s'était remis en question à plusieurs reprises. Nine n'aurait-elle pas été plus heureuse avec un autre homme ? Et Vermeille, était-ce une vie pour elle ?

1. Sans avoir fait de testament.

Nine posa une main apaisante sur sa joue, et il se sentit tout de suite mieux.

– Je t'aime, toi, Zacharie, et personne d'autre ne pourrait me rendre plus heureuse, déclara-t-elle fermement.

Elle esquissa un sourire.

– Tout comme toi, je suis une proscrite, moi aussi, puisque je vis dans l'adultère. Et… je n'en ai pas honte !

Son regard vert se voila.

– Avant toi… j'aurais voulu mourir dans cette maudite demeure. Si je me suis enfuie, en me mettant en tort vis-à-vis de ma famille, de notre communauté villageoise, c'est bien parce que je n'avais pas d'autre solution. Et je ne l'ai jamais regretté. Du moment que nous sommes ensemble, toi, Lilie et moi, le reste n'a pas la moindre importance. Ne t'inquiète pas. Notre Lilie est solide. Elle va beaucoup mieux.

Zacharie secoua la tête.

– Combien de temps devrons-nous encore nous terrer ici ?

– Le temps qu'il faudra, répondit-elle d'une voix douce. Tout finira par s'arranger.

Il se dit brutalement qu'il n'y avait jamais eu d'autre femme dans sa vie. Nine, unique, à nulle autre pareille. Et… il se pouvait bien qu'elle ait raison ! Ensemble, ils ne redoutaient rien. Elle le lui avait prouvé au printemps 1871. Tous les deux collaboraient à différentes revues. Nine, soutenue par Daudet, avait vu plusieurs de ses nouvelles publiées dans *L'Événement*.

Zacharie écrivait pour *L'Internationale de Bruxelles*, *L'Égalité de Genève* et deux revues littéraires. En coulisse, des hommes comme Georges Clemenceau œuvraient pour restaurer une liberté de la presse mise à mal par le Second Empire et la politique répressive de Thiers. Par l'intermédiaire de son journal belge, il correspondait avec Jean-Baptiste Clément et rencontrait occasionnellement Gabriel à Apt. Resté en contact avec d'autres camarades, il continuait à défendre le rêve inachevé de Crémieux.

C'était son choix, sa vie.

Quelques nuages s'étiraient mollement dans le ciel clair. Le soleil de juin jetait des ombres et des lumières sur le safre. La route sinueuse coupait une végétation dense. Les pins parasols, les oliviers et les chênes succédaient au paysage de garrigue. Le cœur battant, Jean-Baptiste reconnaissait le décor en forme d'amphithéâtre, les montagnes déchiquetées couleur sépia qui barraient l'horizon, et le safre, omniprésent.

Il ne prononça pas un mot mais serra, fort, la main d'Agathe-Marie qui l'avait accompagné. Tous deux avaient rencontré maître Faucher dans son étude avant de se diriger vers le Mas des Tilleuls. La lettre du notaire buxois avait mis un certain temps avant de parvenir au Prieuré. On se rappelait à Buis que le fils aîné de Sosthène avait participé au soulèvement de décembre 1851. Il habitait dans les Basses-Alpes. Maître Faucher avait contacté plusieurs maires. Lorsque enfin il avait reçu une réponse positive de Saint-Pancrace, il s'était senti soulagé.

Le domaine, en effet, cristallisait nombre de peurs. On l'appelait « la maison du crime », et l'on racontait que des vagabonds s'y étaient installés. Qui d'autre aurait eu le courage de dormir au mas, là où Élie avait été assassiné et où sa servante s'était pendue ?

En apprenant cette tragique succession d'événements, Jean-Baptiste s'était raidi.

Lui avait gardé une image idéalisée du Mas des Tilleuls, du temps où la douce Adélaïde faisait régner l'harmonie sur la demeure. Cette image avait été troublée, pervertie, par l'arrivée de Séraphine mais Jean-Baptiste avait toujours pensé que la maison Bonaventure n'avait pas changé.

Maître Faucher ne lui avait rien caché. Terres non entretenues, troupeaux décimés, mas délabré…

« C'est un lourd héritage », lui avait-il dit. Jean-Baptiste s'était penché en avant. « Et les tilleuls ? » Maître Faucher avait haussé les épaules. « Je vous avouerai m'intéresser essentiellement aux propriétés, bâties et non bâties. Les arbres… »

On ne pouvait mieux exprimer son indifférence.

Malgré la fatigue, Jean-Baptiste avait insisté pour se rendre au mas sans attendre. Agathe-Marie l'avait laissé décider. Elle le sentait tendu, sur la défensive et se demandait comment aider l'homme qu'elle aimait à surmonter le choc qu'il allait fatalement éprouver.

Et puis, ils remontèrent la fameuse allée bordée de

tilleuls, dont elle avait tant entendu parler, et Jean-Baptiste lui confia les rênes.

– Vous permettez ? Il faut que j'aille me rendre compte sur place.

Elle fit « oui » de la tête. Les arbres étaient presque en fleur. Des nuées d'abeilles bourdonnaient autour des branches couvertes de bractées.

Elle vit Jean-Baptiste presser le pas en direction d'un vieil arbre au tronc creux. Il passa la main dessus, comme pour une furtive caresse.

Agathe-Marie tira son mouchoir de son réticule, s'essuya les yeux en se disant qu'elle avait une poussière. Bouleversée, elle se rappelait ce voyage insensé jusqu'à Beaucaire, le jour où elle avait proposé à Jean-Baptiste de l'épouser. Elle ne l'avait jamais regretté même si elle avait souvent désespéré de se faire aimer de lui.

Elle aurait voulu s'élancer vers lui, le serrer contre elle mais elle avait deviné qu'il importait de le laisser retrouver seul ses souvenirs.

Elle le regarda s'avancer dans l'allée, courant d'un tilleul à l'autre, comme s'il les saluait. Il avait vécu beaucoup plus longtemps dans les Basses-Alpes que dans les Baronnies mais le Mas des Tilleuls était sa terre, celle qu'il avait rêvé de revoir durant toute sa vie.

« Et maintenant ? » pensa-t-elle.

Elle avait entendu comme lui la description alarmante du notaire. Elle n'osait imaginer l'état de la demeure. Agathe-Marie, profondément attachée au Prieuré, redoutait que Jean-Baptiste ne lui annonce sa décision de s'installer au Mas des Tilleuls.

Lui s'apprêtait à fêter ses soixante-quatre ans tandis qu'elle approchait de la septantaine. Elle était trop vieille pour être déracinée, elle désirait rester auprès de leurs enfants, et de Lilie. Et, pourtant, elle savait que, s'il voulait vivre au mas, malgré le travail de titan qui les attendait, elle le suivrait.

Parce qu'elle l'aimait.

Jean-Baptiste revint à pas lents vers Agathe-Marie. Son visage rayonnait. Un élan d'amour submergea la vieille dame. Il lui tendit la main afin de l'aider à descendre du cabriolet.

– Viens voir, lui dit-il, la tutoyant pour la première fois. D'ici à trois, quatre jours, le tilleul sera bon à cueillir. Hume-moi ce parfum… La nuit, il se glisse au travers des volets, on a l'impression de dormir sur un tapis de tilleul. Nous allons embaucher des cueilleurs, faire revivre le mas. C'est l'héritage de nos enfants et de Lilie. Je suis sûre qu'elle aimera les tilleuls, elle aussi.

Agathe-Marie lui sourit.

– Nous reviendrons avec Lilie et les enfants.

Elle ignorait comment ils organiseraient leur vie mais, pour l'instant, cela lui était égal.

Elle se sentait tous les courages.

Parce que Jean-Baptiste avait retrouvé sa raison de vivre.

Le Moulin des Sources

Ce roman est une fiction. Toute ressemblance avec des personnes existant ou ayant existé serait fortuite.

À mon père.

Prologue

1836

Elle l'avait aimé dès qu'elle avait croisé son regard. Un regard comme elle n'en avait encore jamais vu, couleur de mousse, dont l'iris était constellé de minuscules points sombres.

Le jour déclinant teintait le ciel d'un délicat camaïeu de mauve, de bleu et de rose. Des nuances un peu trop fades pour la jeune fille, qui se vêtait volontiers de rouge.

Ses galants la disaient jolie. Jusqu'à cette rencontre, le soir de la Saint-Jean, au Thor, cela lui était égal. Ce soir-là, elle aurait voulu tout recommencer.

La jeunesse des villages environnants se retrouvait devant le grand feu. Les reflets des flammes rosissaient les joues.

« Toutes les filles sont belles le soir de la Saint-Jean », prétendait Céline, sa première nourrice. Jeanne observait sans mot dire les jeunes femmes qui, après avoir tressé l'armoise, la lançaient dans une ronde autour des feux. Elle devinait que ces femmes enceintes priaient la Vierge, lui demandant que leurs enfants naissent en bonne santé. Jeanne ne connaissait pas ce souci.

Elle avait eu beaucoup de chance, jusqu'alors, de ne pas tomber grosse. Elle-même bâtarde, Jeanne se défiait des hommes. Elle ne renonçait pas, cependant, à prendre son plaisir dans la chaleur moite d'une grange ou sur l'herbe mouillée de rosée. Ayant souffert de sa situation illégitime durant l'enfance, marquée du sceau de l'infamie, elle ne supportait aucun interdit.

Étant condamnée d'avance, à quoi bon mener une existence de nonne ?

Pourtant, ce soir-là, c'était différent. L'inconnu était bel homme, et séduisant. Il l'avait remarquée, lui aussi. Elle lui sourit. Pour la fête, elle portait sa plus belle toilette, une robe bleue à dessins en bâtonnets relevée sur un jupon piqué rouge, un fichu d'indienne et une coiffe à la grecque.

Elle ôta ses sabots pour suivre celui qui l'invitait à danser et courut pieds nus en lui donnant la main. Heureuse, Jeanne oubliait les jours de misère, son enfance avignonnaise passée à travailler comme lavandière, à encaisser insultes et taloches.

Quand son cavalier, à bout de souffle, quitta la farandole, Jeanne l'accompagna. La nuit était tombée. Du bosquet où il l'entraîna, en bordure de Sorgue, elle apercevait les flammes de la Saint-Jean, lancées à l'assaut du ciel d'encre.

Elle ne savait rien de lui, pas même son nom. En revanche, elle savait comment satisfaire les hommes. Peu farouche, elle l'embrassa avec fougue. Ses lèvres étaient exigeantes, ses caresses de plus en plus pressantes. Quand il la bascula dans l'herbe, elle entrevit un quartier de lune et eut juste le temps de songer que cet homme-là, elle ferait tout pour le garder.

Jeanne essuya son front couvert de sueur. Ce n'était pas la première fois qu'elle se louait à un garancier mais, cet été, la chaleur était encore plus difficile à supporter que d'habitude. Le dos courbé, Jeanne ramassait dans son tablier les racines de garance. La transpiration ruisselait entre ses seins. Elle alla boire à la cruche d'eau tirée du puits, sourit à Bernardine, qui faisait équipe avec elle :

– Il ne faudra pas me bercer ce soir, lui dit celle-ci.

Jeanne haussa les épaules :

– Bah ! Si on doit vivre à vingt ans comme une vieille, ça sert à quoi d'être jeune ?

Bernardine l'enveloppa d'un regard admiratif. Sa camarade rayonnait. Ses cheveux d'un blond chaud, une teinte plutôt rare dans le Comtat, formaient un plaisant contraste avec ses yeux gris. Bien faite, avec une poitrine ronde et ferme, la taille fine et des jambes longues que son jupon laissait entrevoir, Jeanne attirait les regards masculins et s'en amusait.

Un seul prétendant l'intéressait. Celui qu'elle retrouvait un soir sur deux. Il venait la chercher au mas du Sergent, l'emmenait, serrée contre lui sur son cheval pommelé.

Les bords de Sorgue leur étaient propices, ou encore un grangeon vide. L'espace d'une heure, Jeanne oubliait sa fatigue. Elle espérait passer une nuit entière dans ses bras mais il demeurait intraitable et la ramenait toujours au mas du Sergent.

– Qu'espères-tu de ton galant ? demanda Bernardine. C'est un monsieur, de la race des maîtres. Il n'épousera jamais une fille comme toi ou moi.

Jeanne se redressa :

– On verra bien !

Elle se surprenait à rêver. Le mariage, pourquoi pas ? À moins qu'il ne l'installe dans une maison en ville, à Carpentras ou à L'Isle-sur-la-Sorgue ? Pour lui, elle était prête à sacrifier sa liberté. Elle l'aimait.

Début août, il se montra moins assidu. Il avait du travail, des obligations. Paniquée, elle réclama plus de temps, plus d'attentions. Le jour de la fête votive, elle se fit offrir une croix Jeannette suspendue à un ruban de velours noir. Ce serait, lui semblait-il, une preuve de son attachement.

On lui rapporta qu'il avait été vu à d'autres fêtes, en compagnie d'autres filles.

Elle s'affola.

Ils se retrouvèrent au 15 août, à Pernes. Il était lointain, agacé. Elle tenta de le reconquérir, en vain.

– Nous avons passé du bon temps ensemble. À présent, c'est fini, lui déclara-t-il froidement.

Devant son insistance, il se montra plus explicite :

– Je n'étais pas le premier, je ne serai pas le dernier. Restons bons amis.

Elle le supplia, en se méprisant. Il haussa les épaules. Que croyait-elle donc ? Qu'il l'épouserait ? Il n'avait pas du tout l'intention de se marier avec la première venue qui s'était laissé trousser comme une *putan*.

Perdant tout contrôle, Jeanne l'insulta, le traita de *catounejaire*, de coureur de jupons. Il se mit à rire :

– Calme-toi, ma belle.

Ce soir-là, elle s'arrangea pour quitter la fête au bras d'un voiturier qui lui faisait des avances depuis un petit moment. Elle voulait se délivrer du chagrin qui lui tordait le ventre.

Se retournant, elle constata qu'il la suivait des yeux et éprouva la satisfaction de la revanche. Elle n'était pas en peine de se trouver un autre galant, même si son cœur était déchiré.

Elle ignorait qu'elle n'aurait pas assez de toute sa vie pour regretter cette impulsion.

1

1840

Noëlie, la fille aînée de Benoît Saurel, marqua une hésitation au moment de franchir le seuil de la maison familiale. Elle avait promis à son père de veiller à ce que tout soit prêt pour le souper avant de rejoindre ses amies, Clarisse et Albertine. C'était la première fois qu'elle s'apprêtait à participer à la coutume de la noyée des veillées, le soir de la Chandeleur, et elle était impatiente de se mêler à la jeunesse de L'Isle-sur-la-Sorgue.

Pourtant, elle ne parvenait pas à se décider. Sa jeune sœur, Lucille, boudait manifestement après avoir piqué une colère. Leur mère était morte d'un flux de ventre alors que Lucille avait à peine quatre ans. Depuis, elle accumulait les caprices au grand dam de Noëlie qui tentait de lui imposer des règles strictes. Cependant, quand le père rentrait, Lucille se coulait dans ses bras et obtenait de lui tout ce que sa sœur lui avait refusé. Heureusement, Émile, leur frère, qui travaillait avec leur père, ne se laissait pas prendre au piège des simagrées de Lucille.

Catou, la servante, entra dans la salle, le bougeoir à la main, et comprit tout de suite ce qui se passait.

Belle et grande femme âgée d'une trentaine d'années, elle servait chez les Saurel depuis plus de treize ans.

Elle avait torché les enfants, soigné leur mère, appris à Noëlie à tenir une maison et sa réputation d'excellente cuisinière avait dépassé les limites de la ville.

Elle jeta un regard sévère à Lucille qui pleurnichait au coin de l'âtre et se dirigea vers Noëlie.

– Tu n'es pas encore partie, ma grande ? Clarisse et Albertine doivent t'attendre devant l'église. File, et n'oublie pas ta cape, le froid tombe vite avec le soleil.

La jeune fille, soulagée, lui obéit sans tenir compte de Lucille qui s'était mise à hurler. Elle entendit Catou lui proposer de l'accompagner à l'écurie où la chatte Mistoufle allaitait ses petits. Quand la porte claqua derrière Noëlie, Lucille ne pleurait plus.

Resserrant son châle autour d'elle, l'aînée des Saurel courut vers la collégiale Notre-Dame-des-Anges. La nuit viendrait bientôt, elle espérait que ses amies l'auraient attendue. Depuis plusieurs jours, toutes trois se réjouissaient de participer à la noyée des veillées.

Catou lui avait souvent raconté qu'elle en gardait un bon souvenir. La servante avait discrètement plaidé la cause de Noëlie auprès du maîtrc. L'entrepreneur, en effet, ne voyait pas sa fille grandir ou, plutôt, refusait de l'admettre. Proche de ses trois enfants, il n'aimait guère les voir sortir de la demeure imposante située non loin de l'église.

Benoît Saurel avait réussi. Sa fabrique de couvertures tournait bien. Il l'avait créée au début des années 1820, juste après son mariage. Il savait que l'eau de la Sorgue, régulière et pure, favorisait l'industrie lainière. La

Sorgue, mais aussi la proximité des troupeaux d'ovins et la terre à foulon de Mormoiron, grasse et absorbante, concouraient à créer les meilleures conditions pour la fabrication de couvertures de laine, de mulets et de lit.

« Je n'ai pas à me plaindre », répondait-il lorsqu'on le complimentait, suivant en cela la prudence de ses aïeux paysans. Il vendait sa production non seulement sur la foire de Beaucaire mais aussi sur les marchés de la région, ou encore jusqu'en Piémont.

Cependant, personne, et surtout pas lui, n'était à l'abri d'une mévente. Des entreprises concurrentes installées à Valréas et à Malaucène avaient fermé leurs portes moins de trois ans après leur ouverture. Aussi, Saurel savourait-il sa prospérité tout en demeurant vigilant.

Pour l'heure, Noëlie ne songeait pas aux affaires paternelles. Haletante, elle rejoignit ses amies.

Les trois jeunes filles offraient un séduisant contraste. Noëlie, brune aux yeux bleu foncé, donnait le bras à Albertine, aux cheveux châtains et aux yeux noisette tandis que Clarisse, blonde au regard noir, marchait en tête, en levant haut son flambeau. Toutes trois portaient le costume comtadin : une robe d'un seul tenant en taffetas au buste pincé et à la jupe froncée par de nombreux plis canons, un châle de laine, et une cape ample en mérinos bordé de velours noir. Noëlie et Albertine dissimulaient une partie de leurs cheveux sous la coiffe à la grecque traditionnelle composée de la passe, une bande de tissu d'environ huit centimètres de large, du fond enserrant le dessus de la tête et des *veto*, les attaches de percale amidonnées avec soin. Clarisse préférait la coiffe tuyautée à la *genoveso*, qui rappelait la triple génoise des toitures.

Elles marchaient d'un bon pas, et plus d'un garçon se retournaient sur leur passage. Elles riaient, heureuses de se rendre à Velleron participer à la fête nocturne.

Émile, qui revenait de sa tournée dans les villages environnants, s'arrêta à leur hauteur et proposa de les emmener dans sa carriole.

Ravies, elles sautèrent sur le marchepied et se blottirent sur le banc situé derrière le siège. Émile chantonnait et elles joignirent leurs voix à la sienne.

Le vent était tombé, la nuit enveloppait la campagne.

– Gare ! s'écria tout à coup Clarisse en riant. Nous avons vu l'ombre du loup cet après-midi, l'hiver n'est pas encore fini.

– J'aime chaque saison, confia Noëlie d'une voix rêveuse.

Anne-Louise, sa mère, lui avait appris à apprécier le plus petit moment de bonheur. Fille d'un notaire carpentrassien, Anne-Louise était cultivée et avait insisté pour que son aînée suive les cours des Ursulines après qu'elle lui eut elle-même enseigné la lecture et l'écriture. La jeune femme aimait la poésie, l'histoire et la musique. Noëlie se souvenait des veillées dans leur maison de L'Isle. Blottie sur un coussin aux pieds de sa mère, elle l'écoutait jouer du piano, bouleversée de bonheur. Depuis la mort d'Anne-Louise, plus personne n'avait osé effleurer les touches du clavier.

Chemin faisant, ils dépassèrent des groupes de jeunes gens qui se dirigeaient eux aussi vers Velleron.

– On raconte que la noyée des veillées a permis bien des mariages, chuchota Clarisse, en coulant un regard énamouré vers le dos d'Émile.

Ses amies savaient qu'elle convoitait le frère de Noëlie et ce même s'il était son cadet de deux bonnes années. Grand, large d'épaules, Émile était bel homme et représentait un bon parti.

– Ne me dis pas que tu cherches toujours à savoir si tu épouseras mon frère ! se récria Noëlie en se gardant bien d'élever la voix.

Clarisse, en effet, était connue pour expérimenter certaines coutumes empreintes de magie dès qu'elle en entendait parler. Ainsi, elle avait déjà ramassé sur son chemin trois herbes dont elle ignorait le nom, les avait placées sous son oreiller dans l'espoir de rêver d'Émile Saurel. Elle avait aussi baigné ses pieds dans une source proche d'Entraigues, avait bu de nombreuses tisanes ou décoctions et, même, un soir de la Saint-Jean, enfermé le pauvre chat de sa maison sous une lessiveuse retournée et l'y avait laissé toute la nuit. Comme, le lendemain matin, le chat était encore vivant, Clarisse en avait conclu qu'elle serait mariée à la Saint-Jean suivante. Cependant, on était déjà le 2 février et Émile ne semblait guère lui prêter attention !

Noëlie sourit. Elle apercevait la silhouette massive de l'ancien château des Trians.

– Tu n'as pas peur ? souffla Albertine.

Le sourire de Noëlie s'accentua :

– Peur de quoi ? Nous sommes tous ensemble et nous n'avons rien à craindre en compagnie d'Émile.

Pourtant, elle ne se sentit pas vraiment à l'aise, quelques minutes plus tard, alors que toute la jeunesse de L'Isle et des environs se retrouvait au bord de la Sorgue. Certaines filles parlaient et riaient fort. Noëlie ne pensait pas les connaître. Elle remarqua tout de suite le grand jeune homme à qui elles faisaient des grâces. La lueur mouvante des flambeaux mettait en valeur son abondante chevelure noire et ses lèvres bien ourlées.

Elle fit la moue en constatant qu'il semblait s'amuser avec les deux filles délurées.

– Tu as ta chandelle ? s'enquit Clarisse.

Noëlie l'avait préparée dans la maison familiale en suivant les conseils de Catou. Il suffisait de la fixer avec de la cire sur une planchette. Elle la sortit de la poche de sa cape, chercha son frère des yeux. Une haute silhouette se pencha vers elle :

– Permettez-moi, mademoiselle…

L'inconnu battit le briquet. Il avait des yeux verts très clairs.

– Merci, répondit Noëlie, intimidée.

Elle se pencha pour confier sa planchette au fil de l'eau. Les jeunes autour d'elle l'imitèrent dans un joyeux brouhaha. Il fallait ensuite courir jusqu'au pont enjambant la Sorgue afin d'assister à l'arrivée des chandelles vacillantes. La scène avait quelque chose d'irréel et de mystérieux.

Noëlie, haletante, s'appuya contre un pilier du pont.

– On dirait des feux follets, remarqua-t-elle d'une voix rêveuse.

Elle se souvenait à cet instant des contes que sa mère lui narrait, à la veillée. Anne-Louise savait créer une atmosphère et susciter l'intérêt de son auditoire. Sous le charme, bouche ouverte, Noëlie jetait de discrets coups d'œil en direction des coins sombres de la salle, et son père souriait.

– N'avez-vous pas froid, demoiselle ? s'enquit une voix grave, à sa gauche.

Noëlie ne se retourna pas. Elle avait deviné qu'il s'agissait de l'homme aux yeux verts.

Elle secoua la tête avec vivacité.

– Je n'ai jamais froid !

Un mouvement se fit autour d'eux. Noëlie fut entraînée par ses amies et s'éloigna. Clarisse cherchait à se rapprocher d'Émile. Celui-ci lui demanda à voix basse :

– Tu connais le fils Viguier, de Vaucluse[1] ?

Elle écarquilla les yeux.

– Explique-toi.

– Le garçon qui te parlait… c'est le fils du Moulin des Sources.

– Vraiment ? fit-elle.

De toute manière, elle n'imaginait pas le revoir un jour. À quelques pas d'eux, le ton montait. Deux jeunes

1. Le village de Vaucluse, afin d'éviter toute confusion avec le département, a changé de nom. Il s'appelle, depuis 1946, Fontaine-de-Vaucluse.

gens se mettaient au défi de plonger dans la Sorgue. Émile, toujours protecteur, donna le signal du départ et entraîna les trois jeunes filles. Une main se posa sur l'épaule de Noëlie :

– Où puis-je vous revoir, demoiselle ?

– À la messe, à la collégiale de L'Isle ! lança-t-elle.

Derrière eux, les planchettes étaient passées sous le tablier du pont mais personne n'y accordait plus d'importance. La Chandeleur marquait la fin des veillées. Pourtant, Timothée Viguier espérait revoir la belle l'Isloise très bientôt.

2

1840

Un printemps particulièrement pluvieux avait transformé la Sorgue, d'ordinaire paisible, en un torrent impétueux qui attirait nombre de curieux depuis deux dimanches. Le site de Vaucluse, grandiose, émerveillait toujours Timothée, bien qu'il soit né à moins de trois kilomètres, dans la grande demeure des Viguier, une bastide au toit de tuiles à triple génoise, aux fenêtres à petits bois cintrés, aux volets peints en gris-bleu et à la porte massive en noyer.

Depuis des siècles, on s'interrogeait sur le mystérieux phénomène de la résurgence, une vaste nappe d'eau souterraine surgissant au pied d'une falaise d'environ deux cents mètres de haut, à l'extrémité d'une vallée close, *Vallis clausa*, devenue « Vaucluse ».

« Il ne faut pas chercher à percer le secret de la fontaine », estimait grand-père Augustin. C'était lui qui avait formé Timothée au métier. Dans la famille Viguier, on fabriquait du papier depuis plus d'un siècle et demi. Leur moulin comme leur maison attestaient de leur prospérité.

« Nous devons tout à la Sorgue et aux maîtres italiens », reconnaissait Nicolas Viguier, le père de Timothée.

La rivière correspondait en effet aux conditions optimales fixées au XVIIe siècle par le père jésuite Imberdis :

> *Choisissez une région au climat doux et tempéré car l'eau du ruisseau ne doit pas geler l'hiver ni tarir l'été*[1].

Les Italiens, de leur côté, avaient inventé le moulin à papier, créé l'étendoir, l'endroit où l'on faisait sécher les feuilles sur des cordes, ainsi que le filigrane.

Le jour où Philibert Viguier s'était installé à Vaucluse, en 1750, il avait été séduit par la transparence des eaux couleur émeraude de la Sorgue. Aventurier dans l'âme, il avait bourlingué sur les mers avant de s'établir, fortune faite, avec la fille d'un confiseur carpentrassien. Il avait eu l'intelligence de se faire seconder par un génial touche-à-tout, dont la famille avait seulement retenu le prénom, Norbert. Ce dernier s'était chargé de faire bâtir le moulin à papier, en tenant compte des exigences du cadre. Vaucluse, en effet, était à l'époque un petit village dominé par les ruines du château des évêques de Cavaillon.

Deux moulins à papier existaient déjà. Philibert et Norbert avaient choisi de s'implanter en bord de Sorgue.

Amenée par un bief, un canal étroit en bois, l'eau s'écoulait par-dessous la roue en poussant ses pales de bois ou aubes dans le sens contraire des aiguilles d'une montre. La grande roue entraînait une poutre

1. *Fontaine-de-Vaucluse. Vallis clausa, le moulin à papier*, Michel Maisonneuve et Philippe Caudron, PEC, 1996.

cylindrique, l'arbre à cames, de six mètres de long, qui actionnait les maillets en effectuant une rotation sur elle-même.

La première fois, Timothée avait eu l'impression de ne pas pouvoir supporter le bruit infernal dans la salle des piles à maillets. Il lui semblait qu'on lui frappait sur la tête à grands coups.

Il avait fait demi-tour, mais grand-père Augustin l'attendait sur le seuil du moulin. Timothée l'entendait encore : « Halte-là, mon garçon ! Si la première difficulté te rebute, tu peux tout de suite aller casser des cailloux sur la route ! Cette activité sera elle aussi bruyante et fatigante et, de plus, tu travailleras pour un patron. Mais ma foi… si c'est là ton unique ambition… »

Timothée était fier. Piqué au vif, il avait rebroussé chemin.

Il sourit. Le bruit ne le gênait plus, à présent. Il savait seulement qu'il risquait de perdre de son acuité auditive, comme son père et son grand-père avant lui. Chaque maillet était un marteau impressionnant de soixante-quinze kilos. Les maillets étaient munis de clous qui iraient broyer le contenu d'une énorme cuve, la pile.

Chaque jour, des charrettes apportaient au moulin des sacs pleins de chiffons, des pièces de chanvre, de coton ou de lin. Timothée achetait leurs invendus aux colporteurs, les guenilles sur les « foires à tout », ainsi que les chemises usagées.

Tous ces chiffons passaient au dérompoir où des ouvrières décousaient les boutons avant de découper les tissus en bandes minces puis en morceaux. Elles remplissaient les paniers en osier de chiffe, et des gamins les portaient jusqu'à la salle des piles où les maillets, assemblés par groupes de trois, pilonnaient leur chargement.

C'était tout un mécanisme de transformation fascinant. La chiffe, mélangée à de l'eau, passait au fur et à mesure dans chacune des cinq piles et, au terme de vingt-quatre à trente-six heures de broyage, devenait une pâte assez grossière. La dernière étape s'effectuait dans la pile hollandaise, inventée au XVIIIe siècle aux Pays-Bas. Il s'agissait d'une cuve de fonte ovale dans laquelle un cylindre muni de lames déchiquetait la pâte sortie des piles.

Chez Viguier, on ajoutait à la pâte à papier des fibres de pin afin de donner un peu plus de corps au papier, ainsi que de la colle à base de résine.

Lorsqu'on estimait que la pâte était prête, on la versait dans une cuve en cuivre, tout en continuant de la brasser. Commençait alors la tâche de l'ouvreur, l'ouvrier papetier. Celui-ci, après avoir continué de remuer la pâte grâce au redable, une sorte de grande cuiller perforée, y plongeait une forme aux dimensions de la future feuille.

C'était un châssis de bois rectangulaire, comprenant une trame serrée de fils métalliques. L'autre partie de la forme était constituée par la couverte, un cadre de bois plein s'ajustant sur le châssis. Ainsi, les bords de la couverte retenaient la pâte, à l'épaisseur désirée.

Pour avoir travaillé à toutes les étapes de la production, Timothée savait qu'il fallait de l'adresse pour être un bon ouvreur. En effet, d'un souple mouvement du poignet, les ouvreurs secouaient, faisaient bouger la forme afin d'enchevêtrer les fibres.

Il suffisait alors d'égoutter puis d'enlever la couverte. Intervenait ensuite l'ouvrier coucheur. Il retournait la forme pour poser la feuille obtenue sur un tapis en feutre de laine. Il procédait ainsi pour cent cinquante à deux cent cinquante feuilles, chacune étant isolée des autres par une couche de feutre.

On passait la pile sous une grosse presse, actionnée par quatre hommes. Après cette opération, il ne restait plus qu'à séparer les feuilles de papier des feutres. C'était la tâche réservée aux leveurs, qui devaient manipuler les feuilles humides avec beaucoup de précaution. On les portait enfin à l'étendoir pour les déposer à cheval sur des dizaines et des dizaines de mètres de fil. Trois jours plus tard, on les empilait de nouveau, cette fois à plat sous un poids, pendant quatre jours, pour éviter que le papier ne gondole.

Les lisseuses polissaient chaque feuille avec une pierre de silex, ce qui donnait un papier uni et doux sous la main. « Parfait », jugeait monsieur Vincent, un poète du cru.

Triées, empaquetées, les feuilles étaient alors livrées chez les clients. Les Viguier travaillaient avec un imprimeur avignonnais qui appréciait la qualité de leur production.

Timothée saisit une feuille lissée, l'observa à contre-jour :

– De la belle ouvrage, déclara-t-il, faisant rosir de plaisir Virginie, l'ouvrière lisseuse la plus proche de lui.

Il aimait l'odeur, et le grain du papier tout juste fabriqué.

Son père, appuyé sur sa canne, le rejoignit. L'humidité ambiante le faisait souffrir, sans qu'il n'en laissât rien paraître. Nicolas Viguier avait gardé des campagnes napoléoniennes une jambe raide et une balafre sur la joue, souvenir du coup de sabre d'un Russe. Ses yeux verts étaient étonnamment semblables à ceux de son fils. De haute taille, il se tenait bien droit.

– Satisfait, mon garçon ? s'enquit-il après lui avoir donné une brève accolade.

Un respect et une affection mutuels les animaient. Angélique Viguier les surnommait « les deux doigts de la main » avec une pointe de fierté.

Timothée sourit à Nicolas.

– Nous n'avons pas de raison de nous plaindre.

C'était la vérité. La culture de la garance avait favorisé l'essor économique du Vaucluse. Il fallait toujours plus de papier pour imprimer les documents officiels, les lettres de voiture ou les contrats. La vie culturelle connaissait également une embellie. Si la démarche que Timothée s'apprêtait à effectuer était couronnée de succès, il s'estimerait heureux.

Nicolas Viguier s'appuya légèrement sur l'épaule de son fils.

– Quand nous la présentes-tu ? reprit-il.

Timothée perdit contenance sous le regard tendrement ironique de son père.

– Vous la présenter ? De qui parlez-vous donc ?

L'œil de Nicolas Viguier se mit à friser.

– Tu ne vois pas ? On m'a raconté que tu voyais assez souvent une jeune fille l'isloise…

– Je vous la présenterai lorsqu'elle acceptera de m'épouser.

Le vieux papetier observa un silence prudent. C'était la première fois que son fils parlait de mariage. À vingt-sept ans, quoi de plus normal ? Timothée avait jeté sa gourme depuis longtemps, fréquentant les lavandières d'Avignon sur les bateaux-lavoirs ou les prostituées. C'était dans l'ordre des choses. Il considérait qu'un homme devait déjà avoir vécu avant de s'établir. Nicolas lui-même s'était marié sur le tard, à trente-cinq ans bien sonnés.

Mais, à présent, il avait hâte de voir son nom se perpétuer.

– Qu'as-tu appris sur elle ? demanda-t-il à Angélique, après qu'Isidore, leur cocher, l'eut ramené à la demeure familiale.

Mince et vive, la mère de Timothée paraissait plus jeune que ses cinquante-quatre ans. Elle portait une robe en taffetas vert mousse et un *casaco* noir, très ajusté à la taille et pourvu de manches longues.

Elle soutint le regard impatient de son époux.

– Rien n'est encore fait, lui dit-elle avec une certaine circonspection. La jeune fille est de bonne famille, et son père a du bien. Mais en tant qu'aînée, elle s'occupe de ses jeunes frère et sœur et la plus petite a une réputation de capricieuse.

Nicolas Viguier leva les yeux au ciel.

– Notre fils ne pouvait-il pas s'amouracher d'une fille unique ?

Depuis plusieurs générations, et ce malgré les menaces de la forte mortalité infantile, les Viguier pratiquaient un sévère contrôle des naissances afin de ne pas morceler le moulin à papier. Angélique aurait bien aimé avoir un second enfant, son époux s'y était toujours opposé. Elle n'avait pas oublié les méthodes parfois fantaisistes auxquelles ils avaient eu recours et se rappelait encore les remontrances du prêtre à qui elle se confessait.

Nicolas se carra dans sa chaise à bras, rendue plus confortable grâce à un jeu de coussins, et contempla quelques instants le feu sans mot dire. Il se retirait volontiers dans cette pièce qu'Angélique nommait « le salon de compagnie ». Des eaux-fortes sobrement encadrées, représentant Le Moulin des Sources, ornaient les murs. Une indienne assortie aux tentures recouvrait la table ronde destinée à accueillir les amis de Nicolas pour jouer aux cartes.

Face à lui, Angélique brodait. Le cartel en bronze doré trônant sur la cheminée de marbre blanc mouluré, encadré de girandoles à bougies, égrenait les minutes. L'heure était douce.

Nicolas appréciait tout particulièrement ces moments précédant le souper durant lesquels il songeait au passé.

« Nous verrons bien », conclut-il, pensant toujours à son fils et à son mariage.

Lui avait eu la chance d'épouser la femme qu'il aimait. Il souhaitait le même bonheur à Timothée.

3

1840

Sous le soleil de mai, le marché du mercredi battait son plein, sur la place de l'église. Poissons fraîchement pêchés dans la Sorgue, truites, anguilles, écrevisses à pattes blanches, volailles, fruits et légumes, fleurs, mouchoirs de cou, bijoux de pacotille, indiennes, châles, herbes médicinales s'échangeaient dans une atmosphère empreinte de bonne humeur.

Vêtu de ses plus beaux habits – pantalon et veste de drap noir, chemise blanche, gilet de velours et souliers à boucle –, Timothée marchait vite, comme pour tromper l'appréhension qui montait. Noëlie et lui avaient convenu de se retrouver devant le couvent des Ursulines, situé non loin de la collégiale, et il avait hâte de rejoindre la jeune fille. Depuis la nuit de la Chandeleur, ils s'étaient revus à plusieurs reprises, d'abord à la messe puis à l'occasion de différentes fêtes.

Dès le premier soir, Timothée avait décrété que Noëlie serait sa femme. L'un et l'autre n'avaient pas cherché à dissimuler leur attirance réciproque. Ils avaient échangé leur premier baiser à la mi-carême.

Ce soir-là, Noëlie avait su qu'il n'y aurait jamais un autre homme que Timothée. En la voyant rentrer, les yeux brillants et les joues empourprées, Catou comprit qu'il y avait quelque galant. Intuition qui se confirma quand elle trouva Noëlie plantée devant l'armoire de mariage que son père avait commandée pour elle le jour de son baptême. C'était une coutume bien ancrée dans le Comtat. L'armoire en noyer, ornée d'épis de blé et de cornes d'abondance, faisait partie des meubles que la jeune épousée apportait en dot.

Les étagères du bas et du haut étaient réservées aux grosses pièces : les draps, les courtepointes, les nappes et les serviettes de table. Celles du milieu, moins espacées, recevaient le linge de dessous. Enfin, deux tiroirs, accrochés à la planche médiane, étaient destinés aux bijoux, chapelet, missel et rubans.

– Eh bien, ma belle ? lança Catou.

Noëlie soutint son regard.

– Je n'aurais jamais pensé avoir hâte de quitter la maison de mon père.

La servante la serra contre elle.

– C'est la vie qui nous pousse, mon petit. Va-t-il venir bientôt faire sa demande ?

Noëlie acquiesça.

– Pourvu que le maître l'agrée ! soupira Catou.

Tout aurait été plus simple si Noëlie avait eu sa mère auprès d'elle. Elle aurait pu se confier à elle, lui demander de plaider sa cause auprès du père. La servante comme la jeune fille étaient perplexes quant à la réaction de Benoît Saurel.

Pour le moment, ce dernier était fort occupé à préparer la foire de Beaucaire, où il avait promis d'emmener ses enfants. Lucille était particulièrement excitée à cette perspective.

Noëlie saisit son châle sur une chaise.

– Je file, dit-elle à Catou, Timothée va m'attendre. Je te rapporte du poisson ?

– Je m'en occuperai, ma grande. Ne rentre pas trop tard.

La servante suivit d'un œil rêveur la silhouette menue de Noëlie. Elle portait ce jour-là une robe d'indienne bleu et blanc, un caraco attaché avec des liens de bourrette indigo, et un tablier en soie imprimée de roses. Elle s'était munie de son plus beau châle, provenant d'une fabrique de Nîmes.

« Pourvu que… », pensa Catou.

Elle referma lentement les portes de l'armoire. Elle avait beau savoir que c'était dans l'ordre des choses, elle se sentirait horriblement seule le jour où Noëlie déserterait la demeure familiale.

Benoît Saurel donnait ses instructions à son fils et à monsieur Vialla, son bras droit, tout en surveillant le chargement des dernières carrioles. Il escomptait beaucoup de cette foire après plusieurs années trop calmes. Lui, qui avait vécu la période faste du début du siècle, craignait fort de ne plus jamais en connaître de telle. Le blocus continental avait porté un coup sévère à la foire de Beaucaire qui, malgré un sursaut sous la Restauration, n'avait pas retrouvé l'affluence de l'Ancien Régime. Après 1830, l'épidémie de choléra avait fait fuir les vendeurs aussi bien que les acheteurs.

La ligne de chemin de fer Nîmes-Beaucaire, inaugurée en juillet 1839, avait suscité de nouveaux espoirs. Mais Saurel se demandait de plus en plus souvent si le concept même de foire n'était pas dépassé. Il ne ménageait pas sa peine, pourtant, entre la fabrique, les entrepôts et sa famille.

– Père ! vous avez de la visite, lui cria Émile.

Il fronça les sourcils en reconnaissant son aînée accompagnée d'un grand gaillard vêtu comme pour se rendre à des noces. Des noces… Il remarqua le visage tendu de Noëlie, et sut tout de suite à quoi s'en tenir, d'autant qu'on commençait à parler en ville.

Noëlie, qui paraissait de plus en plus mal à l'aise, lui présenta le fils Viguier.

« Peste ! il en impose », pensa Benoît Saurel.

Le garçon approchait de la trentaine. Il avait un regard franc, une poignée de main vigoureuse. Il eut recours à la formule usitée dans le Comtat :

– Bonjour, maître Saurel. Je viens parler avec votre fille Noëlie si elle y consent.

Benoît se tourna vers sa fille. Les joues empourprées, elle fit « oui » de la tête et le père répondit :

– Noëlie est libre.

Voyant que Timothée allait ajouter quelque chose, il s'empressa de préciser :

– Venez à la maison. Émile va vous accompagner. Je vous rejoins dès que possible.

Une heure plus tard, ils étaient réunis dans la salle et buvaient un verre de vin de figue tout en goûtant les financiers aux amandes de Catou. La pièce, de vastes proportions, était dotée d'une cheminée imposante, haute de six pieds, surmontée d'une hotte en chêne et encadrée de consoles. Le mobilier, la vaisselle blanche ornant le buffet haut, le potager, la pierre à évier et la batterie de cuisine en cuivre révélaient une maison aisée. Benoît Saurel désirait tout savoir. Comment les jeunes gens s'étaient rencontrés, si Timothée et Noëlie habiteraient la même maison que les parents Viguier, si ceux-ci se rendaient eux aussi à la foire de Beaucaire. Ce feu roulant de questions étonnait Noëlie. Elle qui avait tant redouté la réaction paternelle se demandait à présent pour quelle raison il avait donné son consentement aussi rapidement.

Elle n'osa pas lui faire part de sa surprise après le départ de Timothée. Émile, lui, n'y alla pas par quatre chemins :

– Le père était déjà au courant que tu fréquentais Timothée, lui dit-il entre deux portes. Pas par moi, mais tu connais les gens, il faut toujours qu'ils parlent… Il est ravi, les Viguier ont du bien.

Noëlie ouvrit la bouche pour protester, se ravisa.

À quoi bon se justifier, déclarer qu'elle aurait aimé Timothée tout autant, même s'il avait été boumian ou vagabond ? Son père, qui avait toujours travaillé dur, était obsédé par la peur de manquer.

– Nous te ferons de belles noces, déclara-t-il à son aînée, alors qu'elle couchait Lucille.

La petite s'accrochait à son cou.

– Tu ne vas pas nous quitter, dis ?

– Pas maintenant, promit Noëlie.

Malgré les explications d'Émile, elle restait convaincue qu'il y avait autre chose. Comme si son père avait été soulagé par la perspective de la voir quitter sa demeure…

Elle chassa cette pensée. Timothée était autorisé à lui « parler », ils allaient se marier !

Heureuse, elle se glissa sous les draps de métis qui fleuraient bon la lavande.

– Lucille, calme-toi, je t'en prie, répéta Noëlie.

Sa jeune sœur trépignait en réclamant des bonbons ; elle en avait vu, dans l'autre allée, du côté du château de Beaucaire qui dominait la prairie.

Épuisée par la chaleur et par la foule, Noëlie s'essuya discrètement le front. Ses cheveux, nattés, étaient humides. Elle avait l'impression de ruisseler sous la toile blanche de la tente plantée parmi des centaines d'autres sur le champ de foire chauffé à blanc.

– Quand je pense que père prétend que la foire de Beaucaire est beaucoup moins fréquentée qu'autrefois ! s'écria-t-elle.

Émile hocha la tête.

– Tout le monde le dit, pourtant. Père m'a raconté que l'été 1802, les ventes totales avaient dépassé quarante millions de francs. Tu imagines ?

Noëlie sourit.

– Pas vraiment. As-tu vu Timothée ?

Son fiancé lui avait promis de venir en compagnie de sa mère. Le voyage risquait en effet d'être trop fatiguant pour son père âgé.

– Vous êtes-vous fixé un lieu de rendez-vous ?

– Oui, devant la première fontaine, tout près de la porte Roquecourbe.

– Eh bien, vas-y ! Je garde la boutique.

Elle le remercia en lui sautant au cou avant de lisser ses cheveux et de coiffer son grand chapeau de paille.

– Je viens avec toi, décida Lucille.

– Tu as besoin d'un chaperon, glissa Émile, riant sous cape.

Sa sœur lui tira la langue.

L'afflux de produits donnait le tournis. Partout des montagnes de caisses, de balles, de barils, de sacs, de coffres, renfermant des balais, du thé, du coton, du café, du cacao, des salaisons, des pommades, des ivoires, des épées, des livres, des éventails, des miroirs, des soieries, de la bonneterie…

Les yeux écarquillés, Lucille ne savait plus où regarder. Elle serrait dans sa main la pièce que son père lui avait donnée.

– Fais bien attention, lui recommanda son aînée. Les voleurs sont légion par ici.

On racontait tant et tant de choses sur la foire de la Madeleine ! Lucille s'immobilisa devant une baraque en planches dont l'étal exposait perruques et… cheveux ! La fillette, d'un geste instinctif, tâta sa longue natte, comme pour vérifier qu'elle n'avait pas disparu. Noëlie sourit. Elle venait d'apercevoir la silhouette de son fiancé au pied de la porte Roquecourbe.

Tenant toujours Lucille par la main, elle s'élança vers Timothée. Il la reçut contre lui.

– Je me suis langui de vous, Noëlie, lui dit-il tendrement.

Il était seul. Comme elle s'en étonnait, il lui expliqua que sa mère était restée à Vaucluse auprès de son père souffrant.

– Rien de grave, précisa-t-il, une simple indisposition.

Il lui offrit son bras.

– Venez, ma mie, je crois que, sur le petit cours, le long du rocher du château, se regroupent les marchands de faïence, de porcelaine et de cristaux. Voyons si nous tombons d'accord…

– Et mes bonbons ? protesta Lucille.

– Nous t'en achèterons en regagnant notre tente.

Noëlie ne ressentait plus la chaleur, ni la soif. Elle avançait au même pas que son fiancé, et se sentait heureuse.

Leur avenir ne s'annonçait-il pas radieux ?

4

1840

Les cloches de la collégiale sonnaient à la volée. Une assistance nombreuse avait accompagné Noëlie, l'enfant du pays, à l'occasion de ses noces avec Timothée Viguier. Lorsque la jeune fille était apparue au bras de son père sur la place de l'église, un murmure admiratif avait parcouru la foule. Noëlie était ravissante dans sa robe d'indienne ivoire imprimée de bouquets bleus, retroussée sur un superbe jupon de mariage en boutis blanc, brodé de guirlandes de lauriers et de grappes de raisin, et ornée d'un fichu en tulle. Quelques mèches brunes s'échappaient de sa coiffe à canons.

Les parents des *novi* avaient tenu à ce que tout se déroule dans les règles. Angélique Viguier, conduite par le cocher de sa maison, avait fait le tour de la famille et des relations afin de « faire savoir » le prochain mariage de son fils. La mère de Noëlie étant décédée, c'était sa tante Barbe qui avait accompagné Angélique tout au long de sa tournée. Barbe, veuve, était couturière à L'Isle. Elle avait coupé et taillé la robe de la mariée.

Choisir une date pour le mariage avait été relativement facile vu le nombre d'interdits qui réglementaient la vie dans le Comtat. Il n'était pas question, en effet, de se marier pendant le carême, ni en mai, ou encore de juin à août, mois réservés aux travaux de la terre. Novembre était consacré aux défunts, et décembre aux fêtes calendaires. Il ne restait donc plus que septembre ou octobre.

Barbe répétant avec force que le chiffre neuf portait malheur, les jeunes gens, en accord avec leurs parents, avaient retenu le premier samedi d'octobre.

Se marier un vendredi était proprement inconcevable… Noëlie avait renoncé à discuter les interdictions de Barbe qui, en tant que sœur aînée de sa mère, avait tout pris en charge.

Elle avait éprouvé un sentiment bizarre en rangeant son trousseau dans sa malle. Soigneuse, elle glissait, entre chaque pile de draps et de serviettes, des feuilles de papier de soie ainsi que des sachets de lavande. Ce jour-là, elle avait songé qu'elle s'apprêtait à quitter une maison familière pour une nouvelle vie.

Serait-elle à la hauteur ? S'entendrait-elle bien avec Angélique ? Certes, la mère de Timothée lui avait réservé un accueil chalcureux mais Noëlie redoutait de vivre sous son toit.

– Deux maîtresses de maison ne pouvaient faire bon ménage, marmonnait Catou, ce qui inquiétait fort la jeune fille.

La servante allait répétant :

– De dos fremo dins la maisoun, de la mita li a proun[1].

1. Il y a bien assez d'une seule femme dans un ménage.

Timothée riait de ses alarmes :

– Vous verrez, ma mie, la demeure est vaste.

Son futur beau-père lui paraissait plus accommodant, bien qu'il ne fût guère bavard. Chez les Saurel, on riait, on parlait fort, les portes claquaient… un monde à l'opposé de l'univers feutré des Viguier. Au fond d'elle-même, cependant, Noëlie n'avait pas peur parce qu'elle partagerait la vie de Timothée.

Aussi avait-elle réprimé un sourire lorsque sa tante Barbe lui avait fait ses dernières recommandations. La mariée ne devait pas chanter le jour de son mariage, ni essayer son alliance auparavant, ni porter une bague de fiançailles ornée d'une pierre laiteuse. Barbe avait également insisté pour que, le jour de la noce, juste avant de partir pour l'église, Benoît Saurel présentât à sa fille un verre plein d'eau dans lequel il aurait fait tomber une pièce d'argent.

La future mariée devait boire l'eau, prendre la pièce, et fondre en larmes en signe de désespoir à la perspective de quitter sa famille. Mais le père et la fille avaient refusé tout net de sacrifier à cette coutume.

– Cela ne rime à rien ! avait tonné Benoît. Ma fille sait très bien que la porte de cette maison lui sera toujours ouverte, tout comme je sais qu'elle est heureuse de s'unir à Timothée.

Barbe avait serré les lèvres en bougonnant. Catou, dans son dos, lui avait tiré la langue, ce qui avait fait sourire Noëlie et son père. Le maître de maison commençait à penser, en effet, que sa belle-sœur en prenait un peu trop à son aise dans sa propre demeure !

Benoît Saurel pressa la main de sa fille.

– Ton fiancé t'attend.

Noëlie avait toujours admiré la collégiale Notre-Dame-des-Anges, à la décoration remarquable, derrière sa façade de style jésuite. Quand elle remonta la nef au bras de son père, elle ne prêta pas attention aux invités ou à leurs connaissances debout dans les travées. Elle ne vit que Timothée, qui l'attendait, dans son habit noir, devant l'autel de marbre polychrome. Un élan la poussa vers lui et elle accéléra le pas, sans même en avoir conscience. Attendri, son père esquissa un sourire.

– Bonne route, ma fille, lui dit-il après l'avoir conduite à Timothée.

La gorge serrée, Noëlie hocha la tête. Elle regarda Timothée. Et se sentit en sécurité.

Elle vécut la cérémonie comme un rêve. Elle se tenait auprès de l'homme qu'elle aimait, s'engageait à le chérir pour la vie et rien d'autre n'importait.

Elle connaissait bien le père Augustin, qui l'avait baptisée, comme son frère et sa sœur, mais il aurait pu aussi bien être remplacé par un inconnu, elle ne s'en serait pas rendu compte.

Elle reconnut plusieurs visages lorsque son mari et elle se dirigèrent vers le parvis. Catou s'essuyait le visage, ses amies Albertine et Clarisse lui adressaient des signes discrets. Lucille boudait encore malgré la robe « de grande » qu'elle étrennait. Les parents de Timothée, ses oncles, tantes et ses cousins étaient venus de Vaucluse, de Pernes-les-Fontaines et de Digne-les-Bains.

– J'ai envie de crier tant je suis heureuse, souffla-t-elle à son époux.

Une foule nombreuse se pressait à la sortie de la collégiale en formant une haie. Les plus jeunes du cortège, Émile et Lucille en tête, étaient chargés de lancer des dragées à la volée, le plus loin possible des *novi*. Les enfants se ruaient sur les bonbons dans une joyeuse mêlée qui s'achevait fatalement par un échange de coups.

Précédé par la musique, le cortège s'achemina vers un grand jardin appartenant aux Saurel, où les tables étaient dressées.

– Timothée.

La voix était implorante. Noëlie se tourna vers la personne. C'était une belle femme d'environ vingt-cinq ans, aux cheveux blonds et aux yeux gris. Elle portait une robe fleurie et tenait un garçonnet par la main. Noëlie enregistra tous ces détails presque machinalement. Elle aurait aussitôt oublié l'inconnue si elle n'avait pas senti la main de son époux se crisper sur son bras.

– Timothée, chuchota-t-elle. Tout va bien ?

Il ne lui répondit pas immédiatement. Il regardait la jeune femme et paraissait extrêmement contrarié. Son malaise gagna Noëlie.

– Que se passe-t-il donc ? s'inquiéta-t-elle.

Elle vit son beau-père fendre la foule et aller parler à la femme. Celle-ci secouait la tête de droite à gauche, et le ton montait.

– Hâtons-nous, ma douce.

Elle s'entendit lui demander : « Pour quelle raison ? » Elle avait l'impression que quelque chose de grave se produisait, et qu'il lui manquait les clefs nécessaires pour deviner de quoi il s'agissait.

La jeune femme cria quelque chose, qu'elle-même ne comprit pas. Elle vit son beau-père lever sa canne, comme s'il avait eu l'intention d'en frapper l'inconnue, et elle poussa un cri. La femme finit par disparaître dans la foule, en tirant l'enfant derrière elle. Un murmure parcourut l'assistance, s'enfla. Les yeux de Catou flambèrent.

– Venez, Noëlie, reprit Timothée d'une voix altérée.

Il était très pâle. Elle lui caressa la joue d'un geste empreint d'amour.

– Connaissez-vous cette jeune femme, Timothée ?

Il soupira.

– C'est une vieille histoire. Je vous la conterai lorsque nous serons chez nous mais, je vous en conjure, n'y accordez pas d'importance.

Elle s'efforça de suivre son conseil pendant le repas de noces.

Les plats se succédaient. Catou et Donatienne, la cuisinière embauchée pour l'occasion, avaient rivalisé de talent. Soupe de petit épeautre, caillettes aux herbes, pâté de grive, perdrix aux lentilles, civet de lièvre, pintades aux morilles, assortiment de fromages et de desserts, arrosés de vin de Châteauneuf, composaient un menu alléchant mais Noëlie y toucha à peine.

L'émotion, la contrariété provoquée par l'incident survenu à la sortie de la collégiale lui avaient coupé l'appétit.

Elle se rappela brusquement un détail alors que Catou servait le café, accompagné d'amandes.

Le petit garçon avait des yeux verts, de la même teinte que ceux de Timothée.

5

1840

La résidence de la famille Viguier, bâtie au début du XVIIIe siècle, était une bastide cossue, crépie d'un jaune très pâle et coiffée d'un toit de tuiles à triple génoise. Située en bordure de Sorgue, elle était particulièrement agréable en été. Le parc abritait figuiers, chênes verts, platanes et saules.

Angélique avait remis à sa belle-fille les clefs de la maison dès le premier soir.

– Vous êtes ici chez vous, Noëlie, avait-elle déclaré, et la jeune femme avait rougi.

Chez elle, dans cette demeure imposante, bien plus vaste que la maison Saurel ? Heureusement, Timothée était à ses côtés et avait entrepris de lui faire visiter leurs appartements. Grande chambre ouvrant sur le parc, cabinet de toilette attenant et petit salon formaient une suite agréable, dans un camaïeu de bleu.

– Surtout n'hésitez pas à changer le mobilier, si la décoration ne vous convient pas, avait encore recommandé la maîtresse de maison.

Noëlie l'avait remerciée d'un sourire. Elle se sentait lasse. Nombre de questions se bousculaient dans sa tête. Pourquoi son beau-père s'était-il ainsi énervé sur le parvis de Notre-Dame-des-Anges ? Pourquoi Timothée avait-il paru aussi troublé ? Qui étaient la femme et l'enfant aux yeux verts ? Durant le repas de noces, elle avait surpris le terme sans équivoque de « bâtard » et, bouleversée, elle s'était sentie horriblement mal à l'aise.

Dès qu'Angélique avait pris congé, Noëlie s'était retournée vers son époux :

– Cet enfant, ce matin… s'agit-il de votre fils ?

Jamais, lui semblait-il, elle n'oublierait l'expression de Timothée, de douleur et de colère mêlées. Il avait voulu l'attirer contre lui, elle s'était raidie. Alors, il avait chuchoté, d'une voix empreinte de lassitude :

– Je l'ignore. Et j'ai bien peur de n'avoir jamais de certitude à son sujet.

Tout en soutenant le regard de sa femme, il avait raconté. Il était encore jeune, vingt et un ans à peine, et il s'amusait. C'était la règle : les garçons avaient le droit de jeter leur gourme avant de se marier. C'était même recommandé… Il avait ainsi rencontré une jeune ouvrière agricole de Velleron. Elle se louait à la semaine ou au mois, et n'était point farouche. Ils avaient passé quelques dimanches ensemble. La fille était mignonne, mais vénale. Elle réclamait des colifichets, des bijoux. Timothée, lassé, l'avait quittée environ un mois plus tard. Elle l'avait alors relancé à plusieurs reprises sans qu'il cédât à ses avances. Quatre mois plus tard, elle était venue au moulin. Sa grossesse commençait à se remarquer sous son grand tablier jaune.

Noëlie avait gardé le silence mais sa pâleur subite révélait son émoi. Timothée avait poursuivi son récit. La jeune femme – elle s'appelait Jeanne – avait réclamé à grands cris de l'argent, et le mariage. L'enfant qu'elle portait était, selon elle, celui de Timothée.

Le fils de Nicolas Viguier avait écarté les mains en signe d'impuissance.

– Comprenez-moi, Noëlie… Je n'avais pas la moindre assurance puisque Jeanne était réputée facile. Je n'étais pas le premier, et elle m'a vite remplacé. C'eût été faire injure à mes parents que d'épouser une fille comme elle. De plus, je n'éprouvais pas de sentiments pour elle.

D'un geste vif, Noëlie avait appliqué la main sur la bouche de son mari.

– C'est votre histoire. Elle ne me concerne pas. Nous ne nous connaissions pas à l'époque. L'enfant, en revanche, me préoccupe. Comment savoir ?

Timothée avait esquissé un sourire désenchanté.

– J'ai bien peur d'ignorer à jamais la vérité. Rassurez-vous, je ne suis pas un monstre. Mon père, à l'époque, a donné une certaine somme à Jeanne et ma mère a fait le nécessaire pour qu'elle accouche à l'hôtel-Dieu de Carpentras. Je n'avais plus eu de ses nouvelles… jusqu'à ce jour.

Le silence obstiné de Noëlie l'avait inquiété.

– Il n'y a que toi, avait-il poursuivi, la saisissant aux épaules. Toi seule. Je t'aime, Noëlie. Elle… elle n'a jamais compté.

Elle l'avait repoussé, sans même en prendre conscience.

– Laissez-moi un peu de temps, Timothée.

Ce soir-là, il avait maudit Jeanne, tout en arpentant le parc.

Il lui avait fallu plusieurs jours pour apprivoiser son épouse. Il la sentait tendue, sur la défensive. Patiemment, Timothée l'avait amadouée. Il lui avait fait découvrir la fontaine, la maison de Pétrarque, et l'avait conduite jusqu'aux ruines du château des évêques de Cavaillon. Le paysage alentour présentait un chaos de roches d'une beauté émouvante.

– Il y a plus de cinq cents ans, Pétrarque a suivi ces mêmes chemins, expliqua Timothée.

Sa famille le vénérait.

– Je connais fort peu de choses à son sujet, confia Noëlie.

Pour sa part, Timothée était familier du poète depuis l'enfance. Pour Noëlie, il retraça l'histoire de François Pétrarque, né en Italie en juillet 1304 d'un notaire florentin banni pour raisons politiques.

– Je crois bien que j'ai appris des passages entiers du *Canzoniere* quand j'étais encore adolescent, avoua-t-il. Pétrarque, qui avait toujours critiqué Avignon et l'appelait « la nouvelle Babylone », tomba sous le charme, en 1327, le 6 avril précisément, d'une jeune fille de dix-neuf ans prénommée Laure. Il l'a écrit plus tard :

> *Laure [...] apparut à mes regards pour la première fois au temps de ma jeunesse en fleurs, l'an du Seigneur 1327, le 6 avril, à l'église de Sainte-Claire d'Avignon, dans la matinée.*

Timothée sourit.

– L'un de mes ancêtres a consacré une partie de sa vie à étudier les archives de Vaucluse. On n'a jamais vraiment su qui était Laure. Plusieurs hypothèses s'opposent. On parle le plus souvent de Laure de Noves, épouse d'Hugues de Sade, mais aussi de Laure de Cabrières, de Laure des Baux, de Laure du Thor ou de Laure de Lagnes…

Pour la première fois depuis leurs noces, Noëlie esquissa un sourire.

– Le choix est vaste !

– Mon grand-père prétendait (et il n'était pas le seul à défendre cette conception) que Laure n'avait peut-être même pas existé. Il pourrait s'agir de l'idéal féminin de Pétrarque.

– Qui croire, alors ?

– Il suffit de suivre son intuition. Moi, j'ai toujours accordé foi à cet éblouissement, à Avignon. Pour nous, c'était au bord de la Sorgue…

Timothée se pencha vers sa jeune femme. Il la saisit aux épaules, plongea son regard dans ses yeux bleu foncé.

– Vous avez compris, n'est-ce pas, dès notre première rencontre, que nous étions destinés l'un à l'autre ? Je ne voyais que vous…

Sa voix était douce, ses lèvres sur les siennes exigeantes. En bas des ruines du château, coulait la Sorgue, impétueuse et mystérieuse. Noëlie aurait voulu avoir la force de rejeter son mari, de le renvoyer vers cette Jeanne dont le regard chargé de haine l'avait brûlée, le jour de ses noces. Mais comment aurait-elle pu le faire, alors qu'elle l'aimait si fort ? Elle s'abandonna à ses baisers, en se promettant de ne plus penser à Jeanne ni à l'enfant.

Timothée, la portant presque, l'entraîna en courant vers la bastide. Les cheveux de Noëlie coulèrent sur ses épaules. Les joues rougies par la course, elle se laissa aller contre son mari.

– Viens…, la pressa-t-il.

Ils entendaient des voix dans l'office. Ils se glissèrent dans l'escalier et s'enfermèrent dans leur chambre.

Devant le feu qui éclairait la pièce, Timothée aida son épouse à se dévêtir. La jupe à imprimé ramoneur, les jupons déchirés par les rochers, le châle, le caraco, la chemise, et enfin les bas de coton blanc. Depuis le premier soir, à la Chandeleur, il rêvait de son corps. Il poussa un gémissement de désir en l'attirant contre lui. Les boutons de sa veste meurtrirent les seins nus de Noëlie. L'un et l'autre n'y prêtèrent pas attention.

Plus tard, après l'amour, alors que Noëlie était blottie contre lui dans le grand lit à quenouilles, Timothée lui chuchota :

– Je t'aime, ma tendre et douce. Pour toujours.

Elle ne demandait qu'à le croire.

6

1840

La neige était tombée en abondance à compter du 17 décembre. Une neige collante, qui s'accumulait sur les branches des arbres, se brisant sous leur poids.

– Hé ! s'il neige à Noël, c'est bien naturel ! répondit Coline, la servante de la bastide, à sa maîtresse qui se lamentait.

On attendait du monde pour les fêtes, notamment le frère d'Angélique, qui habitait Digne, et elle se demandait s'il pourrait voyager sans encombre.

Coline, fatiguée par les exigences d'Angélique, avait accepté de bon cœur les offres de service de « Madame Noëlie ». Toutes deux s'affairaient dans la vaste cuisine dont les cuivres étincelaient. Dès le premier jour, Noëlie avait admiré le potager carrelé et ses braseros conçus pour un mijotage idéal. En effet, de petits portillons, équipés de volets réglables, permettaient de contrôler le tirage et la combustion des braises.

Il fallait non seulement confectionner les terrines de gibier et de poisson pour recevoir les hôtes mais aussi préparer les papetons d'aubergines, les caillettes et les desserts. Dès qu'il pénétrait dans la cuisine, Timothée s'immobilisait sur le seuil. Les narines dilatées, il humait les effluves de truffes, de gibier, de cognac et d'épices mêlées. Il s'élançait alors vers Noëlie, la faisait tournoyer dans ses bras avant de lui planter un baiser sur les lèvres.

– Ça sent drôlement bon, madame Viguier !

Ils riaient tous deux, sous le regard attendri de Coline. Depuis le mariage des jeunes gens, la vie était revenue dans la vieille demeure. Coline appréciait le fait que Madame Noëlie ne fût pas fière, comme elle le disait à Isidore, le cocher des Viguier.

Gaie, rieuse, elle s'intéressait à tout et s'entendait aussi fort bien avec son beau-père. En revanche, ses relations avec son épouse étaient plus délicates. Comme Catou l'avait redouté, Angélique Viguier ne renonçait pas à ses prérogatives et entendait continuer à régenter toute la maisonnée. Cette attitude provoquerait certainement des frictions un jour ou l'autre entre les deux femmes, d'autant que, les années passant, le caractère d'Angélique s'aigrissait.

– Ne bougez pas, Coline, je vais apporter le thé au salon, proposa Noëlie.

C'était une coutume adoptée par les Viguier depuis leur séjour en Grande-Bretagne. Chaque jour, à dix-sept heures précises, les époux prenaient le thé, accompagné de biscuits, eux, typiquement provençaux : financiers, navettes et croquets aux amandes. Les croquets de Coline étaient particulièrement savoureux et Angélique en était fort friande.

– Quelle bonne idée de vous joindre à nous, mon enfant ! s'écria Nicolas Viguier en voyant Noëlie pénétrer dans le salon de compagnie.

Sa femme sourit d'un air contraint. Elle paraissait bouleversée, ses mains tremblaient.

Noëlie servit le thé sans mot dire et tendit à Angélique une tasse en porcelaine blanche décorée de pivoines roses. Sa belle-mère la remercia d'un pâle sourire. Elle semblait si affectée que Noëlie s'enhardit à lui demander si elle allait bien.

Les époux échangèrent un regard indéfinissable. Ce fut Nicolas qui répondit à sa belle-fille après avoir marqué une hésitation :

– Ne faites pas attention, ma petite fille, lui dit-il. J'ai lu dans le journal une information qui a ravivé chez nous bien des souvenirs.

Noëlie attendit poliment. Son beau-père soupira.

– Il s'agit du retour des cendres de Napoléon, précisa-t-il.

Il entreprit alors de raconter à la jeune femme que le rapatriement du corps de l'Empereur était un sujet sensible depuis le début de la monarchie de Juillet. On en parlait beaucoup… sans que Louis-Philippe parvînt à se décider. Il redoutait, en effet, des manifestations bonapartistes. Monsieur Thiers, pourtant, était parvenu à le convaincre et le prince de Joinville était parti à bord de *La Belle Poule* avec pour mission de ramener les cendres de Napoléon qui reposaient dans la vallée du Géranium à Sainte-Hélène.

– Le cercueil de Napoléon a remonté la Seine. Louis-Philippe pensait que cela éviterait tout débordement politique, expliqua Nicolas Viguier.

De nouveau, il marqua une pause.

– Comme si nous pouvions l'avoir oublié, reprit-il d'une voix que l'émotion enrouait. Quand le cercueil de notre Empereur a débarqué à Courbevoie, ses anciens soldats l'ont veillé toute une nuit lors d'un dernier bivouac. J'aurais tant aimé retrouver là-bas d'anciens camarades !

De nouveau, les époux se regardèrent. Noëlie n'osa pas poser de questions mais elle pressentait qu'il y avait autre chose, quelque secret que partageaient Angélique et Nicolas. Désireuse de changer de sujet, elle pria sa belle-mère de lui détailler les liens de parenté unissant les invités.

Angélique s'exécuta volontiers.

– Voyons… nous aurons mon frère, Hyacinthe, Pauline, sa femme, et leur fille, Madeleine. Le cousin de mon mari, Valentin, fera le voyage depuis Avignon. Mademoiselle Gilberte, sa gouvernante, l'accompagnera. Viendront aussi nos amis Gauthier, de Saint-Rémy, et leurs enfants, Bertille et Pierre.

– Nous serons donc treize, fit remarquer Noëlie sans malice.

– Malheur ! Angélique se signa précipitamment. Comment n'y ai-je pas pensé ? Nicolas, vous vous êtes bien gardé de me le dire !

– Pardi, je ne supporte pas ces superstitions de vieille femme ! répliqua le maître de maison, tout en adressant un clin d'œil complice à Noëlie.

Son épouse ne l'écoutait déjà plus. Se servant un financier, elle réfléchissait à voix haute.

– Voyons… qui pourrions-nous bien inviter pour ne plus être treize à table ? Votre notaire, mon ami ? Il est veuf, je crois, c'est parfait…

Nicolas manqua s'étrangler.

– Vous voulez m'imposer la présence à *ma* table de ce vieux radoteur de Plessis ? Tout cela à cause de je ne sais quelle stupidité ! Vous déraisonnez, ma pauvre amie !

Riant sous cape, Noëlie songea qu'Angélique n'avait pas dit son dernier mot. Même si elle élevait rarement la voix, la mère de Timothée parvenait le plus souvent à ses fins.

Et, Noëlie était prête à le jurer, maître Plessis partagerait leur « gros souper ».

Elle pensa à sa propre famille et son visage se rembrunit. Elle avait rapidement deviné la raison pour laquelle son père avait accepté aussi facilement l'idée de son mariage. Il n'avait pas attendu trois mois avant d'amener dans la maison familiale de L'Isle-sur-la-Sorgue une jeune veuve qui n'avait pas vingt-cinq ans.

– *Bello fremo, marrido espigno*[1], avait marmonné Catou avec un claquement de langue.

La jeune femme, qui se prénommait Marion, avait eu des mots dès le premier jour avec Lucille.

Sa sœur écrivait à Noëlie des lettres déchirantes. Elle, qui avait toujours été gâtée par son père, se sentait désormais abandonnée.

– Elle a persuadé père que je devais aller au couvent,

1. Belle femme, mauvaise épine.

avait-elle raconté à Noëlie. Tu te rends compte ? Je vais mourir d'ennui chez les sœurs de Carpentras !

Noëlie aurait aimé la garder avec elle mais Catou l'en avait dissuadée.

– Tu es jeune mariée, tu vis déjà chez tes beaux-parents… Crois-moi, Lucille ferait voler ton ménage en éclats et ce sans le moindre remords ! Ta sœur est bien mignonne… tant qu'on fait ce qu'elle demande ! Elle est beaucoup trop capricieuse pour se plier aux règles d'une maison inconnue. Et puis… franchement, la pension devrait lui faire du bien !

Le cœur lourd, Noëlie s'était inclinée. Elle savait bien au fond d'elle-même que Catou avait raison mais elle ne pouvait s'empêcher de se sentir coupable. Elle n'avait pas osé en parler à Timothée.

Fils unique, il ignorait tout des liens fraternels. De plus, Lucille lui avait battu froid dès le premier jour. Elle ne pouvait s'empêcher de penser que Timothée lui avait volé sa sœur.

Elle rapporta le plateau à la cuisine, appuya le front contre le carreau glacé. Elle ressentait parfois une solitude intense. Elle se sentait isolée à la bastide. En général, il suffisait que Timothée rentre et la serre dans ses bras pour que ce sentiment se dissipe.

Elle était heureuse même si elle avait l'impression que son bonheur ne serait pas complet tant qu'ils n'auraient pas d'enfant.

7

1840

En bonne catholique, Angélique Viguier avait gardé l'habitude de dresser chaque année sa crèche. Elle se rappelait que, sous la Révolution, il fallait dissimuler les figurines, interdites, tout comme la messe de minuit ou les autres offices.

Elle préparait avec beaucoup de minutie le décor, constitué de mie de pain, de carton-pâte, et de rameaux de buis figurant les arbres. Elle reconstituait ainsi un village provençal avec ses maisons, son four, son puits, sa chapelle et sa placette.

Noëlie la regardait faire, sans oser toucher aux *santoun*, les petits saints, qui se transmettaient dans la famille d'Angélique de mère en fille.

– Tu vois, lui dit sa belle-mère, je vais tous les hivers à Marseille sur les allées de Meilhan afin d'y acquérir de nouveaux personnages. Parce que, même si je possède déjà beaucoup de santons, je cherche toujours celui qui me manque.

Elle lui expliqua que la dimension de la crèche provençale était non seulement chrétienne mais aussi villageoise. On ne représentait pas vraiment les personnages bibliques mais avant tout ceux de la Provence, le curé, le meunier, le boulanger, l'étameur, la marchande de poissons ou la porteuse d'eau.

Noëlie aimait particulièrement les bergers et le couple de boumians, de bohémiens. À L'Isle, sa mère fabriquait elle aussi une crèche, beaucoup plus dépouillée.

Si Noëlie se souvenait de l'oncle Hyacinthe et de la tante Pauline, elle ne connaissait pas le cousin Valentin ni les Gauthier. Elle redoutait un peu de se retrouver face à des inconnus mais Timothée sut la rassurer.

– Tu seras la plus belle, lui avait-il dit. Et puis, je t'aime.

Elle apporta grand soin à sa tenue. Dès son installation à la bastide, sa belle-mère avait insisté pour l'emmener chez sa couturière, qui œuvrait à Pernes. Mademoiselle Sidonie tenait boutique tout près de la fontaine du Cormoran.

Lorsqu'on poussait sa porte, ce qui faisait sonner un carillon aigrelet, on pénétrait dans un monde féminin à l'excès, dans lequel la profusion d'étoffes et de dentelles vous donnait le tournis. Mademoiselle Sidonie, petite personne au visage anguleux, toute de noir vêtue, scrutait sa nouvelle pratique avant d'annoncer, d'un ton sans réplique : « Pour vous, ce sera du vert », ou du bleu. Elle affirmait qu'il fallait de la couleur, beaucoup de couleur, et possédait un stock incroyable d'indiennes, de taffetas, de velours et de soies. Elle avait présenté plusieurs catalogues à Noëlie non sans lui avoir précisé au préalable que, de toute manière, elle savait déjà quels modèles lui conviendraient le mieux. Cette attitude aurait pu être agaçante mais Noëlie s'était tout de suite sentie en confiance. Elle avait choisi un velours couleur cerise, une teinte audacieuse qu'elle n'aurait jamais osé porter si elle n'avait pas été mariée, ainsi qu'un taffetas vert émeraude aux reflets changeants. Angélique avait approuvé son choix :

– C'est fort bien, ma chère.

Sa belle-mère avait marqué une pause avant de reprendre :

– Bien sûr, il faudra vous constituer une autre garde-robe le temps de votre grossesse.

Noëlie s'était sentie rougir sous le regard perçant d'Angélique. Deux mois de mariage et pas encore d'espérance… à quoi pensait-elle donc ? Elle s'efforçait de ne pas y prêter trop attention, tout en sachant qu'elle s'illusionnait. On attendait d'elle l'héritier. Elle parvenait à en plaisanter avec Timothée, dans le secret de leur chambre.

– Il faut tout de même nous laisser un peu le temps…, chuchotait-elle.

Timothée la réconfortait tendrement.

– Tu te fais des idées, ma mie, lui affirmait-il.

Le soir du 24 décembre, Noëlie étrennait sa robe de velours. Timothée venait de lui offrir une chaîne d'or. Elle avait relevé ses cheveux sombres en un chignon torsadé, dégageant son cou délicat. La robe cerise avivait son teint naturellement pâle. Elle se sentait belle, comme le lui avait assuré son mari. Un regard admiratif de l'oncle Hyacinthe le lui confirma. Elle s'avança vers les invités rassemblés dans le hall de la bastide. Certains, comme les Gauthier, portaient encore leurs manteaux poudrés de neige. Tous parlaient du mauvais temps qui avait failli les faire renoncer à leur voyage.

Angélique, souriante, allait de l'un à l'autre. Noëlie l'aida à débarrasser leurs hôtes de leurs pelisses et de leurs couvre-chefs. Il faisait frais dans le vestibule dont le dallage en damier se réchauffait d'un tapis à dominante rouge.

– Venez près de la cheminée, proposa la maîtresse de maison.

Nicolas les attendait dans le salon de compagnie. Il se leva lourdement pour les accueillir. Hyacinthe et Pauline, la cinquantaine alerte, étaient plus sympathiques que leur fille Madeleine, au visage renfrogné.

– Son état de vieille fille lui déplaît fort, avait confié Timothée à Noëlie. Malgré sa dot, les soupirants ne se bousculent pas sous son balcon !

Le cousin Valentin et mademoiselle Gilberte dissimulaient mal leur harmonie. Coline ne s'était pas gênée, la veille, pour tenir informée la jeune femme :

– Ces deux-là vivent comme mari et femme, même s'ils ne sont pas passés devant monsieur le curé ! Mais Madame tient à « faire comme si ». Elle devient de plus en plus bigote. Alors, Louison, la petite bonne, prépare deux chambres bien que le lit de monsieur Valentin ne soit jamais défait.

Elle avait levé les yeux au ciel.

– Les apparences… c'est très important pour Madame.

Mademoiselle Gilberte avait beaucoup de charme dans sa robe de mérinos bleu paon. Presque autant que madame Gauthier, ravissante brune aux grands yeux sombres, et sa fille Bertille, dont la beauté « promettait ».

Coline servit à la ronde du vin de Beaume-de-Venise, accompagné d'oreillettes. La cheminée ronflait, les dames laissaient glisser leurs châles de leurs épaules. Angélique jetait de fréquents coups d'œil au cartel du salon.

– Pardi ! Maître Plessis est en retard ! souffla Timothée à sa jeune femme.

Treize à table ! Sa belle-mère risquait fort d'en faire une jaunisse.

Riant sous cape, Noëlie fit passer le plat d'oreillettes, délicieusement craquantes et parfumées à la fleur d'oranger. Autour d'elle, on parlait politique, commerce et transports. Monsieur Valentin était courtier en poudre de garance à Avignon. L'oncle Hyacinthe était magistrat et les Gauthier possédaient une compagnie de diligences. Hyacinthe se plaisait à répéter que le troisième ministère Soult, dominé par Guizot, allait favoriser la bourgeoisie d'affaires tandis que Rodolphe Gauthier critiquait le chemin de fer, à l'origine, selon lui, de nombreux maux.

– Le progrès, monsieur Gauthier, protesta Timothée. Que faites-vous du progrès ?

Ce fut un beau tohu-bohu. Il était de bon ton de se défier de ce fameux progrès technique qui risquait de bouleverser la société française. Le maître de maison fut parmi les premiers à rappeler l'importance des traditions. Madeleine en profita pour faire remarquer d'une voix flûtée que l'épouse du duc d'Orléans, la princesse Hélène de Mecklembourg, avait insisté pour qu'on suivît à Paris la coutume germanique du sapin de Noël. Angélique haussa les épaules.

– Une coutume étrangère ! Elle n'aura aucun succès chez nous !

La voyant toujours soucieuse car maître Plessis n'était pas encore arrivé, Noëlie lui glissa :

– Vous pourrez peut-être inviter monsieur le curé à venir partager le gros souper, et sa belle-mère se rasséréna.

On se prépara donc en toute sérénité pour se rendre à la messe de minuit.

– Ne comptez pas sur moi, prévint le cousin Valentin, alors que tout le monde grimpait à l'étage faire un brin de toilette et se vêtir encore plus chaudement. Mademoiselle Gilberte priera pour moi, reprit-il en adressant un clin d'œil complice à son hôte.

Nicolas rappela que, conformément à ses convictions, il ne se rendrait pas, lui non plus, à l'office.

– J'ai peur que nous ne formions une curieuse famille, confia Timothée à Noëlie. Mon père et ma mère, bien qu'étant un couple uni, n'ont jamais pu s'accorder sur le sujet de la religion. Mon père a combattu dans l'armée napoléonienne, il en est revenu libre-penseur. Quant à Valentin, il s'est souvent vanté de « bouffer du curé » dès le petit déjeuner.

Noëlie plaqua une main sur sa bouche.

– Ciel ! Moi qui ai conseillé à ta mère de convier monsieur le curé pour le gros souper !

Timothée éclata de rire.

– Ma pauvre chérie, je crains fort qu'il ne refuse !

En effet, le prêtre, étant déjà sollicité par d'autres paroissiens, déclina poliment l'invitation d'Angélique.

Malgré le froid, l'atmosphère dans l'église était chaleureuse. Noëlie pria avec ferveur pour sa famille. Ils lui manquaient tous, à commencer par Catou. Timothée lui avait promis de l'accompagner à L'Isle le premier de l'an.

– Brr ! frissonna Pauline, qui avait pourtant pris la précaution de se munir d'une chaufferette.

La neige avait cessé mais une température polaire, accentuée par le vent, enveloppait Vaucluse dans une gangue de glace. À la fin de l'office, tout le monde s'entassa dans les deux voitures fermées. Noëlie se retrouva en compagnie de Madeleine, de mademoiselle Gilberte et des Gauthier.

La gouvernante était la plus souriante. Elle évoqua les Noëls de son Auvergne natale tandis que la mine de Madeleine se renfrognait de plus en plus.

À la bastide, Nicolas et monsieur Valentin semblaient avoir fait honneur à la bouteille de porto.

– Tu sais, je ne pourrai jamais me le pardonner, confiait Nicolas à son cousin.

Noëlie s'immobilisa sur le seuil du salon de compagnie en ayant le sentiment de surprendre une conversation qui ne lui était pas destinée.

L'apercevant, le père de Timothée leva son verre dans sa direction.

– Voici la plus belle ! s'écria-t-il.

Elle sourit aux deux hommes. Elle se sentait mal à l'aise car, malgré ses efforts pour faire bonne figure, Nicolas Viguier avait le visage blême, les traits creusés.

Elle songea tout à trac qu'il portait un secret trop lourd pour lui et s'en inquiéta.

Ce secret concernait-il Timothée ?

8

1845

Comme chaque année, le marché flottant du premier dimanche d'août, à L'Isle, avait attiré une foule nombreuse au bord de la Sorgue. Les *pescaïres*[1], dirigeant à la perche leur *negochin*, une barque à fond plat, proposaient nombre de marchandises d'une rive à l'autre, dans une animation joyeuse, sous un soleil déjà ardent.

Timothée avait accompagné Noëlie. Lucille s'était jetée dans ses bras avec fougue mais Noëlie ne reconnut pas sa petite sœur. Elle, toujours gaie et vive, arborait désormais un visage fermé. De toute évidence, elle ne supportait pas sa belle-mère. Benoît Saurel avait épousé Marion en janvier 1841. Une union sans faste particulier, comme il convenait à deux veufs. Ils n'avaient pas échappé pour autant au traditionnel charivari. C'était en effet la règle : lorsqu'un veuf ou une veuve se remariait, le couple avait droit à une soirée particulièrement bruyante.

La plupart des instruments de cuisine était utilisée. Vieilles casseroles, chaudrons, couvercles de marmites,

1. Pêcheurs en provençal.

seaux, arrosoirs, poêles à frire étaient frappés avec des fourchettes, des cuillers ou des louches.

Toute la jeunesse ainsi équipée était venue à la tombée de la nuit fêter le nouveau couple. Le premier soir, Benoît Saurel avait refusé de payer sa dîme. Le « concert » s'était donc prolongé toute la nuit. Le lendemain, ils avaient recommencé, en faisant encore plus de tapage.

Des casseroles avaient même été accrochées aux queues des chiens, qui avaient parcouru les rues de L'Isle en hurlant leur désaccord.

De guerre lasse, le nouveau marié avait fini par ouvrir sa porte. Il avait acheté sa tranquillité en versant une somme d'argent au représentant de la troupe.

« Elle tordait le nez », avait raconté Lucille à Noëlie.

L'antagonisme entre elles deux était flagrant. Lucille s'était sentie rejetée le jour où son père avait ramené la veuve dans la maison familiale. Impression encore accentuée par la naissance de son demi-frère, Maurice. Maladroitement, elle avait critiqué sa belle-mère. La réplique ne s'était pas fait attendre ! Marion, une blonde accorte, avait acquis un ascendant certain sur son époux et l'avait convaincu d'éloigner Lucille. Elle ne l'avait pas attaqué de front, avait procédé par petites touches, en arguant que les sœurs de Carpentras feraient de Lucille une jeune fille accomplie.

Or, le couvent avait transformé l'enfant capricieuse en fillette rebelle. Quand Noëlie avait tenté d'en parler à son père, il s'était fâché, avec la mauvaise foi de ceux qui n'ont pas la conscience tranquille.

– Marion et moi agissons au mieux des intérêts de Lucille, avait-il tranché.

Le connaissant, Noëlie savait qu'il valait mieux ne pas insister pour le moment. D'ailleurs, Lucille affirmait apprendre beaucoup de choses chez les religieuses, notamment l'hypocrisie et la duplicité.

Émile, consulté par son aînée, avait haussé les épaules :

– Des histoires de bonnes femmes, avait-il résumé. C'est la guerre entre Lucille et Marion. Notre sœur n'a pas encore compris qu'il fallait se hâter de quitter la maison.

Lui-même s'était engagé, ce qui avait provoqué la colère de son père. Émile, taxé d'ingratitude, désertait la fabrique ! Benoît Saurel avait parlé de le déshériter.

– La veuve veut nous évincer pour placer son rejeton, avait repris Émile. Tu verras, Noëlie, ton tour viendra !

– Je n'attends rien de mon père, avait-elle répondu.

Émile avait plissé les yeux.

– Oui, c'est vrai, tu as fait un beau mariage. Mais, je te rassure tout de suite, tu n'auras rien !

Noëlie y songeait, tout en remplissant son panier. Le soleil jouait à cache-cache avec le feuillage des arbres, parsemant la Sorgue de reflets d'or. Les traditionnels costumes blancs des *pescaïres* formaient un contraste séduisant avec les jupons et caracos en indienne fleurie des marchandes de fruits, de légumes et de fleurs.

Le nez en l'air, la jeune femme humait les parfums qui se mêlaient harmonieusement ou se heurtaient. Elle était partie depuis moins de cinq ans et, pourtant, elle ne se sentait plus tout à fait l'isloise. Timothée lui prit le bras d'un geste à la fois tendre et possessif :

– Tu voudras dîner chez ton père ?

Elle sourit à son mari.

– Encore faudrait-il que la veuve nous ait invités !

Pour l'instant, Marion tentait de calmer Maurice qui s'efforçait de lui échapper pour plonger dans la Sorgue.

– Lucille ! Occupe-toi donc de ton petit frère ! ordonna-t-elle à sa belle-fille avant d'entraîner son époux vers une échoppe d'orfèvrerie.

– La teigne ! soupira Lucille, assez fort pour que son père l'entendît.

Il se retourna et la gifla à la volée. Lucille tituba sous le choc. Noëlie s'élança vers elle.

– Des excuses ! J'exige que tu présentes tes excuses à ma femme ! hurla le fabricant de couvertures tandis que Marion lui conseillait d'une voix suave :

– Laissez, mon ami, laissez. Cette petite m'a toujours détestée…

Les regards, curieux, moqueurs ou compatissants, s'étaient posés sur leur petit groupe. On murmurait dans L'Isle que Marion Saurel n'était guère tendre avec la fille de son époux et que cette dernière était trop fière pour chercher à se faire apprécier. Devinant que la scène risquait fort de tourner vite à son désavantage, la veuve entraîna Saurel vers leur maison, sans plus se soucier du petit Maurice qui, interdit, contemplait le visage rougi de sa grande sœur. Noëlie serra Lucille contre elle.

– Ne pleure pas, père finira bien par se rendre compte…

– Penses-tu ! Elle le tient, et bien, tu peux me croire ! Demande à Catou… elle va l'user au lit, si ça continue ! On dit que son premier mari est mort à la tâche…

– Tais-toi ! coupa Noëlie. Ce ne sont pas des propos pour une fillette.

– J'ai onze ans !

– Et tu manques encore de jugement ! Ignore ses provocations comme ses remarques, essaie de ne pas faire son jeu.

Le visage de Lucille se crispa.

– Un jour, je partirai ! Et personne ne me retrouvera !

– Au risque de nous briser le cœur, à Catou et à moi ?

– Oh ! toi… tu as ta vie, désormais, à Vaucluse. Quand tu auras un bébé, nous ne compterons plus pour toi !

– Ne crois pas cela, dit doucement Noëlie, tandis que ses yeux s'emplissaient de larmes.

Chaque mois, elle espérait. Avant de voir arriver ses « périodes » et de sangloter longuement dans sa chambre. Malgré leur discrétion, ses beaux-parents ne pouvaient s'empêcher de risquer de temps à autre une allusion. À la longue, le maître du Moulin des Sources s'impatientait.

– J'aimerais bien connaître mon petit-fils avant de passer l'arme à gauche ! lui avait-il déclaré, méchamment, et Noëlie avait pâli.

Ne pouvaient-ils pressentir à quel point sa stérilité la faisait souffrir ? Chaque mois, elle devenait irritable, et se le reprochait vivement.

Remarquant son visage défait, Timothée l'entraîna à l'écart :

– Ça va, ma mie ?

Elle fit « oui » de la tête sans parvenir à prononcer un son. Il lui releva le menton d'un geste tendre.

– Pas de larmes, mon amour. Nous irons à Apt, à la basilique Sainte-Anne. On raconte que la reine Anne d'Autriche, la mère de Louis XIV, s'en est trouvée fort bien. Et… si nous n'avons pas d'enfant, peu importe ! Nous nous aimons.

Elle savait bien au fond d'elle-même qu'il tentait de la rassurer.

Depuis plus d'un siècle, un Viguier avait dirigé Le Moulin des Sources. Comment aurait-elle pu supporter de briser cette continuité ?

– Je ne comprends pas, dit-elle.

Elle n'avait même pas fait de fausse couche, son ventre demeurait obstinément plat et ses règles revenaient avec une régularité déprimante.

– Chut, ma chérie, reprit Timothée en l'embrassant avec fougue.

Elle l'aperçut alors. Il avait grandi, bien sûr, il devait avoir une dizaine d'années à présent. Elle le reconnut grâce à son regard étonnant, vert pâle, si semblable à celui de Timothée. Il fixait le dos de son mari avec une intensité dérangeante.

Noëlie se dégagea des bras de Timothée.

– Cet enfant, murmura-t-elle d'une voix blanche. Son regard me gêne.

Timothée se retourna. Le garçonnet ne bougea pas.

– Un vrai santibelli[1] ! chuchota Timothée.

Noëlie se crispa pour cacher son malaise. Elle était parvenue à ne plus songer à ce garçon, ou du moins, elle avait tenté de s'en persuader. Elle s'était répété en effet qu'il ne pouvait pas être le fils de Timothée. Or, le doute la consumait à nouveau.

– Que fais-tu là, petit ? s'enquit Timothée.

Au supplice, Noëlie épiait la voix de son époux, son attitude, à la recherche d'un quelconque indice. Était-il attendri ? impatient ? furieux ?

– J'attends ma mère, répondit le gamin.

– Partons, je t'en prie, souffla Noëlie.

Elle était lasse à en mourir, avait l'impression que le soleil avait disparu et qu'elle évoluait au bord d'un précipice. Timothée l'entraîna à l'écart, vers le quai où ils avaient laissé leur jardinière.

Tout en se hâtant pour suivre son pas, Noëlie sentait la migraine marteler sa tempe droite.

Elle avait peur que Timothée ne reconnaisse un jour cet enfant. Et, en même temps, elle se détestait de raisonner ainsi. Aussi égoïstement…

---

1. Sorte de santon. « Rester planté comme un santon » signifie rester les bras ballants, à ne rien faire.

9

1848

L'espace d'une nuit, la neige, tombée en abondance, avait transformé le paysage. L'amas de rochers poudrés de blanc dominait le village dans lequel la circulation était malaisée. On avait pelleté, creusé des passages devant les maisons. La diligence n'avait pu dépasser L'Isle-sur-la-Sorgue. Pourtant, en dépit des rigueurs du climat, Timothée avait dû conduire sa mère à Digne. Son frère, au plus mal, la réclamait. Bien emmitouflés, la mère et le fils étaient partis après le lever du soleil dans le tilbury à roues hautes plus maniable que le landau.

Noëlie était restée au chevet de Nicolas Viguier. Alité depuis une bonne quinzaine, son beau-père déclinait jour après jour. Le docteur Freynet, familier de la bastide, demeurait évasif. L'âge, les séquelles des campagnes militaires s'ajoutant aux rigueurs de l'hiver… Souffrant du cœur, atteint de troubles respiratoires, le vieil homme paraissait recroquevillé dans le grand lit à *litocho*[1] sculpté, malgré la demi-douzaine d'oreillers destinés à surélever sa tête et son buste. La première fois qu'elle avait pénétré dans la chambre des maîtres de

1. La litocho était surmontée autrefois d'un baldaquin. Les colonnes ont disparu mais les montants sont restés.

maison, elle s'était sentie intimidée. Sa belle-mère ne lui avait-elle pas répété à plusieurs reprises, avec une pointe de fierté, que Timothée était né dans ce lit ? C'était le genre de précision que Noëlie ne supportait plus, parce que, mois après mois, année après année, son ventre restait obstinément plat.

La jeune femme se pencha vers son beau-père :

– En quoi puis-je vous soulager, mon père ? questionna-t-elle avec douceur.

Nicolas lui dédia un sourire empreint d'ironie.

– J'ai bien peur qu'on ne puisse plus grand-chose pour moi, répondit-il. Si… tu peux m'apporter un doigt de porto.

– Est-ce bien raisonnable ?

Il lui adressa un coup d'œil complice.

– Angélique n'en saura rien. Et puis, franchement… à quoi bon me priver d'un petit plaisir ?

Elle partageait cet avis et descendit au salon. Son beau-père appréciait particulièrement le porto et le faisait venir de la vallée du Douro. Lorsqu'elle lui en apporta un petit verre, ses narines se dilatèrent.

– Sens-moi ces notes de cerise, de poivre et de vanille, souffla-t-il.

Elle l'aida à boire, lentement, puis releva encore ses oreillers.

– Merci, murmura-t-il. Tu es une bonne fille. Dommage que…

Une quinte de toux l'interrompit. Elle aurait pu terminer sa phrase à sa place : « Dommage que tu sois stérile. »

Elle lui offrit un visage serein bien que son ventre se soit noué. Elle était bel et bien un fruit sec comme le lui avait lancé l'épouse de son père l'année précédente. Marion était suffisamment matoise pour lui faire cette réflexion alors que les deux femmes se trouvaient seules. Elle ne s'y serait jamais risquée en présence de Timothée.

Cependant, la blessure demeurait à vif.

Nicolas reprit péniblement son souffle.

– Ne fais pas attention, petite. Je ne suis plus qu'un vieil homme qui radote…

Elle lui pressa la main.

– Ne vous inquiétez pas, père. Le médecin doit passer avant ce soir, je crois ?

– Encore du bon argent gaspillé ! Que veux-tu qu'il fasse pour ma vieille carcasse ? Tiens… relis-moi *Le Moniteur*, cela me soulagera mieux que tous les remèdes qu'on me fait avaler.

Noëlie savait à quel passage son beau-père venait de faire allusion. Il s'agissait de l'article annonçant l'élection de Louis-Napoléon Bonaparte à la présidence de la République avec plus de 5,4 millions de voix.

– Maintenant, je peux mourir, murmura le maître de maison. J'ai tant attendu qu'un Bonaparte revienne au premier plan…

Il tourna la tête vers la pendulette Empire placée sur une commode, s'impatientant :

– Que fait donc ce médecin ? Et le curé ? J'ai demandé à le voir.

– Isidore est allé le chercher, répondit Noëlie d'une voix apaisante.

Elle n'osait pas poser de questions. Nicolas Viguier, en effet, était connu pour ne pas fréquenter l'église. En aurait-il éprouvé quelque remords ?

Le discours qu'il tint au prêtre, arrivé en toute hâte avec les saintes huiles et un enfant de chœur, aurait amusé Noëlie dans d'autres circonstances.

– Monsieur le curé, je vous ai fait déranger car je ne veux en aucun cas d'enterrement à l'église. De simples obsèques civiles suffiront pour un vieux soldat comme moi. Je ne tourne pas casaque à l'approche de la mort.

Le père Augustin se signa précipitamment.

– C'est bien compris ? insista Nicolas. Quoi que vous raconte mon épouse, ce serait contrevenir à ma volonté formelle. Ma bru ici présente fait office de témoin.

Noëlie reconduisit elle-même le prêtre.

– Je ne sais quoi vous dire, mon père. Vous vous êtes déplacé par ce temps…

Le père Augustin avait de l'humour.

– Mon petit, toute autre attitude m'eût étonné. Maître Viguier a de la suite dans les idées, je l'en admire d'autant plus. Veuillez saluer son épouse de ma part.

Elle suivit du regard les silhouettes du prêtre et de l'enfant de chœur, vacillant sous les bourrasques de neige, avant de rentrer. Coline l'attendait dans le hall avec une cape fourrée.

– Voulez-vous attraper la mort ? la gronda-t-elle. Je vais vous monter du thé avec des financiers. Ça passe tout seul…

Elle la remercia d'un sourire puis grimpa le grand escalier. Dans son lit, Nicolas avait un peu repris des couleurs, comme si la visite du père Augustin l'avait distrait. Pourtant, quelques minutes plus tard, après avoir boudé la collation servie par Coline, son visage redevint grave.

– Vont-ils enfin rentrer ? s'interrogea-t-il tout haut, en jetant à nouveau un œil du côté de la pendulette.

– S'ils ont trouvé encore plus de neige en chemin, ils passeront certainement la nuit à Digne, glissa la jeune femme.

Nicolas soupira.

– J'aurais pourtant souhaité parler à Timothée. Il a fallu que ce pauvre Hyacinthe tombe malade en même temps que moi !

L'arrivée du médecin lui permit de protester. Il respirait de moins en moins bien. N'existait-il pas quelque remède miracle ?

Noëlie avait compris depuis longtemps que, malgré son discours, le père de Timothée gardait encore un peu d'espoir. Coline, pour sa part, n'en avait plus.

– J'ai entendu craquer les meubles dans la chambre des maîtres quand je faisais la poussière avant-hier, avait-elle expliqué à Noëlie. Et puis, j'ai brisé une bouteille d'huile. Tout cela est mauvais signe…

Le docteur Freynet prescrivit des enveloppements et un sirop qu'il sortit de sa trousse.

– J'ai peur qu'il ne passe pas la nuit, confia-t-il à Noëlie qui le reconduisait.

Elle s'efforça de ne pas laisser voir ses craintes. Elle aurait tant aimé que Timothée se trouvât à ses côtés ! Elle se chargea d'administrer les traitements prescrits au malade qui s'exécuta avec force grimaces et, ayant tiré un fauteuil près du lit, s'apprêta à passer une nuit blanche.

Elle dut s'endormir vers une heure du matin. Une sensation de froid la réveilla. Elle ajouta deux bûches dans la cheminée, ranima le feu avant de se pencher au-dessus du vieil homme. Sa respiration était sifflante.

– Je ne dors pas, ma petite fille, murmura-t-il avec peine.

D'un geste de la main, il lui indiqua son secrétaire à huit pieds, placé devant la fenêtre.

– Le tiroir du haut, précisa-t-il.

Noëlie l'ouvrit, les mains tremblantes, saisit une liasse de feuilles de papier sur laquelle Nicolas avait écrit « *Pour Timothée* » de sa belle écriture légèrement penchée.

– Promets… lui donner, reprit le maître de maison.

– Je vous le promets, lui assura la jeune femme, les yeux remplis de larmes.

Elle lui tint la main toute la nuit, tentant de le réchauffer et de l'aider à mieux respirer.

Coline l'avait rejointe.

– Je vais chercher le cierge de la Chandeleur, prévint-elle quand le maître commença à râler.

– Non ! Noëlie la retint. C'est contraire à ses idées, il faut les respecter.

– Mais madame Angélique sera fâchée !

– J'en prends la responsabilité.

Elle savait qu'elle se heurterait avec sa belle-mère mais ne pouvait supporter l'idée d'aller contre les volontés du vieil homme.

– C'est vous qui commandez, madame Noëlie, marmonna Coline.

Le père de Timothée rendit l'âme juste avant le lever du soleil. Aussitôt, Coline courut vérifier que tous les volets de la bastide étaient bien clos et entrouvrit la fenêtre de la chambre. Elle se signa.

Noëlie, abattue, épuisée, se pencha pour poser un baiser sur le front de son beau-père. Elle se sentait perdue. Quand Timothée allait-il rentrer ?

– Il faut allumer du feu partout, reprit la servante.

Noëlie connaissait cette coutume pratiquée également à L'Isle-sur-la-Sorgue. Elle descendit prévenir les autres domestiques et envoya le cocher chez la vieille Annette, qui irait faire *lei assaché* dans Vaucluse, c'est-à-dire qu'elle informerait voisins et relations du décès.

Elle se rendit ensuite dans leur chambre ranger les documents confiés par Nicolas.

Elle avait le cœur lourd et était profondément triste.

Quand Timothée arriva seul, sans sa mère, à la fin de la journée, il comprit tout de suite en voyant le visage défait de sa femme. Il resta longtemps dans la chambre de son père et Noëlie l'y laissa seul.

Il l'appela au bout de deux heures.

– Je l'aimais tant, et je n'ai jamais osé le lui dire, s'épancha-t-il en l'enlaçant.

10

1849

Le décès de Nicolas Viguier avait non seulement plongé sa famille dans la tristesse mais aussi profondément choqué son épouse. Angélique, en effet, n'avait pas admis qu'il ait refusé de recevoir les derniers sacrements comme d'avoir des obsèques religieuses. Elle en avait gardé rancune à Noëlie.

– Le pauvre homme déraisonnait, voilà tout ! avait-elle décrété. Comment voudriez-vous me faire accroire pareille sottise ?

Timothée, Coline et le père Augustin avaient soutenu Noëlie. Timothée, particulièrement, s'était battu pour faire respecter les volontés de son père.

– Il se traitait lui-même de vieux mécréant. Sa décision ne devrait pas vous étonner, mère, avait-il insisté.

Angélique s'obstinait, en secouant la tête. Son vieux compagnon ne pouvait pas avoir voulu lui causer autant de peine… Il savait, lui, combien elle était attachée à sa religion.

– *Leis Prouvençau cregnoun Diéu*[1], répétait-elle.

Elle n'acceptait pas d'avoir dû faire enterrer son mari comme un miséreux, sans messe ni bénédiction.

---

1. Les Provençaux craignent Dieu.

Pourtant, le maire et le préfet s'étaient déplacés, ainsi qu'une foule d'industriels et de personnalités du département. Tout ce beau monde avait franchi la porte de la bastide et était venu s'incliner dans la chambre mortuaire.

– Il me fera mourir de honte, gémissait Angélique, partagée entre la tentation de s'enfermer dans ses appartements et le sens du devoir.

Elle ne se pardonnait pas d'avoir été absente ce jour-là. D'autant moins que son frère s'était remis avec une rapidité surprenante !

Il avait bien fallu répondre aux questions de la parentèle venue le jour de l'enterrement. Non, il n'y aurait pas de messe. Oui, c'était ce que désirait Nicolas. Et tout le monde d'envelopper Angélique d'un regard compatissant. Les langues allaient bon train, dans le village. On avait vu monsieur le curé et son enfant de chœur s'acheminer vers la bastide, l'après-midi précédant la mort de Nicolas. Se pourrait-il que le père Augustin se fût opposé à l'absolution du vieux soldat ? Angélique, depuis, se rendait à l'église en catimini et s'abîmait en prières.

– On sait bien, pourtant, que le maître n'était pas pour la religion, marmonnait Coline, en remuant ses tians.

L'instant d'après, elle sursautait, comme prise en faute. On devait faire le moins de bruit possible dans une maison en deuil.

Noëlie, enveloppée dans ses vêtements noirs, descendit le grand escalier et annonça à Coline :

– Je vais au moulin.

– Vous avez raison, il fait un bon froid sec.

« La vie continue », tentait de se répéter la jeune femme. Ce qui ne l'empêchait pas de chercher la silhouette de son beau-père dans le salon de compagnie ou d'esquisser le geste de lui apporter *Le Moniteur*.

La première nuit suivant le décès de Nicolas Viguier, Timothée et elle n'avaient pu fermer l'œil. Timothée la serrait contre lui et évoquait à mi-voix des souvenirs d'enfance, lorsqu'il croyait que son père était immortel.

– Il m'a tout appris, lui confiait-il d'une voix mal assurée.

La mort de Nicolas les avait encore rapprochés. Noëlie n'osait pas, cependant, demander à Timothée ce que contenaient les documents transmis par son père. Ce sujet la tourmentait. Elle avait imaginé plusieurs hypothèses, et la plupart concernaient Jeanne. Nicolas aurait-il par hasard essayé de convaincre son fils de reconnaître l'enfant de Jeanne ? Cette question obsédait Noëlie, hantant ses nuits.

Catou, qu'elle retrouvait chaque mercredi matin sur le marché de L'Isle, lui conseillait de se fier à son époux.

– Si vraiment ce garçon est son fils, il a choisi de ne pas se marier avec sa mère mais de t'épouser, *toi*. Alors, cesse de te ronger les sangs !

Les expressions imagées de Catou parvenaient toujours à arracher un sourire à Noëlie. « Si seulement j'avais *mon* enfant… », se lamentait la jeune femme.

Le solide bon sens de Catou l'avait une nouvelle fois aidée à reprendre espoir.

– Ma grande, tu sais ce que j'ai répété tant et tant à Lucille. Il ne suffit pas de dire : « Je veux. » Il faut aussi savoir accepter. Ça ne sert à rien de se révolter, ou de pleurer sur son sort. Tu vaux mieux que ça !

Catou gardait pour elle d'autres arguments, d'autres souvenirs. Enceinte à quinze ans, des œuvres d'un notable carpentrassien chez qui elle faisait office de bonne à tout faire, elle avait accouché à l'hôtel-Dieu, quarante-huit heures de souffrance indicible, avant d'abandonner son bébé, une petite fille, à qui elle avait laissé son unique bijou, une croix en argent. Il y avait de cela près de vingt-quatre ans, mais elle n'avait jamais pu oublier.

Elle se rappelait la paillasse gorgée de sang, elle se souvenait de ses seins gonflés de lait. Elle était restée à l'hospice en tant que nourrice jusqu'à ce que son lait se fût tari, mais elle avait assisté, le cœur en miettes, au départ de son bébé en compagnie d'autres nourrissons et d'une meneuse. Elle n'avait jamais revu sa petite fille, qui avait été baptisée Marie dans la chapelle de l'hôtel-Dieu.

Noëlie avait pressenti que Catou avait vécu elle aussi une expérience déchirante. Elle lui avait serré la main. Très fort.

– Nous sommes allés à Apt, en vain. Mais tu as raison, nous n'avons pas le droit de nous décourager.

Catou lui avait sauté au cou quand Noëlie avait chargé ses emplettes dans la jardinière.

– Garde confiance, ma belle, lui avait-elle recommandé.

Lorsque Noëlie lui avait demandé des nouvelles de son père et de Lucille, elle avait éludé par délicatesse :

– Tout va à peu près bien. Maurice est un enfant terrible mais… sa mère lui a toujours tout passé ! Lucille vit à Marseille où elle apprend le métier de bouquetière. Quant à Émile… il n'a plus donné de ses nouvelles depuis longtemps.

Leur famille avait éclaté depuis que leur père avait épousé Marion, songeait Noëlie avec mélancolie.

Pourtant, au fur et à mesure qu'elle se rapprochait de Vaucluse, elle admirait une nouvelle fois le paysage, baigné de sérénité, et s'apaisait.

Coline vint l'aider à décharger ses paniers.

– Madame est encore partie au cimetière, lui glissa-t-elle.

Noëlie hocha la tête.

– Je vais l'y rejoindre.

Elle savait que Timothée souffrait de l'indifférence de sa mère. Angélique s'était réfugiée dans la prière et ne communiquait presque plus avec les habitants de la bastide. Rabattant le capuchon de sa pèlerine sur ses cheveux, Noëlie se dirigea vers le cimetière.

Elle marchait vite, en pensant à sa sœur, à son frère, à Timothée et à sa belle-mère. Elle se sentait oppressée, prisonnière d'un étau de souffrances. Son accablement augmenta lorsqu'elle découvrit la silhouette d'Angélique effondrée devant la tombe de son époux. Noëlie se pencha et lui effleura l'épaule.

– Mère… vous allez prendre mal. Il faut rentrer.

Angélique se redressa et se retourna vers elle. Ses yeux flamboyaient de colère.

– Rentrer… pour quoi faire, grands dieux ? lança-t-elle, agressive. Une maison vide, sans *petitoun*… Malheur ! Presque dix ans de mariage et toujours pas capable de donner un petit à mon fils ! C'est toi qui as apporté le malheur dans notre famille !

Le visage déformé par la rancœur, pointant l'index vers Noëlie, elle était effrayante et pathétique.

La jeune femme tenta cependant de la ramener à la raison.

– Venez avec moi, l'implora-t-elle une seconde fois.

Angélique recula d'un pas.

– Pas question ! Laisse-moi prier sur la tombe de mon pauvre mari. À coup sûr c'est le désespoir qui l'a tué. Il voulait tant un héritier !

C'était si cruel, si injuste que Noëlie, tournant les talons, s'enfuit. Elle courut jusqu'au moulin à papier, où elle était sûre de trouver Timothée. Sans prêter attention aux regards intrigués des ouvriers, elle força la porte de son bureau et se jeta dans ses bras.

– Si tu veux, nous nous séparerons, je m'effacerai, lui déclara-t-elle d'un trait.

Éberlué, Timothée s'efforça d'abord de l'apaiser avant de lui réclamer des explications. Il lui ôta sa pèlerine, sa coiffe, réchauffa ses mains glacées.

– Noëlie, ma douce, que s'est-il passé ?

Elle raconta l'épisode, d'une voix entrecoupée de sanglots. Brusquement, toutes les remarques désobligeantes d'Angélique, s'aggravant d'année en année, la submergeaient. Lentement, Timothée lui caressait le visage et les cheveux d'un mouvement doux, hypnotique.

– Là, là, ma chérie, calme-toi. Ma mère ne sait plus ce qu'elle dit...

– Je ne crois pas, Timothée ! La réalité est là : je suis stérile !

Entre eux deux, il y avait Jeanne et son fils, qui demeuraient une épine fichée dans le cœur de Noëlie. Maudite, elle était maudite !

– Tous les pèlerinages que nous avons faits, reprit-elle.

Et d'énumérer :

– Le berceau de Sainte-Anne à Apt, Notre-Dame-des-Œufs à Gréoux, le gros chêne de la forêt de la Sainte-Baume, Saint-Michel-de-Frigolet, Notre-Dame-de-la-Garde, l'église des Saintes-Maries-de-la-Mer... J'y ai cru, de toute mon âme, mais maintenant, je suis désespérée.

Le vacarme était effroyable dans la salle des piles.

– Viens, chuchota Timothée, entraînant Noëlie à sa suite dans l'escalier menant à l'étendoir.

Il faisait bon dans la pièce nichée sous les combles. Une centaine de feuilles mises à sécher dégageaient un parfum indéfinissable, légèrement douceâtre.

Timothée se mit à embrasser sa femme avec fièvre et passion.

– Nous séparer..., souffla-t-il. Quelle folie ! Je t'aime. Toi seule.

Elle avait besoin d'entendre ces mots pour reprendre confiance en elle. Elle répondit à ses baisers avec fougue. Sans lui laisser le temps de protester, ou de rappeler qu'on pouvait les surprendre, il l'étendit sur le parquet blanchi et fit doucement basculer Noëlie. Allongée sur sa cape, elle apercevait au-dessus du visage de Timothée, les rangées de cordes et les feuilles de papier les chevauchant ainsi qu'un minuscule carré de ciel bleu par la lucarne.

Et puis elle ne distingua plus rien. Timothée, alternant caresses de plus en plus audacieuses et baisers, lui fit oublier tout ce qui n'était pas eux. Ils entendaient en dessous d'eux le vacarme du moulin à papier mais n'en avaient cure. D'ailleurs, la proximité des ouvriers, le risque d'être surpris décuplaient leurs sensations.

Noëlie cria de plaisir sous l'étreinte de Timothée tandis qu'il enfouissait son visage dans son cou.

– Noëlie, ma douce, mon tendre amour, ne parle plus de séparation, je t'en conjure. C'est toi que j'aime, c'est avec toi que je désire vivre.

Bouleversée, trop émue pour pouvoir articuler un mot, elle se contenta de hocher la tête.

Deux mois plus tard, le docteur Freynet lui confirmait sa grossesse.

11

1850

Cette nuit-là, le mistral soufflait avec fureur, secouant les volets, s'engouffrant sous les portes malgré les tentures doublées de molleton. Blottie au fond de son lit, Noëlie, les mains posées sur son ventre, comme pour le protéger, se répétait : « Pourvu que… »

Elle ne devait pas accoucher une nuit comme celle-ci, c'était beaucoup trop risqué.

– Ma belle, lui avait dit Élise, la *bono fremo*[1], pas question pour vous de choisir le moment ! C'est Dieu qui décide.

Élise était un personnage. Aussi large que haute, avec une voix un brin masculine et une ombre de moustache au-dessus de la lèvre supérieure, elle aurait presque inspiré de la crainte à la jeune femme si celle-ci, en bavardant avec elle, n'avait remarqué à quel point elle était humaine. Élise habitait Vaucluse et elle avait suivi la grossesse de Noëlie en bon entendement avec le docteur Freynet.

Noëlie inspira profondément. Elle attendait ce moment depuis si longtemps ! Bien que l'année 1849 ait été difficile, elle avait vécu intensément chaque

1. La sage-femme.

journée de sa grossesse. Pas la moindre nausée n'avait altéré son bonheur durant les trois premiers mois. Catou et Coline s'émerveillaient de constater qu'elle ne portait pas de masque de grossesse.

– Ce sera un garçon, à coup sûr ! affirmait Catou.

Cependant, des contractions survenant au cinquième mois avaient contraint Noëlie au repos complet.

Timothée l'avait installée dans leur chambre et lui avait bricolé une sorte de pupitre-écritoire qui lui permettait de lire, de tricoter et de coudre à sa guise. Elle avait ainsi confectionné le trousseau de son bébé, au fil des semaines. De son lit, elle apercevait la cime des arbres et les ruines du château.

Coline aérait la pièce chaque matin. Noëlie humait alors avec délices le parfum du lilas, celui, entêtant, des tilleuls et du chèvrefeuille. Elle rêvait souvent d'aller se promener le long de la Sorgue ou bien de se rendre à L'Isle mais le médecin comme la *bono fremo* le lui avaient interdit. Heureusement, la bibliothèque de la bastide semblait inépuisable. Durant son repos forcé, Noëlie avait lu les œuvres d'Hugo, de Dumas et de George Sand.

Catou, qui venait à Vaucluse le dimanche, lui prodiguait une foule de recommandations. Comme Noëlie n'avait pas le droit de mettre le nez dehors, elle risquait moins de croiser le chemin d'une personne difforme, ce qui aurait été fâcheux pour son enfant. En revanche, elle devait veiller à ne pas préparer le berceau à l'avance ni à le garder dans leur maison, ce qui risquerait de porter malheur au nourrisson.

Elle se pliait sans protester à ces règles tant elle était heureuse d'attendre leur fils. Car ce serait un fils, elle l'avait promis à Timothée. Lui avait ri en la serrant contre lui :

– Fille ou garçon, cela m'est bien égal !

Il avait insisté pour dormir sur un sofa au cours du dernier mois mais Noëlie avait refusé avec force.

– Tu veux aller dormir ailleurs ? lui avait-elle demandé, moqueuse.

Elle irradiait, avec son visage lumineux, son corps alourdi et ses longues tresses sombres. Elle vivait pleinement sa grossesse, savourant cet état. Elle savait qu'après la naissance, elle n'éprouverait plus ce sentiment d'amour fusionnel avec son enfant.

Pour l'instant, sa main crispée sur son ventre, elle guettait la prochaine contraction. Timothée, sur le qui-vive, se leva.

– Tu penses que le moment est arrivé ? s'enquit-il. Nous avons une bonne semaine d'avance.

Elle l'aima doublement pour ce « nous » qui lui était monté aux lèvres.

– Je crois que c'est pour cette nuit, confirma-t-elle.

Elle s'était promis de ne pas crier, de ne pas gémir. Elle tint parole, même quand la douleur arquait son corps. Elle s'estimait chanceuse. Elle avait Élise et Catou auprès d'elle, Timothée dans le couloir, malmenant le tapis par ses allers-retours incessants. Une douce chaleur régnait dans la bastide et le feu ronflait dans la cheminée de leur chambre.

Toute la maisonnée retenait son souffle, même Angélique, qui avait pris froid au cimetière et devait garder la chambre.

Le médecin arriva au milieu de la nuit. Son manteau était couvert de neige.

– Des bourrasques qui descendent de la montagne, indiqua-t-il à Timothée.

Voyant son visage défait, il s'empressa de préciser :

– Ce n'est pas le moment de vous sentir mal, mon ami ! Allons ! Ne restez pas dans mes jambes, allez vous enfermer dans votre bureau et vaquez à vos affaires. Je viendrai moi-même vous appeler quand le *petitoun* sera né.

Comme Timothée ouvrait la bouche, le docteur enchaîna :

– Oui, je sais, vous me l'avez déjà dit une bonne douzaine de fois, s'il y a un problème, je sauve en priorité la mère. Vous voyez, je connais ma leçon ! Maintenant, filez ! Noëlie est courageuse, l'affaire devrait bien se passer.

Réfugié dans son bureau au rez-de-chaussée, Timothée écoutait les bruits en provenance de l'étage. Exaspéré par son impuissance, il finit par sortir du tiroir, où il l'avait enfermée depuis un peu plus d'un an, la liasse de papiers transmise par son père. Il n'avait pas encore osé la parcourir, comme s'il avait espéré au fond de lui que la mort de Nicolas n'était pas tout à fait réelle. Il lissa les feuillets avant d'en entamer la lecture.

L'écriture légèrement penchée de son père, si familière, lui serra le cœur.

Timothée, mon fils, cette confession n'est pas facile à rédiger mais il faut que je me libère de ce poids qui m'empoisonne depuis des années. Il est bien dommage que je n'aie pas la foi ! À en croire ta mère, il me suffirait d'aller voir le père Augustin, de lui raconter mon histoire assortie de trois Pater et de deux Ave et… pfft ! je me sentirais beaucoup mieux. Ça me paraît trop facile ! Ce qui est fait est fait, et ta mère m'a souvent répété que je n'avais tué personne. C'est vrai. Mais l'honneur, fils ! l'honneur des Viguier…

Il faut que je remonte en arrière. Tu sais que j'ai toujours été un farouche bonapartiste, d'abord parce qu'au long des campagnes j'ai connu et respecté l'Empereur, ensuite parce qu'il a su doter notre pays à feu et à sang de règles efficaces. Mais voilà… les hommes sont oublieux, et vindicatifs. Le pire, c'est la foule, aveugle et sourde, qui suit les plus bas instincts. On ne peut rien contre elle, à moins de faire parler la poudre.

Timothée tourna la première page. Le silence régnait désormais dans la bastide, le mistral soufflait avec moins de vigueur. L'écriture de Nicolas s'était faite plus fine, plus serrée.

C'était le 2 août 1815. Nous connaissions une nouvelle période de bouleversements. Napoléon était revenu… le temps de régner cent jours et de jeter l'éponge. Les royalistes avaient repris le pouvoir dans Avignon, les partisans des deux camps réglaient leurs comptes dans le sang.

Le maréchal Brune, qui était détesté dans la cité des Papes pour avoir été un représentant de Napoléon, devait remonter à Paris. Malgré les menaces reçues, il avait refusé d'éviter Avignon mais, à la suite d'une trahison, s'y était retrouvé seul et sans escorte.

Je le revois encore arrivant à huit heures du matin au relais de l'hôtel du Palais-Royal. J'étais parti tôt pour rendre visite à l'un de nos clients, imprimeur de son état. Très vite, l'atmosphère est devenue irrespirable. La foule a immobilisé la voiture du maréchal. J'ai entendu crier : « C'est le maréchal Brune, celui qui a porté la tête de la princesse de Lamballe. » (Ce qui est totalement faux, d'ailleurs, mais les royalistes, sur la foi d'un écrit anglais, ont toujours cru que Brune, à l'époque général, avait activement participé aux massacres de septembre.) Cette phrase a donné le signal.

La populace écumait. Et moi, j'étais là, figé sur la place de la Comédie, incapable de faire le moindre geste. Brune est retourné à l'hôtel sous les huées. J'assistai alors à l'apparition du maire, Guillaume Puy, qui, courageusement, se carra devant l'entrée de l'hôtel et exhorta la foule : « Braves Avignonnais, venez à mon secours ! Empêchez que la ville d'Avignon ne soit souillée de nouveaux crimes. »

En pure perte… La plupart des forces armées cantonnées en ville étaient du côté des royalistes. Malgré les efforts du maire et du conseiller Montagnat, la foule se fit encore plus menaçante. Ils étaient plus de quatre mille hommes à hurler à la mort. Je ne cherche pas d'excuses à mon comportement, le reste de ma vie, les remords m'ont poursuivi sans relâche mais, ce jour-là, moi qui n'avais jamais reculé, je n'ai pas fait un pas en avant. Plus tard, j'ai pensé que le sort du maréchal était déjà scellé mais cela ne justifie en rien ma lâcheté. Je sais bien que je n'aurais rien pu faire seul mais, au moins, je me serais fait tuer sur place. En honnête homme. Plusieurs personnes parvinrent à s'introduire dans l'hôtel tandis que l'infortuné Guillaume Puy était bousculé, renversé, piétiné. Deux coups de feu retentirent. L'assistance était en attente, je l'entendais gronder. On cria à la fenêtre : « Retournez chez vous, le maréchal s'est suicidé ! »

Suicidé, un homme comme lui ? C'était impossible !

Je me souviens des clameurs de joie, des officiels rédigeant un procès-verbal de suicide et du refus de Guillaume Puy de ratifier un faux aussi grossier.

Sous la menace, le maire se retira.

La foule de plus en plus excitée s'empara du corps du maréchal et le jeta dans le Rhône. Une atmosphère de fête barbare régnait sur Avignon. J'avais la tête en feu, l'impression d'avoir de la fièvre. Je ne suis pas allé voir mon client. Je suis rentré à Vaucluse en maudissant ma lâcheté et mon impuissance.

Voilà, mon fils, ce qui empoisonne ma conscience depuis plus de trente ans. J'en ai tant souffert que je te supplie de te conduire en homme d'honneur. Si tu penses que le fils de la Jeanne peut être ton enfant, n'oublie pas de faire ton devoir vis-à-vis de lui. Je te fais confiance.

Bouleversé, Timothée replia lentement les feuillets. La souffrance de son père lui paraissait d'autant plus injuste qu'il aurait été incapable, à lui seul, de sauver la vie de l'infortuné maréchal. En même temps, il comprenait sa réaction. Nicolas Viguier avait toute sa vie voué une admiration sans bornes à l'Empereur. Il s'estimait coupable d'une véritable trahison.

Timothée refusait de songer pour l'instant au fils de Jeanne. Il devinait que son père avait *aussi* écrit cette confession pour faire passer le message : respecter l'honneur, toujours.

Il tendit l'oreille, monta à l'étage. Coline, qui avait dû reconnaître son pas décidé, entrouvrit la porte de la chambre.

– Nous y sommes presque, monsieur Timothée, chuchota-t-elle.

Quelques minutes plus tard, un vagissement retentit dans la maison silencieuse.

N'y pouvant plus tenir, Timothée se précipita dans la chambre. Il entrevit le regard épuisé mais fier, si fier, de Noëlie. Elle lui sourit avec peine.

Catou tenait dans ses bras un bébé minuscule, enveloppé dans des linges.

– C'est un garçon ! s'écria-t-elle, radieuse.

12

1850

Une nouvelle fois, Noëlie se pencha et caressa tendrement la joue de son fils. Son fils ! Elle ne se lassait pas de le contempler et chaque fois qu'elle lui donnait le sein, elle éprouvait un bonheur infini.

– Ça me fait peur, parfois, je suis trop heureuse, avait-elle confié à Timothée. Celui-ci l'avait fait taire d'un baiser.

– Ma femme, cesse donc de dire n'importe quoi !

Elle aimait quand il l'appelait ainsi – ma femme – avec gourmandise.

Elle gardait un souvenir confus de son accouchement, cinq jours auparavant. Elle se rappelait qu'Élise l'avait encouragée sans cesse, tout comme Catou qui enchaînait les prières. Elle se remémorait souvent le regard émerveillé de Timothée lorsqu'il avait découvert le nourrisson. À cet instant, elle s'était sentie pleinement femme, enfin !

Le médecin et Élise avaient été formels : interdiction lui était faite de se lever avant dix jours. Pour une fois, Noëlie s'accordait du repos. Elle s'occupait exclusivement de son fils, ce qui lui convenait fort bien.

La coutume voulait que le baptême ait lieu le plus vite possible. D'un commun accord, Timothée et

Noëlie avaient cependant décidé d'attendre une semaine pour que Lucille, la future marraine, puisse venir de Marseille.

Elzéar Aubert, un écrivain ami de Timothée, serait le parrain.

Le père de Noëlie lui avait fait porter des douceurs accompagnées d'une missive. Il n'était pas certain de pouvoir assister au baptême de son petit-fils. Maurice et Marion étaient souffrants, ce qu'avait confirmé Catou, la messagère. La mère et le fils étaient victimes d'une indisposition, certainement provoquée par un abus de fruits de mer dont ils étaient friands. Noëlie aurait aimé que son père vienne seul à Vaucluse, ce qui lui aurait permis de tenter une réconciliation avec Lucille mais elle pressentait qu'il n'oserait pas laisser Marion et Maurice à L'Isle.

On frappa à la porte. Angélique se glissa dans la chambre. Ses joues brillaient.

– Je vous ai apporté la robe de baptême de Timothée, déclara-t-elle. Baptistine l'a lavée de nouveau et empesée car, malgré le papier de soie dont elle était enveloppée, quelques pliures marquaient le tissu. Qu'en pensez-vous ?

La robe longue, blanche, garnie de dentelles et le bonnet brodé assorti étaient ravissants. Noëlie sourit à sa belle-mère.

– Merci mille fois, mère. Nous serons honorés et fiers qu'El…

– Chut ! l'interrompit Angélique. Ne prononcez surtout pas le prénom du *petitoun* avant son baptême !

Reposez-vous, ajouta-t-elle, Coline et moi nous occupons de tout.

Si elle était frustrée de ne pouvoir accompagner son fils jusqu'aux fonts baptismaux, Noëlie se pliait volontiers à la tradition. Leur enfant était né, le reste importait peu ! Parentes, voisines et amies avaient accouru pour la visiter dans sa chambre d'accouchée.

Elle portait une chemise de nuit ivoire au col orné de dentelles, réchauffée d'un châle en cachemire. Les cheveux nattés, parfumée à l'eau de Cologne, elle recevait cadeaux et compliments sur le bébé en rosissant de joie et de fierté.

L'après-midi passait en coup de vent. Timothée rayonnait.

– Mon fils n'est-il pas le plus beau, et Noëlie le sermonnait tendrement :

– Chaque père pense la même chose, mon mari.

On attendait du monde pour le baptême et les domestiques s'affairaient dans la bastide. Noëlie se sentait un peu à l'écart de toute cette agitation, bien protégée dans sa chambre, devenue cocon. On venait lui soumettre le menu du repas de fête, lui réclamer les clefs de la cave, ou du cellier, qu'Angélique lui avait confiées le soir de son mariage, et elle se souciait peu de tous ces détails pratiques. Son cœur débordait d'amour pour son bébé. Elle cherchait quelque ressemblance sur son visage. Il dormait souvent les mains ouvertes, ce qui faisait dire à Élise :

– Ce *petitoun* aura bon cœur.

Une certaine complicité était née entre la sage-femme et la jeune accouchée. Élise lui avait prodigué nombre de conseils, et Noëlie préférait se confier à elle plutôt qu'à sa belle-mère. Angélique, en effet, malgré sa joie, avait souvent tendance à « jouer sa grande dame », comme disait Catou en faisant claquer sa langue.

Pour elle, Timothée avait dérogé à son rang le jour où il avait fréquenté la fille aînée d'un marchand de couvertures. Nicolas, son époux, était plus simple mais Angélique ne laissait personne ignorer qu'elle était née dans une famille de magistrats de l'évêché de Digne.

Noëlie esquissa un sourire attendri. Sa belle-mère ne possédait plus le pouvoir de la désespérer en lui reprochant sa stérilité. La naissance de son fils lui avait redonné confiance en elle.

Elle se laissa glisser dans le sommeil, au rythme du berceau qu'elle remuait doucement sur son bâti.

Dehors, il neigeait encore.

Le jour du baptême, la température se radoucit. Un soleil printanier illuminait Vaucluse et les premiers amandiers avaient fleuri au bord des chemins. Noëlie, toujours alitée, habilla son fils. D'abord les dessous en coton très doux, la chemise ouverte dans le dos, puis enfin la robe de baptême de Timothée et le grand châle en boutis blanc destiné à protéger le bébé du froid.

Elzéar gigotait. Lucille se pencha pour aider son aînée.

– Il est beau, murmura-t-elle, émerveillée.

Elle-même était devenue une jeune fille ravissante. Elle était descendue de la diligence dans un manteau de mérinos gris clair, le visage à demi dissimulé par une capote en velours noir. Elle avait apporté un panier de violettes, qui embaumaient toute la bastide. Elle éludait les questions de Noëlie concernant sa vie privée. Oui, elle aimait son métier de bouquetière, qu'elle exerçait sur le cours Saint-Louis à Marseille tout comme elle aimait l'atmosphère vivante de la ville.

Le soir de son arrivée, Coline la suivit d'un regard suspicieux.

– Elle a bien changé, la petite, marmonna-t-elle.

Était-elle heureuse à Marseille ? Noëlie aurait aimé la savoir fiancée à un garçon sérieux, prêt à fonder une famille.

Mais Lucille riait, secouait la tête en protestant. Elle tenait bien trop à sa liberté pour s'encombrer d'un mari !

– Le parrain n'est pas encore là, glissa-t-elle en soulevant le rideau.

– Patience, ma belle ! répondit Noëlie. Timothée affirme qu'Elzéar est un garçon de parole.

– Parce que tu ne le connais pas toi non plus ?

– Il a bourlingué en Afrique et en Asie. C'est un artiste. Il ne tient pas en place. Timothée et lui correspondent depuis des années sans avoir besoin de se voir.

– Vraiment ? fit Lucille, peu convaincue.

Il était difficile de renouer le dialogue entre les deux sœurs. Lucille avait fait sienne la volubilité marseillaise. Elle avait de l'allure, le sens de la repartie.

– Tu ne peux pas savoir..., confia-t-elle à Noëlie. Je me sens libre, enfin ! depuis que je n'ai plus à subir cette garce de Marion.

Malgré ses efforts, Noëlie ne parvenait pas à sympathiser avec sa belle-mère qui jalousait la position sociale des Viguier.

Timothée entra en coup de vent dans la chambre.

– Les invités sont arrivés tous en même temps !

Il avait fière allure dans son habit noir, sa chemise immaculée à haut col et sa cravate gris perle.

Il fit la grimace.

– Ma chérie, je supporte mal le fait que tu sois cloîtrée dans notre chambre. Tu es sûre de ne pas pouvoir te joindre à nous ?

Noëlie lui sourit tendrement.

– J'ai peur que ta mère n'en fasse une jaunisse ! Mes pensées t'accompagnent. Bientôt, après mes relevailles, nous sortirons tous les trois.

La tradition, en effet, était stricte : l'accouchée ne devait sortir de sa maison que quarante jours après sa délivrance. Elle se rendait alors à l'église accompagnée de la sage-femme et des femmes de sa famille assister à l'office le plus matinal. À la fin de la messe, le prêtre relevait la jeune mère de ses couches. Celle-ci, en souvenir de la Chandeleur, tenait un cierge à la main. Le prêtre lui disait alors : « Va en paix parmi les tiens ! »

Elle tendit les bras à son époux.

– Veille à ce que tout se passe bien. Catou sait ce qu'il faut faire.

– Que deviendrions-nous sans Catou ? s'écria Timothée alors que la servante pénétrait à son tour dans la chambre, après avoir frappé.

Elle le salua en riant sous cape. Noëlie lui avait déjà demandé à plusieurs reprises de venir travailler à la bastide. Catou avait refusé.

– Tant que ton père aura besoin de moi, je resterai à L'Isle. Bien sûr, si un jour ta marâtre me mène la vie trop dure, je ne dis pas non…

Noëlie ne pouvait pas comprendre. Sa mère avait embauché Catou malgré les bruits qui couraient sur elle. La veille de sa mort, la jeune femme avait promis à Anne-Louise de continuer à tenir la maison et de s'occuper des enfants. Elle n'avait pas failli à sa parole.

– Vous allez être en retard, reprocha-t-elle à Lucille et à Timothée. Descendez vite, je vous rejoins avec le *petitoun*.

Noëlie l'avait habillé. Elle signa son fils et déposa un baiser sur chacune de ses mains. Catou l'enveloppa dans une chaude couverture de laine blanche et l'emmena dans ses bras.

Noëlie, un peu lasse, se laissa aller contre ses oreillers. Elle se sentait encore faible, son accouchement avait été long et difficile, bien qu'Angélique eût affirmé qu'il avait été singulièrement rapide ! Elle avait cessé de prêter attention aux propos de sa belle-mère. Celle-ci n'acceptait pas de vieillir et de devoir peu à peu céder la place, même si Noëlie se comportait envers elle avec courtoisie et respect. Les cloches de l'église sonnaient à la volée.

« C'est le baptême de mon fils, mon Elzéar », songea la jeune femme, profondément émue. Elle imaginait le cortège se dirigeant vers Saint-Véran. Lucille devait marcher en tête, fière de porter son filleul.

Émile n'avait pu venir et son père ne s'était pas déplacé de L'Isle. Même si elle en était peinée, Noëlie savait que Timothée et leur fils constituaient désormais sa véritable famille. Elle n'ignorait pas que la cérémonie pouvait durer longtemps à cause des superstitions d'Angélique. En effet, sa belle-mère lui avait précisé le plus sérieusement du monde qu'elle se montrerait vigilante. Personne ne se gratterait la tête dans l'église en sa présence car Elzéar risquait de devenir chauve. Personne non plus ne se frotterait les yeux, et n'exposerait ainsi son petit-fils à la cécité.

Elle tressaillit. À l'instant même où elle s'estimait être la plus heureuse des femmes, elle n'avait pu s'empêcher de penser à Jeanne et à l'enfant aux yeux verts.

13

1865

Chaque printemps, après les grosses pluies d'avril, Noëlie se chaussait de brodequins ferrés et gravissait le chemin de la fontaine afin d'admirer le phénomène de la résurgence. Elle aimait l'impression de paix se dégageant du sentier à demi ombragé, les trilles des oiseaux et le grondement de la Sorgue. Le spectacle des eaux bouillonnantes avait le pouvoir de l'apaiser. Le soleil éclairait un pan de mur du château. À hauteur des cascades, l'eau dévalait sur les pierres moussues. La crête du flot se teintait de reflets turquoise avant de se briser avec fracas contre les rochers.

Elle sourit. Il ne lui serait pas venu à l'idée de se plaindre. Elle était heureuse entre son époux et leur fils, qui venait de fêter ses quinze ans. Elzéar bataillait pour mettre un terme à ses études au collège de Carpentras. Un seul métier l'intéressait, artisan papetier, comme son père, son grand-père et plusieurs générations de Viguier l'avaient fait avant lui.

– Pardi ! Il a été conçu dans l'étendoir du moulin ! rappelait Timothée de temps à autre tandis que les joues de Noëlie s'empourpraient joliment.

Sur le chemin du retour, elle s'arrêta afin de jeter un coup d'œil à la fabrique, installée de l'autre côté de la Sorgue. Des bâtiments avaient été construits autour du Moulin des Sources. L'entreprise Viguier s'était développée, et les récentes mesures gouvernementales laissaient espérer une augmentation des échanges commerciaux.

– Nous sommes les meilleurs ! affirmait sans complexe Elzéar.

Grand, bien bâti, il dépassait déjà sa mère d'une tête. Brun aux yeux verts, il promettait d'être un bel homme.

« Je voudrais avant tout qu'il soit bon et généreux », pensait souvent Noëlie.

C'était elle qui s'était chargée de son éducation avant qu'il n'aille au collège, accordant autant d'importance aux qualités morales qu'aux connaissances.

Malgré son statut de fils unique, Elzéar n'était pas devenu un garçon capricieux. Ses parents y avaient veillé. Ils étaient fiers de lui.

« Déjà quinze ans… », songea Noëlie.

Timothée et elle fêteraient cette année leurs vingt-cinq ans de mariage. Si elle regardait en arrière, elle se disait qu'elle avait changé, bien sûr, mais se sentait toujours jeune, malgré ses quarante-deux ans. La naissance de son fils avait transformé sa vie. Auparavant, elle ne pouvait se défaire d'un sentiment de culpabilité lié à sa stérilité. À partir de 1850, elle avait repris confiance en elle. Ce qui ne l'avait pas empêchée de souffrir horriblement chaque fois qu'elle apercevait Jeanne et son fils. Elle les croisait à L'Isle. Jeanne

Arnoux se louait pour faire la bugade[1]. On la disait travailleuse. Il le fallait pour effectuer ce métier difficile.

– Elle se tient bien, prétendait Catou, même si elle a fauté quand elle était jeune.

Pour sa part, Noëlie s'était épanouie. Elle avait créé une société de lecture à Vaucluse. Le premier jeudi de chaque mois, elle retrouvait une demi-douzaine de femmes dans une salle de la mairie mise à leur disposition pour deviser des ouvrages lus durant le mois. Le cas de Baudelaire les divisait. Était-il ou non un auteur scandaleux ?

Noëlie s'en moquait, elle aimait passionnément ses poèmes.

Elle était la seule maîtresse de la bastide depuis la disparition d'Angélique, au cours de l'hiver 1852. Elle était morte la même semaine que son frère, d'une affection similaire, un flux de poitrine. Noëlie avait soutenu Timothée tout au long de la cérémonie, interminable. Les notables de L'Isle, de Pernes, de Carpentras et d'Avignon s'étaient déplacés en nombre pour rendre à Angélique Viguier l'hommage qu'ils n'avaient pu rendre à son époux. Angélique avait réglé elle-même avec le père Augustin chaque détail de ses obsèques, de la musique jusqu'au thème du sermon. Impressionnée, Noëlie s'était demandé si elle avait su comprendre et écouter sa belle-mère. Questions que Timothée avait balayées d'un haussement d'épaules.

1. La lessive.

– Ma mère a changé le jour où mon père est mort et où elle a appris qu'il refusait des obsèques religieuses, lui avait-il expliqué. Ce jour-là, elle a sombré.

C'était la vérité.

Noëlie s'arrêta au moulin. Elle salua les ouvriers de la salle des piles et monta au bureau de Timothée. Monsieur Thomas, le comptable, travaillait dans une pièce attenante. Avec ses manchettes de lustrine noire et ses lorgnons, il évoquait un hibou. Cela faisait plus de trente ans qu'il se consacrait au Moulin des Sources, penché sur ses documents et ses colonnes de chiffres. La jeune femme le salua gaiement avant de frapper à la porte de Timothée.

Elle comprit au son de sa voix qu'elle le dérangeait. Plongé dans ses pensées, il contemplait une liasse de papiers que Noëlie reconnut.

C'était celle que son beau-père lui avait fait chercher dans le tiroir de son bureau. Les fameux documents dont son époux ne lui avait plus jamais parlé.

Elle se sentit exclue et son cœur se déchira. Elle avait pensé, aux premiers temps de leur union, pouvoir tout partager avec Timothée, pour finalement se rendre compte que c'était impossible. Malgré leur amour, ils avaient chacun leur jardin secret. Noëlie restait en relations étroites avec Lucille et continuait d'écrire à son frère, revenu de la guerre de Crimée avec un bras en moins. Il avait trouvé une place de gardien dans un domaine de la campagne aixoise. Il n'était pas trop mécontent de son sort… Noëlie, cependant, se souvenait du jeune homme fougueux qui conduisait ses chevaux à vive allure et faisait danser les plus belles filles au bal. Elle restait convaincue que le remariage de son père avait brisé l'harmonie de leur famille.

Timothée, quant à lui, était proche d'Elzéar le poète, comme on le nommait pour le différencier de son filleul. L'éternel voyageur aurait souhaité épouser Lucille, qui avait poliment décliné sa demande. « Tirer le diable par la queue… non merci ! » Même si le rimailleur composait des poèmes empreints de mélancolie, Lucille n'avait pas l'intention de l'entretenir.

Noëlie avait souri lorsque sa jeune sœur lui avait tenu ce discours. Elle admirait sa détermination. D'une certaine manière, Marion lui avait permis de conquérir son indépendance.

Timothée sourit à son épouse.

– Que se passe-t-il ? Rien de grave, j'espère ?

Elle se sentit rougir.

– Oh ! Trois fois rien… Je voulais juste venir t'embrasser.

Y avait-il une autre femme dans sa vie ? Cette Jeanne, dont elle s'était toujours défiée ? Son regard vira au noir.

Timothée lui tendit la main.

– Viens là, ma belle. Pardonne-moi, je songeais à mon père. Plus j'avance en âge, plus il me manque. Je me demande souvent quelles décisions il aurait prises à ma place.

– Je l'aimais beaucoup, souffla Noëlie.

Son propre père vieillissait mal. Poussé par Marion, qui était dépensière, il avait hypothéqué la fabrique.

Les soucis financiers lui avaient aigri le caractère. Marion exigeait le meilleur pour Maurice, qui ne manifestait guère de dispositions pour le travail.

Timothée soupira avant de ranger les documents dans une chemise cartonnée.

– Tout cela, c'est le passé, marmonna-t-il.

Elle voyait bien, cependant, qu'il demeurait soucieux, comme si la lecture de la liasse l'avait ébranlé. Elle se laissa couler contre lui.

– Monsieur mon mari, il serait peut-être temps de nous accorder le voyage de noces que vous m'aviez promis… il y a de cela bientôt vingt-cinq ans !

D'un geste preste, elle appliqua la main sur ses lèvres :

– Non ! Je n'écouterai pas une seule de vos mauvaises excuses. Une promesse est une promesse !

Il posa les mains bien à plat sur la table.

– Rome ou Naples ?

– Venise ! répondit-elle sans hésiter.

Elle aurait voulu lui dire combien elle avait besoin de se retrouver seule avec lui, de visiter d'autres pays, de découvrir des artistes inconnus… À présent, elle savait qu'Elzéar n'allait pas tarder à mener sa propre vie. C'était dans l'ordre des choses, et elle préférait qu'il en fût ainsi mais… comme la grande maison allait lui sembler vide le jour où il partirait !

– Nous irons donc à Venise, reprit Timothée.

Elle devait se contenter pour l'instant de cette semi-victoire. Elle sourit.

– Essaie de ne pas oublier !

En s'esquivant, elle songea qu'elle aurait aimé détruire cette chemise cartonnée. Et cette réaction lui ressemblait si peu qu'elle se jura de ne plus y penser.

14

1874

Chaque semaine, Elzéar Viguier suivait le chemin de la fontaine et se rendait jusqu'à la résurgence en compagnie de Passepartout, son chien, un griffon ébouriffé.

Tout au long du chemin, il s'imprégnait du paysage, et songeait à Pétrarque. Dans la famille d'Elzéar, on vouait depuis longtemps une profonde admiration au poète. Les fêtes de juillet prochain, commémorant la mort de Pétrarque, seraient célébrées avec faste : concours de poésies, assises littéraires internationales, réception d'un ministre italien, pose d'une plaque portant deux médaillons de Laure et Pétrarque… L'éclat de ces manifestations rejaillirait sur le bourg, ce qui contribuerait à attirer toujours plus de visiteurs.

Elzéar avait eu l'idée de proposer à la vente, dans une salle attenante au moulin, du papier destiné aux touristes d'une qualité encore supérieure.

Le succès avait été immédiat, si bien qu'il avait demandé à sa mère si elle voulait bien venir aider Hortense, la jeune femme qu'il avait embauchée pour les jours d'affluence.

Son père lui avait dit qu'il était fier de lui, ce qui avait illuminé la journée d'Elzéar. S'il n'avait jamais douté de l'amour de ses parents, il s'était toujours senti plus à l'aise avec sa mère qu'avec son père. Timothée, en effet, était sévère et avait insisté pour que son fils sût maîtriser toutes les tâches effectuées au Moulin des Sources. Elzéar était ainsi tour à tour devenu ouvreur, leveur et lisseur.

À vingt-quatre ans, il était un ouvrier polyvalent, reconnu comme tel par les employés du moulin. Il aimait son travail, l'atmosphère particulière régnant dans la salle des piles et, par-dessus tout, l'odeur du papier, indéfinissable pour les profanes, qu'il conservait sur ses mains.

Il s'arrêta au bord du gouffre, contemplant, fasciné, la source couleur émeraude. Un jour, il en était convaincu, on percerait le mystère de la Sorgue. Il aimait cette rivière, *sa* rivière, si parfaitement adaptée aux moulins à papier. Lorsqu'il avait effectué des recherches sur l'activité familiale, il avait en effet découvert ces recommandations d'un certain père Imberdis, jésuite du XVIIe siècle :

> *Je tiens pour la meilleure [eau] celle dont le cristal pur et transparent laisse apercevoir le plus petit grain de sable sous sa profondeur.*

La Sorgue, limpide, correspondait exactement à cette description.

L'été, Elzéar allait se baigner en compagnie d'amis de son âge. Son père lui avait appris à nager alors qu'il avait à peine six ans. Déjà, à l'époque, il l'impressionnait. Elzéar devinait une retenue dans le comportement de Timothée, comme si celui-ci n'osait pas exprimer ses sentiments pour son fils.

Cette attitude l'intriguait, parfois, sans pour autant le tourmenter. Son père devait avoir ses raisons.

Il siffla Passepartout qui suivait quelque piste et fit demi-tour. Le soleil, encore haut dans le ciel sans nuage, annonçait le retour des beaux jours.

Son chien sur les talons, Elzéar descendit le sentier caillouteux. Il avait l'impression d'en connaître chaque pierre, tant il l'avait arpenté. Pourtant, il glissa sur une roche lisse, tenta de se rattraper avant d'entrer en collision avec un personnage des plus curieux, qu'il avait déjà entrevu dans Vaucluse.

– Pardon, bredouilla-t-il, gêné de ne pas croiser son regard.

C'était une femme à qui il était impossible de donner un âge. Elle portait une longue robe sombre, un chapeau, un voile et des brodequins noirs.

Elle ne lui répondit pas et Elzéar aurait passé son chemin si une voix juvénile n'avait grondé :

– Ne pourriez-vous faire attention ? La *contessa* est fragile, elle a failli tomber.

Son chapeau à la main, il se confondit en excuses sous l'œil furieux d'une jeune personne tout de blanc vêtue, depuis l'ombrelle jusqu'aux souliers de chevreau, fort peu appropriés en la circonstance.

Le contraste entre les deux femmes était trop saisissant pour être involontaire. Elzéar sourit, ce qui eut pour effet d'accentuer la mauvaise humeur de la jeune fille.

– Vous me faites penser à un jeu de dominos, fit-il remarquer, rieur.

Elle haussa les épaules et pressa le pas pour rattraper celle qu'elle avait appelée la *contessa*. Un parfum indéfinissable l'enveloppait.

Sous le charme, Elzéar demeura immobile, son chapeau à la main.

– Hé ! Tu veux prendre racine ? lui lança Barthélémy, le santonnier, qui rejoignait le jeune homme.

Le fils de Noëlie tressaillit et balbutia :

– Hein ? Quoi ? Tu disais ?

Barthélémy se mit à rire.

– Tu l'as vue toi aussi, la belle fille en blanc, à ce qu'on dirait ! Ça ne fait pas trois jours qu'elle est en ville et elle a déjà mis la tête à l'envers aux jeunes coqs du pays !

– Elle habite en ville ?

Le sourire du santonnier s'élargit.

– Ça t'intéresse, pas vrai ? Elle loge avec sa patronne à l'hôtel *Pétrarque et Laure*.

– C'est bien, c'est bien, répondit distraitement Elzéar.

Il échafaudait déjà un plan. Il allait devoir requérir l'aide de Noëlie.

La chambre qu'elle occupait était plus petite et ne disposait pas de la même vue que celle de la *contessa* mais cela n'avait pas la moindre importance. Du moment qu'elle était libre de s'y réfugier le soir après son service, elle s'estimait satisfaite. Les meubles, en pitchpin, la courtepointe de boutis et les rideaux d'indienne composaient un décor simple mais chaleureux. Tout ce dont elle avait manqué durant l'enfance. Après le dîner, elle buvait un tilleul avec la *contessa*, l'accompagnait jusqu'à ses appartements. Elle lui préparait ses vêtements de nuit, l'aidait à ôter son corset avant de regagner son domaine. Là, elle pouvait lire à loisir, et tenter d'oublier. Elle avait éprouvé une sensation bizarre en croisant le regard de l'inconnu bien bâti, sur le chemin de la fontaine. Elle avait perçu son trouble et, curieusement, n'avait pas ressenti de crainte. Seulement le désir de mieux le connaître.

Elle haussa les épaules. Sa patronne lui rappelait souvent qu'il fallait se défier des hommes. Elle-même, veuve depuis près de vingt ans, voyageait une partie de l'année au gré de ses désirs avant de retourner dans sa demeure avignonnaise, dominant le Rhône.

La *contessa* Anna Santangelo possédait des rentes conséquentes et n'avait pas de famille, ce qui lui permettait de vivre à sa guise.

Les deux femmes s'étaient rencontrées dans la librairie *Roumanille*, à Avignon. La *contessa*, grande admiratrice du Félibrige[1], désirait acquérir *Calendal*, le dernier ouvrage de Frédéric Mistral, mais ignorait tout du provençal. La jeune fille le lisait et le parlait

1. Association littéraire créée le 21 mai 1854 par F. Mistral et six autres poètes provençaux afin de restaurer et de sauvegarder la langue provençale.

couramment. Elles avaient devisé. En moins d'une heure, elle avait été engagée comme lectrice.

Songeuse, elle s'accouda à la fenêtre. Depuis qu'elle avait, vers treize ans, découvert l'histoire de Laure et de Pétrarque, elle avait souvent rêvé de Vaucluse. Dommage, elle ne croyait pas à l'amour éternel ni à tout ce mythe bâti autour du poète et de la mystérieuse Laure.

Elle s'efforçait simplement de survivre.

15

1874

Le jardin de l'hôtel, en bordure de Sorgue, offrait des bancs de pierre à l'ombre des platanes. La proximité de la rivière procurait une fraîcheur bienvenue.

L'endroit, d'une beauté sereine, incitait à la rêverie. Clélia, cependant, n'en avait guère le temps. La *contessa* était souffrante, et la jeune fille tentait de prendre un peu l'air avant de retourner à son chevet. Madame avait abusé du poisson, des desserts et du vin. Elle était parfois sujette à des crises de gloutonnerie, incompatibles avec la maîtrise d'elle-même qu'elle prônait en toutes circonstances.

Toute la nuit, Clélia s'était empressée auprès d'elle, faisant la navette entre la chambre et le cabinet de toilette, renouvelant régulièrement les compresses fraîches sur son front et lui préparant des tisanes. Le médecin venu au petit matin avait ordonné la diète et le repos complets. Prescription qui avait fait bougonner la *contessa*. Ne prévoyait-elle pas une excursion au mont Ventoux afin de goûter les truffes d'une auberge réputée ?

L'air fleurait bon le lilas. Lasse, Clélia exposa son visage à la tiédeur du soleil de mai. À cet instant, peu lui importait de préserver l'éclat de son teint. Sa vie auprès de la *contessa* lui pesait soudain. Pourtant, elle savait qu'elle n'avait guère le choix. Anna Santangelo avait eu la témérité de la prendre à son service sans références. Clélia lui en était reconnaissante, et ce même si le caractère de la vieille dame n'était pas toujours facile.

Amusée, elle suivit du regard une escadre de canards qui cancanait à tue-tête. Il faisait si bon qu'elle aurait volontiers fermé les yeux… rien que pour quelques minutes…

– Mademoiselle !

Réveillée en sursaut, Clélia se redressa d'un coup.

Une femme d'âge mûr, encore belle, lui souriait.

– Vous avez laissé tomber votre livre, lui dit-elle en lui tendant un exemplaire de *Madame Bovary*.

Clélia rougit comme si elle avait été prise en faute. N'était-ce pas la vérité ? Elle s'était endormie alors que la *contessa* avait peut-être besoin d'elle…

Elle balbutia un remerciement avant de se lever du banc de pierre et de marcher à grands pas vers l'auberge.

Noëlie Viguier la suivit d'un regard pensif. Elle avait cédé aux insistances d'Elzéar et flâné dans les environs de leur hôtel afin de tenter de lier connaissance avec les deux femmes. Malgré ses efforts, elle avait plutôt le sentiment d'avoir échoué. Rien ne s'était passé comme son fils l'avait projeté. La jeune fille était ravissante en vérité, mais Noëlie ne ressentait pas de réelle sympathie pour elle. Comme si quelque chose, dans son regard, dans sa façon de se mouvoir, l'en avait empêchée. Elle haussa les épaules. Les deux voyageuses ne s'attarderaient pas à Vaucluse, Elzéar oublierait la jeune beauté aux cheveux blond vénitien.

Pourtant, au fond d'elle-même, elle n'en était pas certaine.

L'odeur de pâte à papier ne le dérangeait pas, bien au contraire. Elzéar passa la main sur la feuille lissée comme pour en éprouver le grain. Pour lui, cette commande était un peu particulière puisqu'elle était destinée à l'impression d'un nouvel ouvrage consacré à Laure. Depuis des lustres, différentes théories s'opposaient sur l'identité de Laure. Pourtant, pour lui, elle n'avait qu'un seul visage. Celui de la jeune fille croisée sur le chemin de la fontaine.

Il l'avait de nouveau entrevue à l'église. Elle donnait le bras à sa compagne, toujours enveloppée dans de longs voiles noirs. Il avait essayé de jouer des coudes à la sortie de l'office pour lui offrir de l'eau bénite mais les deux femmes s'étaient éclipsées avant qu'il n'y fût parvenu. Noëlie, qui accompagnait son fils, avait remarqué ce manège fort peu discret. Le papetier paraissait sous le charme. La mère et le fils avaient devisé sur le chemin du retour. Noëlie s'était efforcée de convaincre Elzéar que la jeune fille ne resterait guère longtemps à Vaucluse, en vain.

– C'est la femme que j'aime, s'était obstiné Elzéar avec fougue.

Jusqu'à présent, il était si désireux de prouver ses capacités à son père qu'il s'était assez peu soucié des femmes. Ses parents savaient qu'il se rendait de temps à autre à Carpentras ou à Avignon avec ses meilleurs amis, Clément et Mathieu. Son père et lui avaient eu, une fois, une discussion à ce sujet. Noëlie ne s'en mêlait pas, c'était le rôle de Timothée. Elle faisait confiance à son fils. En revanche, elle se défiait de la jeune fille en blanc. Timothée ne partageait pas ses inquiétudes.

– Elzéar sait ce qu'il fait. De plus, tu dis toi-même que sa belle l'a ignoré à la sortie de l'église. Va… elle ne tardera pas à retourner en ville.

C'était la sagesse même. Elle donna ses instructions à Coline et prit la jardinière pour se rendre à L'Isle. Catou lui avait appris que son père était au plus mal. Soucieuse, Noëlie roula bon train sur la route. À hauteur de Velleron, elle s'émut au souvenir de sa première rencontre avec Timothée. Il y avait de cela près de trente-cinq ans… et, pourtant, elle était toujours éprise de lui.

L'Isle était animée, comme toujours. La beauté de la ville, le dynamisme de ses commerces attiraient de plus en plus de visiteurs.

Catou la guettait sur le seuil de la maison familiale. Noëlie s'en alarma. Le valet dételа sa jument tandis qu'elle pénétrait à l'intérieur de la demeure. L'odeur familière, un mélange de cire d'abeille, de soupe longuement mijotée sur le potager et de lavande la saisit au cœur.

– Le docteur est venu hier soir, précisa Catou après l'avoir embrassée. Pour lui, le cœur est usé.

Noëlie opina tristement. Il y avait longtemps que son père et elle s'étaient éloignés l'un de l'autre. Depuis son remariage avec Marion.

– Où est-elle ? s'enquit-elle sans avoir besoin de la nommer.

Catou pinça les lèvres. Sous sa coiffe, Noëlie apercevait quelques mèches blanches. Elle n'avait pourtant jamais imaginé que Catou, sa Catou, vieillirait un jour.

– Là où elle passe les trois quarts de son temps, chez son amie Julia. Une drôle de paroissienne, celle-ci, crois-moi ! Mais, vois-tu, ton père lui a toujours cédé sur tout. Comme il faisait jadis avec Lucille… Comment va notre petite ?

– Sa boutique de fleurs à Marseille est prospère. Elle affirme toujours qu'elle ne veut ni mari, ni enfants. Je crois qu'elle ne changera plus d'avis, à présent.

– Si cet état lui convient…

Le visage de Noëlie se crispa. Elle n'avait rien oublié de son combat pour devenir enfin mère.

– Je monte voir père, décida-t-elle.

Si elle s'étonna de le trouver installé dans son ancienne chambre, côté nord, elle s'abstint de toute remarque. Apparemment, Marion s'était réservé la grande chambre parentale donnant sur la cour intérieure.

Malgré la fenêtre entrouverte, Benoît Saurel respirait difficilement. Noëlie fut saisie par la dégradation de son état en moins de deux semaines. Accoté à ses oreillers, le visage blême, les lèvres bleuies, il accueillit sa fille avec une esquisse de sourire.

– Il était temps…, souffla-t-il.

Noëlie s'agenouilla à son chevet. Elle caressa doucement les mains amaigries, veinées de bleu.

– Je suis là, père. Ne parlez pas, vous vous fatiguez…

Il exhala un soupir.

– Quelle importance, maintenant ? C'est la fin, ma fille, j'ai fait mon temps, à septante ans bien sonnés. C'est la fabrique qui me soucie. Maurice… tu connais ton frère…

Elle hocha la tête. À trente-trois ans, son demi-frère était resté le même, négligent, paresseux et joueur.

– J'ai vu mon beau-frère Alcide, le frère de ta pauvre maman, reprit Saurel. Tout est écrit sur le papier. Marion garde l'usufruit de la maison, et une rente. Lucille, Émile et toi toucherez un petit capital. Maurice devra s'occuper de la fabrique. Il faudrait que Timothée lui donne des conseils…

Qu'il n'écouterait pas, Noëlie en était convaincue. Maurice n'était pas un mauvais garçon mais il n'avait pas le moindre goût pour l'effort. Outrageusement gâté par sa mère, il buvait sec, courait les filles et se souciait peu de vendre les couvertures de la fabrique.

Elle acquiesça cependant, pour tranquilliser son père. Il tendit la main vers sa joue.

– Tu as toujours été une bonne fille, Noëlie. Moi, en revanche, je ne suis pas sûr d'avoir été le meilleur des pères. Tu tiens de ta mère, une belle âme, et une grande dame.

Les yeux emplis de larmes, elle lui serra les mains, comme si elle avait eu le pouvoir de le retenir auprès d'elle.

Avec un petit sourire empreint de mélancolie, il reprit :

– Il ne faut pas en vouloir à Marion, tu sais, elle est comme Maurice, elle ne voit que son plaisir…

Un spasme l'interrompit. Il se redressa, ouvrit désespérément la bouche pour chercher de l'air.

– Je suis là, père, dit Noëlie.

Elle se pencha pour le soutenir. Il expira dans ses bras, en l'espace de quelques instants.

Catou, qui était restée en retrait, se précipita à son aide et lui ferma les yeux.

– Laisse-moi faire, à présent. C'est bien d'avoir été là. Ne pleure pas, petite. Ou plutôt, pleure un bon coup. C'était un brave homme, tu sais, c'est cette fichue garce de Marion qui l'a éloigné de vous.

Elle parlait, parlait, comme pour chasser la mort. Noëlie, sous le choc, songeait à sa mère et à ses souvenirs d'enfance. Elle pleura, longuement, sur ce qui n'était plus. Elle pressentait qu'elle ne reviendrait pas souvent dans cette maison dont même l'ombre de sa mère semblait avoir été chassée.

Auprès d'elle, Catou s'affairait.

– Va envoyer un télégramme à Lucille, lui conseilla-t-elle. Et si tu peux passer à la fabrique… avec un peu de chance, tu y trouveras Maurice.

Noëlie allait franchir le seuil de la chambre quand Catou la rappela :

– Si tu es toujours d'accord, je viendrai m'installer à Vaucluse le soir de l'enterrement. Pas question que je travaille pour elle.

– Nous te ramènerons avec nous, promit Noëlie.

Cette perspective la rasséréna. Avec Catou à ses côtés, elle redouterait moins le temps qui s'écoulait…

16

1875

Noëlie avait toujours eu une secrète préférence pour le mois de mai. Roses, glycines, lilas, iris mêlaient leurs couleurs dans une exubérance pleine de gaieté. Sur le chemin de la fontaine, le soleil jouait à cache-cache avec les frondaisons des arbres.

Au retour des beaux jours, les auberges rouvraient leurs portes, installaient les terrasses. Les dimanches étaient de plus en plus animés, une foule joyeuse venait pique-niquer ou déjeuner au restaurant en bordure de Sorgue.

Pourtant, en ce samedi radieux, Noëlie était mélancolique. Dans moins d'une heure, elle conduirait Elzéar à l'autel de Saint-Véran pour son mariage et elle ne pouvait se défaire d'un sentiment d'angoisse.

Timothée et elle avaient tenté de convaincre leur fils de renoncer à son projet, en vain. Éperdument amoureux de Clélia, il refusait d'entendre les réticences de ses parents. Certes, la jeune fille était d'une beauté rare, et parfaitement bien élevée, mais il y avait autre chose d'indéfinissable chez elle qui effrayait Noëlie. Catou l'avait perçu, elle aussi.

– Cette fille-là porte malheur, avait-elle murmuré

en se signant le jour où elle l'avait aperçue pour la première fois.

Elzéar avait manœuvré en bon stratège. Il s'était déjà attiré les bonnes grâces de la *contessa* en lui proposant de visiter Le Moulin des Sources. Sa mère, s'y trouvant ce jour-là, avait convié les deux femmes à prendre le thé à la bastide.

Conquise, la *contessa* Santangelo avait devisé littérature avec ses hôtes sous le regard impassible de Clélia. Tout naturellement, elle avait incité sa jeune lectrice à accepter l'invitation d'Elzéar qui s'offrait pour l'emmener aux joutes nautiques de L'Isle-sur-la-Sorgue. C'était certainement elle aussi qui avait persuadé Clélia de la nécessité de se marier. Elle y avait fait allusion un après-midi.

– Je ne suis pas éternelle, avait-elle confié à Noëlie, et Clélia n'a pas de famille. Que deviendra-t-elle après ma mort ?

Noëlie était partagée. Certes, elle devait reconnaître qu'elle ne pouvait rien reprocher de précis à Clélia, sans parvenir pour autant à surmonter son impression de malaise. Moins catégorique que Catou, Noëlie avait néanmoins peur pour son fils. Elzéar était fou de Clélia mais Clélia ne laissait rien voir de ses sentiments. La jeune fille avait insisté pour que les noces fussent célébrées au début du mois de mai.

– Je ne suis pas attachée à ces superstitions d'un autre âge ! avait-elle répliqué quand Noëlie lui avait fait remarquer que jamais, au grand jamais, on ne se mariait pendant le mois de Marie.

Catou avait alors marmonné :

– Ce ne sont pas des superstitions mais des interdits.

Et de rappeler :

– Au mes de mai, si marido que les ai[1].

Ainsi que le vieux dicton :

– Noces de mai, noces mortelles.

Réflexions qui avaient provoqué le rire de Clélia. Elle avait soufflé :

– Il y a déjà longtemps que je suis morte.

Saisie, Noëlie avait frissonné. Qui était réellement cette jeune fille à la beauté irréelle ? Il avait bien fallu s'incliner.

– Ne te rends pas malade, ma femme, lui avait recommandé Timothée. Elzéar a fait son choix, il aura un beau mariage.

Elle s'y était employée, quoi qu'elle en pensât. Clélia n'avait pas de famille, ni de dot, ce qui ne gênait pas vraiment la mère d'Elzéar. Mais elle ne possédait pas non plus de trousseau. D'où venait-elle donc, pour ne pas avoir commencé à broder draps et serviettes depuis l'enfance ?

Noëlie avait invité sa future belle-fille à l'accompagner à Carpentras. Elle l'avait conduite passage Boyer et lui avait constitué un trousseau digne de ce nom chez des commerçants réputés pour la qualité de leurs articles.

Clélia s'était montrée polie, sans chercher à dissimuler son indifférence.

1. Au mois de mai, ne se marient que les ânes.

– Si nous vivons à la bastide, je n'aurai pas besoin de tout ce linge, avait-elle fait remarquer avec justesse.

Noëlie, impressionnée par sa beauté parfaite, s'était émue de la voir essayer sa toilette de mariée. Clélia avait choisi une soie sauvage couleur ivoire qui faisait ressortir la teinte rare de sa chevelure, un blond chaud et lustré. La robe, qui mettait en valeur l'extrême finesse de sa taille, avait peu d'ampleur et s'ornait au col et aux poignets de dentelle de Calais. Gants à petits boutons de nacre, voile brodé, bouquet de lys et de roses blanches, ombrelle, souliers de chevreau blancs complétaient sa tenue.

Le matin du mariage, Catou coula un regard maussade vers le ciel.

– Il fait grand beau, il ne pleut même pas ! soupira-t-elle, faisant allusion à la vieille tradition qui voulait que la pluie fût signe d'abondance et de bonheur pour les mariés.

Malgré les protestations d'Elzéar, elle glissa une poignée de gros sel dans la poche de sa veste sombre.

– On n'est jamais assez prudent, commenta-t-elle à mi-voix.

En d'autres circonstances, Noëlie s'en serait amusée. Elle se sentait seulement triste, désenchantée, ce qui ne lui ressemblait pas.

Elle jeta un coup d'œil distrait à son reflet dans le grand miroir de Venise. Timothée lui affirmait qu'elle était toujours aussi belle. L'amour le rendait aveugle ! lui répondait-elle en riant. Si elle était restée svelte et si les rides avaient épargné son visage, de grandes mèches blanches striaient sa chevelure. Pour le mariage de son fils unique, elle étrennait une robe de taffetas façonné indigo. Sa couturière s'était surpassée en dotant le corsage de la robe de manches pagodes à plis plats et d'une application en pointe au dos. Noëlie avait sacrifié à la mode des châles grenadine lancée par l'Impératrice Eugénie. Celui-ci, noir, bordé de longues franges sur fond de soie satinée, s'accordait à ses fins souliers de la même couleur.

– N'oubliez pas vos ors, madame Noëlie ! recommanda Coline.

Personne n'aurait compris si elle n'avait pas arboré les bijoux que Timothée lui avait offerts tout au long de leur vie commune. Le coulas, un gros bracelet d'or, était réservé aux grandes occasions. Noëlie le trouvait en effet trop lourd. D'ordinaire, elle ne quittait pas sa croix Jeannette, suspendue à une fine chaîne. Elle lui venait de sa mère, et elle y était particulièrement attachée. Elle gardait sa Maintenon, une croix sertie de sept diamants, pour les jours de fête, tout comme la rivière que Timothée lui avait donnée à la naissance de leur fils. Très élégante, composée de chaînes d'or et de cabochons dans lesquels de petits diamants étaient insérés, elle rehaussait n'importe quelle toilette. Coline termina par les crémascles, de longs pendants d'oreille en or ciselé.

– Voilà ! s'écria-t-elle, satisfaite.

Noëlie secoua la tête en riant.

– Je suis harnachée comme un cheval pour la parade ! Qu'en penses-tu ? reprit-elle en se tournant vers le maître de maison.

– Tu es resplendissante, mon épouse, déclara-t-il machinalement tandis que Coline s'éclipsait.

Curieusement, le cœur de Noëlie se serra. Elle aurait souhaité… elle ne savait quoi, que Timothée la considérât plus comme son amante que comme sa femme. Après trente-cinq ans de mariage… Elle eut envie de se moquer d'elle-même. Ne réagissait-elle pas comme une enfant gâtée ?

Pourtant, elle devinait que c'était plus complexe. Elle n'avait pas oublié ces longues années durant lesquelles elle avait horriblement souffert de ne pas avoir d'enfant. Il lui en était resté un sentiment confus de jalousie à l'égard de Jeanne. Leurs chemins ne s'étaient pas croisés depuis des lustres mais Noëlie ne l'avait pas effacée de sa mémoire. Et Timothée ? Pensait-il encore à cette femme, mère d'un garçon qui était peut-être le sien ? Elle n'avait jamais osé le lui demander, de crainte de faire resurgir les ombres du passé.

– Allons, reprit le maître de maison. Où notre fils s'est-il donc caché ?

Elzéar les attendait dans le vestibule. Il portait beau dans son habit sombre, sa cravate blanche nouée à flots et son gilet sans col de couleur claire. Il tenait son chapeau à la main.

– Mère, je ne me sentirai rassuré que lorsque nous serons bel et bien mariés, confia-t-il à Noëlie.

Elle osa lui dire :

– De qui n'es-tu pas certain ? De toi ou de Clélia ? et son regard attristé la peina. C'est jour de fête, aujourd'hui, rappela-t-elle. Mais il est encore temps de tout annuler si tu as le moindre doute…

Il fallait qu'elle prononçât ces paroles. Sinon, elle ne se le serait jamais pardonné. Elzéar ne put réprimer un sursaut.

– Mère ! J'aime Clélia plus que tout.

« Mais elle… t'aime-t-elle avec la même passion ? » pensa Noëlie, le cœur lourd.

Elle y songeait encore sur le parvis de l'église, alors que les cloches sonnaient à la volée. Si Elzéar souriait à leur famille et à leurs amis, Clélia demeurait lointaine. Inaccessible. Seule la *contessa* l'avait accompagnée.

– Je n'ai plus de famille, personne, avait affirmé la jeune fille en réponse aux questions pressantes de ses beaux-parents.

Sans pouvoir expliquer pourquoi, Noëlie était persuadée qu'elle avait menti.

Elle avait détourné la tête.

« *Vivo li novi !* » criaient les enfants de Vaucluse. Les invités leur lancèrent des dragées et des pièces de monnaie. Noëlie, qui supportait mal de les voir se battre, leur fit distribuer à chacun des douceurs.

Le cortège se forma à nouveau et prit le chemin de la bastide. Les mariés marchaient en tête, précédés par la musique.

– Eh bien… voilà notre fils marié, commenta Timothée d'un ton indéfinissable.

L'émotion le rendait maladroit. Noëlie lui sourit sans mot dire. Coline et Catou avaient tout préparé suivant ses instructions et Claudette, qui se louait comme cuisinière, était venue leur prêter main-forte.

Il faisait déjà chaud sous les ombrages du jardin. Les tables étaient dressées en demi-cercle, recouvertes de nappes damassées. Clélia avait orné chaque couvert de lilas blanc et de boutons de rose. Chacun admira la décoration, le cadre, le beau temps… tout était parfait.

Pourtant, Noëlie ne parvenait pas à se libérer de la mélancolie sourde qui l'obsédait.

« Sainte Vierge, faites que mon Elzéar soit heureux », pria-t-elle.

Le déjeuner de noces s'éternisa. Il faisait si bon, sous les platanes ! Et le menu avait de quoi satisfaire les plus exigeants. Bouchées à la Reine, hors-d'œuvre variés, dorades grillées, filets aux champignons, poulardes de Bresse, haricots verts, salade, bombe Petit Duc, pièce montée, gâteaux glacés et fraises à la crème s'étaient succédé, accompagnés de châteauneuf-du-pape et de tavel.

Noëlie acquiesça d'un battement de cils quand son fils lui chuchota qu'ils allaient partir. Les mariés s'esquivèrent avant le crépuscule. Les convives eurent beau chercher, ils ne les trouvèrent pas.

Seuls Noëlie et Timothée savaient qu'ils avaient pris la route de Marseille.

17

1875

Ce n'était pas le bruit du ressac qu'elle avait imaginé en se référant à ses souvenirs de l'océan Atlantique, non, plutôt un léger froissement soyeux, qui l'attirait. Pieds nus, en chemise, elle traversa le jardin de l'hôtel et courut jusqu'à la Méditerranée. La lune pleine argentait le sable et la crête des vaguelettes qui ridaient la surface de la mer. Elle marcha sur le sable mouillé, huma le léger parfum d'embruns plus perceptible durant la nuit.

Elle avait cru pouvoir tout oublier mais ce n'était pas vrai. Recroquevillée au creux du grand lit, elle avait désespérément souhaité s'enfuir. Les yeux clairs d'Elzéar reflétaient un amour tel qu'elle y avait renoncé.

La *contessa* l'avait mise en garde :

– Il est souvent difficile d'exister aux côtés d'un homme qui vous aime trop.

Sur le moment, Clélia avait souri. Elle avait tant besoin d'être aimée…

Ils avaient passé leur première nuit à Marseille, dans une ravissante auberge dominant l'Estaque. Clélia était si fatiguée qu'à peine couchée, elle s'était endormie dans les bras d'Elzéar. Il avait veillé sur son sommeil toute la nuit. Au petit matin, alors que le soleil se faufilait à l'intérieur de la chambre, ils s'étaient aimés, lentement, avec une intensité presque douloureuse.

Elle avait pensé, alors, que la vie reprenait ses droits. C'était faux. La crainte était toujours là, tapie dans la chambre, prête à surgir à la moindre occasion. Clélia en avait désormais la certitude, la peur ne la quitterait jamais.

C'était une idée d'Elzéar. Il avait suggéré qu'ils se fassent photographier à Arezzo, la ville natale de Pétrarque. En souvenir.

Clélia était tombée sous le charme des toits de tuiles d'un délicat ton rose ocré, des maisons s'emboîtant les unes dans les autres, de la campagne toscane environnante.

– Vous êtes comme la *contessa*, passionné de Pétrarque, avait-elle fait remarquer à son mari.

Il l'avait enveloppée d'un sourire tendre. Comment lui faire partager cette admiration que, de génération en génération, les Viguier vouaient au poète ? Pétrarque était profondément respecté à Vaucluse.

– Je pense que vous comprendrez cet attachement, à la longue, s'était-il borné à déclarer.

Chaque fois qu'il la contemplait, Elzéar s'émerveillait. Cette beauté aux attaches fines était sa femme ! La nuit, il la serrait contre lui, comme s'il avait peur qu'elle ne lui échappât. Certes, elle manquait de fougue et se montrait particulièrement réservée mais Elzéar savait que les jeunes filles ne pouvaient être comparées aux lorettes. Avec le temps, il était bien décidé à apprivoiser sa jeune femme.

Le soleil dorait les façades des maisons. L'ombre était déjà bienvenue. Après avoir passé une journée à visiter le Duomo, la Piazza Grande et la Casa Vasari d'Arezzo, Elzéar avait eu envie d'emmener Clélia à Sansepolcro.

Il s'était mis d'accord avec le conducteur d'un cabriolet, qui se louait à la journée. Giovanni baragouinait quelques mots de français. Elzéar avait demandé un panier pique-nique à l'hôtel où ils étaient descendus. Le temps, superbe, promettait une journée idyllique. Et en effet, Clélia avait apprécié la promenade. Dans sa robe couleur pêche, sous la paille à larges bords qui protégeait son teint, Clélia ressemblait aux modèles des peintres de la Renaissance.

Ils avaient déjeuné au pied d'un chêne vert et convié Giovanni à partager leur repas. La campagne semblait inchangée depuis l'époque étrusque. Ils avaient parlé de Piero della Francesca, l'illustre artiste né à Sansepolcro, et le cocher leur avait proposé de les conduire à Monterchi où l'on gardait précieusement une vierge réalisée par le maître, la *Madonna del Parto*.

– Pourquoi pas ? avait accepté Clélia.

Parfois, Elzéar se disait qu'il aurait tout donné pour faire éclore sur ses lèvres un sourire. Son épouse était d'humeur changeante, capable de passer du rire aux larmes sans transition. Cela lui aurait fait presque peur s'il ne s'était pas répété qu'étant elle-même artiste (elle jouait du piano avec beaucoup de sensibilité), cette attitude était tout à fait compréhensible.

Les collines faisaient le dos rond sous le soleil. Une paix palpable régnait sur l'endroit. Elzéar se sentait en communion profonde avec le paysage. Impossible, cependant, de savoir si Clélia éprouvait les mêmes sentiments. Elle ne laissait rien voir de ce qu'elle pensait. Cela le gênait toujours un peu, comme s'il avait eu à ses côtés une belle plante dépourvue d'âme…

À Monterchi, le cocher les déposa dans le centre du village. Elzéar avait consulté son guide *Joanne* avant de projeter cette excursion. Il expliqua donc à Clélia que la fresque de deux mètres sur trois avait été réalisée aux alentours de 1455 pour la ville natale de la mère de Piero della Francesca. Peinte pour le maître-autel de l'église Santa Maria di Momentana, la *Madonna del Parto* avait résisté au tremblement de terre de 1785 qui avait détruit l'édifice religieux. La fresque représentait la Vierge enceinte, debout, la main gauche posée sur la hanche, la droite soutenant son ventre pointant en avant, révélé par l'échancrure de la robe. C'était l'un des rares exemples de « Vierge parturiente », beaucoup plus réaliste que les classiques « Vierge à l'Enfant ». Gênée, Clélia détourna le regard.

– C'est… indécent, souffla-t-elle.

Elle ouvrit la bouche, paniquée. Elle avait l'impression de manquer d'air, la sensation que les murs allaient se refermer sur elle. Elle tourna les talons, s'enfuit. Elzéar se précipita à sa suite. Il découvrit sa jeune femme adossée au tronc d'un figuier. Elle était agitée de mouvements incontrôlés.

Elle hurla lorsqu'Elzéar lui effleura le bras. Son cri résonna dans la tête du fils de Noëlie. Saisi, il recula d'un pas. Était-ce bien Clélia, *sa* Clélia, qui le repoussait ainsi et semblait ne pas le reconnaître ?

Il insista pour l'attirer contre lui. Elle se débattit, le griffa, jusqu'à ce qu'elle se laissât enfin aller comme une poupée de chiffon.

Bouleversé, Elzéar la prit alors dans ses bras et la ramena au cabriolet sous les regards lourds des villageois. Une femme se signa sur leur passage, murmura quelque chose qu'il ne comprit pas.

Le cœur en déroute, Elzéar caressa le front de Clélia durant le trajet, lui répétant qu'il l'aimait. À peine arrivé à l'hôtel, il fit venir un médecin. Le praticien était un vieil homme au regard doux. Il parlait un peu le français, ce qui permit à Elzéar de décrire le malaise dont sa femme avait été victime. Le médecin ausculta Clélia qui se plaignait de maux de tête et paraissait n'avoir aucun souvenir de ce qui s'était passé à Monterchi.

Il se redressa, évoqua une attaque nerveuse, recommanda le repos, un régime à base de fruits et de laitages. Il promit à Clélia que tout rentrerait bientôt dans l'ordre mais, face au regard vide de sa femme, Elzéar savait qu'il n'en serait rien.

18

1877

La journée serait belle, pensa Hortense en ouvrant ses volets. Le ciel se colorait à peine mais elle sentait dans l'air le frémissement des beaux jours. Elle prit une longue inspiration avant de se retourner vers son « domaine », comme elle appelait sa chambre sous les toits.

Chez elle… elle était chez elle ! et cette certitude la ravissait.

Elle travaillait dur depuis six ans pour atteindre son but, ouvrir son auberge en bordure de Sorgue. Hortense savait tout faire, affirmait madame Noëlie, et c'était presque vrai. Lorsqu'elle avait terminé son service à l'hôtel *Pétrarque et Laure*, elle passait encore du temps à coudre pour plusieurs pratiques. Elle tenait aussi la boutique du Moulin des Sources le dimanche, quand une foule nombreuse se rendait à Vaucluse pour y passer la journée. Hortense se louait également comme cuisinière pour les fêtes familiales. C'était, de loin, son activité préférée.

Elle fit une rapide toilette, jeta un coup d'œil à son reflet. Elle était belle, prétendait Julien, son époux. Ils avaient vécu ensemble si peu de temps qu'elle devait parfois faire un effort pour se souvenir de son visage.

Il était de taille moyenne, trapu, avait toujours le sourire. Mariés en juin 1870, ils s'étaient séparés en août de la même année à cause de la guerre déclarée à la Prusse. Julien était mort à l'autre bout de la France, près d'une ville nommée Sedan, début septembre. Pendant plusieurs mois, Hortense avait espéré, attendu, son retour. Comme elle l'affirmait à sa belle-mère, le mot « disparu » ne signifiait pas grand-chose.

Après tout, elles n'avaient pas de preuves ! Et puis, en juin de l'année suivante, un camarade de Julien était passé au Thor. Julien était tombé à côté de lui, il avait été enterré sur place, à Floing.

Hortense, sur le coup, n'avait pas prononcé un mot alors que sa belle-mère éclatait en sanglots. Elle, elle ne pouvait pas, le chagrin l'étouffait. Elle se remémorait leur mariage, juste un an auparavant, leur bonheur, qui ressemblait à un coin de soleil dans lequel ils auraient croqué à belles dents. Hortense et Julien se connaissaient depuis l'enfance. Placée à la ferme Morget dès l'âge de douze ans, après la mort de ses parents, Hortense y avait trouvé une famille. Les parents de Julien, durs à la tâche, avaient traité la fillette comme leur fille. Hortense avait été heureuse là-bas entre les chèvres et la culture de la garance. Et, surtout, avec Julien qui s'était instauré son protecteur.

Tout naturellement, ils s'étaient mariés, pour les dix-sept ans d'Hortense. Elle se rappelait que la mère de Julien lui avait taillé sa robe dans l'une de ses toilettes noires, « parce que le noir, tu en as besoin toute ta vie, tu pourras t'en resservir ». Julien avait souri en la voyant.

– On dirait que tu as voulu te vieillir ! s'était-il écrié.

Elle se souvenait de la chaleur du soleil ce jour-là, et du repas de noces, sous le gros platane de la cour de la ferme. Les hommes à table étaient soucieux, la garance, c'était terminé, déclaraient-ils en poussant de gros soupirs. Il avait fallu que deux étrangers trouvent le moyen de fabriquer de l'alizarine, un colorant artificiel, en 1868 ! Ils tuaient la garance et tout un pan de l'économie vauclusienne.

Ce jour-là, Hortense n'y avait pas vraiment prêté attention. Seuls comptaient les caresses de Julien et ce grand lit qu'ils partageaient enfin, après leurs étreintes furtives dans la grange.

Elle se mordit les lèvres. Il ne fallait pas penser à Julien, c'était le passé et Hortense s'interdisait de regarder en arrière. Alphonsine, sa belle-mère, le lui avait assez répété :

– Veuve à dix-sept ans, petite, quel malheur ! Dieu merci, ta vie n'est pas finie.

Alphonsine était une brave femme mais elle n'avait pu supporter la mort de son garçon. Quand elle avait su que Julien était bel et bien mort près de Sedan, elle s'était couchée pour ne plus se relever.

On l'avait enterrée aux moissons, sous un soleil dur. Hortense portait ce jour-là sa robe de mariée, devenue toilette de deuil. Le père de Julien, profondément abattu, s'était mis à boire. Il n'avait pas le vin mauvais, non, mais le fait de le voir sangloter brisait le cœur d'Hortense. Sa sœur cadette, vieille fille, était venue l'aider à tenir la ferme. Dès lors, Hortense avait résolu de partir. Séverine n'avait pas le caractère facile, il n'y avait pas de place pour deux femmes au mas. Hortense avait rassemblé ses quelques trésors et avait cherché une place à Vaucluse. Le bourg l'avait séduite, elle n'y avait pas de souvenirs, et l'animation qui y régnait l'aidait à ne pas penser. Autant de raisons de s'y installer. Cette année serait décisive pour elle. Elle devait se constituer une clientèle et, pour ce faire, comptait sur ses talents culinaires. Elle aimait cuisiner tout comme elle appréciait d'avoir du monde autour d'elle.

Elle avait osé s'ouvrir de son projet auprès de madame Noëlie, avec qui elle s'entendait bien. La maîtresse du Moulin des Sources lui avait alors proposé de l'aider financièrement. Hortense en avait pleuré de gratitude. Grâce au soutien des Viguier, elle avait pu choisir l'emplacement dont elle rêvait, en bordure de Sorgue, à l'ombre d'un figuier.

Elle s'était meublée dans une foire à tout dc L'Isle, avait acheté un fourneau d'occasion, des tables et des chaises, un assortiment de vaisselle et invité les Viguier à venir goûter son pâté de grives et son chevreau aux amandes. Madame Noëlie était venue avec son époux et son fils. Sa bru sortait peu, avait-elle expliqué avec un soupçon de gêne, et Hortense avait compris que madame Clélia ne se dérangerait pas pour déjeuner chez une ancienne employée du moulin. Cela l'avait fait sourire, la belle-fille des Viguier étant souvent considérée comme une poseuse.

Souriant toujours, elle descendit l'escalier particulièrement raide qui menait à la salle de l'hostellerie. Les volets de bois claquèrent. Oui, la journée serait belle. Elle se prépara du café tandis que le chat, un matou roux et blanc recueilli un soir d'hiver, venait se frotter contre ses jambes. Elle le caressa entre les oreilles, comme il aimait, et se mit en route pour le marché de L'Isle. Elle avait ses fournisseurs attitrés, des maraîchers du Comtat qui lui réservaient leurs légumes et leurs fruits les plus frais.

Elle les connaissait depuis l'époque où elle vivait à la ferme, près du Thor. Saturnin, le braconnier, l'approvisionnait en lièvres, perdrix et grives.

Malgré l'heure matinale, le marché de L'Isle était déjà fort fréquenté. Hortense procéda à ses achats avant de s'accorder une petite pause chez Louis, où se retrouvaient la plupart des aubergistes. Elle savoura son café, tout en contemplant les jeux d'ombre et de lumière sur la Sorgue. Tout autour d'elle, les conversations allaient bon train. On parlait encore et toujours de la garance, qui avait tant marqué le sol du Comtat, mais aussi d'une crise politique à laquelle Hortense ne s'intéressait guère, et de gens du pays.

– Vous savez ce qui est arrivé à Maurice Saurel ? lança une voix derrière Hortense.

Elle tendit l'oreille. Elle savait, en effet, comme tout le monde à L'Isle et à Vaucluse, qu'il s'agissait du demi-frère de madame Noëlie.

Un ricanement s'éleva.

– Il a fait la culbute, l'ami Maurice ! Depuis le temps que ça lui pendait au nez ! Lui, ma foi, il l'a bien cherché ! mais les ouvriers de la boîte…

Hortense n'imaginait que trop bien la peine et le désarroi de madame Noëlie. Elle se retourna vers les hommes accoudés au comptoir, reconnut Achille Roulier, l'un de ses clients. Elle le salua et l'interrogea :

– Qu'est-ce qui va se passer, pour la fabrique Saurel ?

Achille haussa les épaules.

– La clef sous la porte, pardi ! Maurice a fait assez de dettes comme ça !

Elle frissonna. Souvent, elle se réveillait la nuit, se demandant si elle n'avait pas commis de folie, si elle parviendrait à rembourser l'argent prêté par les Viguier.

Le désir de sa propre indépendance, la volonté de réaliser quelque chose l'avaient incitée à se lancer dans l'aventure.

Elle devait garder confiance et ne pas penser à Maurice Saurel. Tout le monde dans la région savait qu'il n'avait jamais travaillé et avait dilapidé la fortune paternelle avec des femmes ou dans les casinos.

Il n'empêchait… elle avait de la peine, beaucoup de peine, pour madame Noëlie.

19

1879

Le brouillard, assez rare dans la région, ne s'était pas levé avec le jour. On n'y voyait pas à cinq pas. Avant même de constater le phénomène, Elzéar l'avait pressenti. Clélia, en effet, ne supportait pas ce temps et s'était agitée toute la nuit. Il avait appris à redouter ce qu'il nommait pudiquement les « mauvais moments ». Sans raison particulière, l'humeur de sa jeune femme s'assombrissait et elle souffrait de maux divers, migraines, douleurs dorsales et abdominales. On ne comptait plus les visites du docteur Lamotte, le successeur du vieux monsieur Freynet, qui avait fini par parler à mots couverts de maladie nerveuse. Il avait préconisé une cure à Néris-les-Bains mais la grossesse de Clélia avait entraîné le report de ce traitement.

Si Elzéar, fou de joie, exultait, Clélia, en revanche, était restée indifférente.

Le front contre la vitre, Elzéar contemplait le parc sans le voir. En lui, le chagrin le disputait à l'incompréhension. Clélia et lui vivaient désormais comme des étrangers. Rien de ce qu'il faisait n'intéressait son épouse. Elle donnait l'impression de demeurer spectatrice de son existence, prisonnière d'un passé qu'elle refusait d'évoquer.

Une main légère effleura l'épaule d'Elzéar. Il se retourna vers sa mère. Il la trouva vieillie, et se reprocha de lui imposer la vue d'un couple qui se défaisait.

– Mon petit…, murmura Noëlie.

Elle aurait tant désiré lui épargner toute peine ! Le comportement de Clélia l'inquiétait de plus en plus. Sa belle-fille ne se souciait ni de son époux, ni de son enfant à naître. Noëlie aurait voulu abattre ce mur que la jeune femme édifiait entre elle et le reste du monde. Chaque fois qu'elle abordait ce sujet avec Timothée, il haussait les épaules.

– Nous avons alerté Elzéar, il a préféré passer outre. À lui de composer avec son épouse !

L'âge venant, Timothée s'était endurci. Malgré son amour, Noëlie peinait parfois à comprendre ses réactions. Elle le sentait lointain, uniquement préoccupé de son entreprise.

Elzéar serra sa mère dans ses bras.

– Ne t'inquiète pas, maman, souffla-t-il. Tout s'arrangera quand le bébé sera né.

Noëlie fit « oui » de la tête sans exprimer son opinion. Elle n'en était pas le moins du monde convaincue et se demandait déjà comment venir en aide à son fils.

Elle réprima un soupir. Tant que Timothée et elle-même seraient présents aux côtés d'Elzéar, ils le soutiendraient de tout leur amour mais après ? Qu'en serait-il *après,* quand il se retrouverait seul avec Clélia ?

Noëlie avait tenté à plusieurs reprises de discuter avec sa belle-fille, sans succès. Enfermée dans son monde, Clélia était inaccessible.

– Viens donc boire ton café, proposa-t-elle.

La cuisine de la bastide était chaleureuse avec ses meubles de noyer ciré hérités de plusieurs générations de Viguier.

Catou s'activait dans la grande salle à préparer des *pan coudoun*, des pains-coings dont elle savait Elzéar friand. C'était enfantin, affirmait-elle. Six coings tirés de la réserve à fruits où l'on entreposait pommes, poires, raisin et coings, huit cents grammes de pâte à pain, six cuillerées à soupe de miel et un jaune d'œuf pour dorer le tout…

À près de soixante-dix ans, elle ne laissait à personne le soin de cuisiner. Coline les avait quittés six mois auparavant pour soigner sa vieille mère dans un mazet acheté avec ses économies à Méthamis.

On avait embauché une jeunette, Louisette, pour seconder Catou mais la vieille femme rechignait à déléguer ses tâches.

– Hum ! Ça sent bon ! fit Elzéar, les narines plissées.

Noëlie se fournissait auprès du boulanger de Vaucluse, réputé pour la qualité de son pain.

– Monsieur Timothée est déjà parti au moulin, précisa Catou, constatant que Noëlie le cherchait du regard.

Celle-ci soupira.

– Je parierais volontiers qu'il n'a pas pris son cache-nez !

Elle se tourmentait en permanence à propos de son époux. Ces derniers temps, en effet, Timothée accusait ses soixante-six ans. Il était toujours aussi vaillant mais ses gestes se faisaient plus lents, plus mesurés. Il restait souvent perdu dans ses pensées avant de se plonger dans la lecture du journal et de critiquer allègrement la situation du pays.

Elzéar but son café debout, malgré les protestations de Noëlie et de Catou, et leur faussa compagnie.

– Maman, tu pourras monter voir Clélia dans la matinée ? Elle n'était pas très bien ce matin.

– Comme d'habitude, marmonna Catou.

Noëlie lui décocha un coup d'œil réprobateur. Même si elle critiquait l'attitude de sa belle-fille en son for intérieur, elle n'admettait pas qu'on le fît en sa présence.

Catou, qui se savait en tort, baissa le nez. Elle se reprochait déjà d'avoir dépassé les bornes. Noëlie avait assez de soucis entre la santé de Timothée qui se dégradait, le couple d'Elzéar qui partait à la dérive, et la fabrique Saurel dont il avait fallu éponger les dettes pour sauvegarder l'emploi des ouvriers.

Noëlie lui pressa le bras, comme pour lui dire que ce n'était rien, et s'isola quelques minutes dans le bureau. Le brouillard pesait toujours autant sur Vaucluse, conférant un aspect insolite au parc de la bastide. Elle se détourna de la fenêtre en réprimant un soupir. Son cœur manqua un battement. Elle venait de reconnaître sur le bureau de son époux la liasse de feuillets sur laquelle Nicolas Viguier avait écrit : *« Pour Timothée »*.

Elle se mordit les lèvres. Elle *ne voulait pas* fouiller dans les papiers de Timothée, même si cette liasse l'obsédait depuis trente ans. Comme malgré elle, elle tendit la main. Elle parcourut rapidement les premiers feuillets, partagée entre son sentiment de culpabilité et le désir de savoir. Pourquoi Timothée ne lui avait-il jamais parlé du message de son père ? La pensait-il indigne de ses confidences ? À moins qu'il n'y ait eu autre chose. Jeanne.

Elle en eut la certitude en lisant les quatre dernières phrases écrites par Nicolas Viguier :

> *Voilà, mon fils, ce qui empoisonne ma conscience depuis plus de trente ans. J'en ai tant souffert que je te supplie de te conduire en homme d'honneur. Si tu penses que le fils de la Jeanne peut être ton enfant, n'oublie pas de faire ton devoir vis-à-vis de lui. Je te fais confiance.*

Un spasme tordit l'estomac de Noëlie. Les yeux pleins de larmes, elle remit les pages en place, en ayant l'impression qu'elle allait mourir. À présent, elle *savait* la vérité, précisément à cause du silence de Timothée.

Le fils de Jeanne était un Viguier.

20

1880

Des cris atroces provenaient de l'étage. Elzéar, qui piétinait allègrement le tapis du salon représentant la première rencontre de Laure et de Pétrarque, douze pas dans un sens, douze pas dans l'autre, se figea avant de se précipiter dans l'escalier. Sa mère montait la garde sur le palier.

– Prends patience, mon fils, lui conseilla-t-elle. La délivrance risque d'être longue.

Il avait le visage défait, les yeux cernés. Un élan d'amour submergea Noëlie.

« Seigneur… Faites qu'il ne souffre pas trop », pria-t-elle avec ferveur.

Depuis qu'elle avait découvert, un matin de brouillard, trois mois auparavant, sa belle-fille baignant dans son sang, elle redoutait le pire. Dieu merci, les blessures que Clélia s'était infligées au ventre et aux cuisses étaient plus spectaculaires que profondes. Cependant, en attendant l'arrivée du docteur Lamotte et en lavant les plaies, Noëlie n'avait pu ignorer les imprécations de Clélia.

– Je ne veux pas de cet enfant. Personne ne peut m'obliger à le garder, criait la jeune femme, en proie à une nouvelle crise de nerfs.

Elle s'était entaillée avec ses ciseaux de couture qui gisaient sur le parquet. Lorsque Noëlie les avait montrés au docteur Lamotte, il avait poussé un long soupir.

– Il faut à tout prix la faire soigner dès qu'elle sera délivrée de cette grossesse qui lui pèse tant, avait-il déclaré.

Il se sentait profondément démuni face à l'état nerveux de sa patiente, Noëlie l'avait bien compris. Elle-même ne savait plus quel comportement adopter vis-à-vis de Clélia.

Noëlie se força à sourire pour son fils.

– C'est la loi de la nature, il faut te montrer patient, mon grand. Tu verras… Clélia oubliera vite ses souffrances lorsqu'elle serrera votre enfant contre elle.

Elle lut dans le regard désenchanté d'Elzéar qu'il ne se faisait plus guère d'illusions. Craignait-il, lui aussi, la réaction de Clélia en présence du bébé ? s'interrogea avec angoisse Noëlie. Une nouvelle supplique lui monta aux lèvres :

– Mon Dieu, faites que l'enfant qui va venir au monde soit heureux.

Elle entraîna son fils par le bras.

– Viens voir ton père. Il est en train de ronger le tuyau de sa pipe. Quelle sottise, aussi, de s'être mis à fumer sur le tard !

Elle parlait, alignant des banalités, pour empêcher Elzéar de tendre l'oreille.

Les hurlements de Clélia s'espaçaient. La jeune femme s'épuisait ou bien l'enfant n'allait pas tarder.

Élise, la sage-femme qui avait délivré Noëlie trente ans auparavant, n'exerçait plus depuis longtemps. Elle était morte en septante, et tout Vaucluse s'était déplacé pour lui rendre hommage. Le docteur Lamotte était assisté d'une infirmière, mademoiselle Cléry, qui intimidait Noëlie. Elle admettait, cependant, que sa présence était indispensable pour prévenir quelque nouvelle foucade de sa belle-fille.

Depuis le début de sa grossesse, Clélia était devenue encore plus instable, multipliant crises de nerfs et sautes d'humeur.

– C'est une véritable torture ! s'exaspéra Elzéar.

– Hé ! Que croyais-tu donc ? glissa Catou, qui les avait rejoints. Les femmes enfantent dans la douleur, c'est la règle, et rien ne peut la changer.

– Je préférerais souffrir à sa place, murmura Elzéar.

C'était vrai, Noëlie le savait. Elle le conduisit vers le bureau de Timothée et remonta dans la chambre. Clélia, le visage blême, haletait sur le lit dévasté. Le docteur Lamotte se tourna vers Noëlie.

– Nous y sommes presque, dit-il.

Noëlie opina du chef, admirant l'harmonie des gestes entre le médecin et son infirmière. Celle-ci avait préparé des serviettes et des linges immaculés. Clélia, le corps arqué, poussa un dernier cri avant de retomber sur le dos, les yeux clos.

– Elle se pâme ! prévint Noëlie, en se précipitant au chevet de sa belle-fille.

Le docteur Lamotte ne s'affola pas.

– Tant mieux, cela nous facilitera le travail ! Cette jeune femme est d'une nervosité incroyable. Mademoiselle Cléry, occupez-vous du bébé, je vous prie.

Bouleversée, Noëlie aperçut une tête surmontée de cheveux noirs, un petit corps gigotant que l'infirmière enveloppa prestement dans une grande serviette.

– C'est un garçon, précisa le médecin.

Un fils, le fils d'Elzéar... Les yeux pleins de larmes, la gorge nouée par l'émotion, Noëlie tendit les bras. Elle reçut son petit-fils hurlant, le tint quelques instants serré contre elle avant de le rendre à mademoiselle Cléry qui devait le laver et l'emmailloter.

– Vous êtes sûr que tout va bien pour ma bru ? s'enquit-elle avant de courir prévenir son fils et son époux.

Les hommes du moulin avaient leur héritier.

– Si c'est pas une misère..., grommela Catou, faisant beaucoup de bruit avec ses marmites.

Elle s'était chargée elle-même d'enterrer le *nourrimen*[1] au pied du plus grand figuier du parc afin que Clélia ait du lait en abondance. Peine perdue ! La jeune mère avait décrété qu'elle ne donnerait pas le sein au petit François. C'était vulgaire, avait-elle déclaré, et toute la maison avait commenté sa décision. Elzéar, comme d'habitude, l'avait approuvée et il avait fallu trouver une nourrice en catastrophe. Noëlie et Catou s'en étaient chargées.

1. Placenta.

Grâce à l'intervention du docteur Lamotte, elles n'avaient pas eu besoin de faire appel au bureau de placement de Carpentras. Une honte, estimait Catou, d'autant plus que la mère avait dû bander ses seins.

Catou se souvenait – il y avait de cela si longtemps ! – d'avoir nourri plusieurs bébés de l'hôtel-Dieu en même temps que sa petite fille, prénommée Marie. Elle s'était souvent demandé ce qu'elle était devenue et le remords avait gâché sa vie, même si elle savait qu'elle n'avait pas eu d'autres solutions. Aussi, quand elle voyait Clélia se détourner de son petit et refuser de l'allaiter, la colère la submergeait. Fan ! Une chatte était plus maternelle que cette belle dame qui prenait ses grands airs ! Pauvre Elzéar ! Il ne méritait pas de se retrouver lié à elle !

Catou claqua un peu trop fort la porte du garde-manger et s'exhorta au calme. Cette maison était déjà assez bruyante, entre les pleurs du petit François et les crises de sa mère. Personne ne voulait donc intervenir ?

Suivant son habitude, elle dit tout haut ce qu'elle pensait à Noëlie venue chercher un verre d'eau fraîche à la cuisine.

– Tu ne vois pas que la femme d'Elzéar porte le mal en elle ? Elle est fada, oui !

Personne n'osait aborder ce sujet avec Elzéar mais l'état de santé de Clélia s'était encore dégradé depuis son accouchement. Elle se désintéressait de son fils comme de son mari. On avait jasé dans Vaucluse après la naissance. Clélia, qui aurait dû garder la chambre, s'était montrée, quelques jours après la naissance, pour aller faire de longues marches vers la résurgence.

Elle avait refusé de recevoir voisines et relations qui, selon la tradition, venaient rendre visite à la jeune mère et apporter des cadeaux à son *petitoun*.

Gênée, Noëlie avait inventé une mauvaise fièvre alors que Clélia ne se privait pas de sortie, en cheveux, de surcroît. Attitude qui suscitait critiques et craintes diffuses.

Noëlie poussa un profond soupir.

– C'est Elzéar qui doit se décider à rappeler le médecin. Je pense qu'il espère encore une amélioration. C'est si étrange…

Elle-même avait essayé à plusieurs reprises de dialoguer avec sa bru, en vain. Clélia repoussait tout contact avec le monde extérieur. Elle marchait jusqu'à l'épuisement, mangeait fort peu, comme si elle avait désiré maîtriser son corps qui lui faisait horreur.

Timothée, consulté, avait avoué son impuissance. Leur bru lui inspirait même une certaine appréhension ; il redoutait son influence sur Elzéar. Il avait donc résolu de faire procéder à quelques recherches. Malgré ses affirmations, Clélia devait bien avoir encore un peu de famille, quelqu'un qui pût éclairer les Viguier sur les raisons de son comportement. Il avait peur pour son fils et son petit-fils.

Noëlie posa une main apaisante sur l'épaule de Catou :

– Nous nous sortirons de cette mauvaise passe,

mentit-elle. Je ne pense pas que Clélia soit vraiment dangereuse…

– Ah oui ? s'emporta Catou. Et s'il lui prenait la fantaisie d'étouffer le bébé sous un oreiller ? Ou de le blesser comme lorsqu'elle s'est tailladée, pendant qu'elle était grosse ? Tu ne vas pas me dire que ce n'était pas grave ?

Des scènes de cauchemar hantaient les nuits de Noëlie. Elle prit une longue inspiration :

– Je vais aller parler au docteur Lamotte, déclara-t-elle.

Quelqu'un devait agir. Elzéar n'en avait ni la force, ni le désir. Clélia était toujours aussi belle et sa beauté le fascinait.

Elle s'enveloppa dans sa visite et sortit malgré le vent qui soufflait en rafales rageuses. Les beaux jours tardaient… Noëlie avait hâte, pourtant, de s'installer à l'ombre de la treille en compagnie de François. Elle se souvenait de la joie de son époux, trois mois auparavant, lorsqu'il avait annoncé à tout le pays :

– Sara un siblaire e un cassaire[1].

Pour cette seule raison, elle éprouvait de la reconnaissance à l'égard de Clélia. Timothée était rassuré. Il avait deux générations d'héritiers.

1. Ce sera un siffleur et un chasseur.

21

1881

Il était venu à pied depuis Avignon, mettant ses pas dans ceux de Pétrarque. Tout en cheminant, il se remémorait des extraits du *Canzoniere.*

Originaire de Reims, Jean-Rémy Monod avait une formation d'historien. Depuis plusieurs années, l'idée de consacrer une thèse à Laure et à Pétrarque le taraudait.

Il avait économisé sur ses émoluments d'enseignant afin de pouvoir prendre un congé. Descendu du train en gare d'Avignon, il avait cherché la trace de Pétrarque dans la cité des Papes, se rappelant que le poète avait stigmatisé la ville :

> *Le triste foyer de tous les vices et de toutes les misères,*
> *Avignon, sentine de tous les vices.*

Il avait ensuite suivi la route menant à Carpentras avec le Ventoux pour guide. Parvenu à Monteux, il était parti vers l'est. La poussière poudrait le chemin. Il avait fait une étape à L'Isle, séduit par le charme des roues à aubes et des quais.

L'auberge choisie donnait sur la Sorgue. Il faisait bon sous la treille de savourer un pichet de rosé bien frais après une longue marche. Jean-Rémy, étendant les jambes avec un soupir de satisfaction, songea qu'il aimait déjà ce pays.

Brillant élève, il avait travaillé dur pour obtenir ses diplômes et appréciait d'autant plus l'année sabbatique qu'il s'était accordée. À trente ans, il avait envie, enfin, de vivre à sa guise. Sa sœur s'était mariée l'an passé avec un douanier, leur mère coulait une retraite paisible dans une petite maison héritée d'un oncle, sur une colline dominant les vignes de la montagne de Reims. L'esprit tranquille, Jean-Rémy pouvait se consacrer à sa passion pour Laure et Pétrarque.

Il dormit bien, malgré le vacarme des rouliers et des préparatifs du marché. Il pressentait qu'il touchait au but.

Le lendemain, en découvrant le site enchanteur de Vaucluse, il murmura :

> *Je rencontrai une vallée très étroite mais solitaire et agréable, nommée Vaucluse, à quelques milles d'Avignon, où la reine de toutes les fontaines, la Sorgue, prend sa source. Séduit par l'agrément du lieu, j'y transportai mes livres et ma personne*[1].

Il ne lui restait plus qu'à chercher une chambre.

L'hiver avait été rude, interminable. À plusieurs reprises, Hortense s'était interrogée. Était-il raisonnable de poursuivre son activité pour quelques voituriers ? Les promeneurs ne fréquentaient pas Vaucluse à la

1. Extrait d'*Épître à la postérité*.

mauvaise saison. La jeune femme avait plus d'une fois mangé de la soupe aux racines, blottie le plus près possible de l'âtre. Heureusement, Gavroche lui tenait chaud. Elle l'avait trouvé devant la porte de l'auberge alors qu'elle dévorait *Les Misérables*, que madame Noëlie lui avait prêté. Elle avait tout naturellement baptisé le chien au pelage roux et blanc du nom du fils des Thénardier. Un client anglais lui avait dit l'année suivante qu'il appartenait à la race des épagneuls. Peu importait à Hortense. Gavroche constituait pour elle un merveilleux compagnon, toujours prêt à partager ses promenades dans les collines du côté de Saumane.

Enfin, les beaux jours étaient revenus et Hortense reprenait espoir. Elle avait taillé durant l'hiver nappes, serviettes et coussins dans des coupons d'indienne achetés sur le marché de L'Isle. Ils ornaient à présent ses tables de bois brut, à l'intérieur de la salle, ainsi que ses tables et ses chaises de fer en terrasse.

Hortense avait accroché un peu partout des bouquets séchés de lavande et d'épis de blé. L'hostellerie de Vaucluse avait belle allure malgré les murs lézardés et le sol en battu. Et Hortense était particulièrement fière de son fourneau, pour lequel elle s'était lourdement endettée.

Après avoir observé le ciel, d'un bleu minéral, elle prépara ses tables sur la terrasse ombragée. L'air sentait bon.

Joyeuse, Hortense écrivit son menu du jour sur le grand tableau noir posé contre le mur. Elle apercevait déjà, en provenance de la route de L'Isle, les premiers chars de promeneurs.

La journée serait belle. Elle retroussa les manches de son corsage avant de retourner s'activer au-dessus de son fourneau.

Il n'avait jamais mangé d'omelette aux truffes mais le nom le séduisit. D'autant que la terrasse, à l'ombre d'un figuier et d'une treille, offrait une vue séduisante sur la Sorgue, dominée par les ruines du château des évêques de Cavaillon.

Jean-Rémy avait déjà fait abstraction des visiteurs du dimanche. Il imaginait Pétrarque marchant en bord de Sorgue, sur l'autre rive.

– Vous avez beaucoup de chance de vivre dans cet endroit magique, déclara-t-il à l'hôtesse, vive et avenante, qui donnait l'impression d'être partout en même temps.

Elle lui sourit.

– Si Vaucluse vous plaît tant, il faut y rester ! J'accueille volontiers des pensionnaires et personne ne s'est encore plaint de ma cuisine !

Ses cheveux blonds attachés en chignon, son minois piqueté de taches de rousseur, ses yeux bleus indigo le faisaient irrésistiblement penser aux tableaux de Renoir. Il n'osa pas lui en faire la remarque, sans même savoir pourquoi. Face à cette jeune personne, il se sentait empesé, raidi dans ses habits de professeur. Elle n'eut pas ses scrupules.

– Vous êtes un savant venu pour le gouffre ? s'enquit-elle, en lui apportant un verre de vin apéritif, le grenache vieux de Mazan, à base, comme elle le lui expliqua, de moût de grenache, d'écorces d'orange amère, de cannelle, de noix de muscade et d'alcool.

– Le gouffre ? répéta Jean-Rémy, étonné.

Hortense sourit.

– C'est qu'il en attire, du monde ! Je ne suis pas très instruite mais je me suis intéressée à tout ce qui concerne la vallée close. Un ingénieur d'Avignon a installé en 1869 ce qu'on appelle un sorgomètre. C'est un repère, m'a-t-on dit, une suite de vingt-cinq règles graduées d'un mètre permettant de mesurer la hauteur des eaux. Il complète la croix du vice-légat. En mars 1683, il y avait si peu d'eau que Nicolini, le vice-légat du pape, avait fait graver une inscription dans la roche, quatre mètres au-dessus du niveau atteint.

Jean-Rémy sourit à son tour.

– Peste ! Vous me paraissez bien au fait de ces choses !

– Ça m'intéresse, vous dis-je ! En 1878, un... attendez, le nom est si compliqué que je l'ai noté sur mon carnet de commandes, oui, un scaphandrier venu de Marseille, un certain Otonelli, est descendu jusqu'à vingt-trois mètres de profondeur. Mais cela ne nous dit toujours pas comment s'alimente le gouffre.

– À vous entendre, on aurait presque envie de l'explorer votre fameux gouffre ! s'écria Jean-Rémy.

Il rit de lui-même :

– Moi qui ne sais même pas nager ! Non, je suis venu pour Pétrarque.

– Dans ce cas il vous faudra vous rendre au moulin à papier. Monsieur Timothée et monsieur Elzéar connaissent tant de choses sur lui ! C'est à se demander s'ils n'auraient pas vécu à son époque ! Excusez-moi, monsieur, on m'appelle.

Séduit, Jean-Rémy la suivit du regard. Elle ne semblait pas avoir conscience du charme, de la vitalité qui émanaient d'elle. Elle nota une autre commande, lui apporta quelques minutes plus tard une somptueuse omelette aux truffes dont les arômes le firent chavirer.

Le soleil baignait les bords de la Sorgue, créant de fugitifs jeux d'ombre et de lumière.

Malgré l'affluence, Jean-Rémy imaginait le poète écrivant à l'évêque de Cavaillon pour quelle raison il aimait tant la *Vallis clausa* :

> *Que d'autres aiment les richesses, moi j'aspire à une vie tranquille. Il me suffit d'être poète*[1].

Il se tourna vers son hôtesse :

– Je crois que j'ai trouvé, moi aussi, mon havre. Quel est votre prix pour une pension complète, mademoiselle ?

Elle le lui indiqua après avoir rectifié : « Madame ».

Il remarqua alors la fixité de son regard, tandis qu'elle semblait observer le chemin menant à la

1. Extrait d'une lettre de Pétrarque adressée à son ami l'évêque de Cavaillon.

fontaine. Un couple passait. Lui, vêtu de noir, portait un petit garçon sur ses épaules. Elle, tout en blanc, évoquait une apparition. Sa beauté presque irréelle attirait les regards. Jean-Rémy pensa sur-le-champ que Laure avait dû ressembler à cette jeune femme. Les promeneurs se retournaient sur son passage sans qu'elle parût leur prêter quelque attention.

– De qui s'agit-il ? osa-t-il demander à son hôtesse.

Elle tressaillit, tourna la tête vers lui, répondit d'une voix changée :

– Madame Clélia Viguier. C'est son époux qu'il vous faudra rencontrer, au Moulin des Sources.

Elle n'en dit pas plus. Jean-Rémy avait déjà compris qu'une aura de mystère entourait cette jeune femme presque trop belle.

22

1882

La journée serait belle, avait annoncé Catou, se référant comme chaque matin au Ventoux. Noëlie se sentait excitée comme une enfant. Non pas à cause de la visite officielle du ministre de l'Agriculture en ce 16 mai mais plutôt parce que Lucille venait passer quelques jours à la bastide. Sa petite sœur allait fêter ses quarante-huit ans. Noëlie éprouvait un sentiment de vertige à cette perspective. Les années avaient passé si vite !

Maurice était mort dans des circonstances étranges, à la sortie d'un casino de la Riviera. Le jeu, toujours, ce maudit jeu ! Marion avait beaucoup sangloté le jour de l'enterrement avant de réclamer la part de son fils chez le notaire. Ce dernier avait froncé les sourcils.

– Quelle part, madame Saurel ? C'est votre belle-fille, madame Viguier, qui fait vivre la fabrique en la renflouant à intervalles réguliers.

En pure perte, d'ailleurs, estimait Timothée. Les usines fermaient les unes après les autres. Le développement du train avait entraîné d'autres habitudes. On avait moins besoin de couvertures de mulet.

Il faudrait mettre la clef sous la porte, même si ce projet déchirait le cœur de Noëlie. Lucille lui donnait carte blanche. Sa boutique de fleurs à Marseille constituait une excellente affaire. Lucille était réputée pour ses arrangements floraux.

Bien qu'elle fût toujours célibataire, il ne serait venu à l'idée de personne de la considérer comme une vieille fille.

Coiffée et habillée avec soin, elle paraissait plus jeune que ne l'indiquait son état civil. Dans sa jupe jaune et blanche à tournure et son corsage blanc assorti, un chapeau de paille coquettement incliné sur l'œil droit, elle était ravissante et en jouait. Tout en étant persuadée qu'elle avait un homme dans sa vie, Noëlie n'avait jamais réussi à apprendre quoi que ce fût concernant ce mystérieux personnage. Elle en souriait, parfois, avec Timothée qui lui disait :

– Tu es bien curieuse.

Le visage de Noëlie s'éclairait comme chaque fois qu'elle évoquait son époux. Ils allaient fêter leurs quarante-deux ans de mariage. Quarante-deux ans… Elle n'avait rien oublié de leur première rencontre, ni du jour où elle avait entrevu Jeanne la bugadière.

Elle crispa la main sur le col de la robe qu'elle s'apprêtait à passer. Jeanne représentait toujours pour elle une menace, une épine dans son cœur. Malgré ses efforts, elle n'était pas parvenue à aborder ce sujet tabou avec Timothée. Elle percevait bien qu'il assimilait toute conversation concernant Jeanne à une trahison, sans comprendre qu'elle, Noëlie, avait besoin de certitudes.

– Mère ! Êtes-vous prête ? s'enquit la voix de Clélia dans le couloir.

– J'arrive dans deux minutes, répondit Noëlie, surprise en flagrant délit de retard.

D'ordinaire, c'était sa bru qu'on attendait. Or, Elzéar avait bien précisé : « Départ à huit heures. »

Elle enfila vivement sa robe couleur céladon, ajusta son grand chapeau sur ses cheveux nattés et s'enveloppa de son plus beau châle en cachemire.

Il ferait à coup sûr frisquet au sommet du Ventoux.

Toute la famille patientait dans le hall. Elzéar et Timothée conduiraient chacun une calèche. Catou avait décliné l'invitation.

– Que veux-tu que je fasse d'un ministre ? avait-elle grommelé. Ce n'est pas lui qui fera mon ouvrage à ma place !

Clélia et François grimpèrent dans la voiture d'Elzéar tandis que Lucille et Noëlie prenaient place derrière Timothée. Il avait solidement maintenu le panier de pique-nique en osier.

– En avant ! s'écria François, très excité.

Si le trajet jusqu'à Bedoin fut relativement rapide, la suite fut plus malaisée. Une foule joyeuse se pressait sur la nouvelle route menant au Ventoux. Le rendez-vous avait été fixé par les officiels à la fontaine de la Grave pour un déjeuner réunissant plus de quatre-vingts convives. En descendant du cabriolet, Clélia se plaignit, de la poussière, du soleil, des premières abeilles…

Réprimant un soupir, Noëlie tendit la main à son petit-fils.

– Viens, mon chéri. Nous allons essayer d'apercevoir le ministre.

Ce dernier semblait lui aussi souffrir de la chaleur dans son habit noir. Il s'essuyait le front tout en s'extasiant sur le paysage.

De grandes tentes blanches avaient été dressées pour les privilégiés. Comme ils avaient tenu à emmener leur fils, Elzéar et Clélia préféraient pique-niquer à l'ombre d'un grand chêne.

Noëlie se sépara à regret de François et s'avança vers l'une des tentes au bras de son mari. On parlait, tout autour d'eux, de cet observatoire météorologique dont la construction avait été décidée quelques années auparavant, de l'avenir radieux des fraiseraies de Carpentras, favorisées par les bonnes terres du Comtat, irriguées grâce au nouveau canal de Carpentras. Un officiel tint à les présenter au ministre. Noëlie, comme Timothée, ne prisait guère les mondanités. S'ils y sacrifiaient, c'était avant tout par souci de mieux faire connaître Le Moulin des Sources. Lucille, elle, semblait parfaitement à son aise. Elle bavardait avec un haut fonctionnaire aux yeux clairs.

Dès qu'ils en eurent terminé avec les formalités, Noëlie et Timothée s'éclipsèrent du côté de la fontaine de la Grave.

– On respire mieux ici ! s'écria la mère d'Elzéar.

Elle appréciait le panorama et le vent vivifiant.

Elle se rappelait sa mère affirmant que l'air respiré sur les pentes du Ventoux était le meilleur de France, qu'il était capable de tout guérir. Une ombre voila son regard. Le mal dont souffrait Clélia était-il curable ?

L'état de sa belle-fille ne s'était pas amélioré, et Elzéar avait renoncé à l'envoyer en cure. Clélia avait menacé de mettre fin à ses jours si on venait à la contraindre. Le docteur Lamotte s'estimait impuissant tant qu'Elzéar refuserait l'hospitalisation préconisée.

Noëlie et Timothée souffraient en silence sans trop oser en parler.

Les domestiques, cependant, ne se gênaient pas pour commenter les sautes d'humeur de « Madame », comme ils nommaient Clélia, et ses crises de nerfs. Il avait fallu dédommager une jeune servante. Clélia l'avait blessée le jour où elle lui avait jeté au visage son fer à friser. La jeune femme pouvait, en l'espace de quelques secondes, se transformer en une mégère vociférante, ce qui déstabilisait François.

Lucille rattrapa sa sœur alors qu'elle se glissait sous l'une des tentes :

– Je crois bien que je vais vous fausser compagnie. Monsieur Reboul m'invite à sa table.

– Ne t'inquiète pas pour nous.

Lucille rayonnait. Noëlie lui sourit tendrement. Grâce à l'affection et à la complicité unissant les deux sœurs, leur famille n'avait pas tout à fait éclaté.

Elle prit le bras que Timothée lui offrait.

– J'aimerais partir avec toi loin, très loin, lui souffla-t-elle.

Il lui jeta un regard ébahi.

– Noëlie ! Aurais-tu perdu l'esprit ? Avec tout le travail que nous avons au moulin ? Ce n'est vraiment pas le moment !

« Ce n'est jamais le moment… », songea Noëlie. Elle ne trouvait pas les mots pour expliquer à son mari ce qu'elle éprouvait. Les années avaient filé, elle aspirait à une pause en compagnie de Timothée. Peut-être parce qu'elle n'en pouvait plus d'être sans cesse sur le qui-vive. L'état de Clélia ne risquait-il pas de s'aggraver ? Comment protéger François et Elzéar ?

Elle réalisa brusquement qu'elle avait peur de sa belle-fille et ne lui faisait pas confiance. C'était grave, et angoissant.

Timothée lui tapota le bras, maladroitement.

– Ne te tourmente pas ainsi. Profite donc de cette belle journée.

Un hurlement strident l'interrompit. Les deux époux se dévisagèrent avant de s'élancer d'un même mouvement. C'était, à n'en pas douter, Clélia qui venait de crier.

Partir, quitter Timothée, Elzéar et François était un déchirement pour Noëlie. Elle s'apprêtait à le faire, cependant, parce qu'elle n'avait pas le choix. Depuis le scandale provoqué par Clélia le jour de la visite du ministre, la jeune femme avait sombré dans une sorte d'apathie.

Personne n'avait vraiment compris ce qui s'était passé à la fontaine de la Grave. Laissant François à la garde d'Elzéar sous le grand chêne qu'ils avaient choisi pour ombrager leur pique-nique, Clélia était allée remplir une gourde d'eau fraîche à la fontaine. L'avait-on bousculée, avait-elle eu peur de quelque chose ou de quelqu'un ? Elle avait lâché sa gourde et poussé un cri d'une violence telle que des dizaines de personnes avaient accouru pour lui venir en aide. Loin de la calmer, cet afflux de monde avait provoqué chez Clélia une crise de nerfs dont elle était malheureusement coutumière. Parcourue de tremblements, secouée de sanglots, la jeune femme avait impressionné les invités. Fendant la foule, Noëlie l'avait rejointe et entraînée à l'écart.

Elle lui avait parlé, doucement, dans l'espoir de l'apaiser, jusqu'à ce qu'un inconnu se présentât. Il était médecin, se nommait Melchior Bastel et le cas de Clélia l'intéressait, déclara-t-il d'emblée à Noëlie. Voyant que celle-ci se cabrait, il précisa :

– Je travaille avec le professeur Charcot à l'hôpital de la Salpêtrière à Paris et je me spécialise dans le traitement des crises hystériques.

Il avait pris les choses en main et fait allonger Clélia sous une tente, à l'abri de la foule. Elzéar, affolé, cherchait à protéger François. La fête était gâchée mais ce qui importait, c'était cette menace latente pesant sur Clélia.

– Maman, je crains qu'elle ne bascule un jour ou l'autre, avait confié le lendemain Elzéar à Noëlie.

Basculer… un mot pudique pour qualifier la folie, qui faisait si peur. Se rendant aux arguments du docteur Bastel, Clélia avait fini par accepter d'aller consulter à

Paris. Après maintes discussions, il avait été décidé que Noëlie l'accompagnerait, la présence d'Elzéar se révélant indispensable au moulin afin de seconder Timothée fort ébranlé. Bastienne, la nourrice de François, continuerait à s'occuper de lui avec l'aide de Catou et de Louisette.

Noëlie jeta un dernier regard à sa chambre avant de tirer la porte derrière elle. Elzéar les conduisait, Clélia et elle, en gare d'Avignon d'où elles prendraient le PLM pour Paris. Noëlie espérait, sans trop oser y croire, que l'aventure la rapprocherait de sa bru. Son époux la retrouva dans le hall. Il la serra contre lui.

– Prends bien soin de toi, ma chérie, lui dit-il.

Noëlie se força à sourire.

– C'est la première fois que nous nous séparons pour une longue durée depuis notre mariage, reprit-il.

« Il le faut, murmura Noëlie. Pour notre fils. »

Elle avait longuement prié dans l'église de son enfance, Notre-Dame-des-Anges, à L'Isle. Elle désirait tant qu'Elzéar fût heureux ! Elle se rappelait, cependant, sa conviction, le jour où elle avait rencontré Clélia pour la première fois. La jeune femme n'était pas faite pour Elzéar. Mais lui n'était pas prêt à l'admettre.

– Nous reviendrons dès que possible, promit-elle.

Bastienne tenait François dans ses bras. Noëlie lui envoya un baiser du bout des doigts avant de rattraper Clélia devant la bastide. Depuis sa crise sur les pentes du Ventoux, Clélia paraissait étonnamment détachée. Indifférente.

Un frisson la parcourut. Noëlie se souvint brusquement de la phrase de Catou, prononcée sept ans auparavant.

« Cette fille-là porte malheur », avait-elle murmuré en se signant.

23

1882

La grande salle dans laquelle se déroulaient les « leçons du mardi » à la Salpêtrière avait un aspect déroutant. Ses murs étaient ornés de dessins, de peintures, de gravures et de photographies tandis que des armoires vitrées laissaient voir un amoncellement de crânes, de colonnes vertébrales, de tibias et d'humérus. Un peu partout, s'entassaient, pêle-mêle, sur des tables ou dans des vitrines, des bocaux, des instruments et des appareils divers. Mais le plus surprenant était bel et bien la présence de personnalités venues à l'hôpital comme elles se seraient rendues au spectacle. On reconnaissait des écrivains, des membres du Tout-Paris qui chuchotaient, critiquaient ou s'enthousiasmaient. De quoi déranger la méditation du professeur Charcot.

Les assistants veillaient. Ils firent entrer dans la pièce une jeune fille d'une vingtaine d'années, jolie, les cheveux mousseux, le teint frais mais avec dans les yeux une lueur d'angoisse. Charcot expliqua que Mademoiselle D. était sujette à des crises d'hystérie et qu'il allait l'hypnotiser.

– Endormez-la, ordonna-t-il à un interne.

Debout derrière Mademoiselle D., celui-ci appuya quelques instants sur ses paupières provoquant ce que

Charcot appelait la léthargie. Elle se laissa aller, droite et souple en même temps, mannequin d'os et de chair dont la docilité engendrait une impression de malaise. Une autre jeune fille lui succéda. Très maigre, les yeux cernés, elle semblait ravie de susciter la curiosité du public. L'interne n'eut pas le temps d'agir. Elle se renversa en arrière, se tordant, les bras en croix, les reins arqués. Un murmure gonfla dans le public. Certains se bousculèrent pour mieux voir.

Indignée, Noëlie prit Clélia par le bras. L'écœurement le disputait en elle à la colère.

– C'est... dégradant ! se récria-t-elle à voix haute, s'attirant quelques « Chut ! » courroucés.

– Venez, reprit-elle. Il n'est pas question de vous prêter à cette mascarade !

Le docteur Bastel les rattrapa alors que les deux femmes s'apprêtaient à quitter la grande salle. Son chapeau à la main, il paraissait extrêmement confus.

– Pardonnez-moi, mesdames, je ne voulais pas vous infliger ce... spectacle. Il faudrait que vous consultiez le professeur Charcot en dehors des séances du mardi. Il n'est pas responsable de cette affluence. C'est tout simplement un effet de mode.

– Extrêmement regrettable, croyez-moi, laissa tomber Noëlie.

Cramponnée à son bras, Clélia paraissait être dans un état second.

Le docteur Bastel le remarqua lui aussi puisqu'il proposa :

– Si j'osais… venez vous reposer quelques instants dans mon bureau.

Noëlie accepta. Elle sentait Clélia si tendue qu'elle redoutait une nouvelle crise. Elles suivirent Bastel dans une petite pièce sombre. Une reproduction de *Méduse*, du Caravage, était accrochée au mur. Les mains de Clélia tremblaient, elle était en proie à une nervosité extrême.

– Je veux rentrer chez moi, souffla-t-elle.

Noëlie se leva.

– Venez, mon petit.

Bastel lui décocha un regard chargé de reproche.

– Le silence et le non-dit restent la pire solution, énonça-t-il. Certains drames enfouis empoisonnent l'âme et le corps. Il est dommage que vous n'ayez pu vous entretenir avec le professeur Charcot. Il est persuadé que les symptômes hystériques sont dus à un choc traumatique dont le souvenir reste inconscient.

Noëlie y avait déjà pensé, de façon confuse. Elle observa attentivement son interlocuteur.

– Que voulez-vous dire, docteur Bastel ?

Il garda le silence quelques instants avant de répondre, en se tournant vers Clélia :

– Ce n'est pas à moi d'expliquer. C'est à vous, madame Viguier.

Clélia s'agita un peu plus sur sa chaise. Noëlie s'émut de son regard traqué.

– Ce à quoi nous avons assisté relevait du cirque et de la cruauté, déclara-t-elle froidement. Je pense que vous nous avez trompées en nous laissant espérer une guérison.

– Encore faut-il que le patient le désire, répliqua-t-il, sans quitter Clélia des yeux.

La jeune femme secoua la tête.

– Je suis lasse, mère, j'aimerais rentrer à l'hôtel, la pria-t-elle.

Les deux femmes quittèrent la Salpêtrière sans un regard en arrière. Elles marchèrent à pas pressés jusqu'aux Gobelins.

Noëlie bouillait de colère et d'indignation. Leur avoir fait faire tout ce chemin pour être le témoin de ce spectacle dégradant… le comportement du médecin la décevait profondément. Pourtant, au moment de franchir le seuil de l'hôtel, Clélia tourna la tête vers elle.

– L'avez-vous vu, à la fontaine de la Grave ? Il m'a appelée, et j'ai eu peur, si peur, que tout ne recommence…

Elle parlait d'une voix étrange, monocorde.

Le cœur de Noëlie manqua un battement.

– Que voulez-vous dire, ma petite fille ? osa-t-elle demander.

Les yeux de Clélia papillonnèrent.

– Ne faites pas attention. Nous sommes loin de lui. Il n'aurait jamais dû me retrouver. À moins… à moins que je ne me débarrasse de lui ? Oui ! s'emporta-t-elle, ce serait la solution. Le tuer. Plonger un couteau dans son cœur.

Elle se tordit les mains. Son beau visage, crispé par la douleur, était méconnaissable.

– Je ne sais pas si j'en aurais le courage. Il m'a toujours terrorisée, vous savez…

Noëlie tendit la main, caressa la joue de sa belle-fille avec d'infinies précautions.

– Clélia, mon petit, de qui parlez-vous ?

Elle se doutait bien que la jeune femme ne lui répondrait pas. Mais elle devait lui poser la question. Pour Elzéar et pour François. Contre toute attente, Clélia ne se déroba pas. Elle mentionna un prénom masculin, qui n'éveilla aucun souvenir chez Noëlie. Et puis, elle se confia. Avec des mots pudiques, qui firent cependant frissonner la mère d'Elzéar. Elle écouta Clélia. Longtemps. Les deux femmes avaient marché avant d'échouer sur un banc du jardin des Plantes. Clélia ne pouvait plus s'arrêter. Elle parlait, parlait, comme si la séance du mardi, la pitoyable exhibition de cette femme, donnée en pâture au public, lui avait permis de regarder ses souvenirs en face, enfin.

Lorsque Clélia éclata en sanglots, Noëlie se surprit à espérer que le cauchemar allait prendre fin. Pourtant, elle devinait au fond d'elle-même que Clélia n'était pas sauvée pour autant. Comment avait-elle pu survivre à un tel drame ? Noëlie, accablée, se sentait dépositaire d'une vérité qui la dépassait.

Elle tenta de réconforter Clélia avant de la ramener à l'hôtel. Docile, la mère de François se laissa entraîner sans protester. Elle était livide et de grands cernes mauves marquaient ses yeux. Noëlie la dévêtit et la coucha. Une horrible impression de gâchis lui serrait le cœur. Les révélations de Clélia, qu'elle ne songeait pas à mettre en doute, la laissaient dévastée. Elle aurait voulu s'en ouvrir à Timothée, tout en pressentant qu'elle n'en avait pas le droit. Le secret de Clélia était un secret de femme. Cependant, parce qu'il lui était impossible de ne rien faire, elle griffonna quelques mots sur son carnet de moleskine noire, qu'elle emportait toujours avec elle.

Ensuite, le cœur lourd, elle s'installa dans le fauteuil et veilla sa belle-fille. Elle savait qu'elle ne parviendrait pas à fermer l'œil de la nuit.

24

1884

Le fonctionnement du moulin à papier avait quelque chose de rassurant, pensa Elzéar, heureux d'entendre le vacarme familier régnant dans la salle des piles. Il y avait déjà emmené son fils à plusieurs reprises mais François ne semblait pas vraiment intéressé. L'observation des insectes le captivait bien davantage.

Son grand-père l'avait remarqué, lui aussi.

– François n'a pas le goût de l'eau ni celui du papier, j'ai bien peur qu'il refuse de prendre notre suite, avait-il déclaré à Elzéar.

Pour le moment, ce dernier avait d'autres préoccupations. À près de cinq ans, François avait le temps de se raviser ! Une ombre voila le regard d'Elzéar. Il mettait tout en œuvre pour que son fils ne souffre pas trop des absences de Clélia tout en admettant que François se portait mieux quand sa mère ne s'occupait pas de lui. Il lui avait fallu plusieurs années avant de, non pas accepter, mais comprendre que son épouse ne serait jamais comme les autres. Ce qu'il avait pris pour de l'hypersensibilité s'était révélé être une maladie nerveuse s'aggravant avec les années. Instruit par Noëlie des travaux de Charcot à la Salpêtrière, le docteur Lamotte avait été horrifié. Pourquoi ne l'avait-on pas consulté ? Il aurait formellement déconseillé cette équipée à Paris. Il savait, lui, que les pauvres femmes de l'ancien lazaret étaient réduites à la condition de bêtes curieuses et que les expériences en matière d'hypnose du professeur Charcot, si elles démontraient que l'hystérie n'était pas une simulation, n'avaient pas de réels effets thérapeutiques. Il leur préférait, et de loin, de longs séjours à Néris-les-Bains.

Cependant, malgré les cures, l'état de santé de Clélia ne s'était pas amélioré. Elzéar avait parfois l'impression que son épouse rejetait l'idée même du bonheur. Comme si elle s'en était estimée indigne.

Il avait passé des nuits entières à ses genoux, suppliant :

– Clélia, mon amour, regarde-moi, regarde-nous, nous pourrions être si heureux…

Et puis, il y avait eu cette dernière nuit durant laquelle elle s'était redressée, lentement, dans leur lit. Il n'était même pas certain que ses yeux le voyaient, lui, Elzéar. Dans sa chemise blanche au décolleté orné de dentelle, avec sa longue chevelure fauve, elle ressemblait à quelque modèle d'un peintre préraphaélite, Edward Burne-Jones ou Dante Gabriel Rossetti.

Elle était belle, si belle. Et inaccessible.

Elzéar avait le cœur plein de chagrin. Des larmes montaient jusque dans sa gorge, sans couler.

– Clélia… m'as-tu jamais aimé ? avait-il soufflé.

Il n'oublierait jamais sa réponse, énoncée d'une voix lointaine :

– Qu'est-ce que l'amour ?

Cette nuit-là, il avait sombré.

Elzéar releva la tête. Il sentait peser sur lui le regard de son père. Timothée avait beaucoup vieilli ces derniers temps mais continuait toutefois à se rendre chaque jour au moulin.

– C'est sa raison de vivre, disait Noëlie en esquissant un sourire ému.

Ses parents formaient un couple si uni qu'Elzéar avait toujours rêvé de les imiter.

Il soupira. Il refusait de se montrer amer. Il vivait désormais pour son fils, et pour le moulin.

– Monsieur Elzéar, vous pouvez venir ? le héla Coralie, une jeune ouvrière.

Il la rejoignit près de la grande cuve au-dessus de laquelle officiait son père, Richard. Coralie, passionnée par la fabrication du papier, travaillait comme lisseuse et Elzéar appréciait souvent ses suggestions.

Sous le fichu qui dissimulait ses cheveux, son petit visage en forme de cœur était ravissant.

« Oublier…, songea Elzéar. Oublier Clélia dans ses bras, rien qu'une heure… »

Il savait pourtant qu'il ne le ferait pas. Il restait marié, et il estimait trop Coralie et son père pour compromettre la jeune fille. De plus, il ne l'aimait pas. Il éprouvait seulement une attirance sexuelle pour elle. « C'est l'effet du retour des beaux jours », se dit-il avec une pointe de cynisme.

– Regardez ! reprit Coralie.

Pendant que la feuille de papier s'égouttait, elle avait placé dedans à la main, un à un, des pétales de rose rouges. L'effet ainsi obtenu était empreint de fraîcheur et de gaieté. Elzéar félicita chaleureusement Coralie. Elle rosit de satisfaction.

– J'avais pensé faire des essais avec des pétales de glycine et de pivoines, proposa-t-elle. Et fin juin, avec de la lavande.

– Je te donne carte blanche. Tu peux utiliser les fleurs du jardin du moulin. Nous mettrons en vente ce papier à inclusions florales dimanche prochain à la boutique.

La fierté de Coralie faisait plaisir à voir. « Allons…, se dit Elzéar, il reste encore des personnes pour s'intéresser au moulin à papier. » Son père avait lui aussi remarqué l'enthousiasme de la jeune ouvrière.

Elzéar retrouva Timothée dans le bureau où le papetier recevait une vieille connaissance, l'imprimeur Balthazar. Celui-ci salua Elzéar. Les deux hommes paraissaient troublés.

– Pardonnez-moi, murmura Elzéar. J'ai peur de vous avoir dérangés.

Son père secoua la tête.

– Mais non, que vas-tu imaginer ? C'est juste que Georges vient de me faire part d'une nouvelle qui m'a contrarié…

– Je n'ai pas de secrets pour ton fils, intervint l'imprimeur.

Se tournant vers Elzéar, il précisa :

– J'arrête. Je suis trop vieux pour poursuivre mon activité et comme je n'ai pas d'héritier…

Célibataire endurci, Georges Balthazar n'avait ni neveu ni filleul pouvant lui succéder. Il avait donc résolu de vendre son entreprise.

Elzéar ne tenta pas de dissimuler son désarroi. Depuis quelques années, il avait le sentiment que toute une génération – celle de son père – arrivait au bout du chemin. Ce fut Georges Balthazar qui tenta de le réconforter :

– Ne te frappe pas ainsi mon garçon ! C'est la vie ! Me croyais-tu donc immortel ? Et ton père… il va bientôt falloir qu'il lève le pied, lui aussi…

Autant de sujets qu'Elzéar se refusait à aborder. Peut-être parce qu'il ne pouvait partager ses soucis avec son épouse.

Il marmonna une vague excuse et s'éclipsa. Il eut le temps d'entendre Timothée soupirer :

– J'aurais tant désiré qu'il fût heureux en ménage…

Et, les tempes battantes, il traversa la salle des piles pour se jeter sur le chemin de la fontaine. Il avait honte. Était-ce le mot juste ? Honte de ses réactions, honte de l'échec de son mariage. Voilà. C'était dit. Depuis des années, il cherchait à se cacher la vérité que tous, autour de lui, connaissaient. Il s'était longtemps demandé « Pourquoi ? » et comprenait brutalement que Clélia était certainement la principale responsable du fiasco de leur couple. Il avait tout accepté, tout supporté, pour se retrouver les mains vides, assoiffé d'amour.

Il jeta un regard incrédule aux ruines du château, se remémorant les vers de Pétrarque :

Je ne puis trouver la paix, et je n'ai pas de quoi faire la guerre ;
Et je crains et j'espère ; et je brûle et je suis de glace.
Et je m'envole au-dessus du ciel et je rampe sur la terre ;
Et je ne saisis rien et j'embrasse le monde entier[1].

Certains remettaient en cause l'existence même de Laure. Mais lui n'avait-il pas rêvé l'amour de Clélia ?

Il descendit sur la berge de la Sorgue. Le soleil était déjà chaud mais Elzéar se sentait glacé jusqu'à l'âme. Il suivit des yeux une dizaine de canards qui se livraient à une véritable pantomime, se promettant de revenir avec son fils. Il avait trop longtemps attendu, espéré un geste ou un mot tendre de la part de son épouse.

Désormais, il prendrait mieux soin de François.

– Papa !

Son fils était attablé en compagnie de Noëlie à l'hostellerie de Vaucluse. Si sa grand-mère se contentait d'une tasse de thé, lui s'apprêtait à attaquer une crêpc de belle taille.

– Eh bien ! Surpris en flagrant délit de gourmandise ! s'écria Elzéar en les rejoignant.

Sa mère l'accueillit tendrement.

– Nous avons toujours pour habitude de fêter le retour des beaux jours chez Hortense. François prétend que ses crêpes sont meilleures que celles de Catou.

– Chut ! Ne le lui répétez surtout pas !

---

1. *Poésies de Pétrarque*, P. Masgama, 1842, traduction de F.-L. de Gramont.

Il sourit à la jeune femme qui lui proposait une boisson, commanda une absinthe et s'installa.

L'ombre était douce sous le figuier. Elzéar se surprit à se détendre en sirotant son absinthe qu'Hortense lui avait servie dans les règles de l'art, versant l'alcool dans un grand verre, posant sur ses bords une cuiller percée spéciale, et mettant deux morceaux de sucre dessus. Elle avait ensuite laissé tomber l'eau goutte à goutte sur la cuiller.

Un délicieux parfum d'anis et d'herbe fraîchement coupée envahissait la terrasse. Noëlie fronça le nez.

– Ton père préférera toujours le porto, comme ton grand-père Nicolas. Regarde tout ce monde qui arrive déjà à Vaucluse… ma petite Hortense, vous pouvez réfléchir à une nouvelle carte, les amateurs ne vont plus tarder.

– Il me faudra justement du papier à filigrane pour mes menus.

La jeune femme rougit.

– Quelque chose de beau, pas tout à fait blanc, plutôt ivoire…

– Nous verrons cela ensemble, suggéra Elzéar.

Pour la première fois depuis longtemps, il prenait conscience de la chaleur du soleil, de la beauté du cadre, de la gaieté de l'aubergiste.

Comme si, lentement, la vie reprenait ses droits.

– Oui, nous verrons cela, répéta-t-il.

Sa phrase ressemblait à une promesse.

25

1885

Une nuit d'hiver glaciale enveloppait le parc de la bastide, alors que le vent secouait sans répit portes et volets et ronflait dans les cheminées.

Les tempes battantes, Clélia rejeta les draps et se leva. Elle avait peur, comme toujours, lorsque les ombres repoussaient la lumière. D'autant plus qu'elle l'avait aperçu rôdant du côté de la colonne. Était-ce bien *lui* ou s'agissait-il d'une illusion, d'un effet de son imagination ? Depuis qu'il l'avait accostée, à la fontaine de la Grave, trois ans auparavant, son fragile équilibre s'était effondré. Elle vivait dans l'angoisse. Noëlie était sa seule confidente mais Clélia pouvait-elle réellement lui accorder sa confiance ? D'ailleurs, elle ne lui avait pas tout dit, gardant par-devers elle cette partie de sa vie qui faisait d'elle un monstre.

Elle croyait réellement qu'elle parviendrait à oublier son passé le jour où elle avait accepté d'épouser Elzéar. Il était séduisant, et il l'aimait. Elle-même se disait que l'existence avec lui serait agréable. La *contessa* était déjà âgée, et sa situation de subalterne pesait à Clélia même si elle s'entendait plutôt bien avec la vieille dame.

Son mariage avec l'héritier du Moulin des Sources

avait été une décision raisonnée, motivée par le désir de survivre.

C'était compter sans l'amour d'Elzéar, qui l'étouffait. C'était aussi faire abstraction du passé qui lui revenait par bribes.

Ainsi, en Toscane, avait-elle perdu pied lorsqu'elle s'était trouvée confrontée à ce tableau de Piero della Francesca représentant Marie enceinte. Ce jour-là, elle était persuadée que *tout le monde savait*. Sa propre grossesse avait constitué pour elle une épreuve quasi insurmontable. Chaque nausée, chaque modification de son corps la renvoyait à des souvenirs qu'elle avait pensés enfouis à jamais. Cet enfant qui poussait en elle, c'était aussi un peu de *l'autre*. Elle avait été tentée de disparaître à plusieurs reprises. La mort ne lui faisait pas peur. Elle était convaincue qu'elle ne pouvait pas être plus douloureuse que ce qu'elle avait déjà traversé. Seule l'avait retenue la crainte de commettre un autre crime. L'enfant dans son ventre était innocent et Elzéar ne se remettrait pas de sa perte. Lui l'aimait et ne lui avait jamais fait de mal.

Pieds nus, Clélia frissonna dans sa chemise légère. Il serait simple, presque trop simple, d'aller retrouver Elzéar dans sa chambre et de se couler contre lui. Elle connaissait l'étendue de son pouvoir sur lui. Son corps le rendait fou de désir. Elle fit la moue. À une certaine époque de sa vie, elle avait souhaité, désespérément, être plus laide que les sept péchés capitaux. Dans l'espoir de se protéger. Elle sursauta, comme prise en faute. Il lui semblait qu'*il* l'appelait dehors. À moins que ce ne fût le vent dans les arbres ? Ce vent qui était moins fort à Venasque. Elle ne pouvait s'empêcher de trembler chaque fois qu'elle évoquait la demeure familiale, située à l'écart du village.

Élevée par sa marraine, Julia, qui possédait un commerce à Avignon, Clélia n'était retournée à Venasque qu'à l'âge de quatorze ans, à la mort de sa tutrice.

Elle avait fort mal supporté le contraste existant entre l'atmosphère sereine de la librairie, place des Corps-Saints, et le silence écrasant du mas Peyrol.

Depuis la disparition prématurée de son père, sa mère s'était battue pour sauvegarder le domaine. Première levée, dernière couchée, elle accomplissait un travail de bagnard sans jamais se plaindre. Clélia, habituée à vivre en ville, à lire les auteurs classiques et à être servie, n'avait aucune affinité avec cette quasi-inconnue qu'elle n'était pas loin de considérer comme une bête de somme. Cette situation avait renforcé le sentiment de solitude de l'adolescente. De quoi aurait-elle pu discuter avec les deux valets de ferme ? Des vergers de cerisiers plantés pour répondre à la demande des confiseurs aptésiens ? De la moisson ?

Clélia était une étrangère au mas Peyrol, tout le monde en avait conscience. Elle avait pensé que tout changerait au retour de Roger. Fils prodigue, il avait voyagé jusqu'en Abyssinie, exercé mille et un métiers pour finalement renouer avec sa famille. Clélia avait vu leur mère adopter une tout autre attitude en présence de Roger. Elle semblait revivre, lui demandait son avis à tout propos et faisait des projets. Clélia, pour sa part, se sentait exclue du dialogue mère-fils. Elle aurait donné n'importe quoi pour être enfin reconnue par leur mère, être membre à part entière de cette famille extravagante dans laquelle on ne s'embrassait jamais mais où l'on se tenait droit, pour parer à toute critique.

C'était assurément pour être intégrée que Clélia n'avait pas protesté, la première fois.

D'ailleurs, elle était si choquée qu'elle n'avait pas su trouver les mots ni les gestes pour *le* repousser. Après... bien sûr, c'était trop tard. *Il* la rejoignait la nuit dans sa chambre, située au sommet de la petite tour qui dominait le mas.

Elle *l*'admirait éperdument lorsqu'*il* montait Volcano, son demi-sang à la robe sombre, ou quand *il* se mêlait aux valets de ferme pour charger la charrette de bottes de foin. Elle aimait se trouver belle sous ses regards qui la suivaient, où qu'elle aille. En revanche, elle avait pris peur lorsqu'*il* s'était introduit pour la première fois dans son lit. Elle n'avait vu de *lui* qu'un sourire très blanc, un sourire de loup, avant qu'*il* ne s'abatte sur elle et ne la bâillonne de la main. Cette nuit-là, elle avait voulu mourir. Non seulement parce que Roger et elle avaient commis un crime mais aussi parce qu'elle y avait pris un plaisir doux-amer. Celui du fruit défendu.

Par la suite, elle avait tenté de *l*'éconduire, en vain. *Il* savait fort bien qu'elle était incapable de résister à certaines caresses, à certains mots. Même si, après son départ, elle sanglotait de honte et de détresse en humant le parfum de garrigue qui imprégnait ses draps. Elle *le* détestait. Et ne parvenait pas à *le* chasser.

Il avait deviné avant elle. Elle avait remarqué qu'*il* paressait lointain, distant même. *Il* l'avait emmenée lui-même chez la vieille Félicie, qui habitait sur la route du col de Murs. Clélia n'oublierait jamais la scène de cauchemar qui avait suivi. Elle s'était enfuie de la baraque crasseuse après avoir arraché la sonde de son ventre. Elle gardait un souvenir étrange des semaines qui avaient suivi. Le délire, la fièvre, les douleurs dans le ventre…

Sa mère lui apportait de quoi manger et boire mais Clélia avait l'impression de ne plus exister pour elle. Pourquoi n'avait-elle pas appelé un médecin ? Ou, simplement, posé la main sur son front ? Coupable. Tout, dans l'attitude de sa mère, démontrait à Clélia qu'elle était coupable.

Roger avait disparu. Chassé par leur mère, ou parti de son plein gré ? C'était le genre de questions qu'on ne posait pas au mas Peyrol et dont le poids vous étouffait peu à peu.

Elle avait lentement sombré dans un état semi-comateux. Elle se souvenait de son ventre qui renflait à peine sa silhouette menue et de la pénombre baignant sa chambre.

Elle était seule quand les premières douleurs l'avaient prise. Elle avait crié, hurlé, jusqu'à ce que sa voix se brisât contre les persiennes closes. Elle avait tout enfoui en elle. La souffrance, le désespoir, la peur. Tout, jusqu'au minuscule visage fripé du nourrisson qu'elle avait fini par expulser au terme d'un intolérable calvaire. Il vivait alors, elle en était certaine. Elle avait essuyé le sang et le mucus qui le couvraient avant de s'apercevoir, horrifiée, qu'il ressemblait à Roger.

Pour ne plus voir ce visage qui attestait l'inceste commis, elle s'était soulevée et l'avait étouffé sous un oreiller. C'était presque trop simple.

Clélia, hagarde, contempla ses mains. Le vent, cette nuit-là, soufflait violemment. Exactement comme la nuit où elle avait tué son enfant. Poussant un gémissement inarticulé, elle sortit de sa chambre, descendit dans le hall.

Elle n'avait qu'une hâte, fuir la bastide ou, plutôt, les souvenirs qui la hantaient. La demeure était silencieuse. Clélia souleva la lourde barre de la porte, tira les verrous.

Le vent la fit chanceler. Courbant la tête pour lui offrir moins de prise, elle suivit le chemin menant vers la Sorgue.

26

1890

La lumière d'été conférait une beauté singulière à la Sorgue et au paysage, eau et rochers mêlés.

Ce serait un beau dimanche, pensa Hortense. Toutes ses tables étaient réservées. En l'espace de quelques années, l'hostellerie était devenue une étape incontournable de toute excursion à Vaucluse. Elle avait ses habitués, qui venaient chaque dimanche dès le retour des beaux jours, mais aussi de nouveaux clients, grâce au bouche-à-oreille. Sa cuisine était en effet fort appréciée. On allait en famille « manger chez Hortense » les truites de la Sorgue, accommodées au poivre d'âne, le tian de Carpentras aux épinards, les asperges sauvages en omelette, les croustades de grives ou encore *lou cachat*, un mélange de fromage de chèvre, de roquefort, de vieux marc et d'huile d'olive qu'on tartinait sur du pain grillé accompagné d'une lamelle d'oignon blanc ou de cébette.

Jean-Rémy prisait particulièrement cette spécialité.

Hortense appelait le professeur « mon meilleur pensionnaire ». Depuis 1881, il était venu chaque été à Vaucluse. Il enseignait désormais à Lyon, et avait consacré plusieurs ouvrages à Pétrarque.

Il réclamait toujours la même chambre, dont la

fenêtre ouvrait sur la rive gauche de la Sorgue, et les ruines du château. Le mobilier typiquement provençal, lit à litoche, commode en noyer, table de toilette, bureau et fauteuil paillé, lui plaisait. Il pensait parfois qu'il avait dû naître du côté de Vaucluse dans une autre vie. Cette remarque égayait Elzéar Viguier, qui était devenu un ami.

Jean-Rémy but à petites gorgées son grenache vieux de Mazan, auquel il était resté fidèle depuis toutes ces années. Sans même le consulter, Hortense le lui servait avec des tartines de terrine de grives. Un commis, Léonce, l'aidait désormais en cuisine et Liane, la fille du boulanger, la secondait durant la saison touristique. Cela la faisait sourire.

– L'orpheline a fait du chemin, plaisantait-elle.

Elle sourit en apercevant la haute silhouette d'Elzéar parmi la foule des promeneurs. Fidèle à un rendez-vous tacite, il venait chez elle déjeuner avec Jean-Rémy chaque dimanche. Son fils l'accompagnait. Hortense se sentait toujours un peu intimidée par l'adolescent au regard aigu. Elle savait qu'il appréciait le lièvre mariné au thym et au genièvre, plat qu'elle inscrivait régulièrement à son menu.

François salua gravement Hortense tandis qu'Elzéar retenait entre les siennes la main de la jeune femme. Elle rougit et s'en agaça. Lui parvenait à donner le change. Elle ne pouvait oublier que, deux à trois soirs par semaine, il la rejoignait dans sa chambre.

Elle se rappelait avec beaucoup d'émotion la cour discrète d'Elzéar, quatre ans auparavant. Meurtri par des années de souffrances aux côtés d'une épouse à la raison chancelante, le fils de Noëlie pensait ne plus avoir droit au bonheur.

Une rencontre sur le sentier longeant le mur de la Peste leur avait permis de se découvrir plusieurs points communs. L'un et l'autre aimaient les longues marches, leur site de Vaucluse, et aspiraient à une existence sereine. Elzéar admirait l'esprit d'entreprise et l'indépendance de l'hôtelière qui, non contente d'attirer une clientèle toujours plus nombreuse, commercialisait désormais des bocaux de terrine et des pots de confiture de gigerine et de figues.

Il y avait déjà un certain temps qu'il avait remarqué combien Hortense était charmante. Il l'avait souvent côtoyée à la bastide, sa mère appréciant la compagnie de la jeune femme. Par la suite, Elzéar avait eu l'impression que le hasard multipliait les occasions. Mais s'agissait-il réellement du hasard ou bien d'une attirance mutuelle ? Elzéar avait brûlé ses vaisseaux un soir de janvier, alors qu'il rentrait du moulin à papier. Il y avait travaillé encore plus longtemps que d'habitude à cause d'une commande urgente. Saisi par le froid, il s'était arrêté à l'hostellerie pour réclamer à Hortense du vin ferré.

Il s'agissait d'une spécialité ancienne qu'elle avait remise à la mode, dont la préparation consistait à tremper un fer rougi dans du vin chaud.

Elzéar se souvenait de tout : l'unique convive, le père Anatole, qui dodelinait de la tête devant la cheminée en sirotant son verre d'eau-de-vie ; le chien au pelage clair, allongé en travers de la porte, comme pour signifier : « Attention ! Je monte la garde ! » ; l'atmosphère chaleureuse émanant de la salle dont les murs avaient été chaulés de frais à l'automne.

Hortense collectionnait tout, aussi bien les bouquets de fleurs séchées que les boites en métal, les livres anciens de cuisine ou les assiettes en faïence dépareillées. Il faisait bon dans la pièce et de la buée ouatait les vitres.

Elzéar revoyait la robe de laine bleue qu'Hortense portait ce soir-là, protégée par un grand tablier à imprimé ramoneur. Elle confectionnait de la pâte et ses avant-bras étaient poudrés de farine. Lorsqu'elle releva la tête, ses yeux pétillaient.

– Il y aura des oreillettes demain, avait-elle annoncé, rieuse.

Un élan irrésistible l'avait poussé vers elle. Il avait tendu la main, effleuré son bras nu d'un geste à la fois timide et déterminé. Leurs regards s'étaient croisés. À cet instant, Elzéar avait su qu'il n'avait pas la moindre envie de reculer. Il désirait la jeune femme, pas seulement physiquement, mais aussi pour sa gaieté et sa force de caractère. Il avait besoin de se ressourcer auprès d'elle après les années de désespérance traversées.

Hortense n'avait pas baissé les yeux. Il y avait beau temps qu'elle s'intéressait à Elzéar. Le mariage malheureux du papetier lui conférait une aura mélancolique dans le bourg. On parlait souvent de « ce pauvre Elzéar ».

En revanche, personne n'évoquait son épouse. Il se murmurait que Clélia était soignée à Paris dans une clinique mais on chuchotait également qu'elle relevait de l'asile. Sa tentative de suicide dans la Sorgue, une nuit d'hiver, avait choqué. Le fait d'attenter à ses jours constituait le crime suprême, et de vieilles histoires avaient resurgi. Ces Viguier manquaient de religion. Aucune messe n'avait été donnée pour l'enterrement du vieux Nicolas, selon ses dernières volontés, et sa femme ne s'en était jamais remise. Quant à Elzéar, il fréquentait peu Saint-Véran, comme s'il avait eu quelque compte à régler avec Dieu.

Seuls Noëlie et Timothée se comportaient en bons chrétiens mais Timothée n'allait pas bien. La fatigue, l'âge, l'accumulation des soucis…

Dans les bras d'Hortense, Elzéar avait tout oublié l'espace d'une nuit. Ébloui, il avait découvert qu'aimer, c'était aussi partager, être attentif à la montée du désir de l'autre, communier, enfin, dans un embrasement de sensations. Clélia était toujours restée insensible à ses caresses, au point qu'il s'était interrogé sur ses propres capacités de séduction.

Il avait pensé perdre la raison lorsque le vieil Alphonse, le jardinier, avait ramené Clélia à la bastide. Les cheveux pendant jusqu'au sol, ruisselante dans sa chemise de nuit gorgée d'eau, blême, elle paraissait morte. Toute la maisonnée s'était précipitée pour ranimer, réchauffer, frictionner la jeune femme.

Elzéar aurait voulu tenir François à l'écart. Il n'avait aperçu son fils, penché au-dessus de la rambarde de l'escalier, qu'à l'arrivée du docteur Lamotte. Il avait alors confié le petit garçon à Noëlie mais il était déjà trop tard.

Durant deux jours et deux nuits, Clélia avait oscillé entre la vie et la mort. Quand enfin le médecin l'avait déclarée sauvée, il n'avait pas laissé le choix à Elzéar. Il estimait en effet que l'état de santé de Clélia nécessitait une surveillance constante et des soins appropriés. Face au regard vide de sa femme, Elzéar s'était résolu à la faire soigner dans un établissement spécialisé. Il n'était plus possible de se voiler la face. Clélia avait basculé dans un autre monde, et pouvait se révéler dangereuse.

Il secoua la tête comme pour chasser ces souvenirs pénibles. Éprouvait-il encore de l'amour pour Clélia ? C'était une question qu'il préférait ne pas approfondir. Chaque fois qu'il lui rendait visite à la clinique parisienne du docteur Blanche, il revenait dévasté, anéanti. Il ne pouvait se confier qu'à sa mère mais cherchait à la protéger. Ne s'était-elle pas retrouvée en première ligne lorsqu'elle avait emmené Clélia à la Salpêtrière ?

Jean-Rémy étira discrètement ses jambes et huma les effluves émanant de la cuisine.

– Ma chère Hortense, vous allez une nouvelle fois réjouir nos papilles.

Elle rougit de plaisir. La cuisine était pour elle une façon d'exprimer son amour de la vie. Elle était ravie lorsque de nouveaux clients la remerciaient pour le bonheur qu'elle leur avait procuré.

François fronça les sourcils :

– Manger ne m'intéresse guère.

Les deux hommes ne pipèrent mot. Manifestement, l'adolescent tentait de se démarquer, peut-être même de blesser Hortense. Celle-ci sourit.

– Ce n'est pas grave. Qu'est-ce qui vous passionne ?

Elzéar songea qu'il n'avait jamais posé cette question à son fils. Pour lui, cela allait de soi, François prendrait sa suite au moulin à papier.

Il ne put donc dissimuler son sursaut en entendant la réponse de son fils :

– La médecine. Je veux être médecin.

27

1891

Il avait toujours eu une secrète préférence pour les premiers jours du printemps, quand la nature reprenait ses droits avec une force, une impatience qui lui faisaient désormais cruellement défaut. Tout le grisait, les eaux bouillonnantes de la Sorgue, les arbres aux troncs couverts de lierre, au feuillage vert tendre, le chant des oiseaux et leurs battements d'ailes.

Lourdement appuyé sur sa canne, Timothée contemplait la rivière depuis la fenêtre de son bureau. Il l'aimait tant ! Sous peu, il le pressentait, il ne parviendrait plus à se rendre jusqu'au moulin, même en boghei, et devrait se cantonner à la bastide. Ce serait la fin.

Il inspira longuement l'air frais, encore piquant. L'hiver avait été long et pénible, et il avait souffert de deux bronchites qui l'avaient affaibli. Il peinait à respirer, surtout la nuit.

« Je suis vieux, au bout du rouleau », se dit-il, avec un soupçon d'amertume.

Noëlie et lui avaient eu une belle vie, jalonnée de joies et d'épreuves. Il aurait plus volontiers accepté de partir s'il avait été assuré de la relève.

« Comme mon père… », pensa-t-il, plus ému qu'il ne souhaitait se l'avouer.

Un poids dans la poitrine l'étouffait. Depuis tant d'années…

Il savait bien pourquoi il n'avait jamais suivi le conseil de Nicolas. Parce qu'il refusait d'admettre que l'enfant de Jeanne ait pu être son fils. Cela aurait signifié qu'il s'était mal conduit. Comme si l'on avait à se soucier des bâtards !

C'étaient les filles qui devaient se garder. D'ailleurs, ne portaient-elles pas la marque de leur faute ?

Cependant, sentant son heure proche, il ne pouvait s'empêcher d'éprouver quelques scrupules. Soucieux de les apaiser, il songeait néanmoins qu'il était trop tard. Quel âge aurait le fils de Jeanne ? Plus de cinquante-cinq ans, alors qu'Elzéar en avait à peine quarante. Il n'était pas question de revenir sur ses dispositions testamentaires. Son unique héritier était son fils Elzéar, issu de son mariage avec Noëlie. Personne d'autre.

On frappa à la porte du bureau. Laurent, l'ouvreur le plus ancien, passa la tête dans l'entrebâillement.

– Monsieur Timothée… Il y a un client qui insiste pour vous voir.

L'époux de Noëlie ferma les yeux quelques secondes.

– Envoyez-le à mon fils, Laurent. Je suis trop fatigué pour le recevoir.

L'ouvreur remarqua alors la voix essoufflée du papetier, son teint cireux, et s'alarma.

– Voulez-vous qu'on vous conduise chez vous, monsieur Timothée ?

Le vieil homme esquissa un sourire crispé :

– Chez moi... c'est ici, Laurent. Au moulin.

– Mon amour, souffla Noëlie, en continuant de serrer entre les siennes les mains de Timothée.

Elle avait pressenti, dès qu'on lui avait ramené son époux du moulin, qu'il n'y avait plus d'espoir.

Depuis plusieurs semaines, elle tentait de se convaincre que Timothée allait se remettre. Son mari était fort, et combatif. Pourtant, au fond d'elle-même, elle savait bien qu'il s'était résigné à l'inéluctable. Il était devenu lointain, mélancolique. Les malheurs ne les avaient pas épargnés au cours des dix dernières années mais, pour la première fois, Timothée paraissait las de vivre. La maladie de Clélia l'avait atteint, comme eux tous, et plus encore le refus de François de perpétuer la tradition familiale.

« Le moulin ne doit pas mourir », martelait-il régulièrement.

Noëlie le comprenait. Elle aussi était farouchement attachée au moulin à papier, et à ce qu'il représentait pour leur famille. Mais elle comprenait également la vocation de François. Malgré leurs efforts pour le protéger, il avait assisté à des scènes qui l'avaient fatalement marqué. Il demandait à voir sa mère. Il faudrait bien s'y résoudre, même si Elzéar redoutait, à juste titre, quelque éclat. Clélia avait sombré et, en l'état actuel de la médecine, il semblait peu probable qu'elle pût recouvrer un jour la raison.

Noëlie songeait à tout cela, penchée au-dessus du visage de celui qu'elle aimait tant. Elle ne pleurait pas. Pas encore, parce qu'elle refusait d'admettre la vérité. Timothée et elle avaient tout partagé.

Une douleur aiguë du côté du cœur lui arracha un gémissement. Tout ? Non, pas exactement. Depuis le jour de leur mariage, il y avait eu entre eux deux ce petit garçon aux yeux verts. Noëlie secoua la tête. Ses cheveux effleurèrent le drap marqué des initiales SV.

– Elzéar…, chuchota Timothée. Il faut le protéger. Et François aussi.

Elle promit. Le cœur en miettes, elle s'entendit affirmer que tout irait bien, qu'il s'agissait d'une simple alerte. Et, en entendant sa respiration de plus en plus douloureuse, elle se demandait ce qu'elle pouvait faire pour le soulager.

Elle s'allongea à ses côtés, le tint dans ses bras, en lui surélevant la tête. Il semblait dormir mais un feu ronflait dans sa poitrine.

Au petit matin, il ouvrit les yeux, lui sourit.

– Je n'ai jamais aimé que toi, murmura-t-il avant de pousser un long soupir.

Noëlie n'eut pas le temps de lui répondre. Elle vit sa bouche s'ouvrir, chercher l'air. Elle voulut le redresser, il retomba sur ses oreillers.

– Timothée ! hurla-t-elle, en vain.

Elle savait que tout était fini.

La journée était douce. Sous le ciel d'un bleu pur, la Sorgue, encore haute en raison des pluies hivernales et de la fonte des neiges, frôlait les arches du pont. Les oiseaux chantaient à tue-tête. Une impression de paix profonde baignait la vallée close. Noëlie avait voulu se rendre à pied au moulin avant de regagner la bastide pour se plier aux formalités en usage. Pour elle, Timothée se trouvait là, dans la salle des piles ou au dérompoir, dans ce moulin qu'il avait tant aimé. Elle grimpa l'escalier menant à l'étendoir, esquissa un sourire ému en se souvenant d'une certaine étreinte, plus de quarante ans auparavant. Ils étaient encore jeunes alors, et n'imaginaient pas toutes les épreuves que la vie leur avait réservées. D'une main hésitante, elle lissa une feuille filigranée. Depuis plus de deux siècles, le moulin Viguier respectait une tradition d'excellence. Elzéar avait pris la suite de son père mais, après lui, il n'y aurait plus personne, et cette certitude avait empoisonné les dernières années de son mari.

Un bruit de pas la fit tressaillir. Elle se retourna. Hortense, vêtue de gris foncé, l'avait rejointe dans l'étendoir. Elle tendit la main vers elle.

– Madame Noëlie… Elzéar m'a envoyée vous chercher. On n'attend plus que vous à la bastide.

– Je viens, dit Noëlie.

Elle appréhendait la messe, le supplice de la mise en terre du cercueil.

Elle suivit Hortense dans l'escalier aux marches branlantes. Les cloches de Saint-Véran sonnaient. Noëlie se redressa, de façon à peine perceptible. Elle devait être forte.

Soutenue par Lucille, elle tint bon durant la messe. Les officiels s'étaient déplacés en nombre pour honorer le maître du moulin. Sous la nef romane, devant l'autel en marbre d'origine romaine, taillé au XIe siècle, Noëlie priait, en se remémorant les années de bonheur. De l'autre côté de la nef, son fils et son petit-fils menaient le deuil. Les amis côtoyaient la famille, Hortense et Jean-Rémy en tête. Sa vieille Catou, qui avait environ quatre-vingts ans, sanglotait dans son mouchoir. Le sermon du père Anatole avait mêlé réminiscences bibliques et considérations économiques pour faire l'éloge du défunt mais Noëlie éprouvait une curieuse impression d'irréalité.

En revanche, elle paniqua au cimetière, devant la fosse béante. Timothée et elle s'étaient mis d'accord plus de vingt ans auparavant. Ils seraient enterrés ensemble, et non dans le caveau familial des Viguier. Elzéar la rejoignit et lui pressa le bras. Elle s'en rendit à peine compte. Un souvenir cocasse lui revint brusquement à l'esprit. C'était Timothée, son Timothée, qui le lui avait raconté au cimetière de L'Isle.

« Tout acò abeno de salivo, despièi l'aclapaire que s'escupis dins li man pèr palèja la terro, fin qu'au capelan que ié canto : Resquihes quand ié passes[1]. »

Un sanglot noua sa gorge. Comment pourrait-elle

1. « Tout le monde fait consommation de salive à l'enterrement, depuis le fossoyeur qui crache dans ses mains pour remuer la terre, jusqu'au curé qui lui chante : tu glisses quand tu y passes. » Version provençale du *Requiescat in pace*.

continuer à vivre sans son mari, son amour, à ses côtés ? Ils s'étaient tant aimés !

Elle ne détourna pas la tête quand Elzéar et François jetèrent chacun une poignée de terre sur le cercueil. Elle avait cueilli les premières violettes dans le jardin du moulin, là où l'on cultivait des fleurs destinées à l'inclusion dans le papier. Elle se pencha, les laissa tomber dans la fosse. Un oiseau lança ses trilles vers le ciel. Noëlie, les yeux remplis de larmes, se détourna.

– Rentrons à la maison, décida-t-elle.

Perdue sous ses voiles de deuil, raidie pour ne pas s'effondrer, elle ne remarqua pas l'inconnu à la haute silhouette qui avait assisté à la messe comme à la mise en terre sans pour autant venir saluer la famille.

Elzéar lui jeta un regard intrigué. L'homme toucha de deux doigts sa casquette avant de disparaître dans une allée.

L'instant d'après, Elzéar l'avait déjà oublié.

28

1906

L'orage menaçait, pensa François, penché à la fenêtre du bureau de son père. De gros nuages couleur d'étain se pourchassaient sur fond de ciel gris-bleu. Tout le jour, une chaleur étouffante avait pesé sur Vaucluse, ce qui n'avait pas empêché les omnibus et les automobiles de se livrer à leur va-et-vient habituel entre L'Isle et la vallée close. Le développement du tourisme était impressionnant. Depuis des siècles, la Sorgue avait attiré nombre de curieux mais, désormais, l'excursion était particulièrement en vogue. Les passionnés de nature, de littérature et de mystère scientifique se donnaient rendez-vous à Vaucluse. Un peu trop, au goût de François, qui n'avait jamais caché son attrait pour la solitude.

Il jeta un regard désabusé au bateau orné d'une guirlande qui se dirigeait vers le grand déversoir et se retourna vers Elzéar, assis à son bureau.

– N'êtes-vous pas las, père, de tous ces touristes ? Franchement, pour certains, c'est tout juste si le chemin jusqu'à la résurgence n'équivaut pas à l'ascension du Mont-Blanc ! C'est… ridicule !

Elzéar sourit à son fils sans lui répondre tout de suite. Il le regardait, et s'émouvait de sa ressemblance avec Clélia. Grand, blond, les traits fins, François était bel homme et ne semblait pas en avoir conscience. Après de brillantes études à Avignon, il était entré à la faculté de médecine de Montpellier dont il était sorti diplômé à vingt-trois ans.

« Simple médecin », comme il aimait à se définir, il exerçait à Salon-de-Provence, au grand dam de Noëlie qui aurait souhaité le savoir un peu plus près. Pour sa part, Elzéar comprenait le besoin de François de prendre de la distance. Tout, à Vaucluse, lui rappelait qu'il avait refusé de s'inscrire dans l'histoire familiale en devenant à son tour papetier. Sa vocation était ailleurs… Elzéar l'approuvait, même s'il en souffrait.

– Sans les visiteurs, nous aurions déjà mis la clef sous la porte, répondit-il enfin à son fils. De plus, nous avons la chance de vivre dans un environnement exceptionnel. Nous pouvons bien le partager…

François haussa les épaules.

– À condition de ne pas laisser détruire le site. Croyez-vous vraiment que toutes ces personnes soient passionnées par Pétrarque ?

– Je l'espère.

Son père ne changerait jamais, se dit François, attendri presque malgré lui. À cinquante-six ans, Elzéar vivait pour le moulin, comme son père et son grand-père l'avaient fait avant lui. La tradition de la maison Viguier que lui, François, avait volontairement rompue.

Hortense l'avait soutenu le jour où il avait annoncé qu'il ne renoncerait pas à son rêve : devenir médecin. Il lui en avait su gré, même s'il acceptait mal sa liaison avec son père. Tout le village avait deviné depuis longtemps la situation. Seuls les intéressés croyaient encore donner le change. C'en était émouvant.

Il aurait voulu poser de nombreuses questions à Elzéar et finissait toujours par y renoncer, de crainte de le blesser. L'ombre de Clélia pesait sur eux depuis tant d'années. Lorsqu'il évoquait sa mère, François revoyait une grande et belle femme aux longs cheveux blonds et entendait ses cris plaintifs.

À la mort du docteur Blanche, en 1893, Elzéar était allé chercher Clélia à Paris et l'avait ramenée à Vaucluse. Sans repères, Clélia avait multiplié les crises. Il avait fallu se résoudre à la faire interner de nouveau, à Avignon cette fois. La période avait été particulièrement difficile à vivre. Elzéar culpabilisait de ne pouvoir garder sa femme à la bastide et redoutait toujours que sa folie ne fût héréditaire. C'était si flagrant que Noëlie avait fini par se décider à lui parler. Elle gardait le secret de Clélia depuis 1882 et ce secret était devenu trop lourd pour elle. Elle s'était confiée à Elzéar un soir d'hiver, alors que le vent mugissait dans la cheminée.

– J'ai lu, depuis, tout ce qui est paru sur la question tabou de l'inceste, avait-elle dit à Elzéar. Clélia a vécu un tel drame qu'elle n'a pu le supporter. C'est sa famille, son frère et sa mère, qui sont responsables de ce qu'il faut bien appeler sa folie. Pas elle.

Il s'était rendu à Venasque au printemps 1895. Les cerisiers en fleur, la silhouette du village perché sur un éperon rocheux constituaient un décor bucolique, qui n'expliquait en rien les errances de Clélia. Il avait posé quelques questions avant de découvrir une ferme abandonnée. La mère était morte, le frère aussi. « Pendu », lui avait-on précisé avec un soupir.

Personne n'avait voulu reprendre la ferme. On racontait que le lieu portait malheur et, malgré son esprit cartésien, Elzéar n'était pas loin de le croire.

Il était revenu de Venasque le cœur lourd. Aurait-il pu sauver Clélia, s'il avait su ? Il la revoyait aux premiers temps de leur idylle, belle et farouche, si lointaine déjà, et se disait qu'elle portait en elle le drame à venir.

Il secoua la tête, comme pour chasser ce souvenir obsédant. François l'observait avec attention.

– J'aimerais que vous me fassiez suffisamment confiance pour partager avec moi l'histoire de notre famille, déclara-t-il.

Elzéar, dans un geste instinctif de protection, leva les mains.

« Je ne veux pas, signifiait ce geste. Je ne veux pas entendre ta demande, ni y répondre. C'est au-dessus de mes forces. »

François le comprit. Il soupira.

– Je sais que ma mère et grand-mère sont allées à Paris, à la Salpêtrière. Jean-Martin Charcot y officiait alors. Je sais aussi que ma mère a voulu mettre fin à ses jours, et qu'elle a ensuite été internée dans la clinique du docteur Blanche, là même où le pauvre Maupassant a passé les derniers mois de sa vie. Ce que je demande simplement, c'est pourquoi ?

C'était une question légitime. Mais Elzéar était

incapable de lui raconter l'indicible. D'autant qu'il pressentait ignorer encore une partie de la vérité.

– Si tu en as le courage, va la voir à Montdevergues, suggéra-t-il. Les médecins pourront peut-être t'aider. Moi, je ne le peux tout bonnement pas...

François considéra avec compassion le visage de son père.

« Une vie gâchée », pensa-t-il.

Il se rappelait le regard émerveillé d'Elzéar fixé sur Clélia, l'amour dont il entourait sa femme. Certes, Elzéar avait fini par se résigner, avait trouvé réconfort et, même, un certain bonheur auprès d'Hortense mais il n'aimerait jamais celle-ci aussi intensément qu'il avait aimé Clélia.

François se pencha, pressa l'épaule de son père avec la maladresse des pudiques.

– Vous avez fait tout ce qu'il était possible de faire, père. Je n'en ai jamais douté.

Elzéar sourit tristement.

– Je me suis si souvent senti impuissant ! Comme si un mur invisible nous avait séparés, ta mère et moi. Pourtant, Dieu m'est témoin, je l'ai aimée passionnément...

La dernière fois qu'il était allé lui rendre visite à Montdevergues, il l'avait trouvée changée. Elle était toujours superbe, mais la peau du visage s'était affinée, tendue sur les pommettes hautes, le regard délavé. Sa beauté était comme une armure et un châtiment.

Dans le bureau, l'ombre de Clélia flotta, impalpable. Depuis l'enfance, François avait souvent comparé sa mère absente à la belle Laure, le grand amour de Pétrarque. À son avis, ce n'était pas un hasard si Clélia avait choisi de venir vivre à Vaucluse. Elle avait certainement espéré y trouver la sérénité, en vain.

Un éclair zébra le ciel. Au loin, le tonnerre grondait.

– Rentrez-vous avant que l'orage n'éclate ? s'enquit François. Il risque d'être impressionnant si j'en crois la chaleur des derniers jours.

Son père secoua la tête.

– Je ne crains pas les orages. Au contraire, j'aspire à un peu de fraîcheur. De toute manière, j'ai du courrier et de la paperasserie en retard. Tu sais ce que c'est. Depuis le départ de mademoiselle Suzanne, j'ai laissé les papiers s'accumuler. Il faudrait que je me trouve une nouvelle secrétaire mais la seule idée de la former m'épuise.

– Demandez à Hortense. Je suis sûr qu'elle vous dénichera quelqu'un de bien.

Elzéar fronça les sourcils. Le ton de François était indéfinissable.

– Hortense est elle-même quelqu'un de bien, précisa-t-il. Même si tu ne l'apprécies guère.

François haussa les épaules.

– Je ne crois pas que ce soit dirigé contre elle. C'est simplement que… qu'elle n'est pas ma mère.

Voilà, c'était dit ! Une mère qu'il avait idéalisée, année après année, malgré ses crises de nerfs et son comportement déroutant.

– Hortense t'aime beaucoup, insista Elzéar, de nouveau maladroit.

Il aurait voulu voir régner l'harmonie dans leur famille. C'était une pure utopie, il le savait. Ce que lui confirma implicitement son fils quelques instants plus tard :

– Je suis incapable de forcer ma nature, déclara-t-il en esquissant un petit sourire d'excuse.

Le cœur lourd, Elzéar se dit que Clélia n'avait pas seulement tenté de se détruire. Elle avait aussi mis à mal l'unité de leur famille, en semant la discorde entre le père et le fils. Il se surprenait parfois à espérer que François pourrait un jour renoncer à la médecine pour lui succéder à la tête du Moulin des Sources. Mais ce n'était qu'un rêve. Son fils ne reviendrait pas s'établir à Vaucluse. Le fantôme de Clélia l'en empêchait.

29

1908

« Le bon Dieu m'a oubliée », murmurait parfois Noëlie, en s'étonnant d'avoir encore bon pied bon œil à quatre-vingt-cinq ans bien sonnés. À moins que ce ne fût l'air de Vaucluse, qu'elle avait toujours considéré comme souverain ? Si elle devait se rendre au moulin en calèche, elle allait encore arpenter seule le chemin de la fontaine, admirant le paysage au fil des saisons. Elle avait bien cru, pourtant, ne pas survivre à Timothée. D'ailleurs, une partie d'elle-même était morte en même temps que son époux. Elle avait vécu au ralenti durant plus d'une année, aspirant à le rejoindre le plus vite possible.

Et puis, au printemps suivant, il y avait eu ce chiot offert par Hortense. C'était un bâtard, un « chien de rond-point », comme aurait dit Frédéric Mistral, au pelage marron, avec des oreilles soyeuses et des yeux pareils à des grains de café. Il s'était lové dans les bras de Noëlie et elle avait contemplé, émerveillée, ce petit chien qu'elle avait tout de suite appelé Moka. Grâce à lui, elle avait retrouvé un certain goût de vivre. Pour promener Moka, elle avait renoué avec son habitude d'effectuer de longues marches. Hortense l'invitait à l'accompagner dans ses cueillettes d'asperges sauvages ou de truffes. Athos, le fils de Gavroche, était un bon chien truffier.

Noëlie avait aussi repris le chemin du moulin à papier. Elle aimait le contact avec les visiteurs, toujours intéressés par la fabrication du papier. Les inclusions florales étaient de plus en plus recherchées. La célébration du six centième anniversaire de Pétrarque, quatre ans auparavant, avait donné lieu à de nombreuses réjouissances.

Le Moulin des Sources en avait profité pour créer un papier original frappé des initiales du poète en filigrane. Tout Vaucluse s'était déplacé pour assister au grand banquet du 16 juillet en présence de l'écrivain Frédéric Mistral. La fête, cependant, n'avait pas eu le faste de celle de 1874, qui avait attiré près de soixante mille personnes à Avignon. Il en restait un bas-relief portant les médaillons de Laure et de Pétrarque ainsi que des textes de Lamartine, de Pétrarque, de François Ier et de Marot.

Chaque fois qu'elle passait devant, Noëlie se disait que « leur » poète était décidément universel.

« Si seulement…, pensa-t-elle, François pouvait accorder un peu plus de confiance à la vie ». Elle souffrait de le savoir loin d'eux. « Salon… pourquoi pas Aix ou Marseille ? » Elle avait bien vu, avec Lucille ! Sa sœur, habituée à la grande ville, n'était jamais revenue dans le Comtat. À soixante-quatorze ans, elle tenait toujours sa boutique de fleuriste, dont le renom était bien établi.

Lucille venait une fois par an à L'Isle, à la Toussaint. Elle restait trois jours, jamais plus, à la bastide avant de reprendre le train à L'Isle. Toutes deux évoquaient le passé, leurs parents, et leur frère, mort en 1900. La guerre de Crimée avait brisé le destin d'Émile en faisant de lui un infirme renfermé sur lui-même. Quand Noëlie se le rappelait, jeune et fringant, séduisant la plupart de ses amies, elle songeait que Marion avait sa part de responsabilité dans l'éloignement de leur frère. Elle avait influencé leur père et détruit l'harmonie de leur famille. Celle que Lucille et elle continuaient d'appeler « la veuve » était morte d'une mauvaise grippe à la fin du siècle, le même hiver que Catou. Noëlie frissonna, s'enveloppa plus étroitement dans son châle.

Catou lui manquait toujours autant, près de dix ans après sa disparition. Le jour de son enterrement, à L'Isle, suivant ses volontés, elle avait éprouvé la certitude de dire adieu à sa jeunesse. Catou avait été pour elle une mère de substitution autant qu'une sœur aînée. Dans ses affaires, Noëlie avait trouvé un pochon de tissu contenant des vêtements destinés à un bébé. Une brassière, de petits chaussons, une chemise en fil…

À qui pouvaient-ils appartenir ?

Elle avait alors réalisé qu'elle connaissait fort peu de chose de la « vie d'avant » de sa vieille amie. Presque rien, en fait. Égoïstement, lorsque Catou était arrivée chez eux à L'Isle, Noëlie, qui avait une huitaine d'années, n'avait pas cherché à savoir d'où elle venait.

Il était trop tard, désormais, avait-elle songé en pliant avec soin le pochon. Catou n'avait pas de bijoux ni d'objets personnels, à l'exception de la croix offerte par Noëlie pour ses cinquante ans.

Elle avait consacré toute sa vie à la famille Saurel et plus particulièrement à Noëlie.

En suivant le cortège à pied pour rendre un dernier hommage à sa compagne, Noëlie s'était laissé submerger par les souvenirs. Catou avait toujours été là pour elle, dans les bons comme dans les mauvais moments. Un roc, sur lequel elle s'était appuyée.

– Prends bien soin de toi, avait-elle recommandé à Noëlie avant de sombrer dans le coma.

Elle était enterrée en compagnie de la mère de Noëlie, Benoît Saurel ayant choisi une sépulture à part.

– Une vie..., murmura Noëlie.

Une vie de labeur qui n'avait pas dépassé les six kilomètres séparant Vaucluse de L'Isle. Une vie d'amour, aussi ; elle s'était toujours sentie protégée par l'affection bourrue de Catou. À qui, désormais, pouvait-elle se confier ? Certainement pas à son fils, la silhouette éthérée de Clélia s'interposait entre eux deux. Non, il lui restait Hortense, qui avait fait de son hostellerie l'une des plus cotées de Vaucluse. Trois personnes la secondaient mais elle allait toujours chercher rabasses, champignons et herbes dans les collines. Hortense partait tôt le matin s'approvisionner au marché de L'Isle et se faisait livrer café, thé, sucre et farine. On savait dans toute la région qu'elle cuisinait exclusivement des produits frais et servait chaque jour des truites et des écrevisses.

Noëlie aimait s'asseoir en terrasse devant une tasse de thé et suivait des yeux les allées et venues des touristes, toujours plus nombreux.

« Regardez ! avait-elle envie de leur dire, admirez notre vallée close… » Elle y avait été heureuse. À condition de faire abstraction de certaines personnes.

Son visage s'altéra. Elle ne s'était toujours pas décidée à effectuer des démarches difficiles. Il lui faudrait trouver le courage d'en discuter avec Elzéar mais elle n'y parvenait pas. Il lui était impossible de mettre fin seule à une situation qui perdurait depuis plus de soixante-quinze ans. Parfois, elle tentait de se trouver des excuses et se disait : « Ce n'est pas mon problème, je n'ai pas la moindre part de responsabilité dans cette affaire. » Pourtant, elle savait bien qu'elle se mentait à elle-même, et se traitait de lâche.

« Seigneur, laissez-moi un peu de temps…, pria-t-elle. Si François se mariait… S'il avait un fils… tout serait encore possible. »

Il s'était promis de rester insensible aux charmes de la gent féminine. Durant ses études, il avait papillonné, séduit, sans pour autant s'attacher. Il en allait de même depuis son installation à Salon. Le docteur François Viguier se devait d'être irréprochable. Il avait laissé pousser sa moustache, ce qui le vieillissait. Il s'était inscrit à un cercle d'études historiques, fréquentait des messieurs des plus respectables. Il s'était en quelque sorte corseté.

Pourtant, le jour où il aperçut la jeune femme à la chevelure blonde assise sur un pliant sur la terrasse de l'Empéri, il sut immédiatement que c'était elle. La femme qu'il attendait.

Elle s'appelait Georgina, avait à peine vingt ans. Fille d'un éminent professeur de faculté à la retraite, une seule passion l'habitait : le pastel.

Elle le lui confia d'un trait, comme s'ils se connaissaient depuis des lustres.

Il admira sans réserve la manière délicate dont elle représentait le château de l'Empéri. Elle lui montra ses doigts tachés de couleurs en s'esclaffant.

– C'est affreux, n'est-ce pas ? Mon père prétend qu'à cause de mes mains, je ne serai jamais conviée au bal de la préfecture.

Elle renversait légèrement la tête en arrière pour mieux rire, et François, fasciné, songeait qu'il serait merveilleux de boire la vie à ses lèvres pleines.

Quand elle rangea son matériel de peinture, il lui proposa de la reconduire chez elle dans son automobile. C'était une De Dion-Bouton à laquelle Georgina jeta un coup d'œil enthousiaste.

– J'accepte… à la condition que vous m'appreniez très vite à la conduire ! lança-t-elle.

Un mois après, ils se mariaient dans la salle de l'hôtel de ville de Salon. Une cérémonie intime, en la seule présence du professeur Langlois et de deux témoins, le pharmacien et le boulanger. François n'avait pas prévenu les siens ; il redoutait des complications, des blessures ravivées… Son père ne manquerait pas de songer à Clélia. François tentait, peut-être maladroitement, de le protéger.

– Ma famille est un peu compliquée, avait-il dit à Georgina.

Elle avait souri :

– Nous formons une famille à présent, toi et moi.

Elle rayonnait dans sa robe de soie ivoire qui révélait la finesse de sa taille. Elle ne portait pas de voile sur ses cheveux blonds, seulement un bandeau orné d'une aigrette bleu-vert assortie à ses yeux. Chaque fois qu'il la contemplait, François se disait que le bonheur existait.

Le père de Georgina les emmena dans un restaurant réputé.

Ils firent à peine honneur aux pigeonneaux, aux noisettes d'agneau et à la charlotte à la russe. Leur train pour l'Italie s'arrêtait à seize heures en gare de Salon. Ils étaient si impatients que leurs regards s'embuaient. Ils prirent congé du père de Georgina, avant de décider finalement de partir en voiture vers Florence.

Ils étaient déjà follement heureux.

30

1909

Le mois de mai seyait particulièrement à Vaucluse. Le niveau de la résurgence avait baissé, la Sorgue coulait, paisible, claire, devant Le Moulin des Sources. Son carnet de croquis posé sur ses genoux, Georgina dessinait à grands traits la roue à aubes et la silhouette du moulin à papier en arrière-plan.

Elle repoussa son chapeau de paille, leva les yeux vers le soleil qui conférait une beauté romantique aux ruines du château.

– On est bien ici, murmura-t-elle comme pour elle-même.

Elle avait harcelé François durant plusieurs mois pour parvenir à rencontrer les membres de sa famille.

– J'ai brisé la tradition des papetiers, je suis devenu *persona non grata*, lui répétait-il invariablement.

C'était mal connaître l'obstination et la détermination de la jeune femme. Georgina avait souffert de grandir seule. Son père, passionné par ses travaux universitaires, s'était longtemps estimé incapable d'élever cette petite fille au regard trop pénétrant. Marguerite, la servante de sa femme décédée à vingt-cinq ans, en avait été chargée. Georgina se rendait aussi chaque semaine chez sa grand-mère maternelle, qui habitait non loin du château de l'Empéri. Sophie Echineaud, d'origine britannique, était excentrique et pleine d'humour. Elle avait décelé la première le don artistique de Georgina et lui avait trouvé un professeur de dessin. À la mort de Sophie, Georgina s'était sentie abandonnée.

C'était en souvenir de sa grand-mère qu'elle avait œuvré pour rapprocher François de sa famille.

Le jour où elle avait franchi le seuil de la bastide pour la première fois, elle avait été tentée de tourner les talons et de s'enfuir.

Comment allait-on la juger, elle qui avait accepté de se marier en l'absence des proches de François et qui s'était contentée d'un mariage civil ? L'accueil de Noëlie l'avait aussitôt rassurée. La grand-mère de François lui avait ouvert les bras :

– *Benvengudo*[1] *!* s'était-elle écriée.

Son père, s'il s'était montré plus réservé, paraissait lui aussi heureux de faire sa connaissance et, surtout, de revoir son fils. Georgina était tombée sous le charme de la bastide et du Moulin des Sources.

– Ils ont une âme, avait-elle confié à François, qui ne lui avait pas répondu.

À Vaucluse, elle le trouvait tendu, sur la défensive. Pourtant, sa famille était chaleureuse, accueillante. Elle avait aussi rencontré Lucille, venue pour fêter les quatre-vingt-six ans de Noëlie, Hortense, qui « faisait quasiment partie de la famille », lui avait dit François d'un ton ambigu, et l'historien Jean-Rémy Monod, qui

1. Bienvenue.

avait acheté une petite maison de village pour venir y passer sa retraite. Elle avait deviné l'attente et l'espérance de la grand-mère de François. Son mari et elle représentaient l'avenir.

Elle se leva et tendit la main à François.

– Ramène-moi au moulin, pria-t-elle. Ton père devait me montrer du papier spécial à dessin.

Le vieux moulin à papier constituait pour elle un lieu magique. Tout la fascinait, depuis le dérompoir jusqu'aux cuves. Les chiffons devenaient pâte à papier. Une transformation mystérieuse, qui lui parut brusquement très simple dès qu'Elzéar Viguier lui en eut expliqué les différentes étapes. Son beau-père lui présenta Jules, le formaire, un artisan spécialisé dans la réalisation des formes et notamment dans le tissage de la toile métallique.

– Vous êtes une Viguier, à présent. Je suis heureux de constater que vous vous intéressez à notre activité, lui dit-il.

Derrière elle, elle perçut le raidissement de François. Que redoutait-il ? Son père savait bien que la médecine était sa vocation.

Dans le grand bureau du papetier, une photographie intrigua Georgina. Elle représentait une jeune femme d'une beauté impressionnante qui contemplait la Sorgue bouillonnante à hauteur des déversoirs.

– Mon épouse, Clélia, déclara Elzéar d'une voix assourdie.

François lui ressemblait beaucoup. La jeune femme ne souriait pas au photographe. Elle semblait perdue dans quelque rêve intérieur. Georgina se détourna du cadre. La photographie suscitait en elle un indéfinissable sentiment de malaise.

Le père et le fils échangèrent un regard incertain. La tension entre eux était palpable. Le premier, François rompit les chiens.

– Je te laisse examiner les papiers, proposa-t-il à Georgina. Je vous attends chez Hortense.

Elle aima le moment qu'elle partagea avec son beau-père. Sa passion était communicative. Tous deux rejoignirent François à l'hostellerie bras dessus bras dessous.

– Je vous remercie de rendre mon fils heureux, lui dit Elzéar, gravement.

Elle lui sourit :

– Nous sommes tous les deux heureux.

« À condition, pensa-t-elle, de ne pas parler d'enfant… »

Son père, qui les invitait souvent au restaurant le dimanche, avait un jour de printemps osé demander :

– Quand penserez-vous à agrandir votre famille ?

La réponse brutale de François avait blessé Georgina :

– Je ne veux pas d'enfant.

Son visage fermé tout comme sa voix durcie décourageaient toute demande d'explication. Pourtant, Georgina s'y était risquée en fin de journée, alors qu'ils reprenaient la route de Lambesc, où ils étaient installés depuis six mois.

– Pourquoi te montrer aussi catégorique au sujet

des enfants ? Pour ma part, j'ai envie d'un bébé qui te ressemble.

Il avait parlé alors, confié ce qui lui pesait sur le cœur depuis tant d'années et Georgina aurait souhaité pouvoir se boucher les oreilles, mais c'était bien sûr impossible. Elle avait posé la main sur son genou, l'engageant à poursuivre.

Il lui avait expliqué la maladie de sa mère, la souffrance de sa famille. Lui ne supportait pas les cris inarticulés, les gémissements et les crises de nerfs. Il avait longtemps espéré pouvoir la guérir. Par la suite, durant ses études de médecine, il s'était intéressé aux spécialistes que Clélia avait consultés, depuis le professeur Charcot jusqu'au docteur Blanche. Les témoignages qu'il avait lus l'avaient horrifié. La médecine psychiatrique balbutiait et les traitements étaient souvent barbares.

Après avoir longuement hésité, il avait fini par se rendre à Montdevergues, où Clélia résidait toujours. C'était une démarche personnelle qui lui avait beaucoup coûté. Son père y allait une fois par mois, fidèlement. Il en revenait le visage défait, le regard effrayé mais y retournait toujours.

Depuis qu'il avait revu sa mère dans le pavillon qu'elle occupait non loin de la chapelle, François estimait qu'il n'avait pas à juger la relation d'Elzéar et d'Hortense. Son père avait le droit de grappiller un peu de bonheur.

Clélia ne l'avait pas reconnu. Comment s'en étonner ? Du fond de sa nuit, elle était encore coquette, et avait tendu la main vers lui comme pour l'entraîner à l'intérieur du pavillon. François, anéanti, s'était enfui.

Il jeta un regard durci à Georgina :

– Comment pourrais-je risquer de transmettre le gène de la folie ? Car il ne faut pas se leurrer, ma chérie, ma mère est folle. Irrécupérable. C'est pour cette raison que je refuse de procréer.

Georgina ne dit rien. Elle savait qu'il était inutile de prendre François de front. Ils arrivaient à Lambesc, bâti sur un promontoire rocheux, entouré de collines, de chênes verts et de cyprès. Elle se plaisait dans la petite ville au passé historique prestigieux et s'activait dans leur maison sur trois niveaux du quartier de Castellas.

Elle avait réalisé une fresque en trompe-l'œil dans la salle à manger, et peint une frise au pochoir dans leur chambre qui ouvrait sur un jardin follet. Roses, pivoines et glycine y poussaient à profusion. Elle y était heureuse auprès de l'homme qu'elle aimait et ne désespérait pas de le faire changer d'avis au sujet d'un enfant.

Georgina pressa l'épaule de son père, assis à côté de François dans la De Dion-Bouton. Tous trois venaient de passer deux jours inoubliables à Arles, pour fêter le cinquantenaire de *Mireio*, le chef-d'œuvre de Mistral. Le poète de Maillane, lauréat du prix Nobel de littérature, « notre grand homme », comme l'appelait le professeur Langlois, avait inauguré le musée Arlaten dont il avait fait don à la ville.

Alcide Langlois, le père de Georgina, avait réservé depuis plus de six mois deux chambres à l'hôtel *Nord-Pinus*.

Georgina esquissa un sourire. François et elle s'étaient aimés avec tant de passion que, pour une fois, son mari avait omis de se protéger d'un condom. Elle était dans sa période fertile et était certaine d'être enceinte. Ce bébé, elle l'appelait de tous ses vœux et refusait de croire à la fatalité de l'hérédité.

La route, bordée de platanes, s'étirait vers Salon.

Georgina se souviendrait longtemps de la silhouette de Mistral, ovationné durant de longues minutes dans les arènes d'Arles. La plupart des femmes présentes portaient le costume traditionnel composé de l'eso noire, d'un corsage, de la jupe ajustée dévoilant les fines chevilles, de la chapelle drapée sur le buste, de l'élégante coiffe de moins en moins volumineuse qui faisait ressortir le profil pur des Arlésiennes.

Georgina, vêtue d'un tailleur indigo, étrennait ce jour-là un chapeau orné d'une plume d'autruche. Elle était particulièrement fière de François, beau à se damner dans son costume gris clair.

Ils déposèrent le professeur Langlois devant sa maison de Salon, reprirent la route de Lambesc. Georgina, de nouveau installée sur le siège avant, soupira d'aise en contemplant le ciel qui s'obscurcissait.

– Merci, mon chéri, souffla-t-elle. Je mène exactement la vie dont j'ai toujours rêvé.

Elle préparait une exposition pour l'été et travaillait à deux commandes de portraits. De son côté, François commençait à être fort demandé car il n'hésitait pas à se déplacer jusqu'à Saint-Cannat ou Rognes en cas d'urgence.

« C'est un médecin sur qui on peut compter », disait-on de lui. Georgina en était fière.

Ils s'arrêtèrent dans le quartier du Castellas devant leur maison aux fenêtres ourlées de glycine. L'air était doux et parfumé, le soir envoûtant.

– Tu as faim ? demanda François en ouvrant la porte.

Georgina fit « non » de la tête et noua les bras autour de son cou. La prenant dans ses bras, il gravit l'escalier quatre à quatre.

– Je t'aime, je t'aime, lui chuchota-t-il à l'oreille tout en l'aidant à ôter ses vêtements de voyage poussiéreux.

Le baiser passionné dont elle le gratifia constituait une réponse explicite. Ils basculèrent sur le lit.

31

1909

Chaque fois qu'il pénétrait à l'intérieur de la bastide, François éprouvait un curieux sentiment, mélange d'émotion et de rejet. La vieille demeure symbolisait ses racines familiales mais gardait, aussi, le souvenir effrayant des crises de Clélia.

Il avait répondu, pourtant, à l'appel pressant de son père. Grand-mère Noëlie était souffrante et elle n'avait confiance qu'en son petit-fils. Il avait pris la route de Vaucluse en fin d'après-midi après être passé chez lui pour se rafraîchir et prévenir Georgina.

Sa jeune femme se trouvait dans l'atelier aménagé au rez-de-jardin. Elle paraissait étonnamment juvénile avec ses cheveux attachés en queue-de-cheval et ses yeux brillants. Elle avait jeté un drap sur son chevalet.

– Je te prépare une surprise, lui avait-elle dit en se jetant à son cou.

Elle sentait bon *Jicky*, le parfum de Guerlain qu'il lui avait offert quelques semaines auparavant.

– Tu m'accompagnes ? lui avait-il proposé.

Elle avait secoué la tête.

– Je viendrai à Vaucluse quand grand-mère Noëlie ira mieux. Dimanche prochain, par exemple. Aujourd'hui, je termine ta surprise.

Elle sortit avec lui dans la rue, le salua de la main tandis qu'il actionnait la manivelle de sa De Dion-Bouton. La voiture démarra en pétaradant. Songeuse, Georgina attendit qu'elle ait disparu au bout de la rue pour regagner son atelier.

La journée de juin était encore chaude. Elle se sentait vaguement oppressée, une nouvelle crise de migraine menaçait. Elle fit le tour de leur jardin en respirant longuement, profondément. Les lauriers-roses, en pleine floraison, éclaboussaient la façade de leur rouge profond. Les belles-de-jour et les ipomées grimpaient à l'assaut de la tonnelle où il faisait si bon s'attarder lorsque le soleil déclinait. Elle hésita quelques instants, se demandant si elle n'allait pas venir s'y installer pour terminer le portrait en cours. Elle y renonça finalement, de crainte d'être distraite. Elle entra dans sa maison, passa sa blouse blanche sous le regard indéchiffrable d'Isis, sa chatte birmane. Elle avait l'intention de travailler jusqu'au retour de François.

À la bastide, Elzéar, Hortense et Augustine, la nouvelle femme de chambre, n'étaient pas trop de trois pour retenir Noëlie dans son fauteuil à oreillettes.

François réprima un sourire attendri en remarquant le visage animé de sa grand-mère.

– Quelle idée de t'avoir dérangé ! protesta-t-elle. Tout cela à cause d'un éblouissement…

– Vous êtes tout de même tombée de l'escabeau, corrigea Hortense.

– Ne me dîtes pas que vous astiquiez vos vitres, grand-mère ! glissa François.

Elzéar prit à son tour la parole :

– Ta grand-mère cherchait je ne sais quoi dans le bureau de mon père. Grâce à Dieu, elle a crié en tombant à la renverse. Nous l'avons trouvée inanimée sur le tapis.

Noëlie haussa les épaules.

– Inanimée... quelle exagération !

François sourit, cette fois ouvertement :

– En tout cas, vous ne me paraissez pas trop affectée.

Il procéda à une auscultation approfondie. Le cœur battait certes un peu rapidement, quoi de plus normal après cette chute, mais les réflexes étaient bons et la vieille dame avait toute sa tête. Même pas de bosse, constata-t-il, son épaisse chevelure ayant amorti le choc.

Par prudence, il lui recommanda toutefois de ne pas bouger de son fauteuil, puisqu'elle refusait de s'aliter, et de se contenter d'une légère collation.

Elle lui adressa un coup d'œil complice.

– Je serai très sage, promis !

Il se pencha, déposa un baiser sur la main tavelée de la vieille dame.

– Grand-mère, vous êtes bâtie pour devenir centenaire. N'en profitez pas, cependant, pour jouer les équilibristes !

Lui-même refusa de dîner à la bastide. Il avait hâte de retrouver Georgina.

Il but un verre de sirop d'orgeat, grappilla une poignée de cerises dans le compotier de la cuisine et s'en fut après avoir rassuré son père. Noëlie était solide, elle devait juste admettre l'idée qu'elle avait quatre-vingt-six ans et non plus trente ou quarante…

Il reprit la route alors que huit heures sonnaient au clocher de l'église.

La chaleur reculait doucement, la Sorgue procurait une fraîcheur bienvenue. Il imagina Georgina dans son atelier et appuya sur l'accélérateur. Il lui tardait de la serrer contre lui.

Les épaules douloureuses, Georgina recula de trois pas. En face d'elle, Clélia lui souriait. Lors de leur dernière visite à la bastide, grand-mère Noëlie avait bien voulu lui confier une photographie de sa bru. Georgina s'en était inspirée pour brosser un portrait. Curieusement, bien qu'elle ait insisté sur le sourire de son modèle, le résultat final montrait une jeune femme à la beauté irréelle, au regard empreint de mélancolie. Comme si Clélia avait eu quelque obscure prescience de son destin…

Georgina frissonna, malgré la chaleur. Sa surprise plairait-elle à François ? Elle ne savait plus, tout à coup.

Elle chercha des yeux Isis. La chatte avait disparu. Georgina se rappelait l'avoir entendue feuler, quelques minutes auparavant, comme si elle avait aperçu le molosse des voisins.

Un grondement lointain lui fit tendre l'oreille. Un orage ? Ce qui expliquerait peut-être sa migraine et le poids sur sa poitrine. Le bruit cessa très vite. La jeune femme se rapprocha de son chevalet. Soudain, elle entendit le même grondement sourd, amplifié cette fois, comme si des centaines de tambours se rapprochaient de sa maison. Un vacarme saisissant, inexplicable, s'accompagnant de craquements et de secousses intenses. Elle eut l'impression qu'une force invisible appuyait fortement sur ses épaules. Elle ouvrit la bouche pour crier. Tout l'atelier se mit à trembler, cette fois dans l'autre sens. La table sur laquelle étaient rangés ses gobelets et ses chiffons se renversa dans un fracas de tonnerre, les toiles achevées, le chevalet dansèrent une sarabande insensée tandis que la suspension en opaline tourbillonnait au plafond.

Tétanisée, submergée par une nausée, Georgina refusa de céder à la panique. Tout autour d'elle, les murs tremblaient, les grondements s'intensifiaient dans un fracas d'apocalypse. Il fallait sortir, quitter la maison.

Elle prit le temps de se pencher pour ramasser le portrait de Clélia. Elle ne vit pas la plus grosse poutre de l'atelier s'abattre sur elle à une vitesse sidérante. Elle eut juste le temps de penser : « Il faut que je vive. Pour François. Et pour le bébé. »

Son hurlement résonna dans tout le village.

Le jour n'en finissait plus. François avait l'impression de ne pas avancer. Le ciel, se teintant de rose et se moirant de gris, aurait certainement inspiré Georgina. Il admirait le talent de sa femme, lui qui était incapable de dessiner un chat. Il l'aimait, éperdument. Elle avait le pouvoir et le talent d'illuminer sa vie.

Il dut s'arrêter avant d'atteindre Salon. Des hommes, des femmes, hagards, effrayés, couraient sur la route. François leur demanda ce qui se passait.

– Un tremblement de terre, lui jeta un homme d'une quarantaine d'années, qui portait un enfant dans ses bras. C'est arrivé vers neuf heures et quart, une impression de fin du monde.

Une peur panique envahit François.

– Où ? questionna-t-il d'une voix brève.

Son interlocuteur désigna de la main le château de l'Empéri qui dominait Salon.

– En ville, rue d'Avignon, où je loge avec ma famille. Un fracas inimaginable, le bruit d'obus qui éclatent, je nous ai tous vus morts. Les maisons s'effondraient comme des châteaux de cartes.

– Je suis médecin, reprit François. Y a-t-il des blessés ou… des morts ?

L'homme soupira.

– Nous avons quitté Salon terrorisés, monsieur. Comment rester dans votre logis fissuré de partout ? Je sais simplement que notre maire a envoyé des cyclistes pour chercher des secours.

Le fils d'Elzéar inclina la tête.

– Bonne chance, murmura-t-il.

Il n'avait qu'une hâte, retrouver celle qu'il aimait.

Soucieux de ne pas entraver le travail des secouristes, François contourna Salon. Sur la route de Lambesc, il croisa d'autres réfugiés. Les enfants pleuraient, d'autres étaient plongés dans un état d'hébétude. Les témoignages évoquaient tous un grondement et des secousses infernales. François roula vite, très vite, le cœur étreint d'une horrible angoisse.

Il abandonna son automobile à l'entrée de Lambesc. Des gravats, des meubles, des pans de murs jonchaient le sol. Le village semblait pétrifié sous une chape de poussière et de désolation. Le clocher de Notre-Dame-de-l'Assomption était décapité. On avait allumé un feu sur la grand-place. L'horloge du Jacquemard, la tour carrée rythmant la vie de Lambesc depuis le XVIe siècle, était arrêtée à neuf heures seize, l'heure du drame.

François courut vers leur foyer en appelant Georgina. Il aperçut de loin le jardin. Les fleurs disparaissaient sous les décombres. La maison, éventrée, n'avait plus un seul mur intact. François eut l'impression que le sol vibrait de nouveau sous ses pas. Des voisins le rejoignirent. Ils se trouvaient au café *Nicolas*, sur la grand-place au moment du tremblement de terre et n'avaient que quelques égratignures.

La chatte vint se frotter contre la jambe de François. Un espoir fou le souleva. Si Isis avait été épargnée, Georgina était certainement saine et sauve.

Raymond, le voisin, lui tapota l'épaule.

– Docteur Viguier…, dit-il d'une drôle de voix.

Sous l'énorme poutre de l'atelier, François aperçut un morceau de blouse blanche, celle-là même que Georgina portait. Il se précipita, ne parvint pas à soulever le bastaing qui écrasait le corps de la jeune femme.

– Aidez-moi, pria-t-il, haletant.

Déjà, les voisins venaient lui prêter main-forte.

François chercha le pouls de Georgina, tourna un regard vide vers Raymond.

– C'est trop tard, souffla-t-il.

Il hurla. Un cri inhumain, qui effraya Raymond et son frère Lucien.

Près du corps de sa femme, le portrait de Clélia souriait. Intact.

32

1909

La journée était lumineuse. Une journée de juin empreinte de douceur de vivre, qui aurait dû inciter à flâner ou à lire sous la treille durant les heures les plus chaudes.

Pourtant, une partie de la Provence, de Salon à Rognes, de Venelles à Pélissanne, se relevait lentement de la tragédie.

Partout, gendarmes et pompiers avaient cherché les disparus parmi les gravats et porté secours aux blessés. Des troupes du 7e régiment du génie d'Avignon avaient été envoyées en renfort. La préfecture des Bouches-du-Rhône avait expédié des tentes marabout, montées à la hâte pour héberger les rescapés.

Les villages offraient tous le même spectacle consternant. Maisons effondrées, lambeaux de murs encore debout dans un enchevêtrement de pierres, de tuiles et de cheminées, lézardes béantes, meubles éventrés, vestiges d'escalier mis à nu avec, parfois, incongrus, un piano intact ou une poupée de porcelaine, si dérisoires…

Les survivants, regroupés sous les tentes, avaient tous le même regard halluciné. Le tremblement de terre les avait tant marqués que nombre d'entre eux refusaient de regagner leur demeure, même si celle-ci avait été épargnée. On redoutait une réplique, un nouveau drame.

Les blessés avaient été évacués vers Aix. Malgré le temps superbe, Lambesc, comme Saint-Cannat, ou Rognes, sentait la mort et la peur.

Le 13 juin, on offrit des obsèques solennelles aux victimes de Lambesc. À quinze heures, sous un soleil écrasant, les personnalités se réunirent dans la cour de l'hôpital. Monseigneur Gonon, vicaire général d'Aix, donna l'absolution, assisté de l'archiprêtre Reynaud, et du curé de Lambesc. Le préfet des Bouches-du-Rhône, Georges Mastier, avait fait le déplacement, ainsi que le député, Camille Pelletan, deux conseillers généraux de canton et les maires des communes avoisinantes.

François, soutenu par Elzéar et Hortense, ne voyait rien d'autre que les quatorze cercueils alignés sur le trottoir de l'hôpital. Il crispa les poings.

Il avait pensé mourir, en découvrant le corps sans vie de Georgina. Il avait marché sans but dans la nuit tiède avant que le maire ne lui demande de réduire la fracture d'un blessé. Il s'était exécuté dans un état second. Ensuite, il avait continué. Les gestes étaient familiers et se faisaient machinaux.

Au petit matin, il était tombé d'un coup sur un lit de camp, avait dormi deux heures pour se réveiller en proie à un horrible cauchemar. Mais c'était la réalité. Georgina, la femme qu'il aimait, était morte, stupidement, victime du terrible tremblement de terre qui avait endeuillé la Provence.

Le bilan au 12 juin était terrible. Les sauveteurs avaient dégagé des décombres de Lambesc quatorze cadavres, dont quatre enfants d'une même famille, à la ferme de Croigne. Les villages les plus fortement touchés comme Vernègues, Pélissane, Rognes et Saint-Cannat totalisaient, avec Lambesc, quarante-six décès.

Les blessés, acheminés à Aix, racontaient d'une voix mal assurée le vacarme assourdissant, le bruit d'apocalypse.

D'autres, le visage crispé, le regard vide, ne parvenaient pas à mettre des mots sur l'inexprimable.

François regarda sans le voir le cortège ininterrompu de personnes qui s'étaient déplacées pour venir soutenir les habitants de Lambesc.

Son cœur était un champ de ruines. Des images des temps heureux se pressaient sous ses yeux. Le jour où il avait aperçu Georgina pour la première fois, sur la terrasse du château de l'Empéri. Un pique-nique, dans le massif du Concors, tout proche de la montagne Sainte-Victoire. Une nuit magique, sur les hauteurs de Florence, et la certitude que Georgina avait le pouvoir de le réconcilier avec l'idée même du bonheur. Son rire, ses cheveux couleur de miel, son corps qui s'accordait si bien au sien…

Un gémissement mourut sur les lèvres de François.

Elzéar accentua sa pression sur le bras de son fils. « Je connais ta douleur et je la partage », signifiait son geste.

François baissa la tête quelques instants, avant de la relever et de foudroyer du regard le député qui parlait de « deuil d'une cruauté rare ». Qu'en savait-il ? Ravagé, François se dégagea de l'étreinte de son père et, enfonçant son chapeau sur sa tête, remonta la foule à contresens. Les gens s'écartaient sur son passage en murmurant des phrases de compassion. François avançait comme un possédé, ivre de souffrance et de désespoir.

Elzéar et Hortense échangèrent un regard inquiet.

– Pourvu que…, murmura Elzéar sans parvenir à nommer ce qu'il redoutait.

Il avait peur pour son fils, peur qu'il ne perde la raison.

– Quelle injustice…, souffla Noëlie, abîmée en prières dans l'église Saint-Véran.

Son fils avait refusé de l'emmener à Lambesc :

– Maman, l'épreuve des obsèques, le trajet… mieux vaut rester à Vaucluse.

Elle s'était inclinée, bien qu'elle fût moins fragile qu'il ne le croyait. À quatre-vingt-six ans, elle avait gardé intactes ses capacités d'enthousiasme et de révolte.

Forcément, elle s'était posé des questions. Si François n'était pas venu la voir à Vaucluse, Georgina aurait-elle été sauvée ? La plupart des témoignages recueillis insistaient sur la soudaineté du séisme. Il n'y avait pas eu de signes avant-coureurs. « Le destin… », prétendait Elzéar, profondément abattu. Noëlie ne comprenait pas. Elle aurait dû disparaître depuis longtemps, en même temps que son Timothée. Elle aurait volontiers donné sa vie pour que celle de Georgina fût épargnée. À son âge, elle se sentait inutile, bien que Lucille s'évertuât à lui démontrer le contraire. « Ce drame horrible... Dieu juste ! » Elzéar s'était montré évasif mais sa mère s'était procuré *Le Petit Provençal* et *Le Petit Marseillais* et les déclarations des sinistrés qu'elle y avait lues l'avaient accablée. Elle ne pouvait tout simplement imaginer que Georgina, si pleine de vie, ait pu mourir en l'espace de quelques instants.

Elle se releva lentement de son prie-Dieu, trottina jusqu'à la statue de sainte Anne en bois polychrome devant laquelle elle alluma un cierge. Augustine, sa femme de chambre, l'attendait auprès du bénitier. Elle lui offrit son bras.

– Venez, madame Noëlie, il faut rentrer.

Elle insista pour faire un détour par le moulin. Comme souvent, le spectacle de la Sorgue, le bruit des piles la rassurèrent. Le moulin battait comme son cœur, il symbolisait leur famille, même si celle-ci venait de se briser. Les ouvriers ôtèrent leur casquette en la voyant passer. Autrefois, elle les connaissait tous par leur prénom. Ce n'étaient plus les mêmes, naturellement, elle appartenait à une époque antérieure, celle qui avait connu le vieux, Nicolas Viguier, son beau-père.

Noëlie, en s'appuyant à la rampe, grimpa jusqu'au bureau. Les trois générations de Viguier qui s'y étaient succédé l'accompagnaient, Nicolas, Timothée, Elzéar.

D'un pas décidé, elle s'avança vers le grand bureau, caressa du plat de la main le bois patiné. Elle saisit la photographie représentant Clélia et, posément, la déchira. Elle avait toujours pressenti, lui semblait-il, que la trop belle jeune femme apporterait le malheur à leur famille.

– Timothée… que dois-je faire ? questionna-t-elle à voix haute.

Son mari, son amour, n'avait pas eu le désir, ou le cran, de corriger une injustice. À moins qu'il n'ait toujours éprouvé un doute ?

À son tour, Noëlie ne cessait de s'interroger. Lorsqu'elle mourrait, il serait trop tard.

Elle ne pouvait pas oublier, cependant, ses affres de jeune femme désespérée de ne pouvoir donner la vie.

Elle soupira, se détourna du bureau. Elle aviserait au retour de son fils. Il lui semblait qu'elle avait encore un peu de temps, malgré ses quatre-vingt-six ans.

33

1914

Une délicieuse langueur retardait l'arrivée du crépuscule sur la terrasse de l'hostellerie de Vaucluse. Le niveau de la Sorgue, en cette fin juillet, avait baissé mais le chemin ombragé offrait un peu plus de fraîcheur que les rues de Carpentras.

Hortense apporta à Jean-Rémy son verre de grenache vieux de Mazan.

Elle sourit en le voyant plongé dans son manuscrit.

– Êtes-vous satisfait de votre travail, monsieur le professeur ? demanda-t-elle.

L'historien secoua la tête.

– Satisfait ? On ne l'est jamais ! J'essaie simplement d'apporter ma pierre à l'édifice.

– Vous êtes beaucoup trop modeste !

Jean-Rémy Monod était devenu un spécialiste reconnu de Pétrarque. On l'invitait en Italie, en Allemagne et en Grande-Bretagne pour donner des conférences qui attiraient un auditoire nombreux mais, le reste du temps, il restait fidèle à Vaucluse où il résidait toujours à l'auberge. Il n'avait pas fini de restaurer sa petite maison.

Célibataire endurci, il vivait à sa guise, au gré de ses passions. Une solide amitié le liait à Hortense et à Elzéar mais il avait une préférence avouée pour Noëlie. À quatre-vingt-onze ans, la vieille dame était considérée comme la mémoire de Vaucluse. Elle avait connu la monarchie, la IIe et la IIIe République tout comme le Second Empire. De quoi vous donner le vertige, affirmait Jean-Rémy. Il aimait venir bavarder à la bastide devant la cheminée. Noëlie racontait la vie de jadis, le marché flottant de L'Isle, les coutumes d'autrefois, comme les feux de la Saint-Jean ou la noyée des veillées.

Jean-Rémy prenait des notes :

– Madame Noëlie, vous mériteriez que je vous consacre un ouvrage, lui disait-il alors qu'elle rougissait de façon délicieuse.

Il était convaincu, cependant, qu'elle gardait quelques secrets par-devers elle. Le jour où il le lui avait dit, elle n'avait pas protesté, se contentant d'esquisser un sourire de sphinge. Oui, en vérité, Jean-Rémy attendait. Il attendait le jour où Noëlie se confierait à lui. C'était devenu entre eux comme un duel à fleurets mouchetés.

Hortense revint près de lui, déposant sur la table ronde une coupelle d'olives.

– Elzéar n'est pas encore passé ? s'enquit-elle.

Elle trouvait qu'il travaillait beaucoup trop au moulin mais comme il considérait qu'elle consacrait un temps excessif à son auberge, tous deux s'estimaient quittes.

Jean-Rémy fit « non » de la tête.

– Il doit être plongé dans ses comptes.

Hortense ne répondit pas. Elle aurait voulu qu'Elzéar, à soixante-quatre ans, prenne une retraite méritée mais elle était convaincue qu'il n'en ferait rien. L'homme qu'elle aimait était taraudé par l'idée d'avoir failli. François ne prendrait jamais sa succession au moulin et il y avait fort à craindre qu'il n'ait pas d'enfant.

Après la disparition tragique de sa jeune épouse, en juin 1909, dans ce tremblement de terre qui avait marqué toute la Provence, François s'était exilé en Algérie. Il écrivait peu, donnant de ses nouvelles par intermittence. S'il parlait de la vie à Alger, de la lumière, des immeubles haussmanniens lui rappelant Paris et de la beauté de la baie, il se livrait peu.

En filigrane, Elzéar et Hortense comprenaient que sa plaie était toujours béante. François ne mentionnait pas de rencontres, ni de sorties. Il semblait mener une vie ascétique, centrée sur son travail.

– Mon fils et moi n'avons pas eu de chance en amour, avait déclaré un soir Elzéar, et Hortense, profondément blessée, avait senti son cœur se déchirer.

Elle croyait pourtant avoir admis que, même si Elzéar éprouvait pour elle une infinie tendresse, il ne l'avait pas aimée comme il avait aimé Clélia, éperdument.

Elle avait appris à s'en contenter, en se détestant de réagir ainsi. Elle aurait souhaité, parfois, avoir la force de se détourner d'Elzéar mais l'un et l'autre savaient qu'elle en était incapable. Heureusement, elle avait l'hostellerie, ses deux épagneuls, son automobile, une folie, mais ô combien pratique pour faire son marché ou se rendre à Avignon quand il lui en prenait la fantaisie. Finalement, Hortense vivait la vie dont elle avait longtemps rêvé et n'avait de comptes à rendre à personne. Une liberté inimaginable cinquante ans auparavant.

Parce qu'elle ne pouvait s'en empêcher, elle jeta un coup d'œil sur le chemin menant au moulin à papier, se redressa en apercevant la silhouette d'Elzéar.

– Le voici enfin ! s'écria-t-elle, toute joyeuse.

Cependant, quelque chose n'allait pas, elle s'en rendit compte tout de suite en remarquant son pas alourdi, ses épaules affaissées. Elle s'élança à sa rencontre.

« Comme une amoureuse de dix-huit ans », songea Jean-Rémy, ému.

Hortense et Elzéar remontèrent vers l'hostellerie épaule contre épaule, avec la complicité des vieux couples qui devinent tout l'un de l'autre au premier coup d'œil échangé. Ils parlaient à mi-voix et, de son poste d'observation, Jean-Rémy pouvait suivre l'altération des traits de l'hôtelière. Elle fit asseoir d'autorité Elzéar aux côtés de l'historien.

– Je vais vous chercher du cognac. Ne bougez pas, surtout ! ajouta-t-elle d'un ton sans réplique.

Surpris, les deux serveurs l'entendirent jurer tandis qu'elle entrechoquait les bouteilles dans la cave à liqueurs.

– *Pestoulent si*[1] *!* s'exclama-t-elle, ajoutant quelque chose qu'ils ne comprirent pas.

Pendant ce temps, sur la terrasse, Jean-Rémy scrutait son ami qui tirait sur son nœud de cravate comme s'il cherchait de l'air.

– Puis-je vous être de quelque secours ?

Elzéar secoua la tête. Son visage était livide.

– Le téléphone… quelle calamité ! Il sonne toujours pour vous apprendre une catastrophe.

« François ? » s'alarma tout de suite Jean-Rémy, avant de se reprendre. Non, s'il s'était agi de François, Hortense serait venue lui en parler. Or, si François n'était pas en cause, c'était Clélia.

– Qu'est-il arrivé ?

De nouveau, le maître du moulin secoua la tête comme s'il avait désiré chasser une horrible vision.

Le retour d'Hortense le dispensa de répondre. Elle apportait sur un plateau trois verres à liqueur et une bouteille de cognac. Elle servit Elzéar le premier.

– Buvez-moi ça, cul sec ! lui enjoignit-elle avant de l'imiter.

Elle poussa la bouteille vers Jean-Rémy.

– Si le cœur vous en dit…

Il déclina son offre. Il était surtout intrigué.

– Elle était fort calme depuis deux jours, déclara alors Elzéar d'une voix monocorde. Il paraît que c'est assez fréquent lorsqu'ils ont décidé d'en finir. Comme elle avait déjà effectué plusieurs tentatives de suicide,

1. Peste de malepeste !

elle n'avait rien dans son pavillon qu'elle pût utiliser contre elle. Pas de draps à son lit, pas de ciseaux ni de couteaux, rien… Il lui restait ses cheveux, une parure incroyable qui lui tombait jusqu'au bas des reins. Alors… – la voix d'Elzéar s'enroua – alors, Clélia a entrepris de s'étouffer avec ses cheveux. Méthodiquement, sans flancher. Seigneur ! Je ne peux même pas imaginer cela ! Elle était morte lorsqu'ils l'ont trouvée en début de matinée. Il n'y avait plus rien à faire.

Hortense, les yeux remplis de larmes, se contenait visiblement pour ne pas serrer Elzéar contre elle. Elle redoutait quelque rebuffade, un recul peut-être, qu'elle aurait mal supporté. Elle se borna à demander :

– Et François ? Comment lui dire ?

Elzéar leva vers elle un regard perdu.

– Je vais lui envoyer un télégramme, c'est la seule solution. De toute manière, je crains qu'il ne puisse être rentré à temps pour les obsèques de sa mère.

Il se servit à nouveau du cognac. Ses mains tremblaient.

– Elle était si belle, et si désespérée… Comme si l'idée même du bonheur lui avait été interdite. Quel gâchis !

Hortense tendit la main vers lui. Elle eut l'horrible impression qu'il ne la voyait pas. Pis, qu'elle n'existait plus pour lui. Jean-Rémy lui sourit, l'air de dire : « Ne vous formalisez pas », et elle crispa les lèvres sur le gémissement de révolte qui montait en elle. Elle ne voulait pas de la compassion de l'historien. Seulement l'amour d'Elzéar.

Il vida son verre de cognac et se leva.

– Je rentre chez moi. Dans cette maison où il ne reste plus que ma mère. Un vrai mausolée ! Non, ne vous dérangez pas, l'air du soir me fera du bien.

– Il l'aimait tant…, murmura Jean-Rémy comme pour lui chercher des excuses. Une mort si atroce… Bonté divine ! Je les ai aperçus tous les trois le jour où j'ai découvert Vaucluse pour la première fois. Clélia, Elzéar et le petit François… Elle marchait comme une reine mais son regard vide m'avait fait peur. Oui, en vérité, quel gâchis…

Un jour, il se le promettait, il raconterait le tragique destin de Clélia. Pour qu'il restât une trace de cette femme à la beauté tragique, qui ressemblait à Laure.

L'amour inaccessible.

Le navire voguait vers Marseille. Accoudé au bastingage, François suivait du regard le vol d'une mouette. Le câble de son père ne l'avait pas réellement surpris. Il y avait si longtemps qu'il attendait la mort de Clélia, afin de se libérer du remords qui lui pesait sur la poitrine. Il avait maudit sa mère le soir du tremblement de terre. Il avait pensé qu'elle l'avait prédestiné au malheur.

Après l'enterrement de Georgina, il avait cherché à comprendre. Pourquoi le séisme avait-il frappé à cet endroit précis ? Il avait emporté tous les journaux, du *Petit Provençal* en passant par *Le Petit Marseillais* pour tenter d'en savoir un peu plus. C'était pour lui une question de survie. Le professeur Langlois, accablé, lui avait recommandé :

– Vivez, mon garçon, pour l'amour de Georgina. Elle n'aurait pas supporté de vous voir sombrer.

Il s'était accroché. Avant d'accepter, comme on se sauve, ce poste de médecin à Alger. Une fois arrivé de l'autre côté de la Méditerranée, il avait continué à se documenter. D'autres séismes avaient fait la une des journaux depuis la fin du XIXe siècle. L'Andalousie en 1884, San Francisco en 1906, Messine en 1908.

Pourquoi Lambesc, Rognes, Saint-Cannat, Venelles et Pélissanne ? Pourquoi Georgina, son amour ?

Il avait lu, désespérément, tentant de trouver une réponse à ses questions. La tragédie aurait-elle pu être évitée ? On disait qu'il y avait eu plusieurs signes prémonitoires, auxquels on n'avait pas vraiment porté attention. Ainsi, deux heures avant le tremblement de terre, des chevaux énervés hennissaient et frappaient le sol de leur écurie. Des poules inquiètes n'avaient pas regagné leur perchoir.

Des secousses avaient été ressenties à Puy-Sainte-Réparade dès le 25 mars. On chuchotait aussi qu'on n'aurait jamais dû détruire la chapelle des Pénitents-Gris de Lambesc. S'agissait-il vraiment d'un hasard si le séisme était survenu quelques jours après le déblaiement des derniers décombres du chantier ?

Tout ce que François avait appris n'avait pu le réconforter. Il butait sur cette réalité dramatique. Georgina était morte et la vie avait perdu son sens.

Il crispa la main sur le second télégramme qu'il avait

reçu de France. Il provenait d'Hortense. Elle avait écrit : « *Reviens pour l'amour de ton père* », et il avait compris que l'heure du retour avait sonné.

Même s'il se demandait encore comment faire comprendre à Elzéar qu'il n'avait pas la moindre intention de prendre sa suite à la tête du Moulin des Sources.

34

1914

Il n'aurait pas dû revenir à Lambesc. Pourtant, il n'avait pu s'en empêcher. À peine débarqué à Marseille, son sac et sa trousse à la main, il avait acheté une voiture dans un garage Renault et pris la direction de Cavaillon. Le paysage était familier, rassurant.

Cependant, son cœur avait manqué un battement en remontant la route d'Aix. Plus de cinq ans après la tragédie, Lambesc s'était profondément modifié. On avait dû raser de nombreuses maisons des quartiers les plus anciens. L'église n'avait pas retrouvé son aspect initial. François savait par la lecture des journaux locaux reçus en Algérie qu'il avait fallu quarante-cinq kilos de dynamite pour démolir le clocher endommagé par le tremblement de terre. Après une telle charge, le dôme et la partie haute de Notre-Dame-de-l'Assomption, non protégés, avaient été abîmés. L'hôtel de ville avait été lui aussi transformé.

Ce n'était plus tout à fait Lambesc, et François ne s'aventura pas dans leur quartier. Il ne l'aurait pas supporté.

En revanche, il s'attarda longuement au cimetière. Il avait acheté des roses blanches, les préférées de Georgina.

Sa tombe était fleurie, comme celles des treize autres victimes du séisme. Un monument qui leur était dédié avait été érigé dans le cimetière de Lambesc.

François sentait toujours la colère et l'incompréhension gronder en lui. Pourquoi sa femme, son amour ? Pourquoi quatre des cinq enfants Philip, frappés dans leur lit ? Il butait toujours sur cette question.

Une vieille femme le salua alors qu'il s'en allait. Il sentit son regard peser sur lui, comme si elle cherchait dans sa mémoire à retrouver son nom, et il pressa le pas. Il n'avait pas envie de parler, ni de répondre à des questions. On l'attendait à la bastide, même s'il n'était pas certain d'y avoir sa place.

Désormais, il était condamné à errer sans but.

Le père et le fils marchaient le long du mur de la Peste, édifié près de deux siècles auparavant sur l'ordre du vice-légat du pape afin d'empêcher l'épidémie de peste de 1720 de se propager dans le Comtat Venaissin.

La muraille de pierres sèches allait de Monieux, au nord, jusqu'aux Taillades sur les rives de la Durance et était désormais en grande partie effondrée, ensevelie sous les broussailles. Diane et Achille, les épagneuls d'Hortense, les accompagnaient.

Les deux hommes s'arrêtèrent sur un promontoire qui dominait la Sorgue. Elzéar se racla la gorge.

– Toute ma vie s'est déroulée au fond de la vallée close, remarqua-t-il d'une voix que l'émotion enrouait. C'était pour moi comme réaliser le rêve de Pétrarque. Je crois que nous sommes beaucoup trop romanesques dans cette famille ! Finalement, ceux qui doutent de l'existence de Laure ont peut-être raison. Une chimère, une utopie, au même titre que l'amour fou…

Pour la première fois, le maître du moulin laissait entrevoir à son fils ce qu'avait dû être son existence.

Pudiquement, presque à regret, François posa la main sur le bras d'Elzéar :

– J'ai des souvenirs très nets mais peu nombreux. Elle… elle m'effrayait, parfois.

Elzéar lui sourit tristement.

– Cela se comprend. C'est pour cette raison, aussi, que j'ai écouté le docteur Bastel qui nous a conseillé de l'emmener en consultation à la Salpêtrière. Je voyais bien que Clélia n'était pas dans son état normal, mais j'avais tellement peur de mal faire ! Tu vois, mon fils, le jour de ses obsèques, j'ai pensé que le plus terrible pour moi était de ne pas avoir connu la vraie Clélia. Celle qu'elle avait dû être, *avant*.

François soutint le regard de son père :

– Avant quoi, exactement ? J'ai toujours eu le sentiment de me heurter à un secret de famille, si terrible qu'il ne fallait surtout pas chercher à en savoir plus…

Elzéar soupira.

– C'était le secret de ta maman. Elle ne l'a évoqué qu'avec ta grand-mère. Elle ne m'en a jamais parlé mais… nous n'étions pas très proches, elle et moi. Même pas des amis. Moi, je l'aimais. Elle… elle se battait pour survivre. Dans ces conditions, les dés étaient pipés d'avance.

François ne répondit pas tout de suite. Deux rides profondes encadraient sa bouche. Elzéar aurait voulu le serrer contre lui et lui dire : « Bats-toi, mon fils ! Tu as à peine trente-cinq ans, ta vie n'est pas finie ! » mais il ne s'en sentait pas le droit. La disparition tragique de Georgina, cinq ans auparavant, avait profondément atteint le maître du moulin. La mort de Clélia, tout aussi atroce, l'avait terrassé. Au fond de lui, il avait continué à espérer qu'un jour, Clélia retrouverait la raison.

Diane, la chienne qui ouvrait le chemin, se mit à l'arrêt. François retint son père.

– Qu'a-t-elle donc levé ?

Il appréciait plus qu'il n'aurait su le dire cette promenade impromptue décidée au petit matin, les parfums de la garrigue, et cette proximité avec Elzéar.

Diane grogna sans pour autant bouger. Elzéar donna une bourrade à son fils :

– Regarde !

Une laie suivie de cinq marcassins traversait tranquillement le chemin. François attrapa la chienne par son collier alors qu'elle allait s'élancer.

– Doucement, ma belle ! Nous ne sommes pas armés.

Ils étaient sous le vent. Imperturbables, les sangliers poursuivirent leur route vers Lagnes. Elzéar esquissa un sourire.

– La vie est là, qui nous pousse en avant. Petit… envisages-tu un jour…

François ne le laissa pas terminer sa phrase :

– Non, père. Je vous ai déjà demandé de ne pas vous bercer d'illusions. Je suis médecin. Rien d'autre. Ne le prenez surtout pas en mauvaise part. C'est une question d'affinités avec un métier.

– Je sais bien, acquiesça son père à regret. Mets-toi à ma place… j'ai si longtemps espéré…

– Mais ce ne serait pas juste vis-à-vis de ma véritable vocation !

– Je ne t'ennuierai plus avec le moulin, déclara brusquement Elzéar. Il faut juste que je me fasse à cette idée.

Hortense et Jean-Rémy le lui répétaient depuis des années. Il devait admettre le choix de François, et sauver ce qui pouvait l'être encore. En maintenant le moulin vaille que vaille. Pour qui au juste ? Il n'en avait pas la moindre idée.

– Rentrons, décida François.

L'heure des confidences était passée. Le père et le fils reprirent le chemin de Vaucluse dans un silence lourd de non-dits. Elzéar se reprochait déjà d'avoir parlé. François s'efforçait de se convaincre qu'il avait le droit de vivre sa vie sans se sentir coupable. Ils étaient l'un et l'autre mécontents d'eux-mêmes. Et tristes, infiniment.

Le tocsin les fit sursauter alors qu'ils entraient dans Vaucluse. Ils se regardèrent.

– Ça y est, murmura François d'une voix indéfinissable tandis que son père s'affolait déjà :

– Tu vas partir ?

Comment Elzéar aurait-il pu comprendre que François appelait la guerre de tous ses vœux ? Ce serait pour lui, enfin, une façon de se rendre utile, d'oublier même, peut-être, sa vie gâchée. En même temps, il observait le visage vieilli, la silhouette voûtée de son père, et avait peur pour lui. Hortense avait eu raison de l'appeler. Elzéar n'avait pas supporté la disparition de Clélia.

François sourit tristement à son père :

– La guerre était inévitable. Nous sommes à l'abri dans notre vallée close mais le monde connaît de tels bouleversements. Et tant de haine… J'ai côtoyé de nombreux Alsaciens et Lorrains en Algérie. Ils n'ont jamais accepté d'avoir été chassés de leur région, de perdre leurs racines. Depuis l'attentat de Sarajevo, je me prépare à cette idée. L'engrenage était fatal à cause du jeu des alliances.

Elzéar soupira :

– Tu dois tenir de ton arrière-grand-père Nicolas. La politique le passionnait, m'a-t-on souvent raconté. Moi… ma vie est ici, entre le moulin, l'hostellerie et la bastide. Je n'ai jamais cherché à quitter Vaucluse. C'est mon pays.

– Je vous admire, père, souffla François.

Depuis la mort de Georgina, il avait le sentiment d'être un apatride.

35

1917

Avancer, toujours, sous la mitraille, dans un déluge de feu, dans la boue, la sueur, la crasse et le sang. Avancer, parce que les blessés avaient besoin de lui. François s'essuya le front d'un revers de la main.

– Votre casque, docteur, lui rappela Jean-René, l'un des ambulanciers.

François réprima un soupir excédé. Il ne se souciait pas de sa protection alors qu'autour de lui, les hommes vivaient l'enfer. Il s'efforçait de parer au plus pressé, de réparer les corps meurtris, dans des conditions souvent épouvantables.

Dans les tranchées depuis près de trois ans, il avait peu à peu dépassé sa propre souffrance morale. Chaque jour, les Poilus devaient se battre pied à pied pour survivre. Ordres inhumains, froid, rats, gangrène, crises de folie faisaient partie du quotidien.

François avait à plusieurs reprises secouru des hommes, plus ou moins jeunes, pris de panique au moment de l'attaque. Il s'était insurgé contre les chefs qui, souhaitant faire des exemples, condamnaient au peloton d'exécution de supposés déserteurs qui avaient simplement un jour de retard à leur retour de permission.

Il aurait voulu les sauver tous, ces hommes mûrs ou ces gamins, qui arrivaient le bras ou la jambe arrachés. Il opérait au fond d'une tranchée, à la lueur d'une lampe à acétylène que Beaumanoir, son assistant, tenait d'une main mal assurée. Il fallait faire vite, amputer haut pour tenter d'éviter l'infection.

Surtout, ne pas réfléchir, ne pas se poser de questions, sous peine de devenir fou. La souffrance, le désespoir étaient nus. Palpables.

Face à cette misère humaine, François avait accompli une véritable catharsis. Il n'était pas le seul à avoir perdu ce qu'il avait de plus cher, à voir son couple détruit. Le pays tout entier était plongé dans le chaos. Georgina elle-même paraissait s'éloigner, dans les lambeaux déchirés de sa mémoire. Il s'y refusait, sans parvenir pour autant à se rappeler ses traits. Trop de bruit, trop de morts…

– Attention ! hurla Beaumanoir.

L'éclat d'obus se ficha dans le front de François.

Le parfum du lilas, délicieusement poudré, se mêlait à celui, plus discret, de la glycine. Noëlie les huma d'un air gourmand.

– Augustine, vous voulez bien m'emmener sous la tonnelle ?

Était-elle heureuse ? se demanda la vieille femme tandis que sa dame de compagnie poussait son fauteuil roulant dans les allées du parc. Certes, rien n'était plus pareil depuis la mort de Timothée et de Georgina, et elle supportait mal d'être dépendante de cet engin barbare à la suite de sa fracture du col du fémur mais elle jouissait encore du plaisir des yeux, de celui du goût et de l'odorat. Lire un bon livre devant la cheminée, tout en savourant quelques douceurs, était un bonheur qu'elle s'accordait volontiers. Tout comme les dîners du dimanche soir à l'hostellerie. On restait entre soi. Hortense confectionnait une grosse omelette aux truffes. C'était divin.

Dommage que les convives fussent de moins en moins nombreux !

– La guerre, disait Jean-Rémy d'un ton désabusé.

L'Isle comme Vaucluse avaient payé un lourd tribut. Des hommes jeunes, dans la fleur de l'âge, partis avec la certitude de rentrer au pays avant la fin de l'année 1914…

Cela faisait déjà trois ans que les femmes, les enfants et les vieillards avaient pris en charge l'économie du pays. Les femmes s'attelaient pour remplacer les chevaux réquisitionnés, taillaient les oliviers, cueillaient les fruits, les gosses gardaient les troupeaux, aidaient aux champs alors que les plus âgés surveillaient la soupe et les nourrissons.

Une nouvelle répartition des tâches bousculait tous les modèles en vigueur depuis des siècles.

À quatre-vingt-quatorze ans, Noëlie se demandait de plus en plus souvent pour quelle obscure raison elle était toujours de ce monde. Désireuse de chasser des pensées dérangeantes, elle ferma les yeux durant quelques instants. Elle avait encore rêvé de son beau-père au cours de la nuit précédente. Ces rêves récurrents la laissaient mal à l'aise, le cœur battant la chamade.

À chaque fois, elle s'interrogeait. Que devait-elle faire ? La course échevelée des nuages dans le ciel la trouvait perplexe.

Quand Augustine, se penchant vers elle, lui annonça la visite de Jean-Rémy, elle *sut* qu'elle ne pouvait plus attendre. Il était temps d'agir. Grand temps…

Chaque fois qu'il ouvrait les yeux, François apercevait un vitrail représentant saint Michel terrassant le dragon. Où se trouvait-il donc ? Dans une chapelle désaffectée ? Il n'entendait plus le bruit du canon mais des plaintes, des gémissements et même des cris. Un hôpital de campagne, assurément, aménagé, comme tant d'autres, dans quelque château ou demeure bourgeoise. Il en avait tant fréquenté, au cours des derniers mois. Du bon côté de la table, quand il sciait, amputait, à longueur de journée et que Beaumanoir épongeait le sang.

Une douleur aiguë lui vrilla le front. Il y porta la main, sentit un pansement plutôt épais.

– N'y touchez pas, lui recommanda une voix de femme empreinte de douceur.

C'eût été bien mal le connaître que de l'imaginer obéissant à cette injonction !

– Je suis médecin, fit François, comme si cela pouvait impressionner son infirmière.

Il ne voyait d'elle qu'un visage à l'ovale parfait, des

yeux couleur noisette et une bouche aux lèvres charnues. Le voile blanc lui seyait particulièrement.

– Ici, vous êtes un patient, corrigea-t-elle.

Il voulut se tourner sur le côté, poussa un cri de douleur.

– Vous voyez, insista-t-elle. Vous n'êtes pas en état de vous débrouiller seul. Écoutez plutôt mes conseils.

Il imaginait fort bien à quoi elle devait ressembler dans le civil : un bas-bleu infatué de lui-même. Tout à fait le genre d'attitude qu'il ne supportait pas chez une femme…

Elle sourit comme si elle avait le pouvoir de deviner ses pensées.

– Oui, je suis peu charitable et j'aime à ce qu'on m'écoute. C'est pour la bonne marche de cet hôpital.

Elle fit demi-tour, avant de revenir vers lui quelques instants plus tard :

– Vous vous trouvez près de Fismes, à la limite de la Marne et de l'Aisne. Avez-vous quelqu'un à prévenir ?

Elle l'exaspérait tant qu'il faillit répondre : « Personne. » Mais il ne pouvait infliger ce tourment à Elzéar. Aussi indiqua-t-il :

– Mon père, dans le Vaucluse.

Elle inclina la tête.

– Si vous voulez me donner ses coordonnées, je lui écrirai dès ce soir. On ne fait pas attendre un père.

Il crispa les mains sur le drap de métis rêche. Il l'aurait volontiers assommée. Il croisa son regard soudain aigu et comprit qu'elle le provoquait pour lui donner envie de se battre. Il se laissa retomber sur ses oreillers.

– Faites comme bon vous semble, déclara-t-il froidement.

Elle avait réussi à piquer sa curiosité.

Et il attendait déjà de la revoir.

36

1918

Edmond Arnoux trouva la lettre sur le manteau de la cheminée en rentrant chez lui, à Velleron, après quatre ans de guerre. Il avait été blessé en septembre 1918, à Sommepy.

Hospitalisé non loin de Paris, il avait été démobilisé pour deux mois de convalescence.

Tout au long du voyage de retour en train, il avait eu l'étrange impression de ne plus rien connaître de la vie de l'arrière. « La vraie vie », comme ils disaient entre copains de galère.

Il avait éprouvé un coup au cœur en reconnaissant le moulin de Crillon où l'on triturait, tamisait et emballait des ocres.

Il avait toujours vécu à Velleron. Fils unique de Colin, plâtrier de son état, et d'Albine, Edmond, né à la fin des années 1880, avait tout naturellement appris le métier de son père.

La Parisienne, située à Velleron, était la première fabrique de plâtre de la région. Colin avait souvent raconté à son fils que son propriétaire, La Boissière, avait engagé, vers 1840, un certain Théodore Poulet comme adjoint. Celui-ci, ingénieur des Arts et Métiers, avait doté l'entreprise d'innovations importantes comme des appareils de broyage et de blutage qu'il avait inventés.

Grâce à son travail acharné, Colin avait réussi à acheter ses propres fours à plâtre. C'était un homme renfermé et taciturne, dont le caractère contrastait avec celui de son épouse, particulièrement volubile. Il s'était marié sur le tard, ayant choisi de faire d'abord carrière.

– J'avais ma revanche à prendre, avait-il dit un jour à Edmond, sans se confier plus avant.

Edmond n'avait jamais osé l'interroger. Son père lui en imposait avec sa haute taille et ses cheveux prématurément blanchis. On ne connaissait à Colin aucune famille, à l'exception d'une vieille femme qui continuait à se louer pour la bugade malgré son dos cassé. En grandissant, Edmond avait fini par comprendre qu'il s'agissait de son aïeule. Celle-ci venait rarement à Velleron et Colin ne l'appelait pas « mère ». Lorsqu'il parlait d'elle, il disait « la Jeanne » d'un ton indéfinissable.

Edmond s'était longtemps demandé s'il la méprisait ou bien s'il l'aimait tant qu'il cherchait à le dissimuler. Il n'avait jamais su qui était son grand-père.

Jeanne était morte en 1903. Colin ne lui avait survécu que trois ans. Il était parti en l'espace d'une nuit, d'une angine de poitrine, sans pouvoir parler à son fils. Au fond de lui, Edmond lui en avait voulu.

Resté seul avec sa mère, Albine, et les rêves de son père à réaliser, Edmond avait trimé jusqu'à ce que la guerre l'obligeât à fermer l'usine. « Il était plus que temps de remettre la fabrique en marche », se dit-il, tout en tournant et retournant l'enveloppe en tous sens.

Albine, qui s'était jetée dans ses bras à son arrivée, le guettait du coin de l'œil.

– Elle est arrivée il y a bien six mois. Ça m'a fait bien du souci mais je ne pouvais pas l'ouvrir, pas vrai ?

Cette lettre inspirait de la crainte à Edmond. Il déchira l'enveloppe d'un coup sec, découvrit une simple carte, au nom de Jean-Rémy Monod, professeur agrégé d'histoire.

« J'aimerais vous rencontrer pour affaire importante vous concernant », avait écrit l'historien.

Suivait une adresse, à Vaucluse.

Plus tard, lorsqu'il eut pris un bain – un luxe, cette salle de bains, que son père avait fait aménager en 1901, pour fêter le XXe siècle –, se fut rasé et changé, il tenta d'en savoir plus et interrogea Albine. Qui connaissait-elle à Vaucluse ?

Il comprit que l'affaire était certainement grave en remarquant le trouble de sa mère.

– C'est de l'histoire ancienne, marmonna-t-elle en lui servant un bol de soupe, sans vouloir se confier plus avant.

Il avait hâte, tout à coup, de faire la connaissance de ce Jean-Rémy Monod.

– Ne vous énervez pas, maman, je vous en conjure, recommanda Elzéar en tapotant la main de Noëlie.

Elle avait désiré ce qui arrivait. Depuis plus de soixante-quinze ans, elle cherchait comment racheter la faute de Timothée.

Faute ? ou bien lâcheté ?

Elle n'avait jamais su si, jusqu'à la fin, il avait douté de sa paternité ou bien s'il avait refusé de revenir en arrière, de reconnaître qu'il s'était trompé.

Cette question demeurait pour elle une énigme et, malgré son grand âge, Noëlie éprouvait encore de la jalousie.

L'esquisse d'un sourire creusa une fossette dans sa joue ridée lorsqu'elle vit s'approcher d'elle ce grand et bel homme qui ressemblait à son Timothée. Il avait sa haute taille, son visage aux traits nets et ses yeux verts.

Noëlie lui tendit une main frêle :

– Bienvenue à la bastide, monsieur Arnoux, lui dit-elle.

Sa voix ne tremblait pas. Dans sa tête, résonnaient les phrases écrites par son beau-père :

« Je te supplie de te conduire en homme d'honneur. Si tu penses que le fils de la Jeanne peut être ton enfant, n'oublie pas de faire ton devoir vis-à-vis de lui. Je te fais confiance. »

Elle était devenue une pauvre vieille chose ratatinée sur le fauteuil à bras de Nicolas Viguier mais elle avait conservé toute sa tête. Et pouvait encore réparer une injustice vieille de plus de quatre-vingts ans.

Il était temps. Grand temps…

37

1928

Le soleil brillait dans un ciel pur. Pas un souffle de vent n'agitait les branches des arbres. Le bruit familier de la Sorgue s'accentuait au fur et à mesure que l'on se rapprochait du Moulin des Sources. Violette pressa le pas en tirant légèrement sa fille par la main. Lou, âgée de cinq ans, protesta :

– Nous ne sommes pas vraiment en retard ! Oncle Edmond n'est pas encore arrivé.

– Oncle Edmond doit être au moulin depuis belle lurette, répondit Violette. Regarde ! J'aperçois papa au pied de la roue. Il nous fait de grands signes.

Chaque fois qu'elle retrouvait François, son mari, la jeune femme sentait son cœur s'emballer. Elle l'avait aimé dès leur première rencontre, dans cet hôpital improvisé de l'Aisne. Elle avait aussitôt deviné qu'il avait besoin d'être piqué au vif pour ne pas sombrer.

Lentement, l'infirmière avait apprivoisé le grand blessé. Au point de l'accompagner lorsqu'il était retourné chez lui. Ils s'étaient mariés à Vaucluse, et installés à L'Isle-sur-la-Sorgue. François ne lui avait rien caché de sa première union et de son amour pour Georgina. Violette lui avait affirmé qu'elle comprenait. En acceptant de l'épouser, elle savait qu'ils traverseraient des moments difficiles. Morte à vingt et un ans, dans d'atroces conditions, Georgina était forcément idéalisée. Quand Violette voyait le regard de François se perdre dans le vague, elle pressentait qu'il pensait à Georgina. Elle se faisait alors discrète, même si son cœur saignait.

« Je suis là, moi ! Aime-moi ! », avait-elle envie de lui crier.

Au lieu de quoi, elle parlait avec lui de politique ou des suffragettes, ce qui lui permettait de se reprendre. François passait la main devant ses yeux :

– Excuse-moi, soufflait-il et elle se moquait de lui.

– Serait-ce déjà une conséquence de ton âge avancé ? Tu perds la mémoire ?

Ils constituaient « une bonne équipe », de l'aveu même de François. Violette rêvait de grandes déclarations d'amour et d'escapades romantiques. Elle avait dû y renoncer.

– Si je t'ai épousée, c'est bien la preuve que je t'aime ! À quoi bon le répéter cent fois par jour ? lui avait-il fait remarquer.

La naissance de Lou les avait rapprochés. Leur petite fille, vive et gaie, ressemblait beaucoup à Noëlie, la grand-mère de son époux, que Violette n'avait pas connue.

– Un vrai feu follet, affirmait Elzéar.

À soixante-dix-huit ans, le père de François avait retrouvé une nouvelle jeunesse. Celui-ci estimait qu'il avait repris goût à la vie le jour où Jean-Rémy avait franchi le seuil du moulin en compagnie d'Edmond, le fils de son demi-frère, Colin. Le plâtrier s'était tout de suite senti à l'aise au Moulin des Sources. Fasciné par les différentes opérations, il s'était intéressé aussi bien à l'arbre à cames, la poutre cylindrique de six mètres de long qui actionnait les maillets en tournant sur elle-même qu'au dérompoir ou aux formes des ouvreurs.

Edmond avait posé des questions judicieuses. Il désirait tout savoir. Grâce au moulin, à son atmosphère si particulière, la rencontre entre Elzéar et Edmond s'était faite tout naturellement. Les premiers instants de gêne vite dissipés, les deux hommes avaient parlé technique et savoir-faire.

– Comme s'ils s'étaient toujours connus, avait raconté par la suite Jean-Rémy à Hortense. L'hôtelière, bouleversée, s'était essuyé les yeux.

– Je suis si heureuse pour Elzéar, si vous saviez…, avait-elle murmuré.

Ces retrouvailles tardives avaient tenu leurs promesses. En un peu moins de dix ans, Edmond était devenu un papetier accompli.

– Il a le métier dans le sang, confiait parfois Elzéar à Hortense avec une pointe de fierté dans la voix.

Il s'était interdit de porter un jugement sur son père. Sa mère avait réparé une vieille injustice, n'était-ce pas le plus important ?

Jeanne, son fils Colin, Timothée étaient morts depuis longtemps comme Noëlie, qui s'était éteinte, le cœur en paix, peu de temps après avoir eu cet entretien déterminant avec Jean-Rémy. Tout Vaucluse et une partie de L'Isle s'étaient déplacés pour ses obsèques.

– Je crois pouvoir dire que ma mère a eu une longue et belle vie, avait déclaré Elzéar, la voix étranglée par l'émotion.

La sœur de Noëlie, Lucille, était venue de Marseille. À quatre-vingt-trois ans, elle portait encore beau mais, ce jour-là, elle paraissait son âge. La cérémonie, empreinte d'émotion et de gravité, avait pris une résonance particulière, chacun mesurant qu'avec la mort de Noëlie, c'était tout un pan de l'histoire de Vaucluse qui prenait fin.

Lou échappa à sa mère et courut dans la salle des piles. Elle se planta devant Elzéar, son grand-père, et Edmond.

– Vous m'apprendrez ? lança-t-elle de sa voix la plus enjôleuse.

Il y eut un silence. Le fils et le petit-fils de Timothée se regardèrent.

– T'apprendre ? répéta Elzéar d'une voix hésitante.

Il se pencha pour donner la main à Lou.

– Bien sûr, ma petite chérie, nous t'apprendrons le plus beau métier du monde, que notre famille pratique depuis deux siècles. En attendant que tu grandisses un peu, viens avec nous assister à l'inauguration du musée Pétrarque. Il y a six cent un ans, Francesco Pétrarque a rencontré la belle Laure et Vaucluse en a gardé précieusement le souvenir. Viens, Lou, nous allons retrouver tes parents, ainsi qu'Hortense et Jean-Rémy. C'est une belle journée que nous allons fêter comme il se doit.

Ils franchirent tous trois le seuil de la salle, se retournèrent d'un même mouvement.

La roue à aubes du Moulin des Sources tournait, d'un mouvement lent et éternel, dans le sens inverse des aiguilles d'une montre.

Remerciements

Chaque livre est une nouvelle aventure. Un grand merci, de tout cœur, à celles et ceux qui m'ont accompagnée au long de l'écriture du *Moulin des Sources*. Ma « garde rapprochée », d'abord, famille et amis, qui m'ont soutenue de leurs encouragements et de leur confiance. La disponibilité et l'érudition du personnel de la médiathèque de Lambesc comme du Musée des amis du vieux Lambesc m'ont été d'un précieux secours. De même, la médiathèque de Nyons, la bibliothèque de Vaison-la-Romaine, la librairie Pinet de Nyons continuent à m'aider dans mes recherches.

Enfin, mes lectrices et mes lecteurs, qui sont pour certains devenus de véritables amis, m'apportent encouragements, soutien et me donnent l'envie de bâtir de nouveaux romans, de créer de nouveaux personnages, encore et toujours.

En artisan de l'écriture.

Collection
FRANCE DE TOUJOURS ET D'AUJOURD'HUI

Jean ANGLADE
Une vie en rouge et bleu
Le Dernier de la paroisse
Le Choix d'Auguste
Le Sculpteur de nuages
Les Cousins Belloc
Le Grand Dérangement

Sylvie ANNE
Le Gantier de Jourgnac
La Maison du feuillardier

Sylvie BARON
Un été à Rochegonde
Les Ruchers de la colère
L'Auberge du pont de Tréboul
L'Héritière des Fajoux
Rendez-vous à Belinay

Jean-François BAZIN
Les Raisins bleus
Le Clos des Monts-Luisants
Le Vin de Bonne-Espérance
Les Compagnons du grand flot

Henriette BERNIER
Le Baron des champs

Jean-Baptiste BESTER
L'Homme de la Clarée
Plus près des anges
Les Amants de Sainte-Catherine

Françoise BOURDON
Le Moulin des Sources
Le Mas des Tilleuls
La Grange de Rochebrune
Retour au pays bleu
Le Fils maudit
Les Sentiers de l'exil
Les roses sont éternelles
Le Maître du Castellar

Édouard BRASEY
Les Lavandières de Brocéliande
Les Pardons de Locronan
La Sirène d'Ouessant
Le Domaine des oliviers

Patrick BREUZÉ
Les Remèdes de nos campagnes
La Valse des nuages
L'Étoile immobile
Mon fils va venir me chercher
La Montagne pour refuge

Michel CAFFIER
Corne de brume
La Paille et l'Osier
Les Étincelles de l'espoir

Anne COURTILLÉ
La Tentation d'Isabeau
Le Gaucher du diable
Les Damoiselles de Clermont

Annie DEGROOTE
Les Racines du temps
D'infinies promesses

Jérôme DELIRY
Une rivière trop tranquille
L'Héritage de Terrefondrée
La Maraude

Raphaël DELPARD
L'Enfant sans étoile
Pour l'amour de ma terre
L'Enfant qui parlait avec les nuages
Le Courage de Louise

Alain DUBOS
La Mémoire du vent
La Corne de Dieu
Le Dernier Combat du Dr Cassagne

Marie-Bernadette DUPUY
Les Fiancés du Rhin
ANGÉLINA
Angélina. Les mains de la vie
Le Temps des délivrances
La Force de l'aurore

Élise FISCHER
Les Noces de Marie-Victoire
Je jouerai encore pour nous
Villa Sourire

L'Étrange Destin de Marie
Le Jardin de Pétronille
Aux Deux Hirondelles

Emmanuelle FRIEDMANN
Le Rêveur des Halles
La Dynastie des Chevallier
L'Orphelinat
La Faute des autres

Alain GANDY
Les Cousins de Saintonge

Gérard GEORGES
Une terre pour demain
Le Destin des Renardias
Le Bal des conscrits
Mademoiselle Clarisse
Anatole, fils de personne
La Mésangère

Georges-Patrick GLEIZE
La Fille de la fabrique
Pas plus tard que l'aurore
Le Serment des oliviers
Le Vent de la jeunesse
Quelques pas dans la neige

Yves JACOB
Sous l'ombre des pommiers

Hélène LEGRAIS
L'Ermitage du soleil
Les Héros perdus de Gabrielle
Les Ailes de la tramontane
La Guerre des cousins Buscail
Les montagnes chantaient la liberté
Ceux du Château, ceux du Moulin
Trois Gouttes de sang grenat
Les Anges de Beau-Rivage

Philippe LEMAIRE
Rue de la Côte-Chaude
L'Enfant des silences
L'Oiseau de passage
La Mélancolie du renard

Éric LE NABOUR
Retour à Tinténiac
La Louve de Lorient
À l'ombre de nos larmes
La Frondeuse

Jean-Paul MALAVAL
L'Or des Borderies
Soleil d'octobre
Les Noces de soie
La Villa des térébinthes
Rendez-vous à Fontbelair
La Folie des Bassompierre
Chronique des Strenquel
La Bastide aux chagrins
Les Sœurs Querelle
Les Larmes de la pinède
La Belle Étrangère
Adélaïde au bord de la falaise

Antonin MALROUX
La Promesse des lilas
La Cascade des loups
La Pierre marquée
L'Homme aux ciseaux d'argent
Les prés refleuriront
Fenêtre sur village
Marie des Adrets
L'Espoir de belles aurores
Le Pain de paille

Jean-Luc MOUSSET
L'Enfant des labours
Le Secret de Neige

Nicole PROVENCE
Le Secret d'Aiglantine

Joël RAGUÉNÈS
La Maîtresse de Ker-Huella
La Dame de Roz Avel
La Sirène du port
Les Trois Saisons de la vie
L'Or du lin
Les Vies de Jeanne

Florence ROCHE
La Terre des Falgères
L'École du lac
La Réfugiée du domaine
Philomène et les siens

Geneviève SENGER
La Maison Vogel
L'Enfant de la Cerisaie
La Dynastie des Weber

Les Jumeaux du val d'amour
La Promesse de Rose
Les Bellanger

Jean Siccardi
La Source de saint Germain
Le Maître du diamant noir
L'Ivresse des anges
L'Auberge du gué

Bernard Simonay
L'Or du Solognot

Jean-Michel Thibaux
L'Olivier du Diable
Le Maître des Bastides
Le Rappel du tambour

Katia Valère
Après la nuit vient l'aube

Brigitte Varel
Le Secret des pierres

Louis-Olivier Vitté
La Guérisseuse de Peyreforte
Là où coule une rivière
Le Secret de Tire-Lune
La Statue engloutie
La Dame des vignes hautes

Colette Vlérick
L'Enfant sur le pont
Un air de liberté
La Nacre des abers

Collection

FRANCE DE TOUJOURS ET D'AUJOURD'HUI POLICIERS

Jean-Baptiste Bester
Meurtre au pont du Diable

Édouard Brasey
L'Affaire Cabre d'or

Alfred Lenglet
Du poison dans les veines
Jeux mortels en hiver
Temps de haine
Cœurs de glace

Bernard Simonay
Le Marais des ombres
Meurtres d'outre-tombe

Collection

ROMAN D'AILLEURS

Jean-Jacques Antier
La Fiancée du kamikaze

Jean Bertolino
Pour qu'il ne meure jamais

Jean-Baptiste Bester
Les Neiges de Toula

Alain Dubos
La Ferme de Bonne-Espérance

Marie-Bernadette Dupuy
VAL-JALBERT
I. *L'Orpheline des neiges*
II. *Le Rossignol de Val-Jalbert*
III. *Les Soupirs du vent*
IV. *Les Marionnettes du destin*
V. *Les Portes du passé*
VI. *L'Ange du lac*

LAC SAINT-JEAN
I. *Le Scandale des eaux folles*
II. *Les Sortilèges du lac*

Éric LE NABOUR
La Dame de Kyoto

Michel PEYRAMAURE
Les Villes du silence
Tempête sur le Mexique
Mourir pour Saragosse

Bernard SIMONAY
La Fille de l'île Longue
L'Amazone de Californie

ROMANS HORS COLLECTION

Jean-Jacques ANTIER
Blanche du Lac
Le Convoi de l'espoir

Jean BERTOLINO
Et je te donnerai les trésors des ténèbres

Jean-Baptiste BESTER
Le Cocher du Pont-Neuf

Édouard BRASEY
Les Fils du patriarche

Nathalie de BROC
La Vallée des ambitions
La Robe pourpre

Lucien DE PENA
L'Argent des autres

Marie-Bernadette DUPUY
Le Val de l'espoir
Les Amants du presbytère
La Galerie des jalousies (3 vol.)
Amélia, un cœur en exil

Éric LE NABOUR
Retour à Glenmoran

Michel PEYRAMAURE
Les Folies de la duchesse d'Abrantès
L'Orpheline de la forêt Barade
La Maison des tourbières
Le Sourire du prince Eugène

Joël RAGUÉNÈS
L'Instinct du prédateur

Bernard SIMONAY
Le Lys et les Ombres

Jean-Michel THIBAUX
Le Maître des pyramides

DOCUMENTS

Jérôme DELIRY
Sept Enfants autour du monde

Charles GUILHAMON
Sur les traces des chrétiens oubliés

Frédéric PONS
Algérie. Le vrai état des lieux
Poutine
Le Martyre des chrétiens d'Orient

Georges VIEILLEDENT
Médecin de campagne, une vie

Photocomposition PCA

Achevé d'imprimer en mai 2018
par Grafica Veneta
pour le compte des éditions Calmann-Lévy
21, rue du Montparnasse 75006 Paris

CALMANN LEVY s'engage
pour l'environnement en réduisant
l'empreinte carbone de ses livres.
Celle de cet exemplaire est de :
750 g éq. CO_2
Rendez-vous sur
www.calmann-levy-durable.fr

PAPIER À BASE DE
FIBRES CERTIFIÉES

N° d'éditeur : 2136316/01
Dépôt légal : mai 2018
Imprimé en Italie.